华章经管

反思资本主义

构建可持续的市场经济

RE-IMAGINING CAPITALISM

[加拿大]
鲍达民（Dominic Barton）
戴索·霍维斯（Dezsõ Horváth）   编   刘晓梅 白竹岚 王洪荣 译
马蒂亚斯·基平（Matthias Kipping）

机械工业出版社
China Machine Press

图书在版编目（CIP）数据

反思资本主义：构建可持续的市场经济 /（加）鲍达民（Dominic Barton），（加）戴索·霍维斯（Dezsö Horváth），（加）马蒂亚斯·基平（Matthias Kipping）编；刘晓梅，白竹岚，王洪荣译 . —北京：机械工业出版社，2018.9

（麦肯锡学院）

书名原文：Re-Imagining Capitalism

ISBN 978-7-111-60836-3

I. 反… II. ① 鲍… ② 戴… ③ 马… ④ 刘… ⑤ 白… ⑥ 王… III. 资本主义经济 IV. F03

中国版本图书馆 CIP 数据核字（2018）第 202973 号

本书版权登记号：图字 01-2018-2218

Dominic Barton, Dezsö Horváth, Matthias Kipping. Re-Imagining Capitalism.

Copyright © 2016 by Oxford University Press.

Simplified Chinese Translation Copyright © 2018 by China Machine Press.

Simplified Chinese translation rights arranged with Oxford University Press through Andrew Nurnberg Associates International Ltd. This edition is authorized for sale in the People's Republic of China only, excluding Hong Kong, Macao SAR and Taiwan.

反思资本主义：构建可持续的市场经济

出版发行：机械工业出版社（北京市西城区百万庄大街 22 号　邮政编码：100037）

责任编辑：鲜梦思　　　　　　　　　　　　责任校对：殷　虹

印　　刷：北京市兆成印刷有限责任公司　　版　　次：2018 年 10 月第 1 版第 1 次印刷

开　　本：170mm×242mm　1/16　　　　　印　　张：21.25

书　　号：ISBN 978-7-111-60836-3　　　　定　　价：79.00 元

《反思资本主义》让我们看到企业的不同选择对社会的深刻影响：通常奉行股东至上原则的美国企业，整个美国社会的中产阶级人数不断减少，贫富差距进一步拉大，经济发展受到影响；北欧企业则更能兼顾员工、顾客、社区等各方面利益相关者。随之而来的是，在瑞士、荷兰等国家，中产阶级人数在不断增长，人们更注重合作与创新，能够适应激烈的全球竞争环境。

在过去的 40 年，中国的企业见证了规模发展取得的巨大成绩，在未来，企业唯有更加注重从员工、顾客、环境等多维度考虑长期价值创造，才能普遍改善大众的生活状况并促进长期的经济繁荣。

——刘俏，北京大学光华管理学院院长

过去 200 多年，市场经济是创造财富的主要引擎。在本书中，来自西方学术界、企业界和政府的领导人对市场经济进行了深刻的集体反思和展望，探讨了在全球化的新时代，市场经济如何发挥更具建设性和积极的作用。我很喜欢书中的这样一个观点：建立关注于长期价值创造和可持续发展原则指导下的利益相关者导向模式，更加贴近我们生活的世界的复杂性和多样性。

——徐中博士，学堂在线中国创业学院院长

舒力克商学院的资深教授和麦肯锡公司的高管共同提出资本主义要"反思"的必要性，因为资本主义已无法为大多数人增加财富和带来幸福。

资本主义虽然在科学管理、利益相关者理论、财务报告的三重底线和社会保障等方面下过功夫，但始终要妥协于"股东资本主义"，本书认为学术界最大的任务是提出一个框架帮助管理者沿着负责任和可持续的路线走下去，要臻至这个境界需要的是"有远见的领袖、有思想的策略和正确的执行"，三者合一才有裨益。

——张建雄，前法国里昂银行亚洲区总监，《香港信报》专栏作家

从"9·11"到 2008 金融风暴，以及近来全球范围的民粹主义抬头，整个世界似乎面临一个与过去颇为不同的历史节点，让我们不得不对全球化资本主义市场的失灵进行反思。这也是为什么凯恩斯与哈耶克、杨小凯与林毅夫的争论，以及弗朗西斯·福山会见我国领导人，都引起了学术界的高度关注。本书为资本主义把脉问诊，令人耳目一新的观点、全球经济史的宏大视角，对于亟须放眼世界的中国读者来说，是一次不可多得的阅读体验。

——杨澍，新华人寿保险股份有限公司总监兼广东分公司总经理

资本主义的问题能否由
资本主义本身来解决

多年来，我一直从曾任麦肯锡公司董事长和全球总裁的鲍达民（Dominic Barton）的文章中受益。令我印象最深的是他的"从季度性资本主义向长期资本主义转变"的主张。2018 年，中国商界发生了许多负面甚至恶性的事件，这也让我们再次感到，估值驱动、投行思维驱动的资本狂潮，往往会让公司偏离"因顾客而存在"的初心。

在这本鲍达民参与编写的论文集中，作者们把资本主义遇到的各种问题，比如贫富分化，经济权力从西方向东方的转移，民粹政治和社会压力的加剧，贸易、移民和资源关系的紧张，受到威胁的国际安全等，都和"短期资本主义的暴政"相关联。更重要的是，在他们看来，资本主义遇到的最大威胁恰恰是资本主义本身，也就是不顾社会成本而追求短期利益和股东价值最大化的一系列制度与治理安排。这种倾向从次贷危机到特朗普现象，从未消失过。

资本主义的问题有没有可能在资本主义的大框架下解决？本书基于"资本主义是一个最不坏的制度"的视角，给出了一些乐观的案例。这些案例的共同特征是：抛弃短期方向，改革激励机制，致力于建立使命驱动的长期性的组织结构；将包括员工、供应商、客户、债权人、社区、环境在内的利益相关者纳入战略视野，并制订具体的行动计划；用主人翁的态度加强公司治理，等等。作者们试图证明，从长期来看，一个公司的商业利益和社会利益是一致的，每个健康的、表现良好的公司都有义务利用自己的优势来帮助社会，同时这种做法还可以增强公司的生存能力。也唯有如此，公司才能为顾客解决问题，而不是成为新问题的制造者。

从历史的角度来看，20世纪初期美国"进步主义"的改革措施对于修复"镀金年代"无节制的资本扩张和垄断，起到了巨大的作用，为资本主义的存在增添了包容性和可持续性。今天，为了克服贫富分化的自我强化，似乎到了克服短视的时代精神和再分配失灵的时候了，而在这个创造性修复的过程中，企业、政府、非营利机构都可以发挥作用。

在中国改革开放40年，追求高质量发展，市场经济的法治化、现代化要求越来越高的今天，阅读这本重新审视资本主义的著作，我们也一定能获得切身、会心的收获。

秦朔，人文财经学者

2018年9月7日

鲍达民（Dominic Barton）是麦肯锡咨询公司的全球常务董事，在公司内负责关注市场经济的未来以及商业领袖在创造长期的社会和经济价值上所起的作用。在服务公司的 25 年中，鲍达民给范围广泛的产业领域的客户提供咨询，帮助机构从本地的区域性组织转换升级为全球领先的龙头。在成为常务董事之前，2000～2004 年他负责韩国业务，2004～2009 年是麦肯锡亚洲的主席。

肖恩·博恩（Shawn Bohen）是美国一家帮助年轻人进行职业训练的机构 Year Up 管理团队的成员之一，负责这家社会企业的体制变革战略和研发。肖恩是社会合作策略师，以创造具有特定任务目标的组织为己任，扶助其成长和战略管理。在加入 Year Up 之前，肖恩在哈佛大学工作了 14 年，主要负责领导协调不同学科之间的合作，以应对社会面对的最具挑战性的社会政治和经济困境问题。肖恩的职业生涯始于康涅狄格州和马萨诸塞州，从事基层的环境和消费者事务运动，为公共利益研究小组服务。

杰拉尔德·切塔维安（Gerald Chertavian）是美国一家帮助城市青年进入经济主流的创新机构 Year Up 的创始人和 CEO。Year Up 成立于 2000 年，它每年的运营预算约 1 亿美元，是服务于青年的最大的非营利组织。杰拉尔德被授予许多社会创新和青年发展的奖项，并是哈佛商学院倡导社会创新活动顾问委员会的成员。2013 年他被马萨诸塞州州长德沃尔·帕特里克（Deval Patrick）任命为罗克斯伯里社区学院的主席。杰拉尔德毕业于鲍登学院和哈佛商学院。

高顿 L. 克拉克（Gordon L. Clark）是牛津大

学史密斯企业与环境学院的教授和院长，圣埃德蒙学院的教授级研究员，莫纳什大学的路易斯·马修森爵士杰出的客座教授以及斯坦福大学客座教授。其研究领域主要是机构投资者的治理和管理以及养老金与退休收益基金的参与者行为等。出版的作品包括与亚当·迪克森和艾斯比·蒙克合著的《主权财富基金：合法性、治理以及其全球力量》（*Sovereign Wealth Funds*: *Legitimacy, Governance and Global Power*）以及与肯德拉·斯特劳斯和珍妮尔·诺克斯－海斯合著的《为退休存钱》（*Saving for Retirement*）。

安德鲁·柯仁（Andrew Crane）是约克大学舒力克商学院的卓越商业责任中心主任和乔治 R. 加德纳商业伦理教授，撰写编辑了 12 本著作，包括获奖教科书《商业伦理》（*Business Ethics*）和《牛津公司社会责任手册》（*The Oxford Handbook of Corporate Social Responsibility*）以及最新出版的《社会合作伙伴和商业责任：研究手册》（*Social Partnerships and Responsible Business*: *A Research Handbook*），并在管理类学术期刊上就商业伦理和企业社会责任发表了大量文章。他是《商业与社会》（*Business and Society*）期刊合作编辑，经常在媒体上发表言论，是柯仁和马特博客的合作主笔。

罗伯特 G. 艾克尔斯（Robert G.Eccles）是哈佛商学院管理实践教授。1979 年首次加入哈佛商学院，1989 年获得终身教职，1993 年离开任职于私营企业，2007 年重新回到哈佛任教。他的最新著作是《价值总览报告运动：含义、势头、动因和重要性》（*The Integrated Reporting Movement*: *Meaning, Momentum, Motives, and Materiality*，与迈克尔 P. 克鲁斯和悉妮·里沃特合著），他是国际综合报告委员会指导委员会成员（http://www.integratedreporting.org/）并担任可持续会计准则委员会理事（http://www.sasb.org）。

R. 爱德华·弗里曼（爱德）（R. Edward "Ed" Freeman）是一个多产的教育家、咨询顾问和演说家，以其在利益相关者管理和商业伦理道德方面的工作著称。1984 年弗里曼首次出版的获奖作品《战略管理：利益相关者的方法》（*Strategic Management*: *A Stakeholder Approach*），是一部标志性的著作，它帮助大家形成观念，并且理解实际好的管理实践是怎样基于企业的各种关系的。1987年弗里曼加入达顿工商管理学院，目前是该学院的教授以及伊利斯和西格尼·奥尔森工商管理教授。

戴索·霍维斯（Dezsö Horváth）是多伦多约克大学舒力克商学院的院长兼 H. 舒力克战略管理讲席教授。在其领导下，该商学院做了很多国际化扩展，包括在印度设立校园，在商业责任领域成为公认的全球性领袖。戴索·霍维斯是数家公司和机构的董事，并任职于世界上多家商学院顾问委员会。2004年他被国际商学院选为"年度院长"，并且是2008年度加拿大勋章的获得者，以表彰他在商业教育上的执着努力和学术领导力。

布莱恩 W. 赫斯特德（Bryan W. Husted）是墨西哥蒙特雷技术大学 EGADE 商学院的管理学教授。他的研究领域有企业社会责任、国际商务、公司治理和可持续发展。他曾担任商业伦理学会（Society for Business Ethics）和商业与社会国际联合会（International Association for Business and Society）会长，目前是《商业与社会》（*Business and Society*）期刊的合作编辑。

约翰·凯伊（John Kay）是英国重要的经济学家之一，伦敦经济学院客座教授、牛津大学圣约翰学院研究员、不列颠学院院士和爱丁堡皇家学会院士。他担任数家上市公司的董事，每周为《金融时报》撰写专栏。2012年他主持了给英国政府的"英国股票市场与长期性决策"的评审报告。他也是多本专著的作者，其中包括《市场的真相》《倾斜》（*Obliquity*）和《别人的钱》等。

马蒂亚斯·基平（Matthias Kipping）是多伦多约克大学舒力克商学院的政策和理查德 E. 沃商业历史的讲席教授。之前在英国与西班牙任职并在法国、意大利和日本的大学担任客座教授。他在管理学历史、管理知识和扩散等方面著述甚丰，包括《牛津管理咨询手册》（*The Oxford Handbook of Management Consulting*）（与 T. 克拉克合编）和《定义管理学》（*Defining Management*）（与 L. Engwall 和 B. Üsdiken 合著）。

莫尼克·勒鲁（Monique Leroux）是国际合作社联盟的总裁。2008~2016年，她曾担任世界第五大金融合作社——Desjardins 集团的董事局主席、总裁和 CEO。在她的领导下，Desjardins 集团确定了根植于合作社价值理念的战略愿景，专注于其会员和客户的成长、服务与效率。为了促进合作社价值理念及其当代相关性，2012 年她出版了 *Alphonse Desjardins: A Vision for Today's World*，并成为国际合作社峰会的发起合伙人，于 2015 年当选为总裁。

尼克·拉古路夫（Nick Lovegrove）是一家商业通信公司博然思维集团（Brunswick Group）的美国常务合伙人。之前他在麦肯锡的伦敦和华盛顿特区分部工作长达 30 年，在《哈佛商业评论》上合作发表了研究文章《三重力量领导力》，在 *Global-Is-Asian* 季刊上发表了《全能选手》。他的新书《马赛克原理》（*The Mosaic Principle*）即将出版。尼克曾是哈佛肯尼迪学院的资深研究员，硕士毕业于牛津大学（现代史）、哈佛大学（公共政策）和欧洲工商管理学院（工商管理）。

克尔斯滕 E. 马丁（Kirsten E. Martin）是乔治·华盛顿大学商学院战略管理和公共政策助理教授。她获得国家科学基金会的三年经费，主持研究互联网隐私。马丁也是"未来隐私论坛"顾问委员会和人口普查局国家咨询委员会负责有关隐私与大数据伦理道德方面的成员。她常被邀请发表关于隐私和大数据伦理的讲话。其研究领域主要有互联网隐私、企业责任和利益相关者理论。

德克·马滕（Dirk Matten）是多伦多约克大学舒力克商学院惠普企业社会责任的讲席教授。他获得德国杜塞尔多夫海因里希·海涅大学的博士学位和特许任教资格，也是伦敦大学、诺丁汉大学以及伊斯坦布尔萨班哲大学的客座教授。他的研究领域是商业伦理、企业社会责任和全球治理，出版了 23 本著作，编辑专辑并发表了 80 多篇文章和书籍章节。

凯瑟琳·麦克劳林（Kathleen McLaughlin）是沃尔玛的首席可持续发展官和沃尔玛基金会总裁。除了在供应链端做人力和业务方面的投资举措外，沃尔玛在全世界的捐赠超过了 14 亿美元，其中包括 10 亿美元的食品捐赠。麦克劳林在 2013 年加入沃尔玛之前，在麦肯锡咨询公司工作了 20 年。她在波士顿大学获得科学学士，并获得罗德斯奖学金，在牛津大学获得文学硕士学位。

董明伦（Doug McMillon）是沃尔玛有限公司的总裁和 CEO，管理世界上最大的公司，包括世界各地 11 000 家零售店、230 万名员工以及 11 个国家的网店。董明伦的第一份工作是 1984 年他在沃尔玛的一个配送中心做按小时支薪的暑期工。1990 年他再次加入，在俄克拉何马州塔尔萨市的沃尔玛做经理助理，然后又去采购部做买手培训生。接着他又在沃尔玛的各个业务部门担任高管职务，包括山姆会员店和沃尔玛国际。

彼德汉"鲍比" L. 帕马（Bidhan "Bobby" L. Parmar）是达顿商学院的助理教授。帕马的研究领域专注于企业经理应该如何决策，在不确定和变化的环境中进行合作，从而为利益相关者创造价值。他的著述可以帮助高管更好地在模糊条件下进行决策。帕马是达顿商学院企业伦理研究所商业圆桌会议和奥尔森应用伦理学研究中心研究员与哈佛大学萨夫拉伦理中心的研究员。

保罗·波尔曼（Paul Polman）2009 年开始担任联合利华（Unilever）的首席执行官。在其领导下，公司树立了雄心勃勃的愿景，他把公司的增长与对环境的影响脱钩，提高企业在社会中的积极作用。保罗是世界企业永续发展委员会（World Business Council for Sustainable Development）的主席，并担任联合国全球契约（UN Global Compact）组织的理事。他密切参与应对气候变化的行动，是联合国高层议事会成员，参与制定 2015 年后的发展议程。为了表彰其对企业社会责任的贡献，保罗获得了一系列的奖项和荣誉，包括联合国环境规划署颁发的地球卫士奖。

理查德 A. 罗斯（Richard A.Ross）有 35 年的矿业领域经验。直至 2009 年 12 月 31 日，一直担任 Inmet 矿业公司（Inmet Mining Corporation）的主席和 CEO。罗斯先生在很多上市公司和非营利性机构担任董事，其中包括加拿大矿业协会和多伦多圣约瑟夫健康中心主席。现在他把时间、精力和对矿业的激情专注于开发与指导约克大学舒力克商学院的全球采矿管理 MBA 课程。

道格拉斯·萨罗（Douglas Sarro）是纽约的沙利文 – 克伦威尔律师事务所的律师，拥有多伦多大学的文学学士荣誉学位和奥斯古德霍尔法学院的法学博士学位。

布鲁斯·辛普森（Bruce Simpson）是麦肯锡咨询公司董事，一个服务麦肯锡 29 年的老兵，从纽约到巴黎再到加拿大。他先是主管麦肯锡的加拿大业务，然后是运营实践的全球召集人，曾担任麦肯锡全球董事会成员。布鲁斯主张资本主义应当聚焦长远利益，倡导把企业社会责任全面融入公司战略和企业文化中。他在人权观察委员会、催化剂（促进妇女在商业中地位的非营利组织）和加拿大小道等非营利组织中担任理事。布鲁斯拥有剑桥大学的两个法学学位和宾夕法尼亚大学商学院 MBA 以及劳德研究所的文学硕士学位。

比吉特·斯碧斯霍夫（Birgit Spiesshofer）是登顿的法律顾问，之前是德国亨格尔·米勒法律事务所的合伙人并在华盛顿特区和欧盟委员会担任驻外律师。她曾就读于纽约大学（MCJ），海德堡（法学博士），弗赖堡以及图宾根大学。她的专业是企业社会责任（CSR）、合规、国际、欧洲、公共领域和环境等法规领域。她是欧洲律师协会和法律理事会以及德国律师协会的企业社会责任委员会主席，也是德国通用未来基金咨询委员会成员，经常就企业社会责任发表文章和讲话。

约翰·斯塔克豪斯（John Stackhouse）是皇家加拿大银行 CEO 办公室的高级副总裁，是高管和董事会在社会经济与政治方面的顾问。之前是加拿大全国性报纸《环球邮报》的主编，任职长达 25 年，先后做过商业、国内和国际事务编辑、特约通讯员等工作，并在 1992 到 1999 年期间，担任驻新德里记者。他出版了三本书：*Mass Disruption*（2015）、*Timbit Nation*（2002）和 *Out of Poverty*（2000）。斯塔克豪斯还是加拿大贺维学会和多伦多大学蒙克全球事务学院的资深研究员。

琳恩·斯托特（Lynn Stout）是康奈尔大学公司和商业法的杰出教授，国际著名的公司治理、金融监管和伦理行为方面的专家，出版发表了大量著作、文章和演讲。目前她是金融分析师学院的监事会、阿斯彭研究所商业与社会课程顾问委员会以及美国财政部金融研究咨询委员会的成员。她的书籍《股东价值的神话》被选为 2012 年公司治理年度书籍。2014 年她入选 Ethisphere Institute 商业伦理领域最有影响力 100 人。

拉坦 N. 塔塔（Ratan N. Tata）是塔塔公司董事长（1991~2012 年）。在其领导之下，塔塔集团从原先基本上是印度本土公司发展成为海外营业额占 65% 的全球商业集团。塔塔继续担任塔塔慈善信托基金会主席，在其职业生涯中从商人角度尽力服务社会，颇有声誉。他毕业于康奈尔大学，并在哈佛商学院的高级管理课程深造。他被授予多个荣誉学位，包括多伦多约克大学的荣誉博士。

马修·托马斯（Matthew Thomas）是非线性职业发展平台——Paddle 的创始人和 CEO。他在《哈佛商业评论》上与他人合作发表了研究文章《三重力量领导力》并在 *Global-Is-Asian* 季刊上发表了《全能选手》，是大卫·洛克菲勒三边委员会成员以及世界经济论坛全球推手会研究员。之前他创立并领导了"跨界项目"，也曾任职于麦肯锡咨询公司、加拿大财政部和摩根士丹利等。马修毕业于多伦多约克大学舒力克商学院，获得工商管理学士学位（优异生）。

迈克尔·魏斯（Michael Viehs）是牛津大学史密斯企业与环境学院的研究主任、马斯特里赫特大学商务与经济学院客座助理教授，目前也是欧洲企业参与中心的客座研究员。迈克尔在可持续发展和环境、社会以及公司治理方面的研究发表于《金融时报》和《福布斯》杂志，在公司治理和股东参与等领域的学术成果发表在《公司治理国际评论》（*Corporate Governance: An International Review*，双月刊）和《社会责任年鉴》（*Annals in Social Responsibility*）上。

蒂夫尼·沃格尔（Tiffany Vogel）是麦肯锡公司多伦多的联席主管，于 2011 年入职。她带队为多边机构、非营利机构和私营企业客户做了许多大规模绩效转型项目。在牛津马丁学院，她写了大量有关 21 世纪全球治理和系统风险的文字，与他人合著的文章发表在期刊《全球政策》（*Global Policy*）上，是普林斯顿出版社出版的《蝴蝶缺陷》（*The Butterfly Defect*）中某一章的作者。蒂夫尼是英联邦学者和扶轮大使学者奖学金获得者，取得牛津大学的环境政策硕士学位、西安大略大学的荣誉理学士和文学士学位。

爱德华·维泽尔（Edward Waitzer）是斯蒂克曼·艾略特法律事务所（Stikeman Elliott LLP）的前主席和高级合伙人，纽约大学亨尼克商业与法律中心主任，加里斯罗斯基·迪玛·穆尼公司治理讲席教授，曾任安大略证券委员会主席和多伦多证券交易所副总裁。他是安大略省酒控制委员会主席和智利化学矿业学会的副主席。他写了大量有关法律和公共政策事务的文章，并担任了多家公司董事以及基金会和社区组织的理事。

D. 埃莉诺·韦斯特尼（D. Eleanor Westney）是舒力克商学院和麻省理工学院斯隆管理学院的荣誉教授，以及赫尔辛基阿尔托大学的国际商务客座教授。她在组织理论、跨国公司研究、跨境学习、日本商业体系和日本跨国公司以及研发的国际化方面著述甚丰。

盖仑 G. 威斯顿（Galen G. Weston）是威斯顿家族的第四代领袖，现任乔治威斯顿有限公司副董事长兼拥有食品和医药零售、时装、房地产和金融服务等业务的罗布劳集团的执行主席。威斯顿先生拥有哈佛大学的学士学位和哥伦比亚大学的 MBA 学位。他在罗布劳集团采取战略性的基于价值理念的经营方法，特别倡导食品的可持续性和保健饮食，并推出一系列举措予以落实，包括对旗下在加拿大两个最大的品牌"总统之选"和"生命品牌"采取的可持续海鲜政策和行动领先业界。

西蒙·扎德克（Simon Zadek）是联合国环境规划署有关可持续金融体系的设计选择的研究项目的联合主任、清华大学经济管理学院和新加坡管理大学高级研究员、商业与社会学院的杰出高级研究员。他是 AccountAbility 的创始人兼首席执行官、世代投资管理咨询委员会成员，还是获奖图书《民间公司》（*The Civil Corporation*）以及常被引用的发表在《哈佛商业评论》上的文章"通往公司责任之途"的作者。

赞誉

推荐序

本书作者名单

第1章　风物长宜放眼量 / 1

反思资本主义，再造市场经济

/ 鲍达民　戴索·霍维斯　马蒂亚斯·基平

第一部分　开拓创新：模范领导的作用

第2章　重建信任 / 16

让胸怀社会、目光远大的企业模式成为工商业的追求

/ 保罗·波尔曼

第3章　商业与社会 / 32

重塑全球体系

/ 凯瑟琳·麦克劳林　董明伦

第4章　家族企业与"耐心的资本" / 42

着眼长远格局，不拘泥于季度考核

/ 盖仑 G. 威斯顿

第5章　合作联社 / 55

谋篇布局、着眼长远，面向利益相关者开展合作

/ 莫尼克·勒鲁

第6章　21 世纪企业的社区参与 / 68

/ 拉坦 N. 塔塔　德克·马滕

第7章　通才的优势 / 83

职业生涯发展路径非线性的领导者洞见

/ 尼克·拉古路夫　马修·托马斯

目　录

Re-
Imagining
Capitalism

第二部分　参与：更广泛视角下更好的资本主义

第 8 章　对市场经济优越性的理解和误解 / 104

/ 约翰·凯伊

第 9 章　参与要求 / 114

企业在社会中的角色改变

/ 安德鲁·柯仁　德克·马滕

第 10 章　负责任的市场经济 / 132

21 世纪的企业

/ R. 爱德华·弗里曼　彼德汉 L. 帕马　克尔斯滕 E. 马丁

第 11 章　企业既要行为良好又能业绩优良 / 142

并没有想象中那么容易

/ 布莱恩 W. 赫斯特德

第 12 章　"股东至上"是不必要的和不切实际的企业目标 / 155

/ 琳恩·斯托特

第 13 章　小范围播送 / 170

媒体和政治的混乱如何改变经济思考

/ 约翰·斯塔克豪斯

第三部分　前路漫漫，道在何方：一些建议

第 14 章　可持续金融体系的一个设想 / 188

/ 西蒙·扎德克

第 15 章　建立综合报告制度，改造市场经济 / 201

/ 罗伯特 G. 艾克尔斯　比吉特·斯碧斯霍夫

第 16 章　理性期待与信托义务 / 220

通向长期思考的法律途径

/ 爱德华·维泽尔　道格拉斯·萨罗

第 17 章　企业的社会责任 / 238

主动型机构投资者的角色

/ 高顿 L. 克拉克　迈克尔·魏斯

第 18 章　打造内功的长久之计 / 255

领导力、战略和执行的合力归一

/ 布鲁斯·辛普森　蒂夫尼·沃格尔

第 19 章　资源开发的新思维 / 277

以价值观为本的方法

/ 理查德 A. 罗斯　D. 埃莉诺·韦斯特尼

第 20 章　回归市场经济的承诺 / 294

美国青年劳动力市场的机遇

/ 肖恩·博恩　杰拉尔德·切塔维安

第 21 章　结论 / 309

反思资本主义

/ 戴索·霍维斯　鲍达民

第 1 章

风物长宜放眼量

反思资本主义，再造市场经济

鲍达民　戴索·霍维斯　马蒂亚斯·基平

引论：历史的车轮总是向前行进

2009 年，经济学家卡门·莱因哈特和肯尼斯·罗格夫撰写了《这次不一样》⊖一书。该书将 2008 年金融危机（即"大衰退"）置于历史发展的长河之中来进行审视，提炼出所谓"八个世纪的金融愚行"。两位经济学家批判政府（过度）举债造成金融市场动荡不安，当然，其他学者也有不同看法（Coffee，2009；McLean and Nocera，2010；Krugman，2008）。"前事不忘，后事之师"，政府显然未曾懂得这样的道理。试问：2007~2009 年发生的金融危机如今是否已经消退？目前的商业体系是否已照常运转？

20 世纪 30 年代，美国经历了一场"经济大萧条"。即使在这个世界上最发达区域的国度，其民众也依然无法逃避失业、贫困甚至饥饿所带来的悲惨命运；然后是在 1917 年，十月革命爆发之后，社会主义取得胜利，苏联开始以集体所有制经济取代个体经济，以计划经济取代市场经济；第二次世界大战（以下简称"二战"）之后，民主社会思想扩散到全球半数国家和地区。

⊖　该书中文版已由机械工业出版社出版。

　　然而这一次，我们相信这个时代理应有所不同。这不仅与前文所述的经济"大衰退"相关，而且还与人类社会发展受多重因素影响相关。例如，资本主义体系、全球经济繁荣、全球秩序安稳等层面，都受到众多未曾预料的挑战，导致一系列亟待解决的问题甚至威胁。我们回顾自18世纪第一次工业革命伊始的资本主义发展史，毫无疑问它是财富创造的引擎。它带来了生产力的持续收益与经济持续增长，使人类社会逐渐摆脱贫困并改善生存条件。资本主义体制由最初的"大西洋经济圈"扩展至全球范围（Maddison，2001；McCraw，2011）。如今，资本主义的根基却产生动摇，这致使人们对其发展前景备加关注。譬如，资本主义市场经济未来能继续成为财富创造引擎吗？资本主义下的市场经济价值观能够提升人类的幸福感吗？而且，有人批评道，长期价值创造让位于短视投机行为，社会贫富差距拉大，公民明显感受到社会底层摆脱贫困的机会越来越渺茫（OECD，2011，2015；Piketty，2014；Wilkinson and Pickett，2009）。自然环境遭受毁灭性破坏，这对未来若干个世纪产生的影响和后果殊难预料。此外，那些被托付的、被信任的、行使市场经济职能的商业和政治领袖，是否有能力并且愿意把各利益相关者的利益，置于短期利益至上，置于个人利益之上呢？

　　同时，我们也相信这个时代能够有所不同。因为在这个时代，睁一只眼、闭一只眼的"照常将商业运转下去"的心态已经不受欢迎了。关于资本主义体系运转带来的影响及未来发展前景，已不局限于左右派政党的范畴。以美国为例，"茶党"和"占领华尔街"运动的立场，以及唐纳德·特朗普和伯尼·桑德斯的立场，双方均能获得广泛声援。这不就是同一枚硬币的两面吗？除民主政治议题之外，气候变化、水资源供应等问题，已经从联合国或无政府组织的行政管理范畴逐渐进入大众视野，成为企业的利益相关者考虑的问题。

　　本书提倡即刻采取行动，把握机遇，促使人们就如下议题达成广泛共识：将市场经济引领至一种更具责任感、更公平、更具可持续性的发展模式上来，发挥其创造长期价值的功能，即使在当下改革思路尚未明朗，改革引领者尚未明确的情况下，也应如此。本书独特之处在于：它从学术、商业和无政府组织领域中汲取先进经验，从而来探索市场经济的改革之路。改革先锋早已踏上思想与行动的前线，积极探寻市场经济的未来。他们针对面向长远发展的市场经济发展模式，对其理想形态与实现途径，开始从个体与集体层面出发进行探寻，并做出了有力贡献。他们开展研究、分享专业经验，以社会大众更能接受的方式，促使对市场经济的反思逐渐成为事实。

本节引言的剩余部分，则阐述自 18 世纪晚期以来的市场经济发展轨迹及其未来趋势之争。在此基础上，本书随后章节将逐一展开阐述。

研究背景：动态演变、颇具争议的市场经济

主要依靠私营组织、自我驱动与投资收益驱动的，以及依靠商品交换的市场经济体系，未曾有过统一的划分类型。所以，正如罗纳德·道尔（2002：116）所言："市场经济的形态不是固定的。"市场经济一直在演变，有时这种演变较为明显，以至于人们无法确定它理应归到哪个种类中。本节余下文字，将指出其争议与演变过程，分析其在走向可持续发展的过程中，日益结构化、更易理解的演变过程。

自 18 世纪晚期以来的一系列改革尝试

市场改革始于我们现在所说的第一次工业革命时期。它起源于 18 世纪晚期的英格兰地区，随后迅速扩散到欧洲大陆，直至北大西洋地区（Pollard，1981；Stearns，1998）。新型动力（蒸汽机）开始出现，机器开始变得复杂起来（特别是纺织业），这都使得社会财富输出与工人生产效率大幅提升。同时，资本家开始引入新型的组织架构（从作坊到工厂），使得成百上千个员工得以在同一地点完成工作。世界的工业化进程加快，一方面使得人们的生活水平得以提高，经济得以增长；另一方面却滋生出新问题。例如，工人阶级穷困潦倒，非法雇用童工等。在工厂围墙之外，社会也在探索如何扶持工人生活，思考如何让社会大众共享收益。此类举措虽不能彻底解决问题，却也小有成效。例如，更多强调社会责任感与强调公平的市场经济模式生存下来并持续壮大，甚至能推动更具影响力的改革。

在这场"自下而上"的运动中，不少眼光长远的企业家做出行动表率，其中杰出的代表是罗伯特·欧文（1771—1858）。欧文在苏格兰新纳拉克

地区办纺织厂，开展社会主义实验并取得成功，显著改善了工人以及他们的家庭生活条件，因而这也成为当时社会改革者的范本。此后，在德国钢铁大亨阿尔弗雷德的努力下，企业主为提升工人生产效率与幸福感，纷纷效仿准社会主义的政策，即"大家长式管理"，这被称为"承担起工业社会责任的第一步"（McCreary，1968：24-5；Husted，2015）。其他德国企业家走得更远，他们集体倡议：要实行工人劳动时间与工资的规范化管理。同时，要组织雇主与工人共同集资，筹划工人的退休金制度。德国政府后知后觉，若干年后才颁布相关政策。总之，上述关于初期探索值得后人铭记在心，它反映了当时民众的普遍诉求，即全体公民共享工业化成果，资本主义体系理应设法让社会大众更接受（Reckendrees，2014）。

"自下而上"风潮继续演进。1844 年，在英国洛奇代尔地区，出现了一家名叫"洛奇代尔公平先锋合作社"的消费者合作社，它成为以后市场经济社会改革的模板，为后续改革进程树立了鲜明的旗帜。该社的指导原则包括开放的社员注册制度、民主管理制度。1937 年，"国际合作运动"仍沿用该原则。如今私有企业或上市公司（Birchall，1997）在维系自身成长与发展之余，也积极努力尝试合作型经济。有了合作型经济在金融方面的支撑，农业、建工等关系到社会民生的行业才能得以兴盛不衰。美国的"国家农场保险公司"和"泛美保险公司"，也是在众多投保人的大力支持之下成功的。

日趋强大的舆论压力与日渐壮阔的劳工运动，以及为此背书的诸多参议政党，这些形势共同促使政府做出妥协，寻求更全面的社会改革。19 世纪三四十年代，英国新颁布的《工厂法》，出现了针对非法雇用童工的条款。当然，非法雇用童工仍在其他国家时有发生，时至今日部分发展中国家依旧如此。19 世纪下半叶，德国产业界开始普及工人的强制社保制度，这一制度随后在 20 世纪全面普及。综上，19 世纪末 20 世纪初，市场经济体系的许多方面都开始呈现出更具有系统性、可持续化的变革。

更具系统性的市场经济改革之路

19 世纪末 20 世纪初，第二次工业革命爆发，市场经济迎来新的发展机遇。美国等国家开始涌现出大型企业组织，来供应迅猛膨胀的城市消费需求，例如，日用品、汽车，以及钢铁、化学制品、机械等进口商品

（Chandler，1990）。一时间，市场经济一路突飞猛进，产业工人汇聚成百上千的规模。由此带来的管理难题逐渐涌现，但这阻挡不了改革的步伐。

比如亨利·福特（1863—1947）。亨利·福特在福特 T 型车的制造过程中，引入组装流水线的先进管理方式，大大提高了生产效率。他以低廉的价格让利市场，与市场共享盈利成果。同时，通过减少工人劳动时间（之前是朝九晚八工作制），提高工人工资（翻倍至 5 美元 / 小时）等方式，这些在 20 世纪初看来让利幅度非常大的方式，给工厂雇员带来福利。当然，这些举措旨在鼓励工人阶级买车消费，来反哺汽车制造业的成长。但正是借助这种良性循环，通过提供较高福利待遇吸引人才，进而降低返工率与废品率，最终才使得生产效率更高（Brinkley，2003）。另一位代表人物，名气虽小但不可或缺的人物，就是波士顿百货公司的老板爱德华·费林（1860—1937）（Stillman，2004）。1916 年，费林面向全球的零售商组建了一个传播更具社会合作思想的跨国联盟。1919 年，他组建了基金会（即 1922 年的"20 世纪基金会"，今日"世纪基金会"的前身）来传播其富有社会责任意识的思想。同期福特、卡内基、洛克菲勒等商业大亨，虽然身背"强盗大亨"的骂名，但他们也成立了基金组织，促成了类似目标的达成，发出当下我们所熟知的"为全人类谋福祉"的口号（https://www.rockefellerfoundation.org/our-work）。

总之，美国新涌现的这批基金或组织推动了市场经济体系的改革进程，促成了 19 世纪 80 年代至 20 世纪 20 年代的"大进步"时期的出现（详见 Gould，2001；欲了解"大进步"与欧洲的关系，详见 Rodgers，1998）。这批基金或组织通过表决反对垄断法，开展政府倡廉提效行动，以及为妇女主张选举权等方式，试图打破国家过度管控经济的局面。事实表明，此举颇得人心，形成了解决当时社会问题的一揽子方案。政府对上述系统化的解决思路予以大力支持，这种企业、政府联动的局面，堪称社会改革的表率。例如，在 1929 年的股市震荡重创美国经济的危急时刻，美国社会陷入"大萧条"时期。1933 年，富兰克林·罗斯福总统主导的"罗斯福新政"（Kennedy，2009）力挽狂澜，逐渐恢复国家元气。当时，政府举措包括：整合了银行、金融监管的资源，成立了"证券交易委员会"；规定了工人的劳动标准和工会的权力；打造了社会保险体系、失业与退休管理体系；主导了大型公共基础设施的建设。

富有前瞻意识的企业家不顾众人反对，也支持社会改革。著名的 IBM 掌门人托马斯·沃森认为，"IBM 不只是一家公司……还是一家这样的机构，它推动世界进步，带给世界和平……"（Maney，2003:174）。各大商学院作为后起之秀，也在倡导社会改革的提议，希望职业经理人扮演更丰富的社会角色（详见 Khurana，2007；Engwall et al.，2016）。哈佛商学院（HBS）前院长唐纳德 K. 戴维，在谈及《商业领袖的责任》（Merrill，1948: xiv）一书时，给出了极为精辟的观点。他谈及的著作在分析美国职业经理人的定位时指出：

商业管理者要胜任自己的工作，一定要懂得，在一个自由的社会，他的企业要能在相当长时间内维持获利的现状，只需服务于公众。并且，在雇员、持股人、供应商、客户以及所有直接影响自身商业活动的其他人之间，在吸引他们长期关注自己的前提下，寻求合理平衡点。

二战结束后，"利益相关者"模型理论受到美国社会广泛认同，理论开始成型（Freeman and Reed，1983；Aguilera and Jackson，2010）。彼得·德鲁克（1954）在《管理的实践》⊖一书之中将"利益相关者"模型奉为经典。20 世纪五六十年代，艾森豪威尔总统与约翰逊总统执政期间，经济制度改革举措的形成都归功于"利益相关者"模型。在西欧、日本等国家或地区，政府经过长期本土试点，开展类似的经济制度改革，使得本国资本主义承担起更多的社会责任。这些改革通常有国内政商界精英的积极参与，以及来自美国政府、企业以及前面提及的基金会与机构的广泛智力和物质支持（Djelic，1998；Kipping and Bjarnar，1998；Kudo et al.，2004）。我们认为，"利益相关者"模型是否催生了当时的经济制度改革，二者难以建立单一因果关系。值得注意的是，包括美国在内的诸国利用区区数十年光阴实现了本国经济前所未有的增长，实现了本国无与伦比的繁荣。这一时期，德国创造出"经济奇迹"，法国经历了"辉煌的三十年"。

因此，当时间来到 20 世纪 30～60 年代，在全球发达国家和地区，承

⊖ 此书中文版已由机械工业出版社出版。

担社会责任的长期导向的市场经济从早期孤立、琐碎的尝试，转为主流的并成为普遍适用和广泛接受的成果。尽管"利益相关者"模型的价值不可否认，但它对市场经济的影响仍是微乎其微的。因为在接下来的 20 世纪 70 年代的美国，人们转而崇尚"股东价值"理论。

从胜利复苏走向寻求本质层面的革新

令人费解的是，人们逐渐开始质疑这样一个强调社会责任、基于"利益相关者"需求导向和定位长远的经济模式。也许，一方面，原因出在"利益相关者"自身的问题上，每个利益团体都将自身具体利益置于他人利益之上；另一方面，也要归因于外部环境因素，包括"越南战争"造成的不确定性和动荡，"布雷顿森林体系"的崩溃及由此导致的汇率动荡，以及 20 世纪 70 年代的石油危机和通货膨胀危机。此外，"新自由主义"（Neo-liberalism ⊖）（Krugman，2007）思潮兴起，政府因经济领域的失败而遭到国民的质疑……上述所有因素，共同使资本主义社会出现了历史学家查尔斯·迈尔（2010）所说的影响深远的"不适"。反过来说，这种"不适"却激发了单个利益相关者的探索欲，为那些拥有公司股份的人打开了大门，激发人们重新思考资本主义制度。关于这一转变原因的分析，米尔顿·弗里德曼（1970）的分析极为精辟。他说，公司的管理人员只是"受股东委托，为股东利益服务的代理人""企业的社会责任是增加利润"。

20 世纪八九十年代美苏冷战期间，市场经济复苏，这也许是"股东价值"理论在发挥作用，也许是其他因素在发挥作用，当然首要的因素是信息技术革命。但是自二战结束以来，由于北欧诸国大力推进资本主义朝现代化演进，促使其更加具有社会责任担当意识和包容的特点，促使本国经济更具竞争力，因而美国的经济增长率无法与北欧诸国相媲美（Fellman et al.，2008）。各资本主义国家之间的经济实力落差拉大，这一现象成为更加紧迫的学术研究课题，这些课题涵盖："股东至上"模式和"利益相关者"模式，以及学术热点——"自由主义市场经济"和"国家协调下的市场经济"（Hall and Soskice，2001）。

⊖　英国现代政治思想的主要派别。——译者注

此后，批判与劝诫的声音此起彼伏。评论家米歇尔·阿尔伯特（1993）早期曾告诫过"新美国模式"及其"对个人成就和短期利润的痴迷"的后果。阿尔伯特不仅试图说服法国（他的祖国）导入"莱茵模式"⊖，而且强调了排外和短期主义对美国本身的危害。同样，道尔（2000）分析了"福利资本主义"（welfare capitalism）的优点，批判了包括德国、日本在内的企业。德企与日企的管理层痴迷于股票期权，思维局限在如何做好季度业绩。

激发改革的最根本因素，是（产能）过剩及资本主义股东模型内部引发的危机。这其中就包括：千禧年的互联网股市泡沫破裂、安然破产事件、美国世通事件、伯尼·马多夫丑闻，以及最后不得不提的 2007～2009 年金融危机，即次级抵押贷款及其证券化（Lewis，2010）。"季度资本主义"（Barton，2011）越来越多地遭受来自学术、舆论界的广泛批评，商界自身也在反省，这点极为重要。越来越多的政治领导人开始关注气候变化、水与食物资源所面临的日益增加的威胁等，这些环境因素也对市场经济的发展构成巨大的威胁。本章将侧重分析其中颇具代表性的观点。

市场经济体制的内在变革

本书旨在推进市场经济继续成为创新的源泉、财富的引擎，帮助我们成功面对当下以及未来的关乎社会与环保问题的挑战。本书从回溯资本主义自身的历史发展长河开始，辩证分析资本主义自身缺陷，探索缺陷弥补之道。本书汇聚最具代表性的思想者与行动者的观点，他们都是践行市场改革的先锋，有着共同的奋斗目标。

本书共分三个部分。第一部分列举了反思资本主义下的市场经济体系的典型案例。第二部分综述了本领域资深学者的观点。学者批判资本主义的诸多缺陷，同时重点关注商业在市场经济中所扮演的角色，尝试探索市场经济改革之道，这种探索非常关键。第三部分总结了诸多改善市场经济体系的建议，推进市场经济向着追求社会责任感、可持续发展和关注长期发展之道的方向前进，并借此作为全书的结论。

第一部分以保罗·波尔曼的观点作为开篇。他以联合利华集团（简称

⊖ 盛行于德国、瑞士和荷兰的另一种市场经济体系。——译者注

联合利华）的改革思路为例，介绍其是如何摆脱短视思维，并引导企业走
向财富共享和保护地球之路的。波尔曼倡导"众人拾柴火焰高"，鼓励企业
开展跨界合作。同时建议公司管理层转变管理思维，争取获得社会公众的
信任。紧接着，凯瑟琳·麦克劳林和董明伦在文章中指出：规模够大（大
到可以满足足够多的利益相关者的需求水平）、业绩较好的公司，能以兼顾
商业与社会利益的途径，影响甚至重塑全球体系。为此，两位学者还列举
了沃尔玛在食品可持续发展方面所付出的努力。接下来的两章则专门分析
走"长远发展之路"的企业。如盖仑·威斯顿所说，家族企业为全体股东
创造价值时，通常要统筹未来几十年的发展，眼光并未局限在季度营收情
况之上。这些家族企业采取面向长期的甚至是"非常规"的策略，来参与
所谓的"长期资本"的实践。此外，该文列有其他家族企业案例，其中包
括作者自家的加拿大零售超市罗布劳（Loblaws）。另一类面向长期的组织
形式是"合作联社"。作者莫尼克·勒鲁结合自己在加拿大"加鼎银行"的
工作经历，探讨了合作联社的具体功能。合作联社的民主治理模式，十分
关心处于核心层面的利益相关者群体。正是如此，合作联社才能逐步从最
近的金融危机中恢复过来。塔塔集团的拉坦 N. 塔塔在本书中提出："社团
是重要的利益相关者之一。"塔塔集团在回顾自身企业的发展史时，通篇提
到社团，认为社团是维系塔塔集团运转的重要支撑力量。虽然，这可能是塔
塔集团在欠发达的商业环境下自主摸索出来的方式，但是作者认为，照顾好
本土社团与跨国社团的利益，能成为 21 世纪构建更好社会的方式。本部分
最后一章，尼克·拉古路夫与马修·托马斯，在分析了众多颇具责任感的领
导人之后，发现"那些拥有跨部门、跨领域和跨文化的多元从业经验的领导
者，相当于穿戴着最佳战斗装备，能从容应对当下及未来在商业、社会层面
出现的复杂挑战"。特别地，所谓"只要功夫深，铁杵磨成针"的专才修炼
理论有待思辨。

　　本书第二部分，开篇是约翰·凯伊关于市场经济成功经验的总结。市
场要取得卓越的表现，不仅要强调市场给予真实的反馈，还要警惕它们
倾向于"寻租经济"的心理——"与其创造新财富，倒不如将现有财富
进行增持配股"。因此，凯伊认为现代商业的成功不仅源自个体经济的努
力，同样也取决于协作联社，以及社会组织、社团的扶持力度。对此，安

德鲁·柯仁和德克·马滕进一步探讨了当今商业在社会上所扮演的更宽广的角色，包括维护人权，提供公共服务，制定民生政策等。两位作者提倡，从协作目的分析、协作效果考核、合作伙伴选定等评价维度，来审视协作型商业体系的运转质量。紧接着，R. 爱德华·弗里曼、彼德汉 L. 帕马和克尔斯滕 E. 马丁，从更规范的研究视角提出："虽然到了 21 世纪，但人们对商业与价值创造的认识，包括全体利益相关者的相关性与相互依存性的认识，依然不够深入。"布莱恩 W. 赫斯特德指出，职业经理人同时兼顾金融成就与贡献社会价值、追求环保事业的可行性不大，这必然是一个权衡利弊、有舍有得的过程。再接着，琳恩·斯托特剖析了这样一个迷思，即是否应将"股东至上模式"中的股东利益最大化作为企业的唯一目标。在本书第二部分的最后一章，约翰·斯塔克豪斯展望了企业在公众意见诉求、构建舆论力量方面所扮演的社会角色，通过这些角色企业也能推动资本主义改革。诚如前文所述，过去曾经扮演举足轻重角色的企业，在技术创新的冲击下，地位逐渐动摇。在提升信息的通达性与独特性的同时，技术却使人们的注意力变窄，使人际沟通变得碎片化，使协作联社改革变得更具挑战性。

本书第三部分，聚焦于市场经济重塑与改革的途径问题，具体是指如何运用和跨越个人领导力，实现重塑与改革进程在深度、广度上的拓展。"联合国环境规划署"一直在探索更具可持续性的经济发展模式，西蒙·扎德克对此跟踪研究多年，他总结出一套颇具包容性与平衡能力的金融体系。类似地，协作联社导入"价值总览报告"⊖（Integrated Reporting）的会计规则，对此罗伯特 G. 艾克尔斯和比吉特·斯碧斯霍夫有专门论述。这种机制，迫使公司审视生产原料的相关问题，探索问题解决之道。比如，跨国企业生产原料的相关问题，影响其跨时区的价值创造能力。爱德华·维泽尔和道格拉斯·萨罗研究了加拿大与美国的个案后，特别强调了法律是在约束协作联社方面所扮演的第一个强硬角色，具体是指要求联社估计全体利益相关者的诉求，理清如何执行长期规划的先后顺序。第二个强硬角色，则是机构投资者。高顿 L. 克拉克与迈克尔·魏斯根据文献调研发现，企业

⊖　国际会计界希望将公司财务信息与环境保护、社会责任履行和公司治理等信息加以整合，共同披露。——译者注

社会责任（CSR）与企业财务表现二者呈正相关关系，而机构投资方在推进企业社会责任方面，握有更积极的支配欲和更高效的管理资源，因此两人表示全力支持机构投资方的加入。布鲁斯·辛普森与蒂夫尼·沃格尔主张企业及企业主应承担更多社会责任，两人认为 CSR 在远见卓识的领导力、警觉性强的企业战略、完美执行力三个因素共同组成"三位一体"的情况下最能发挥成效。接下来两章，则将结合案例，分析如何破解当前体系改革进程中所遭遇的困局。理查德 A. 罗斯和 D. 埃莉诺·韦斯特尼以采矿业为例，提出为确保环保工作顺利开展和财富的公平分配，人们需要就两个问题达成一致，即承认利益相关者之间存在差异，承认各方在提出不同诉求的背后所代表的不同价值观。同时两人特别强调了董事会在权衡各方利益时所扮演的重要角色。肖恩·博恩与杰拉尔德·切塔维安，则以更自下而上的方式研究美国的案例，强调有必要重新树立起年轻人对市场经济的信心。他们认为，在劳动力市场中，年轻人表现出自由散漫的心态和竞争力方面的缺陷。只有重塑年轻人的信心，才能弥补工作技能上的不足。

在本书的结论部分，戴索·霍维斯和鲍达民在前文综述的基础上，规划出构建可持续市场经济的必经之路。在宏观层面上，两人将目光从狭义的"股东至上"市场经济模式，转移到强调长期价值创造的模式上，探讨了如何定义利益相关者的各方权益优先级问题；在微观层面上，两人劝诫职业经理人、企业执行团队和董事会成员，希望他们摆脱"季度资本主义"桎梏，发挥主人翁精神，以长远的眼光做投资，创造可持续发展的价值。

致谢

本书集众人智慧之结晶，是众人无私奉献的成果。感谢全体作者，他们积极参与编著，认真采纳编辑的意见和建议；感谢我们牛津大学出版社的大卫·穆森和克莱尔·肯尼迪，他们付出耐心等待本书的最终成稿，指导我们完成整个出版过程；感谢所有幕后默默付出的伙伴们，他们提出了宝贵的优化建议和建设性的意见，帮助我们完成编辑工作，识别与核对参考文献，并保障所有参与者开展流畅的沟通工作。特别感谢如下作者的宝贵意见和建议（按姓氏首字母排序）：丽莎·安德鲁斯，凯瑟琳·鲍尔曼，安德鲁·思达，伊冯娜·玛索普，保罗·皮瓦托，迪安娜·施密特，乔安妮·斯泰因和莉莉·王淑曼。依据往常惯例，原文作者文责自负。

参考文献

Aguilera, R. V. and Jackson, G. (2010). "Comparative and International Corporate Governance," *Academy of Management Annals*, 4(1): 485–556.

Albert, M. (1993). *Capitalism vs. Capitalism*. New York: Four Walls Eight Windows (French original: *Capitalisme contre capitalisme*. Paris: Le Seuil, 1991).

Barton, D. (2011). "Capitalism for the Long Term," *Harvard Business Review*, 89(3): 84–91.

Birchall, J. (1997). *The International Co-operative Movement*. Manchester: Manchester University Press.

Borruso, M. T. (ed.) (2012). "McKinsey on Cooperatives." Available at: <http://www.mckinsey.com/client_service/strategy/latest_thinking/mckinsey_on_cooperatives>.

Brinkley, D. G. (2003). *Wheels for the World: Henry Ford, His Company, and a Century of Progress*. New York: Penguin.

Chandler, A. D., Jr. (1990). *Scale and Scope: The Dynamics of Industrial Capitalism*. Cambridge, MA: Belknap Press of Harvard University Press.

Coffee, J. C. (2009). "What Went Wrong? An Initial Inquiry into the Causes of the 2008 Financial Crisis." *Journal of Corporate Law Studies*, 9(1): 1–22.

Djelic, M.-L. (1998). *Exporting the American Model: The Post-War Transformation of European Business*. Oxford: Oxford University Press.

Dore, R. (2000). *Stock Market Capitalism: Welfare Capitalism—Japan and Germany versus the Anglo-Saxons*. Oxford: Oxford University Press.

Dore, R. (2002). "Stock Market Capitalism and Its Diffusion," *New Political Economy*, 7(1): 115–27.

Drucker, P. F. (1954). *The Practice of Management*. New York: Harper and Row.

Engwall, L., Kipping, M., and Üsdiken, B. (2016). *Defining Management: Business Schools, Consultants, Media*. New York: Routledge.

Fellman, S., Iversen, M. J., Sjogren, H., and Thue, L. (eds) (2008). *Creating Nordic Capitalism: The Business History of a Competitive Periphery*. Basingstoke: Palgrave Macmillan.

Freeman, R. E. and Reed, D. L. (1983). "Stockholders and Stakeholders: A New Perspective on Corporate Governance," *California Management Review*, 25(3): 88–106.

Friedman, M. (1970). "A Friedman Doctrine: The Social Responsibility of Business Is to Increase Its Profits," *New York Times*, September 13.

Gould, L. L. (2001). *America in the Progressive Era, 1890–1914*. New York: Longman.

Hall, P. A. and Soskice, D. (eds) (2001). *Varieties of Capitalism: Institutional Foundations of Comparative Advantage*. Oxford: Oxford University Press.

Husted, B. W. (2015). "Corporate Social Responsibility Practice from 1800–1914: Past Initiatives and Current Debates," *Business Ethics Quarterly*, 25(1): 125–41.

Kennedy, D. M. (2009). "What the New Deal Did," *Political Science Quarterly*, 124(2): 251–68.

Khurana, R. (2007). *From Higher Aims to Hired Hands: The Social Transformation of American Business Schools and the Unfulfilled Promise of Management as a Profession*. Princeton, NJ: Princeton University Press.

Kipping, M. and Bjarnar, O. (eds) (1998). *The Americanisation of European Business*. London: Routledge.

Krugman, P. (2007). *The Conscience of a Liberal*. New York: W. W. Norton.

Krugman, P. (2008). *The Return of Depression Economics and the Crisis of 2008*. New York: W. W. Norton.

Kudo, A., Kipping, M., and Schröter, H. G. (eds) (2004). *German and Japanese Business in the Boom Years: Transforming American Management and Technology Models*. London: Routledge.

Lewis, M. (2010). *The Big Short: Inside the Doomsday Machine*. New York: W. W. Norton.

McCraw, T. K. (2011). "The Current Crisis and the Essence of Capitalism," *Montréal Review*, August. Available at: <http://www.themontrealreview.com/2009/The-current-crisis-and-the-essence-of-capitalism.php> (accessed April 18, 2013).

McCreary, E. C. (1968). "Social Welfare and Business: The Krupp Welfare Program, 1860–1914," *Business History Review*, 42(1): 24–49.

McLean, B. and Nocera, J. (2010). *All the Devils Are Here: The Hidden History of the Financial Crisis*. New York: Portfolio/Penguin.

Maddison, A. (2001). *The World Economy: A Millennial Perspective*. Paris: OECD.

Maier, C. S. (2010). "'Malaise': The Crisis of Capitalism in the 1970s," in N. Ferguson, C. S. Maier, E. Manela, and D. J. Sargent (eds), *The Shock of the Global: The 1970s in Perspective*. Cambridge, MA: Belknap Press of Harvard University Press, pp. 25–48.

Maney, K. (2003). *The Maverick and His Machine: Thomas Watson, Sr. and the Making of IBM*. New York: Wiley.

Merrill, H. F. (ed.) (1948). *The Responsibilities of Business Leadership*. Cambridge, MA: Harvard University Press.

OECD (2011). *Divided We Stand: Why Inequality Keeps Rising*. Paris: OECD Publishing.

OECD (2015). *In It Together: Why Less Inequality Benefits All*. Paris: OECD Publishing.

Piketty, T. (2014). *Capital in the Twenty-First Century*. Cambridge, MA: Belknap Press of Harvard University Press.

Pollard, S. (1981). *Peaceful Conquest: The Industrialization of Europe, 1760–1970*. Oxford: Oxford University Press.

Reckendrees, A. (2014). "Why Did Early Industrial Capitalists Suggest Minimum Wages and Social Insurance?" Munich Personal RePEc Archive (MPRA) Paper No. 58186. Available at: <https://mpra.ub.uni-muenchen.de/58186/>.

Reinhart, C. M. and Rogoff, K. S. (2009). *This Time Is Different: Eight Centuries of Financial Folly*. Princeton, NJ: Princeton University Press.

Rodgers, D. T. (1998). *Atlantic Crossings: Social Politics in a Progressive Age*. Cambridge, MA: Belknap Press of Harvard University Press.

Stearns, P. N. (1998). *The Industrial Revolution in World History*, 2nd ed. Boulder, CO: Westview Press.

Stillman, Y. (2004). "Edward Filene: Pioneer of Social Responsibility," *Jewish Currents*, September. Available at: <http://www.jewishcurrents.org/2004-sept-stillman.htm>.

Wilkinson, R. and Pickett, K. (2009). *The Spirit Level: Why Greater Equality Makes Societies Stronger*. London: Allen Lane.

第二部分

开拓创新：

模范领导的作用

Re-
Imagining
Capitalism

第 2 章

重建信任

让胸怀社会、目光远大的企业模式成为工商业的追求

保罗·波尔曼

引言：重建信任之路，势在必行

温斯顿·丘吉尔曾说过一句著名的话："民主制是除所有其他形式之外，最糟糕的政府治理形式。"如果他能观察到当今的市场经济体系，也许会继续表达同样的观点。市场经济尽管存在缺陷，但在提升普罗大众的民生状况和促进经济繁荣方面，仍无可匹敌。市场经济是满足市场需求、投资高价值创意、实现人职匹配的最佳模式。但即使是"最佳"模式，也依然不够——市场经济在许多层面都正在让我们感到失望，这个体系在理论与实践上都存在深度缺陷（参见本书第 8 章和第 20 章）。其中最致命的缺陷是它无法较好应对"外部挑战"——在非市场领域表现糟糕。当然这有好有坏，但消极成分更多，因此引发了经济学家的批判（Helbling，2010）。典型的"外部挑战"就是制造了环境污染，我们都忽视了自己正在几乎毫无成本地消耗着地球给予我们的自然资源。在经济学理论上，市场经济同样存在诸多隐患，例如，对未来一如既往地偏爱利用"贴现率"来挤压未来的利益空间，和对追求短期绩效的普遍痴迷（Barton，2011）；无法对社会与商业极有价值的事物估价，例如，员工技能和知识以及痴迷于经济增长的最大化，轻视了其他环节。

我们不难预料其后果。在环保方面，我们不惜以巨大代价追求经济增长率，不断挑战着地球的容忍极限。我们耗尽关键自然资源的"库存"与"存货"，使地球不再拥有稳定的气候、清新的空气、纯净的水资源、丰富的食物、纤维和矿产。这些资源是社会和经济得以运行的关键资源（参见本书第 19 章），并不是人们拿来锦上添花的器物，更不是奢侈品。我们身处悬崖边缘，甚至已经越过悬崖。最新科研结论警告我们，这种模式"将给人类与生态系统带来严峻、无处不在、不可逆的后果"（IPCC ⊖，2014：8）。从巴基斯坦、俄罗斯、泰国与菲律宾的极端气候增多，到非洲、澳大利亚、欧洲南部、拉丁美洲的持续干旱，再到横跨美国西部一长线地区的干旱符咒，记录显示，上述气候灾害可能已经常态化（Carrington，2014）。几年前，由联合国召集来自全球的优秀气候学家曾警告说："极端气象事件将以国家和地区为单位横扫亿万生灵，使洪水泛滥，生灵涂炭。"（Harvey，2011）。

总之，我们当前的生态系统正在给人类造成无数生物物理损害，威胁我们已有万年历史的人类社会。但是，我们宁愿耗费如此高昂的代价，追求所谓的"带给每个人"繁荣的市场经济。事实上，我们努力的结果却是在拉大社会的贫富差距。地球上 12 亿最为贫困人口的消费额仅占全球经济消费额的 1%，但 10 亿最为富裕人口的消费额几乎占据全球 3/4。另外，令人觉得极度荒谬的是这样一组数据——全球 62 个最富裕的人所拥有的财富，相当于 36 亿全球最贫困人口的所有财富总和（Oxfam ⊜，2016）。该组织的执行董事温妮·比扬依玛曾感叹道："时间来到 21 世纪，全球最富裕群体拥有相当于全球半数人口的财富总和，这个群体的人数，竟然用一节火车皮就能安排他们舒舒服服地坐下，这令人感到惊愕不已。"（Puzzanghera，2014）社会金字塔底层的贫苦大众，仍挣扎于温饱生命线上。每年有超过 30 亿人死于水资源问题、卫生设备问题和相关卫生问题；超过 20 亿人的基本卫生需求得不到满足（Water.org，2015）。10 亿人在与肥胖做斗争之时，却还有 10 亿人不能确定自己可否撑过饥饿的黑夜（Nierenberg and Small，2014）。

因此，市场经济实际上是一组由方程式构成的复杂体系，它善于从方

⊖　IPCC 是"联合国政府间气候变化专门委员会"的简称。

⊜　乐施会（Oxfam）是一个具有国际影响力的发展和救援组织的联盟。

程式求解生产效率的问题，却不善于求解事关公平或繁荣的问题。它能求解如何提取经济价值以及将其最大化的问题，却不能求解真正事关生命的问题：幸福感、共享繁荣成果、社团协作、真诚，以及也许是最重要的——人生追求。本章探讨的主题，是商业必须扮演这一基本角色，即"能致力于破解这些困局，能确保市场经济在真正重要的领域发挥价值"。本章结构如下几个方面。先剖析市场经济缺陷，包括"为迎合最具价值人群而不惜代价消耗宝贵的生态资源，在经济运转方面也不惜付出高昂成本"。紧接着是本章核心，探讨了商业在应对上述挑战中面临的使命和具备的能力。这里首先强调了要重新赢回社会信任的意义；其次以联合利华公司为例，分析了公司作为单独个体而力所能及的事务（其他相关案例可参见本书第3～5章）；最后强调在应对巨大挑战面前，抱团取暖的必要性。结论部分，则提出商业体系"迈向卓越"的愿景。

商业与经济体的运转成本

　　市场经济的结构性缺陷，使得商业与我们的经济体运行成本非常高。原纽约市长迈克尔·布隆伯格称，极端气候"已让本市多付出数十亿美元的成本"（引用 in Risky Business，2014：2）。布隆伯格携手美国前财政部长亨利·保尔森和美国亿万富豪、前法拉龙资本管理创建人汤姆 F. 斯泰尔联合发起"风险商业项目"计划，该项目研究报告《美国气候变化的经济学风险》（以下简称《风险》报告）曾例证指出，在未来数十年内，因海平面上升，沿海地区将极有可能造成 7000 亿美元的财产损失。作为回应，该项目加入"碳交易"行列。所谓碳交易，是以"碳排放限额权"作为定期交易的商品，并以市场规律运转，实现分摊气候变化所需成本的交易。

　　"风险商业项目"的合作伙伴并非单枪匹马。金融投资机构能汇聚成 24 万亿美元的强大实力，"以满足稳定、可信赖、具有经济价值的碳交易需求，重新规划投资方向，建立与应对气候变化挑战所需成本的同等体量，这其中就包括逐步取消矿石燃料津贴所需成本"（UNEP [⊖]，2014）。世界银行呼吁全球加入碳排放交易行列，并联合 73 个国家和超过 1000 家企业共同签

　　⊖　UNEP 是"联合国环境规划署"的简称。——译者注

署"碳排放交易声明"。当实力强大的主流金融机构汇聚成如此庞大的资金库，而参与碳排放交易的国家，其对全球 GDP 贡献也已达到 52% 时，你知道，势头将有所改变了（World Bank，2014）。正如《风险》报告明确指出的那样，我们的经济运行成本是真实发生着的，是在持续增多的，所以上述这些投资人和商人正在推高碳交易价格。世界已经见证了部分国家和地区，在备受地缘政治危机迫害后，经济运行艰难，民生潦倒，在这些地区，地缘政治危机与环境威胁紧密相关。

我们能直接计算的全球经济损失非常惊人，仅在过去的 10 年，全球在应对自然灾害方面，比往常多花费 2.7 万亿美元（Our Planet，2014）。在联合利华，我们已经见证额外成本的第一轮产生过程。在这里，每年花费在应对自然灾害和地缘政治危机上的成本已膨胀到 3 亿欧元。纵览全球剧烈的气候变化，菲律宾飓风导致远洋航线关停，英国洪水导致配电网络陷入瘫痪。这种自然灾害经常发生，全球各地公司疲于应对，维护供应链的成本极其高昂。2011 年泰国大洪水，导致该国硬盘与汽车生产线被迫关停数月。在某些地区，大型食品与农业企业不得不关停生产线数日甚至更久。异常气候时有发生，而形势严峻的旱情波及农场和全球食物供应链，仅美国就为此额外花费数十亿美元。近年日用品价格迅速上涨，部分商品的价格甚至翻了两三番，这不仅仅是因为中产阶级崛起，还因为极端气候波及供应商（Gober，2008）。

总之，我们已经濒临大自然的承受极限。只要存在气候变化，只要存在贫富差距过大与社会不公，就会使商业运转受到影响。也许是第一次有这么多人意识到这样一个问题——"不作为的成本，高于有所作为的成本"。当全球人口数量迈向 100 亿或 110 亿时，所有人追求更高生活标准，这就要求我们设法从根本上去改变我们生活起居、饮食、旅游、经商的方式（Kunzig，2014）。这已成为当代核心问题：如何在不再对地球竭泽而渔的前提下，为数十亿人提供繁荣？新型商业体系，也许是解答问题的关键。

商业体系应对上述挑战的必要性与可行性

涉及全球的问题当然需要协作解决，这意味着政府需要与其他主要的社会共同体协作。但是，政府机构与国际型组织，自身仍面临诸多最具全球化特征的挑战。政府无暇分身的原因有很多，比如，要在财政捉襟见肘的窘境中应对金融危机，或者要修补社会的结构性缺陷。其中，结构性缺陷包括被滥用的"三权分立"制度。在西方国家，该制度正在耗尽政府的最后一点精力。据说印度总理纳伦德拉·莫迪向印度人民承诺的竞选口号是"政府最小化，施政最大化"。甚至我们可以说，所谓的社会结构，其设计思路还停留在 20 世纪的认知上。例如，在"布雷顿森林体系"设立的年代，世界经济主要由欧美操控；当前金砖四国（巴西、俄罗斯、印度与中国）已发展到能与欧美抗衡的经济体量，但之前设立的组织并未做调整。而且，因为没人愿意妥协与让步，200 个国家的代表在一个屋子里讨论不出一套可行的解决方案，而屋子外头的形势已经迫在眉睫。

所以，我们有必要让商业体系，联合其他社会组织一道，共同发挥作用并填补空白。我们面临的严峻挑战是全球范围的，理应抱团取暖。商业虽然经济体量大，但我们还要让民间团体政界、学界也参与。商业的经济体量之大，可以用几组数据佐证。在发展中国家，商业对 GDP 的贡献比重为 60%，商业对财务现金流的贡献比重为 80%，商业对社会新增就业岗位的贡献比重为 90%（UN，2014）。世界银行行长金墉说，"私营企业为社会提供 90% 的就业岗位，这一点很关键，政府因而能做好社会治理"。商业体系的背后代表着数万亿计的资本、不计其数的创新以及敏捷的执行。自然灾害发生后，商业体系能以更有组织性、始终如一的方式，实现精准救援，而政府的做法通常是派代表过去围着灾民看。商业的力量如此之大，我们不应贡献一份力量吗？

就本质而言，企业高管层应做彻底的战略与战术变革，厘清商业层面的操作目的及其方式（Winston，2014）。这类自带责任使命意义的新型市场经济，超越了"企业社会责任"或"可持续发展能力"这样的传统定义，开始从单一的按执照要求运营，迈向主动探索新的运营理念。处在商业管理层的我们，需要调整自身视野，聚焦到长期的、能实际创造价值的、非季度营业额导向的商业模式上。这种全新的视野，使得商业从多年来一直服务于股东需求，转变成服务于公民与社团实体的需求。这样的视野，还使得商业开始将自身融入社会，而不是脱离社会。通过这种思路我们能清楚意识到——以前我们将"环保与社会问题"摒除在商业管理之外，该是多么荒谬。显然反过来说，商业是社会的一部分，是社会最为重要的表现方式（参见本书第 9 章和第 10 章）。但当盘点所有社会需求时，我们面临着一个巨大的挑战：如何克服社会信任危机。

规划：如何重建商业领域的信任

解决全球问题需要相当高程度地调动各种经济力量，这离不开信任，但当今社会缺乏信任。来自埃尔德曼国际公关公司的一项全球调查结论显示：全球不到一半的人并不信任政府。甚至商业领导人群体的信任感更低——仅 20% 的人认为可以坦白陈述真相，或遵守伦理来做出决策（Adams，2014）。商人"在商言商"，社会公众是被他们遗忘的角色。贪污腐败，石油泄漏，用危险品做生产原料制造假冒伪劣产品，以及大型金融机构修复基准利率或操纵汇率，这些丑闻几乎每天都在发生。这种信任缺失，使得我们在和客户、员工或社团实体谈商业合作时，能感受到契约精神的丧失以及信任感的缺失。在传统的金融运转中，股东若不持仓加注资金，我们就只能靠更勤奋地工作赢得局面的改善。信任的亏空使得我们骑虎难下。

信任危机给罔顾公众利益的商业大亨造成巨大困扰。新技术涌现与透明度提升，使得公众能自己掌握命运。社会大众开始自行抱团取暖、互通有无。例如，一位 17 岁少女在 Change.org 网站上，就"苏打水成分"的质疑发出请愿书，迫使全球最大的饮料企业妥协，同意剔除某种存疑的饮品添加剂成分；还有人驱使公司就产品可回收性以及底层民众是否可获得做出解释。社会大众甚至彼此联合起来，他们所策划的解决方案或商业模式同样能与大公司相匹敌。他们用协作型消费方式，来挑战汽车行业、酒店业、服装业等的游戏规则。

察觉到这一迹象的公司才有光明的未来，因为这批公司能重建信任，转型为协作型解决方案的一部分。不愿做出改变的公司将被淘汰，因为它们成为"恐龙物种"，变得落伍、守旧，最终被淘汰出局。所以关键问题是如何创建一种全新的市场经济运作形式，为商业重建信任。让我们从生活中我们所信赖的人群开始分析。值得信赖的人，他们的言行是一致的；他们正直而追求公平，拥有强烈的责任感；他们代表了我们的心声。以著名的信任效应⊖心理学实验作为类比，我们是坚信市场经济的一群人，而对方是对此暂持保留意见的社会公民。那么，即使我们知道市场经济很难重建信任，但我们在浑然不觉之下，已无力回天。公众能重拾对商业的信任，来改变即将无力改变的事实吗？商业作为市场经济运作的核心，被认为是"最不道德的发明"；市场经济使人重利轻义，其消极影响力还在不断蔓延。我们虽然能利用市场的手段，实现香烟甚至核武器的产能最大化，但令人感觉悲哀的是，我们本可以将这份精力投放到苹果种植业，或者居民购买得起的医疗服务业。

　　如此，大众如何去信任商业？大众眼中的公司在持续走这样一条路——公司无论从事何种贸易，都用来追求短期效益的最大化；公司以高昂的代价牺牲了人类幸福，甚至牺牲了自身的长远利益。重建这种信任感，公司就应在思想和行动上都做出改变。面对这个更加庞大的世界，我们必须在价值观层面做出全新的承诺。

- 信心百倍地塑造可信赖感。我们必须启迪个人与集体智慧，充分剖析商业，厘清商业模式，提升管理效能，促进"大脑"的运转；同时感受"心脏"的跳动，发挥商业运营所需的激情和创造力，解决问题并激发斗志。

- 保持产品与业务流程的透明度。唯有透明的制度才能带来社会的信任。我们理应分享信息并公布它的源头，我们理应直视问题并全力解决。

- 拥有系统化、定位长远的经营理念。这意味着，我们不应为了追求短期利益而牺牲更好的东西。在当今商业化社会，能做到这一点实属难能可贵。因为在这个社会，股市交易是按照毫秒运转的，无情的压力施加在上市公司肩膀上，它们要按季度市场经济的模式做绩效管理。

⊖　信任效应，是指人们依赖高度可靠的信息源，从而产生一系列信任行为的现象。

为了践行上述核心原则，商业体系理应而且必须肩负使命，接纳漫长甚至令人惧怕的事物，也接纳鼓舞人心和使人激动的事物。下面我阐述对应的具体执行策略。

- 规划宏远目标。要根据科学指导、外部基准和现实可行性进行目标规划。例如，碳排放的管控已迫在眉睫。具体而言，降低碳排放要做的工作是科学减少温室气体的排放。
- 建立测量与度量环节的常规公示制度。为确保过程的可追踪，我们需要提高自身的分析能力，更深入地分析我们企业自身对供应链上下游的影响。
- 深度广泛合作。政府、企业、非政府组织（NGO）三者相辅相成，谁也无法独自应对日趋复杂的形势。我们必须联合一道，协同开展广泛的合作并促成（市场经济体制改革）转折点的出现。

公司只有遵照上述原则策略，才能提高透明度，提升自身可信任程度。这些原则和策略代表着一条选择很明确的康庄大道。面对当下经济态势，我们可以选择掩耳盗铃，祈祷众怒众怨自行消退；我们还可以选择如诗人罗伯特·弗罗斯特所说的，选择"少有人走的路"，郑重做出决定。当我们面对养育我们的生态系统时，我们可以选择当一名贡献者，而非"伸手党"。让我们分析联合利华是如何践行本原则与策略的。

"一"的力量：试看企业如何"单打独斗"

联合利华在遵照商业体系运转法则方面，虽然做法并非最完美，但这是一条"少有人走的路"。联合利华一开始就腾出操作的空间，规划出一条基于企业长远利益的、服务于全体利益相关者的道路。其中，利益相关者还至少包括其中能为企业真正创造价值的股东群体。我们抛弃了传统的"上行下效"的管理思路，不再强调施行季度营收的常规管理工具。在企业的内部关键环节，我们将薪酬体系调整到面向企业长远发展的方向。我们接着规划出大胆而明确的目标，以缓解企业发展过程中出现的环保问题，同时提升企业的社会价值。此计划我们称之为"联合利华可持续生存计划"（Unilever Sustainable Living Plan，USLP）。它从产品与服务的可持续性采购，到可持续性生存，贯穿始终，这是一条完整的价值链。在同等规模的企业行列中，没有人尝试过这样的做法。

USLP 计划包含三大宏远目标：第一，到 2020 年，我们帮助全球超过 10 亿人口，参与改善健康与提升自身幸福感的行动计划；第二，我们产品的生产与使用过程要贯穿环保理念；第三，提升我们供应链上数百万人口的生活品质。这三大宏远目标继续分解为超过 50 项有着明确时间要求的任务（Coalition for Inclusive Capitalism ⊖，2014: 115）。我们正在为此付出努力，并产生切实的成效。在 USLP 计划的直接推动下，我们实现营收增长 100 亿欧元。2014 年，约 50% 的营收增长率源自我们现在所称的"可持续的生活品牌"计划，它涉及的品牌包括德芙、卫宝、本杰瑞和金纺。2015 年，上述品牌给企业带来 50% 以上的营收贡献率，自身成长率远超同行——这是对质疑可持续战略将耗费企业成本的人最好的回应。

联合利华正朝循环经济模式发展，该模式能降低商业风险，有利于保护地球环保。我们通过一系列机构的努力，已实现 6 亿欧元的成本缩减。2008 年以来，我们的生产网络已减少 20% 的能源消耗，减少二氧化碳排放量约 100 万吨，现在我们在全球 70 个国家和地区超过 600 个城市实现零污染。我们通过升级能耗结构，正在降低极端天气和气候改变带来的风险。到 2030 年联合利华将实现"正碳排"——我们在日本与德国市场也已全面部署新能源生产方式。同样我们也承诺用 1 年的时间，与世界自然基金会（WWF）开展国际合作，鼓励消费者参与到阻止滥伐森林的行动中。滥伐森林是导致气候改变的重要成因，我们在巴西和印度尼西亚保护 100 万株林木免受砍伐之灾。我们通过鼓励私营农场主改进耕种的方式以及提升生活质量的方式，保持供应链朝着更具恢复力和稳定性的方向发展。从土耳其的茶农到马达加斯加的香料种植户，我们已培训 80 多万名小型农场主。

而且，在我们的目标运营国家，当地人民的生活质量已经得到切实提升。以新生儿死亡率为例，630 万名儿童活不过 5 岁，其中 200 万名死于原本极易预防的疾病，包括小儿痢疾（UNICEF ⊖，2014: 5），这是我们道德上无法接受的数据。这是个相当于每天每小时都有儿童死于大型喷

⊖ Coalition for Inclusive Capitalism 是"包容性市场经济联盟组织"之意。——译者注
⊜ UNICEF 是"联合国儿童基金会"的简称。——译者注

气机空难事故的数据！勤洗手是保持健康最基本的方法，能显著降低儿童死亡率。"卫宝"牌肥皂作为联合利华旗下最古老和产量最高的产品，将倡导消费者勤洗手作为企业使命。我们在全球雇用最棒的员工研究洗手，他们悉数拥有公共卫生领域的博士学位。我们的产品与服务在亚洲、非洲和拉丁美洲惠及数百万人。"全球洗手日"这一活动已经普及全球 100 个国家和地区的 2 亿人。行动化为成效——在印度最贫穷的乡村，不幸感染痢疾的儿童死亡率已从 36% 降至仅有 5%。行动也使得"卫宝"这个品牌获得显著的商业成功。一段记述某印度男孩与疾病抗争、突破 5 岁死亡魔咒的感人视频，已经在 YouTube 视频网站点击数千万次。Facebook 的"卫宝"网页已经获赞 420 万次——这只是肥皂而已！而且"卫宝"这个百年品牌已跻身企业增速最快的品牌之一。

同时，USLP 计划正激励并吸引最佳人才。在这个躁动的世界，员工日渐重视追寻自身工作的价值。我们通过日复一日地提醒消费者注意日常卫生问题，激发了员工的内在动力。员工激励和努力成为"雇员最佳选择"，这是难以用数据衡量的，但我们企业做到了，而且产生了切实的成效。我们通过调查发现，如今在 50 个人才市场中，有 34 个人才市场评价我们是"雇员最佳选择"。同时，我们在项目启动第二年，在"领英"全球求职网络平台上，获得"最符合需求"雇主排行榜第三，仅次于科技巨头谷歌和苹果公司。同时，在领英平台上，我们是快消品市场品牌的第一名，拥有近 200 万名支持者。130 年来，我们专心做"肥皂"与"汤料"，看来这不是坏事情。我们发现，USLP 成为招聘、员工满意度、员工保留工作中的关键驱动因素。半数毕业生在应聘联合利华时，均表示认可我们的企业价值观与可持续发展战略。超过 75% 的员工认为，在履行自身职责与实现企业愿景方面，对 USLP 都是有贡献的。人们接纳联合利华的愿景，并因此选择联合利华、认同联合利华，以及希望将这一愿景推行下去。

上述所有商业利益，都源自跨企业的协同努力，使大家共同遵照富有责任意识的市场经济的运转原则，并自觉贯穿商业始终。在维系商业体系运转和应对更大的全球挑战方面，我们已取得显著成效。但是，企业仅凭一家之力，是难以撼动市场整体经济的，我们能够而且应该为联合利华已经取得的成就而感到骄傲。

推动转型变革：论协作行动的必要性

亟待革新的领域太多，各组织仅凭一家之力是难以解决问题的。只有组织间开展全新的、基于创新型伙伴关系的协作联盟，才是唯一可能的途径。我们应协同应对巨大的挑战，包括日益严峻的气候变化问题、不公平对待问题和贫困人口问题。以滥伐森林的问题为例，这需要开展较为复杂的合伙关系，开展广泛的资源对接，并勾画宏伟的蓝图。全球温室气体排放量的 17%，源自人类为种植大豆和油棕榈而放火烧掉其他树木，源自牛群放牧、纸业与纤维制造等（Friedman，2009）。这个排放量，几乎等同于全球所有轿车、卡车和飞机尾气排放量的总和。

所有大型的食品和农业产品采购者，要肩负起保护这些自然资源的责任，这些资源是商业与人类社会赖以生存的根本。因此，我们提倡召集全球最大的零售渠道商和各大百货公司组建庞大的产业联盟。到 2020 年，我们计划通过汇聚 3 万亿美元资金池的庞大产业联盟体系，来兑现关于整合产业链以减少滥伐森林行为的承诺。我们也参与了"纽约森林宣言"，该宣言由 30 多个国家和地区的政府与非政府机构联合签署，其中有来自巴西、印度尼西亚的本国内部管理组织，这两个国家拥有大片森林。另外，还有 40 个跨国组织，这些组织源自机构外部的供应链系统、本土社团和无政府组织。该跨国联盟承诺在 2030 年前阻止一切滥伐森林行为。像这样，我们只有将整个环节聚拢到统一的目标之下，才能到达所谓的转折点。在这个转折点上，各级批发商将施行势在必行的改革。令人欢欣鼓舞的是，我们会提前完成 2030 年的奋斗目标。

更具体地分析，有人也许会说，"要推进深层次改革的主体不是公司，而是相关跨国集团 CEO 小圈子，以及协作型组织的领导群体，因为这个群体拥有不同寻常的机会"。当然，我们拥有改变商业体系和世界运作的影响力——最大的 200 家上市公司营收已超 20 万亿美元，占世界经济产量的 29%（Winston，2014）。我作为其中一名 CEO，抓住这种机遇并掌握了带领联合利华参与组建诸多重要组织的特别权力，本计划正是帮助塑造政策环境的机遇，例如，在应对全球贫困与经济发展问题时，联合利华愿意主动担当领导者角色，因此我应邀服务于联合国秘书长的"后 2015 千禧年发展计划"（Millennium Development Goals，MDGs）高级别小组。能出现在全球政府首脑行列，共商如何消除极端贫困和帮助两百万社会底层人群改善生活品质，这是我的荣幸。千禧年发展计划取得了切实成效。全球贫困人数虽然已经减半，但挑战依然在前方。2013 年，千禧年发展计划高级别小组向联合国提交报告，建议把"千禧年发展计划"用"可持续发展目标"（Sustainable Development Goals，SDG）这一更为宏伟的计划取代。2015年 9 月，在联合国可持续发展峰会上，这一建议被大会采纳并写入"2030议程"文件（https://sustainabledevelopment.un.org/post2015/summit）。

综上，我们应保持乐观心态，关于商业踏上新征途的梦想正逐渐明朗起来。没有相关资源和商业运作手法的支持，"后 2015 千禧年发展计划"是不会终结极端贫困现象的。联合利华惠及全世界一半以上的家庭，产品在全球 200 个国家和地区的 20 亿人口中使用。这种普及率，让我们有机会为数百万人提供基本的品质生活，包括洁净的饮用水条件、基本卫生条件和优质营养条件。同样，产品或服务普及率更广的同类商业联合体，也在参与到如何应对我们极为严峻的挑战的行列之中，而无论这些问题所构成的剖面线有多长的延伸长度（参见"规则：如何重建商业领域的信任"）。在全球 200 家最大型企业中，75% 的企业制定了翔实且公开的社会与环保目标，而其中 50 家又跟随科研需求的变更节奏，在企业运作环节部署了降低碳排放的计划（Gowdy，2014）。普华永道的一项针对公司全球CEO 群体的调查报告显示，在环保领域的影响力选择意愿方面，选择提升的 CEO 人数是选择降低人数的 5 倍。

商业的架构与发展形态正走向多元化。以理查德·布兰森爵士发起的"B 团队"公益计划为例，该计划的宗旨是汇集全球创新者和商业领导群体，为着同一目标而努力，即"催生关于如何为着人类和地球幸福而从商的更优途径"（https://www.facebook.com/TheBTeamHQ/info?tab=page_info）。或者，在我有幸担任主席的"世界可持续发展工商理事会"（WBCSD）中，我们发布"2020 行动"方案，以释放我们积极参与的强烈信号。同样地，全球经济和气候委员会（Global Commission on the Economy and Climate）于 2015年 7 月发布了题为"抓住全球机遇"的第二份报告，该委员会主席是墨西哥前总统菲利普·卡尔德隆。该报告的亮点在于，在全球低碳服务市场的价值已突破 5.5 万亿美元、之后每年仍有 3% 增长率的背景下，讲述了一个关于实现经济增长与降低碳排放的双赢案例。该报告表明，一家可持续发展的企业能带动合作伙伴实现优秀的财务表现。例如，在《财富》100 家增长最快的公司排行榜中，有 53 家企业已经通过降低碳排放，每年为企业节省近 11 亿美元的成本（http://newclimateeconomy.report）。简言之，采用经济发展与环保事业两者需要折中处理的思路，是错误的。

结论：矢志不渝，坚持目标驱动的商业模式

在商业大潮下，不乏已忘记出发初衷的人，所谓的初衷，就是公司最基本的价值是服务于客户，帮助解决客户问题。但如何超越表面价值践行自己的初衷，这需要企业人扪心自问，思考精神层面的、何种目标驱动的问题。企业不可以罔顾需求的种类，而应当专注于满足符合自己价值观的和最迫切的需求。企业应当解决切实的问题，而不是滋生新的问题。坚持目标驱动的商业模式，这个提法是非常传统的。早在 1885 年，联合利华创始人威廉·利华（William Lever）就确立好我们的运营定位和企业社会责任定位。利华的思想是满足更宏伟的需求，如帮助人们脱贫，提供健康与卫生条件和通过寂静的更好方式离开这个世界。接着，像罗伯特·伍德·约翰逊这样的领导人，继续践行资本主义的改革道路。约翰逊创立的"强生"品牌信条是规定好商业运营的优先级。客户与更大需求摆在第一位，股东与利润摆在第五位。这与身处金融市场的某部分企业给我们的印象相反，他们向自身的商业运作核心注入更宏伟的愿景，而这并没有与集团架构或法律要求相违背（参见本书第 12 章）。股东的收益已超过一般预期，股东的欲望被充分调动起来。拥有最多资源的企业能完成最好的工作，但那些投资回报仅仅是效益而已，并不是要追求的终极目标。商业管理除了实现利润最大化外还有更多事情——当然做一家肩负社会责任的企业也是需要利润支撑的（参见本书第 17 章）。

我们除了追逐利润外，还有更多事情要做。我曾分析，联合利华的商业增长模式，其前提是商业不能仅仅依赖于索取社会和自然资源，而应有所反哺和回报。我们越来越相信，我们将成为一名积极的净贡献者。在这

张网上，仅仅做一个不那么坏的人，远远是不够的，而且这是一种糟糕的商业模式。目标驱动的商业模式为公司带来私有价值，但通过企业自身与社会资源整合，它能创造更多的价值。我们希望在这个共享的价值理念上走得更远，分享更多的价值。在这里，商业认识到它没有罔顾社会或自然挑战，而是作为一个整体融入社会这张网中（参见本书第 9 章和第 19 章）。

我们正在跨入人类历史上的最重要时刻，跨入一个这样的元年。在这个元年里，我们将发现，假设我们能携手一道，就能共同应对挑战、共建繁荣的世界。关于我们所面临的困境，《金融时报》某头条新闻总结得相当好。它说："穷者愈穷、富者愈富的全球化是不可持续的。我们应重建一个开放、包容的社会。"（Stephens，2014）商业能够而且必须引领潮头，但各企业领导群需要辩证看待各自的角色。他们要以实际的行动，重建一个开放、包容的实体。在这个局势动荡、信息透明的世界，企业采取这种做法才能生存——能与商业伙伴、社团、员工和客户联合起来，共同应对最为严峻的挑战。富有责任意识的企业将着眼长远，不拘泥于以自我为中心的发展理念，不受短期利益驱使的合作伙伴的影响，它们将思考如何应对日益复杂的挑战。从本质上说，它们借助这样的思考来满足更为长远的需求，改善盈利结构，并追寻商业的终极目标。

致谢

在本人撰写的《解决关键问题》一文的基础上，本章进行了回顾与拓展。该文目前刊登在《基于长远发展的视角》一卷之上。感谢"聚焦长期资本"对本章内容的整理，感谢加拿大退休金计划投资委员会以及麦肯锡公司，它们慷慨大方地让出了本文的版权。

参考文献

Adams, S. (2014). "Trust in Business Isn't Any Better but Trust in Government Gets Even Worse," *Forbes*, January 20. Available at: <http://www.forbes.com/sites/susanadams/2014/01/20/trust-in-business-isnt-any-better-but-trust-in-government-gets-even-worse/> (accessed January 29, 2015).

Barton, D. (2011). "Capitalism for the Long Term," *Harvard Business Review*, 89(3):

84–91.

Carrington, D. (2014). "Extreme Weather Becoming More Common, Study Says," *Guardian*, August 11. Available at: <http://www.theguardian.com/environment/2014/aug/11/extreme-weather-common-blocking-patterns> (accessed January 14, 2015).

Coalition for Inclusive Capitalism (2014). *Making Capitalism More Inclusive*. Conference on Inclusive Capitalism. Available at: <http://www.inc-cap.com/conferences/conference-2015/book/> (accessed January 5, 2015).

Friedman, T. L. (2009). "Trucks, Trains and Trees," *New York Times*, November 11. Available at: <http://www.nytimes.com/2009/11/11/opinion/11friedman.html?_r=0> (accessed February 6, 2015).

Gober, P. (2008). "Global Warming Aside, Fresh Water Dwindling," *Arizona Republic*, August 17. Available at: <http://archive.azcentral.com/arizonarepublic/viewpoints/articles/2008/08/17/20080817vip-gober0817.html> (accessed January 22, 2015).

Gowdy, J. (2014). "The Leaders and Laggards of Sustainability Goals," *J Gowdy Consulting: Profitable Sustainable Solutions*, December 19. Available at: <http://jgowdyconsulting.com/blog/view.php?blogID=36> (accessed January 6, 2015).

Harvey, F. (2011). "Extreme Weather Will Strike as Climate Change Takes Hold, IPCC Warns," *Guardian*, November 18. Available at: <http://www.theguardian.com/environment/2011/nov/18/extreme-weather-climate-change-ipcc> (accessed January 14, 2015).

Helbling, T. (2010). "What Are Externalities?" *Finance and Development*, 47(4): 48–9. Available at: <http://www.imf.org/external/pubs/ft/fandd/2010/12/basics.htm> (accessed April 28, 2015).

IPCC (2014). "Intergovernmental Panel on Climate Change AR5 Synthesis Report," Joint Establishment of the United Nations Environment Programme (UNEP) and the World Meteorological Organization (WMO). Available at: <http://www.ipcc.ch/report/ar5/syr/> (accessed January 5, 2015).

Kunzig, R. (2014). "A World with 11 Billion People? New Population Projections Shatter Earlier Estimates," *National Geographic*, September 18. Available at: <http://news.nationalgeographic.com/news/2014/09/140918-population-global-united-nations-2100-boom-africa/> (accessed January 5, 2015).

Nierenberg, D. and Small, S. (2014). "Could Milan Protocol Lead the World to Food Sustainability?" *Christian Science Monitor*, June 5. Available at: <http://www.csmonitor.com/layout/set/print/Business/The-Bite/2014/0605/Could-Milan-Protocol-lead-the-world-to-food-sustainability> (accessed January 29, 2015).

Our Planet (2014). "Step Change in Ambition," United Nations Environment Programme. Available at: <http://www.ourplanet.com/ourplanet.html> (accessed January 28, 2015).

Oxfam (2016). "An Economy for the 1%: How Privilege and Power in the Economy Drive Extreme Inequality and How This Can Be Stopped." Available at: <http://policy-practice.oxfam.org.uk/publications/an-economy-for-the-1-how-privilege-and-power-in-the-economy-drive-extreme-inequ-592643>.

Puzzanghera, J. (2014). "Wealth of 85 People Equals that of Billions of Poor, Charity Says," *Seattle Times*, January 20. Available at: <http://seattletimes.com/html/nationworld/2022716321_wealthinequalityxml.html> (accessed January 14, 2015).

Stephens, P. (2014). "Scotland Independence Vote Exposes the Established Order," *Financial Times*, September 18. Available at: <http://www.ft.com/cms/s/2/66eea470-3e76-11e4-b7fc-00144feabdc0.html#axzz3YiFH0KE1> (accessed April 29, 2015).

Risky Business (2014). *Risky Business: The Economic Risks of Climate Change to the United States*, June. Available at: <http://riskybusiness.org/site/assets/uploads/2015/09/RiskyBusiness_Report_WEB_09_08_14.pdf> (accessed April 28, 2014).

UN (2014). "One Year On: An Open Letter from Former Members of the UN Secretary-General's High-Level Panel of Eminent Persons on the Post-2015

Agenda," *United Nations*. Available at: <http://www.un.org/sg/management/ hlppost2015.shtml> (accessed September 22, 2014).

UNEP (2014). "World's Leading Institutional Investors Managing $24 Trillion Call for Carbon Pricing, Ambitious Global Climate Deal," *United Nations Environment Programme News Centre*, September 18. Available at: <http://www.unep.org/newscentre/ Default.aspx?DocumentID=2796&ArticleID=10984> (accessed January 5, 2015).

UNICEF (2014). *Committing to Child Survival: A Promise Renewed*. United Nations Children's Fund. Available at: <https://www.unicef.at/fileadmin/media/Infos_und_ Medien/Aktuelle_Studien_und_Berichte/A_Promise_Renewed_2014/APR_2014_ 13Sep_eversion.pdf> (accessed January 30, 2015).

Water.org (2015). *Billions Daily Affected by Water Crisis*. Available at: <http://water. org/water-crisis/one-billion-affected/> (accessed January 22, 2015).

Winston, A. S. (2014). *The Big Pivot: Radically Practical Strategies for a Hotter, Scarcer, and More Open World*. Boston, MA: Harvard Business Press.

World Bank (2014). "73 Countries and Over 1,000 Businesses Speak Out in Support of a Price on Carbon," *World Bank Group*, September 22. Available at: <http://www. worldbank.org/en/news/feature/2014/09/22/governments-businesses-support- carbon-pricing> (accessed January 13, 2015).

第 3 章

商业与社会
重塑全球体系

凯瑟琳·麦克劳林　董明伦

引言

在过去数十年，人们热衷于讨论市场经济，特别是关于如何在广泛的视野下定义商业的概念，以及企业针对其客户、股东、员工、供应商和社会所履行的义务（Barton，2011；Porter and Kramer，2011）。近来，讨论主题激发了一种全新的市场经济分类学说，它分析广义上的利益相关者（包括商业体系赖以运作的社会和自然体系）作为维系价值创造的基本因素（参见本书第 9 章和第 10 章）。

本章结构如下。首先，我们针对商业如何服务于社会这个命题，提出期望并阐述其原理。该命题具体包括：（a）不仅为股东或客户创造价值，更是为广义的利益相关者和社会创造价值；（b）努力改变和加强企业及其他所有类型实体所赖以生存的环保、社会和市场体系。紧接着，我们阐述了问题的解决之道，描述了本人所在企业如何贯彻对应的广义的利益相关者原则的案例。其包括：（i）有关企业使命的相关议题的优先级排序问题；（ii）思考企业的特定能力范畴；（iii）探索企业的"三重底线"建设目标；（iv）针对可持续性社会改革的系统重塑；（v）倡导他人参与系统变革；以及（vi）在商业体系中贯彻"三重底线"价值观。最后对全文进行简要总结。

前提：商业要服务于社会以求得生存

商业对社会的义务，这一概念在不同的时空节点，有着不同的解析方式（参见本书第 1 章、第 9 章和第 21 章）。部分人士认为，市场经济崇尚股东价值优先，商业合作的首要目的是实现股东价值的最大化，聚焦于利润优先策略（Martin，2010）；另一部分人士，包括沃尔玛前创立人山姆·沃尔顿，则主张客户与合作伙伴（包括员工）价值优先，他认为这能提高员工忠诚度，进而激发员工为实现利益相关者的价值而主动付出（参见本书第 4 章）。

过去 20 年有关市场经济的讨论，已经拓宽了人们对利益相关者模型的理解。人们意识到，随着时间流逝，利益相关者正逐渐形成一股共同的利益诉求，例如，人们提出"共享价值""双重底线""三重底线"等理论。人们强调商业成功与社会进步之间的联系，而且企业开始意识到机遇，进而有义务来施展其能力，以解决复杂社会问题的方式，参与重塑全球经济体系（参见本书第 2 章和第 9 章）。

企业为社会增创价值

一家公司如果谈及如何服务社会，那么其首要任务是围绕其主业，给利益相关者创造最基本的价值，这些利益相关者包括客户、员工、供应商、社团等，同时，又向股东提供价值回报。公司提供的可能价值有向客户和社团提供卓越的产品与服务，向社会提供就业岗位和较好的工作机会，提振经济增速，拓展供应商的业务，追溯企业的社会责任，交纳税款回报社会，化解外部刺激效应，兼顾自身商业和最近的利益相关者的价值创造等，同时解决广义的社会问题，包括疾病救助、能效改进、金融包容性建设和健康事业建设与幸福感提升等。

未来企业的成功不仅依赖自身商业模式，同时依赖它同社会与自然的关系。"三重底线"理念已经逐渐普及开来，企业开始评估它们在利润、人、自然三者之间的相互关系（Slaper and Hall，2011）。利益相关者逐渐期望公司为自身和社会，提供一种净利的积极回报，来维系其社会层面的运营资格（Eccles et al.，2012）。这不仅意味着运营好企业自身，同时意味着通过可靠的运营实践，尝试缓和可能的消极的外部效应。同时这意味着，借助特定的、有助于商业自身发展的机构，寻找机遇来传递源自社会与自然的共享价值。

当然，公司必须仍旧履行好回报股东价值的职责。"可持续发展战略能促进企业成长"这一观点有令人信服的证据。例如，关注环境与社会绩效的企业，通过吸引更多忠诚的客户和留住更多积极履行职责的员工，最终获得优秀的财务表现（参见本书第17章）。但是当下依旧有不少企业采用短视的商业管理策略，以"天"为单位进行管理决策。当我们追求利润最大化时，给股东创造价值仅仅成了这个过程的副产品，甚至最终导致企业走向穷途末路。只敢在现有基础上稍做尝试，而不是大胆开辟基于共享价值的道路，这种行为将限制企业获得社会、自然和关乎自身效益的更大成功。正如最新的研究结论所言，如果企业仅停留在仅有外部或者只是内部利益相关者之间的沟通，那么最终产出将是低效的。例如，原本可以发挥更大效能的企业社会责任制度，现在因为企业的思维局限，致使企业在这方面白下功夫（Du et al.，2010）。

作为一种社会期望，企业在构建自身同社会、自然之间的和谐发展道路上，将这种战略思想与社会期望贯穿其主业，并加以持续实践之后，将同样获得成长。正如国际综合报告理事会⊖CEO鲍尔·德鲁克曼所言（引自Adams，2014: 415）：

明日之公司将在一个不同的资本市场展开角逐。在这个必将到来的资本市场上，企业所获得的回报，将以多种形式体现在它所践行的富于责任感的商业模式之中，而这种模式将为其自身及其利益相关者创造长期价值。执行这种社会责任战略的公司，不仅能推动自身的可持续发展，而且能推动它与自然、社会之间的协调发展，而这三者在本质上是相互联系的。这些公司的成长如同"第22条军规"那样，成长质量不断上升，不断上升，形成一个稳步推进的循环。这些回报终将体现在公司股价上。

注重对经济、自然和社会发展趋势开展预判与管控的企业，更具有竞争优势，更有能力为利益相关者提供长期的价值（Dow Jones，2014）。

⊖　International Integrated Reporting Council，简称IIRC，即国际综合报告理事会。——译者注

超越体系变革的核心看待问题

　　一家健康、高产出的企业能够而且必须走得更远。"着眼长远的市场经济"（Barton，2011；Barton and Wiseman，2014）这个概念的出现，促使公司积极参与所在行业体系的重塑行列之中。这些体系包括：运输货物的全球物流和船运服务体系、提供原料与成品的农业体系、全球燃料能源供应网的部署体系等。它们建议公司放弃短视战略，改进结构、角色和动机，以便聚焦于企业整体的长远发展。着眼长远的市场经济，更深刻地分析企业的社会角色，使企业意识到，在长期经营过程中，利益相关者的利益可以来自更广的范围（参见本书第 10 章）。

　　世界发生了本质改变。首先，人口剧增、新兴科技出现与全球化趋势等，让这个世界变得史无前例的复杂，社会形势与环保等日益严峻；其次，各国互惠互存，商业体系更是牵一发而动全身，因而体系的局部不稳定，将波及二级、三级的产业和价值链上下游。最后，我们生活的时代是透明的，人们可以察觉彼此的动态（参见本书第 13 章）。客户与消费者对企业社会责任开始产生期待。同时跨国集团的经验表明，压力正从更具可持续性的生产运作模式缓慢传递到价值链的上游（Hack and Berg，2014）。负有社会责任的商业模式借此催生出更多的机遇。

　　着眼长远的市场经济，要求企业开展资源统筹，确保稳步持续参与社会改革。利益相关者必须联合起来，没有谁能单方面地应对这些挑战，从政府到个体都有责任予以应对。政府与公民需要商业的积极参与，而跨国企业需要维系全球雇员的幸福。企业必须与政策协调者一起，共同参与协作团体的互动，非政府组织则也应参与互动，每一位公民必须做好协作甚或妥协的准备。所有相关人士协同起来，共同商议切实可行的解决方案（Adams，2014；参见本书第 9 章）。

　　这种协同方式本质上属于社会与商业的利益范畴，而社会与商业又依赖于同样的自然与社会体系才得以生存。如果过去 20 年讨论的是如何让商业从满足客户与股东这两大利益相关者的需求，拓展到更多利益诉求方的需求，那么接下来 20 年的话题将围绕如何改善公司所依赖的网络与体系而展开。行业领军企业需要充分发挥规模优势和专业优势，加快推进社会与自然问题的解决。正如亚当斯（2014: 423）所言：

未来的企业，作为持续全球化和日益复杂世界的一分子，将连入社会网络，成为社会网络的一个动态环节。当企业意识到有必要采用多功能、多领域的管理手段来解决复杂和相互关联的问题时，企业内部各业务团队、分公司、职能部门的界限将愈发模糊；同样，当企业意识到它们的成功依赖于它们要为环保、员工、供应商、客户和其他利益相关者肩负起责任时，各个企业之间的边界将愈发模糊。

探讨企业如何定义并形成其独有的贡献，从而使得社会运转变得更为健康，并尝试将企业所在体系作为整体对象加以改善，让我们分析沃尔玛及其食品管理体系的案例。

沃尔玛

沃尔玛在为企业和社会创造价值方面，有 6 条关于事务优先级安排与执行的原则。我们从自己所从事的食品体系中抓取一些案例供大家参考。

事关企业使命的事务要优先执行

正如大多数公司一样，我们从企业与社会的兴趣点入手发现问题。例如，作为全球较大的食品供应商，我们相信为维持全球食品供应的可持续性发展是一个能够大展身手的领域。联合国粮食及农业组织预测，到 2050 年世界人口生存所需食粮，必须在现有基础上增产 70% 才能满足（FAO $^{\ominus}$，2012）。我们将需要以对环境、消费者与农民而言均为可持续发展的方式来迎接挑战。部分新兴市场的农民养活了本国 2/3 的人口。我们的目标是让食品体系更安全、更透明、更健康和更易获取，以此降低环境与处于商品供应链各大环节的工人的"真实成本"。

发挥企业的专长

企业以特定领域资源的掌握见长，可用于应对复杂社会问题的某些方面。我们通过努力，尝试以区别于他人的（理论上具有可行性的）方式寻求

　　$\ominus$　FAO 是"联合国粮食及农业组织"的简称。——译者注

企业增值。我们运用诸如非售卖食品、冷柜卡车、物流技能等资源，来应对美国的饥荒。自 2009 年起，我们已向美国的食品库捐赠超过 30 亿磅食物，包括逐渐增多的鱼类食物，这类食物即将到保质期。除通过沃尔玛基金会提供能力建设方面的授权之外，在慈善事业方面，沃尔玛和沃尔玛基金会还捐赠超过 225 卡车的食品，其中包括部分冰鲜食品。同时，沃尔玛投入时间提供物流经验培训，帮助构建可持续发展的冷链。

贯彻"三重底线"价值观

在设计沃尔玛的体系架构时，我们尽可能多地兼顾企业与社会的双重利益。我们树立宏伟的目标，定期追踪和汇报我们的进度。例如，11 年前我们梦寐以求的目标是全流程零浪费。如今在美国市场，80% 以上的物料在浪费之前就被提前知晓。我们的食品节约项目，不仅减少了沃尔玛自身的食品浪费量，降低了运营成本，而且帮助改善了营养不良人群的营养条件，并且从根本上增加了可供的食品供应量。我们降低食品浪费的管理制度，不仅涉及食品捐赠项目，还包括借助物流集散中心和零售店的支持，做到食品的预订、库存预测与处置的管控。正如温克沃斯·史密斯等人所概括的观点（2014），发达国家有足够多的机会来降低食品预测需求方面的不确定性，从而能避免由此导致的产量过剩、供应过于充裕的问题，以及主要大宗商品的浪费问题。

食品采购是我们在食品生产领域用来降低环境与资金成本的另一个案例。以种耕作物优化为例，这是一种具备降低温室气体排放潜能的耕作方式，这种耕作方式能充分吸收肥料等其他的土地养分。在全球 2300 万英亩[⊖]土地上，我们运用这种耕作方式避免排放的温室效应气体，到 2020 年预计能达到 900 万公吨。我们要求供应商按照农作物分类，向我们汇报每吨粮食成品所产生的温室气体排放数据，以及水、土地等其他关键要素的数据。我们在食品与非食品领域的供应链上，有着类似的管理制度。自 2010 年起，这种制度所降低温室气体排放量，达到 3500 万公吨。

综上，上述自发行动贯彻了"三重底线"的原则。在关于"人"的原则方面，有更多的健康膳食开始走进慈善体系，农民的耕作成本变得更低；

⊖ 1 英亩 = 4046.856 平方米。

在关于"环境"的原则方面，浪费变少，温室气体排放量减少，耕地占用变少，肥料污染水源问题变少；在关于"企业"的原则方面，垃圾填埋成本变低，费用降低，商品成本更为平稳。

重塑体系，促进改革持续发力

　　我们建议，企业社团在面对复杂的社会与环境挑战时，需要重新部署商品批发业的供应链和其他有待解决的体系。企业（通过应用专业知识、自身规模，或者与志趣相投的机构开展联盟合作的方式）可以显著提高问题解决能力（参见本书第2章、第4~6章）。

　　前文所述的食品体系在未来几十年将面临重大问题。农民与食品加工企业必须生产足够的粮食量，在不影响下一代人消耗自然资源的同时，来供应给日益膨胀的人口（Foley，2015）。在这个过程中，小农经济起到重要作用。沃尔玛联合供应商、开发局、NGO和其他方面，来共同改善小农阶层的土地质量，帮助他们引进对环境更为友好的土地耕种方式，提高农作物附加值，帮助盘活产销两旺以改善他们的生活，以及鼓励和保障妇女从事食品加工业。

　　以中美洲的"直接对接农场倡议"（Direct Farm Initiative）为例，美国国际开发署及其执行机构已经开始提供农业专门知识和农业培训服务，同时为小农场主提供金融资本服务，从而帮助他们为将来进入有组织的零售业做好准备。沃尔玛在美国国际开发署的倡议下继续予以补充，所做的工作包括：根据消费者喜好提供特定商品，分季节提供不同作物与品类的生产指导，以及定期承购其农业生产品。沃尔玛、美国国际开发署以及其他机构的聚力，重塑和加强了小农经济在社会、环保和商业发展方面的可持续性，而小农经济是庞大的粮食体系中的一部分。借助有竞争力的价格、降低后的风险、更稳定的收入以及能提高产量与利润的操作技能，小农阶层受益良多。当地消费者的商品选择空间增大，一年四季可以随时购买想要的蔬果。而且，整个农业生产力水平稳步提升，农业体系开始变得更健壮，从环境角度来说，变得更具可持续性。上述这些倡议，正以对地球更具可持续性、对在地球上生活的人类更有益的方式，实现农业体系的重塑。

以全新的创造性的方式激励合作伙伴

鉴于全球供应链和利益相关者之间的相互补充与依赖，要实现延续性地应对社会与环境挑战，就需要汇聚各个体系的领导群体，实现强强联合。当今世界面临的困境，远超过单个个体的想象。其解决之道在于，各环节所在的各领军型企业即使彼此存在竞争关系，也要开展合作，协同努力，以应对共同关心的话题。

联合国、世界自然基金会（WWF）和"碳信息披露计划"（Carbon Disclosure Project，CDP）为保持全球经济平稳运行，制定了有关指导方针，从而来汇报和提升那些需求最为迫切的政策的出台速度。

食品加工与配送行业，如要在未来十年达到行业变革所需的量级，那么该行业领军企业必须采取重视态度，协同做好水资源节约，私营企业温室气体减排和提升产量（Caring for Climate，2013）[⊖]。

近年来，在食品行业中，多方利益相关者开展协作的次数呈爆炸式增长态势，其中一部分联盟用自己的实际行动，验证了企业开展合作联盟的重要性。如"消费者商品论坛"（Consumer Goods Forum），联合厂家与零售商一道，在全球范围内做出一系列承诺。例如，针对能 100% 足够供应的棕榈油和酱油来满足食品原材料采购的需求；"世界经济论坛非洲增长倡议"和相关机构；美国国际开发署下辖的"美国全球发展实验室"，该实验室为包括私营企业在内的企业，解决发展过程中所遭遇的挑战；还有"克林顿全球倡议"，该倡议以创新的方式，激发各集团企业施行协同商务。上述案例不一而足。

在企业中贯彻"三重底线"价值观

企业在兑现有关社会与环境问题的承诺时，应超越企业的慈善事业看问题，应该发动公司全体员工共同参与，并贯彻执行到日常的经营管理过程之中。包括沃尔玛在内的许多企业，将社会与环境问题作为企业日常经营活动的优先处理事项，已公开郑重承诺投入精力并推动创新。例如，我们要在 2016 年年底实现培训 100 万农场主和农业产业工人的目标。2015 年

⊖ Caring for Climate 是联合国发起的"关注气候变化"倡议。——译者注

年底，在我们可持续性的食品原材料采购中，棕榈油已能完全采购好。

　　我们企业的领导层将社会与环境事务作为运营的重头戏，积极规划相关动议。据此我们进行目标分解，将责任落实到人，并计入员工的绩效评估体系，以及企业运营评估体系。总体而言，社会与环境事务有着明确的专门投资计划，而且全体员工怀抱一颗赤诚之心，决心付出最大努力来投身这一宏伟事业。

结束语

　　企业的长远商业利益是与社会利益挂钩的。健康高速发展的公司都有义务结合自身优势回报社会，反过来公司也会受益，整个商业体系也将朝着多元化发展。我们必须把曾经对社会与环境的承诺，贯彻到企业的日常运转之中，并提请领导层优先关注此事。从产品的生产制造到产品的物流配送与终端销售，公司必须全程探索方法和过程的创新，向利益相关者和他们所运营的社团提供持续的收益。

　　公司、合作社团、个体和政府，大家的成功是相辅相成的，大家要通过协作才能攻坚克难。改革难以在一夜之间见效，但我们要意识到改革大有裨益，改革能释放巨大的发展潜能。

致谢

　　本章是在《长远视角》一卷《未来几十年的商业与社会》一章的基础上，加以改变和拓展的。感谢"聚焦长期资本"，感谢加拿大退休金计划投资委员会和麦肯锡公司在版权协议上的无私奉献。

参考文献

Adams, C. A. (2014). "Sustainability and the Company of the Future," in "Reinventing the Company in the Digital Age." *BBVA OpenMind*: 411–30. Available at: <https://www.bbvaopenmind.com/wp-content/uploads/2015/04/BBVA-OpenMind-book-Reinventing-the-Company-in-the-Digital-Age-business-innovation.pdf>.
Barton, D. (2011). "Capitalism for the Long Term," *Harvard Business Review*, 89(3):

84–91.

Barton, D. and Wiseman, M. (2014). "Focusing Capital on the Long Term," *Harvard Business Review*, 92(1/2): 44–51.

Caring for Climate (2013). *Guide for Responsible Corporate Engagement in Climate Policy*. A Caring for Climate report, by the UN Global Compact, the secretariat of the UN Framework Convention on Climate Change, the UN Environmental Programme, the World Resources Institute, CDP, WWF, Ceres, and the Climate Group, November. Available at: <http://www.unep.org/climatechange/Portals/5/documents/Guide-RespCorpEng.pdf> (accessed March 31, 2015).

Dow Jones (2014). "Corporate Sustainability," Dow Jones Sustainability Indices (in collaboration with RobecoSAM). Available at: <http://www.sustainability-indices.com/sustainability-assessment/corporate-sustainability.jsp> (accessed January 27, 2015).

Du, S., Bhattacharya, C. B., and Sen, S. (2010). "Maximizing Business Returns to Corporate Social Responsibility (CSR): The Role of CSR Communication," *International Journal of Management Reviews*, January 15. Available at: <http://onlinelibrary.wiley.com/doi/10.1111/j.1468-2370.2009.00276.x/full> (accessed February 20, 2015).

Eccles, R., Ioannou, I., and Serafeim, G. (2012). "Is Sustainability Now the Key to Corporate Success?" *Guardian*, January 6. Available at: <http://www.theguardian.com/sustainable-business/sustainability-key-corporate-success> (accessed February 18, 2015).

FAO (2012). *How to Feed the World in 2050*. Food and Agriculture Organization of the United Nations. Available at: <http://www.fao.org/fileadmin/templates/wsfs/docs/expert_paper/How_to_Feed_the_World_in_2050.pdf> (accessed February 20, 2015).

Foley, J. (2015). "A Five-Step Plan to Feed the World," *National Geographic*. Available at: <http://www.nationalgeographic.com/foodfeatures/feeding-9-billion/> (accessed March 3, 2015).

Hack, S. and Berg, C. (2014). "The Potential of IT for Corporate Sustainability," *Sustainability*, 6(7), July. Available at: <http://www.mdpi.com/2071-1050/6/7/4163/htm> (accessed February 20, 2015).

Martin, R. (2010). "The Age of Customer Capitalism," *Harvard Business Review*, January. Available at: <https://hbr.org/2010/01/the-age-of-customer-capitalism/ar/1> (accessed January 14, 2015).

Porter, M. E. and Kramer, M. R. (2011). "Creating Shared Value," *Harvard Business Review*, 89(1/2): 62–77.

Slaper, T. F. and Hall, T. J. (2011). "The Triple Bottom Line: What Is It and How Does It Work?" *Indiana Business Review*, Spring. Available at: <http://www.ibrc.indiana.edu/ibr/2011/spring/pdfs/article2.pdf> (accessed February 18, 2015).

Winkworth-Smith, C. G., Morgan, W., and Foster, T. J. (2014). "The Impact of Reducing Food Loss in the Global Cold Chain," University of Nottingham. Preliminary Report, September. Available at: <http://naturalleader.com/wp-content/themes/natlead/images/UoN%20Food%20Loss%20Preliminary%20Report.pdf> (accessed March 3, 2015).

第 4 章
家族企业与"耐心的资本"

着眼长远格局，不拘泥于季度考核

盖仑 G. 威斯顿

无论是过去还是现在的哪种经济体制，家族企业总会扮演重要的角色。人们发现，全球最大型、历史最悠久的企业都是由家族打理的。我们可以观察印度这家 1868 年成立的塔塔集团（简称塔塔），如今塔塔仍是全球领军企业。另外还有韩国的三星以及美国的沃尔玛等。沃尔玛家族仍然持有沃尔玛集团的大部分股份。最近，沃尔玛创立人的儿子罗布森·沃尔顿将集团交给女婿打理。我们能从这个主题的统计数据中看出许多有趣的规律。家族企业是全球最普遍的组织架构形式（La Porta et al., 1999）。麦肯锡公司发现，"标普 500 企业"有 1/3 是家族企业；在德法两国最大的 250 家公司中，40% 是家族企业（Casper et al., 2010）。1998～2013 年，加拿大的家族企业有着骄人的业绩，年均超出多伦多证券交易所指数的 25%（Spizzirri and Fullbrook, 2013）。

在不同的时代和不同的地理区域，家族企业都是普遍存在的，都有影响力并已经获得商业成功。从这个角度来说，有人提议研究其企业发展史。在加拿大，部分领军型企业正是家族来掌管和运作的。比如加拿大最大的金融服务公司、加拿大的国际投资控股及管理品牌"鲍尔集团"（Power Financial Corporation）、加拿大知名食品企业"麦凯恩食品有限公司"（McCain Foods）以及世界级传媒公司"汤森路透"（Thomson Reuters）等，

不一而足。本人所在的乔治·威斯顿有限公司，旗下运作有罗布劳有限公司
（Loblaw Companies Limited）和威斯顿食品公司。这是一家拥有 130 多年历
史的企业，各项运营指标均排在最大型企业的前面。公司传到我父亲手里是
第三代，他任职的岗位是公司的执行董事。我是第四代，任职副董事长。

　　据"家族企业研究所"（Family Business Institute）的数据称，我父亲
那一辈人在我们公司的股权已经被稀释到 1/10（Fernández-Aráoz et al.，
2015）。这提醒我们——完全的家族控制型的企业难以持久生存。通常我认
为家族企业的对外包容度不够，或者不像非家族企业那样有一个相对简单
的文化，所以我现在任职的家族企业已经采用上市公司的那一套管理制度。
本章阐述我对如何打造成功的家族企业所做的观察，以及对应的管理建议。
家族企业要做到像同行那样实现基业长青，就需要在"长期资本"体制的
统领下，实现"抱团取暖"。我觉得无论是不是家族企业，能做到这一条就
能实现通常意义上的成功，而且通过家族管理还能有效保障成功度。同时，
本章指出了家族企业的弊病——骄傲自满、内部钩心斗角和产业继承，以
及这部分企业的应对方式。本章结尾，总结了家族与非家族企业、政策制
定者群体的过往得失，这些群体比较关注成功企业的发展史，从而提炼出
企业获得成功的某些特质。

家族企业"长期资本"的四大特质

　　以时间作为考察维度，观察公司是否专注于长期价值创造，这也是一
种方法。观察家族企业发展史，与其观察每一季度增长率，不如放眼长远，
用几十年甚至一个代际作为时间跨度。以痴迷于季度业绩为代表的短期投
机资本，其创造的价值缺乏持久性。同时，让管理者参与股权计划，这也
是相当重要的管理方式。当我们衡量企业成功与否时，假设你是赞同用持
久性和注重控股这两种方式作为补充手段的，那么这样的家族企业才能从
"长期资本"中获利。学者对所谓的"长期资本"已经进行了大量的论证。
其中，Sirmon 和 Hitt 称，"在不会以较长时间跨度作为清算周期的安全情
况下，金融资本才会做出投资行为"（2003: 343）。詹姆斯（2006）在探讨
家族企业如何攻坚克难，走出企业不稳定期时，强调"非经济因素的存在。"

兰德斯（2006）探讨如何维系家族企业的基业长青时，以 13 个家族企业的发展史作为研究数据，提出"管家理论"这一管理机制。

从我个人以及我的家族和公司来看，上述理论均符合我的预期。思考家族企业的商业模式听起来索然无味，而且我对家族与商业的关系曾感到非常迷茫。乔治·威斯顿有限公司已然实现了家族与商业的和谐统一。以我的个人经验来看："你生长在商业世家，你的日程全被公司的事务占满，你肩负的职责使你感觉退休遥遥无期。你的过去、你的现在、你的未来全都联系在一起。从经商的角度来看，你受时间和精力限制，很难全身而退。"

占股不超过 1% 的 CEO 群体平均在任 5 年半。既然时间这么短，那么耐心成为"诅咒"。相反，占股至少 1% 的 CEO 群体平均在任 13.4 年——几乎是前者在任时间的两倍（Coates and Kraakman，2010）。后者时间这么长，那么这类人必须以耐心作为前提，必须能持之以恒。我们假设 CEO 从占股 1% 到占股 51%，不难想象其使命与责任感将数倍增加。这种使命与责任感才是家族企业高层领导的制胜法宝，也是授权职业经理人团队施展才华的法宝。贯彻长远战略所表现出的持之以恒、坚韧和必胜决心，是家族企业走向成功的基石。贯彻长远战略的家族企业，是以数十年甚至跨代的时间跨度进行价值创造；执着于短期利益的家族企业，是以季度、年份作为价值创造考量单位。前者给股东带来远胜于后者的丰厚回报，这证明其具有四个特征：（i）资本保全和风险管控趋势；（ii）依赖公司价值与相关人员战略；（iii）突破传统思维的能力；（iv）关注长远的社会、民主与环保趋势。我们逐一加以阐述。

长期资本保全与风险管控趋势

成功的家族企业预先洞察市场，以求得在价值的短期增速与长期累积之间的平衡。某些上市公司则偏向于采用短线投资策略，博取资本快速增值的机会。家族企业的遗产继承涉及资本保全、风险管理等操作。据"美国中小企业管理局"（US Small Business Administration）研究发现，在投资回报方面，家族企业比非家族企业胜出 6.7%（Anderson and Reeb，2003）。

作为手握企业过去、现在与未来命运的领导者，企业掌门人深知上述因素对决策的影响。这些因素一方面导致人们恐惧风险，从而失去创造力，缺乏接纳全新价值观的动力；另一方面，它却以稳健的资本回报效果，使得资本实现盈利。同时，它能辅助企业适应运营环境的变化。如今上市公司流行采用净现金流管理政策，可家族企业早就视之为企业生存之本了，这非常有趣。这就好像家族企业宁愿选择"一垒安打"[○]，上市公司经常选择"全垒打"一样。所以，我们的资产负债表是务实高效的。我们也会投资，但我们不会做超出自身能力的事。例如，2014 年为作为罗布劳有限公司第二代掌门人，以 120 亿美元收购本国领军型药企"启康药房"（Shoppers Drug Mart），这是当时加拿大零售行业最大的一笔收购。我们历时 5 年时间，非常慎重地做这笔投资，所以这不是豪赌。

但有部分人认为，当初我们推动自有时装品牌 Joe Fresh 向全球进军时，堪称"豪赌"，我不同意。我们有内销业绩做支撑，全球化战略的盈亏影响较小，对跨国公司业绩要求较低。而全球化拓展能满足消费力提升的需求，能奠定未来的布局基础。总之，成本、风险和试错成本很低，潜在回报很高。对于那些质疑百货商罗布劳有限公司收购跨国服装企业的人而言，这个结论也许下得过于草率，可我们放眼全球才发现——若墨守成规，则将失去一片更广阔的天地。

我们集团从百货公司做起，业务逐渐拓展到食品、医药、金融、实业以及跨国服装生意。我们集团借助这种多元化战略渡过无数难关，包括百货商品仓储过程产生的通货膨胀压力。我们借助技术管理客户需求，使之在财务可控的前提下，实现资源优势互补甚至资源对接。值得注意的是，全球最成功的家族企业几乎都开展多元化经营战略。例如，塔塔集团涵盖的业务非常广阔，包括航空、工程管理、发电、金融、钢铁、饮料、电信、医院、铁路、信息技术、快消品、汽车、建筑、化工等（参见本书第 6 章）。

罗布劳有限公司所开展的三大战略：谨慎经营战略、精算化全球拓展战略和多元化发展战略，代表着实现资本保全、风险管理的三大渠道。任何一家企业都应谨记：企业选择"长期投资"是一种战略级的管理思想，不代表企业不作为。非家族企业的战略没有家族企业的战略更具有长期经营的特征，它们有的只是激情洋溢、颇具企业影响力、颇具行业影响力的高层。

除耐心经营以外，企业治理是第二个制胜法宝。在推动企业创新和施

○　棒球术语，打者上垒仅止于一垒，比较保守。——译者注

行科学决策时，人们常抱怨起步太难。他们在晚餐桌前谈论这件事时，常用的借口是"噢，那么，我们现在急缺资金，因为刚给下一代做了投资"。企业要克服这个阻碍，必须有一个强大、独立的董事会，以及一定市值规模的公众持股量。在要求管理层逐渐习惯公开曝光制度时，我们始终贯彻透明化、纪律化的原则。这种原则不仅在董事会办公室执行，而且在全公司执行。家族企业大胆引入非家族企业的卓越管理人才理念，这是非常基本的制度。家族企业通常排斥异类管理意见，这时，一种开放、包容的家族企业价值观应该扮演重要的角色。

公司价值与对应人才战略的关联度考查

乔治威斯顿有限公司在过去134年一直倡导用实践学管理。1972年，我父亲成为公司首任CEO，那时用实践学管理的意识已经在全公司普及。自1972年起，家族成员必须每年到岗，亲自实践。布朗·弗曼是"杰克·丹尼尔"这一威士忌品牌的构思人，我们从他那学到"有计划的裙带关系"这个管理概念（Bellow，2003：489）。我们不是用人才填补企业，我们是借企业来开展内部人才培养。在罗布劳有限公司发展史上，我们也曾彷徨，不懂到底应该将多少份额的家族企业掌控权出让给职业经理人团队。进而，我觉得家族企业如同其他现代公司一样，应该注重培育专业人才，打造企业文化。

如同其他家族一样，我们家族的信条世代传承。可事实上同样是家族的信条，坐在门廊摇椅上的长辈所教诲的内容，与会议室所讨论的内容是存在出入的。例如，我的祖父认为，家族成员应该一贯保持公平的管理氛围，家族成员应该谨记"做正确的事，虽说偶尔也有不成功的时刻，但整体方向永远不会错"。这些家训，到我父亲那一代，再到我这一代，都得到完整的传承。可是我们也与其他公司一样，在一定程度上受到外界影响。比如，到了我们这一代，我们学会了一大套方法论体系，我们不是靠宗教般的事业信仰来管理公司的，我们也不倡导"在这干一辈子"的人才管理制度。即使发得起工资，我也无法以身作则鼓励员工投入一辈子供职于我的企业，因为我自己还不够勤奋，做不好表率。总之，老一辈家族企业管理层所倡导的家族价值观，通过这么多年代际传承，已经转变成公司的价值观，一种更符合我们这一代价值观的企业价值观，一种人人都要遵守的企业价值观。

我们公司有81%的同事都倾向于树立企业价值观，而非家族价值观。市面上并非我们公司才这样，据麦肯锡公司开展的一项针对"企业健康经营研究"的结论显示：在雇员工作激情和企业文化等方面做得好的家族企业，都处于行业领军地位（Björnberg et al.，2015）。任何行业都有价值观，不论价值观是否得到重视，价值观都决定了更深层次的企业文化，家族企业更是如此。公司的价值观源自家族的信条，我们既能在公司会议室讨论它，也能从家族的奇闻轶事中体会到它，小时候我父亲用百货公司购物车载着我时，也会提到它。当然，打造企业价值观时，也有一部分源自我们同事的功劳。同事补充了一些价值观：有智慧、有抱负、学会思考，尊敬已替家族企业工作大半辈子的员工等。员工为企业发展贡献力量，因此我们要崇尚员工的奉献精神，我们认为这种有奉献精神的员工比家族内部成员更值得推崇。工作能力强、业界影响力较大的经理人，不需要从我们家族谋得什么；而需要理解自身定位，使自己的言行符合我们企业的价值观。

成功的家族企业非常重视价值观的塑造，那么具体塑造什么呢？答案之一便是家族企业的员工忠诚度管理。员工忠诚度受多个因素的影响，比如薪资待遇、职业生涯名誉等。当今客户与员工忠诚度都在下降，全世界的人都倾向于信赖家族企业（Hall and Astrachan，2015）。若拿风险或忠诚度当儿戏，家族企业的财富根基就会动摇。在我们公司，信赖与忠诚度体现为多种形式，其中一些形式看起来不够可持续化。例如，虽然我们无法容忍企业长期处于低谷，但是我们承诺优待"高业绩的老员工"。企业只有崇尚从一而终的价值观，才能做到这一点。而且，贯彻从一而终价值观的公司，其典型的员工形象是工作勤奋、奋斗方向正确、富有远见卓识，以及拥有一颗强烈的事业心。

爱护老员工的企业才值得托付。这类企业需要在实施员工绩效考核和激发员工创造力之间实现平衡发展。为入职后的员工规划职业发展路径，这成为维持绩效与构建信任的催化剂。一项长期追踪企业健康状况的研究指出，成功的家族企业必须吸收新鲜血液，敢于培育高层管理人才，重点关注那些主动学习企业价值观的员工，尊重他们提出的新意见、新建议，唯有此，企业才会迅速由内而外，提升团队斗志和员工忠诚度；唯有信赖自己的员工，才能创造强大的企业文化。从员工角度来说，员工忠诚度提升后，才会实现绩效管理与企业文化两者相互促进，并驾齐驱。每家企业其实都能打造出这种自我维持的健康循环，家族企业应更加予以重视。包括企业文化、员工忠诚度、员工信任感在内的多项人力资源管理策略，会帮助员工树立决心，推动家族企业长远发展；企业走向长远发展之路后，又会激励团队保持步调一致，引导团队满足日常需求。

摆脱思维惯性的能力

人的一生中有许多事物都是变化的，商业发展潮流也是如此。本年度适用的战略，到了下一年度多数就不再适用了。观察那些职业生涯短暂的CEO，你会发现，他们的思维惯性中，充斥着传统管理的想法，即"推动商业向前发展，逐步达成短期目标，优先做好绩效考核，快速实现营收"。相反，家族企业通过高度透明的企业决策，既尊重短期利益，又尊重长远利益。我们家族在加拿大、美国两大市场开展的运营，就是绝佳案例。在20世纪70年代，各自分管加拿大、美国业务的两家公司，起初是势均力敌的。两家都从事糖果、烘焙食品等日常食品的生产销售，另外还包括原料加工、产品包装、货运仓储、货架销售等。我叔父接手美国市场后，延续家族以前做零售业的管理思路，扩大对原料市场的投资，包括原油、面粉、糖等。我父亲接手加拿大市场后，重点关注烘焙、零售渠道两项业务。这样的战略已经做了半个世纪，而且这样的战略源自我父亲与叔父的性格。因为两位长辈都是信仰坚定、个性鲜明的人，因此很容易理解他们在家族的支持下，投身各自的事业时所做出的坚持与努力。

在艰险的商战中，拥有勇于变革、攻坚克难的能力与意愿十分关键。以我父亲的经营史为例，当初在加拿大市场所做的决策可谓艰难。父亲研判局势的能力很强，善于用非常规的决策给企业带来勃勃生机，最典型的就是当初构建罗布劳有限公司连锁网络。当时父亲对记者说，"当我们开到200家连锁店时，我们不曾做得很好；当我们只开100家连锁店时，效果却非常棒"（Dow，1973）。在家族成员的支持下，这几十年工夫，父亲拥有很多次让企业实现创造性的重构与新生的机会，而我也得以在曾经混乱和坚持企业发展必然选择之中生存下来。类似地，到了我的任期一开始，罗布劳有限公司做了一次复盘，而最近会有第二次。有了家族的支持，我得以开展大刀阔斧的企业改革，对客户开展投资，签下 120 亿美元的合作协议，而且我的任职时间稍微超出 CEO 群体的平均任职时长。市面上鲜有高层能达到这样的状态，部分源于上市公司董事会难以做这方面的支持。

更确切地说，正如前文所述，个人认为家族企业是允许或需要进行战略规划的。我们每隔五年就借助一系列常规的局部试点，验证战略级大调整的可行性，进一步确定要努力的方向。我们家族旗下的卡尔森公司（Carlson），在过去 78 年来从未间断过常规战略调整。1938 年，卡尔森公司首先用超市优惠券开始试点，借助常规战略调整，到 1962 年收购雷迪森酒店（Radisson Hotel）后逐步涉足医疗行业。之后数十年一直开展战略调整，1975 年，并购"星期五餐厅"后涉足美食行业，1994 年，我们与法国雅高酒店集团开展战略合作后涉足商务酒店领域。2014 年，卡尔森公司出让"星期五餐厅"的股份，全资收购"卡尔森铁路运输公司"。所以，我们会做投资或撤场的战略调整。

罗布劳有限公司当初收购"加拿大启康药业连锁"一案，正好说明了上市公司与家族企业的运营理念存在差异。启康药业连锁曾是医药零售领域的领军企业，但公司过往财务状况不佳，这使得投资者持观望态度。投资者一旦观望，其他人就会放弃投资，市面收购信心不足。但就在此时，我们家族企业正迈入下一个十年，寻求新的企业发展平台。部分本土的杂货销售渠道商比较传统和保守，但启康药业连锁敢于独树一帜，跨入陌生领域并寻求优势互补。为达到董事会的要求，我们开展一些必备的市场尽职调查，紧接着让百货零售与医药行业实现全国范围内的资源整合。

启康药业连锁的发展，不仅有业绩的支撑，更有信仰的支撑——"优享生活"。我们家族希望借助旗下公司，给加拿大人带来营养膳食和幸福美好心情，从而提供更好的生活。总之，企业的理性在于追寻优异的业绩，企业的情怀在于着眼未来，关注家庭价值观与愿景，我们愿意用 120 亿美元做好这件事。

面向长远发展的社会、民主和环保趋势

面向长远发展的家族企业，能协调好前文所述的商业、价值与人这三

项因素。在某种程度上，这也许意味着人文主义，或者环保主义对长期资本主体的青睐。长期资本主体对当今局势并不太平的世界而言，仍弥足珍贵，所以人文关怀与环保主义的介入，保障了商业主体的盈利。要特别提出的是，我们意识到自己的家族因循守旧，家族声誉过于老派，也意识到无论潜在的问题会在何时凸显，我们要做的是确保商业活动正确运转。

任何一家企业的长远目标规划都不容易。家族企业的长远目标的规划，通常是个人行为。首先我们阅读新闻、书刊，总结业界观点，遍访交际圈中的行业专家，将他们的观点与我们自己的观点和兴趣做对比。接着，一旦内部意见形成，我们再找外部实施团队，先通过实验的方式，探索其是否如我们所愿，准确地朝我们期望的方向发展。当我们的企业发展遭遇阻碍时，我们热情洋溢地寻找外部顾问，他们会提供很重要的参考意见。我们作为百货连锁企业，关注到人们逐渐重视营养需求、食品安全、动物保护、海产品的可持续发展、蜜蜂健康等诸多领域。我们针对每个细分领域，都组建学术顾问团队，他们有些来自加拿大，有些是国际学者。

数十年前，我父亲想在加拿大成立第一家生态品牌——"PC G.R.E.E.N."。由于父亲不确定这个决策能否经得起时间的考验，所以想寻求生态领域的外部顾问团队的帮助。其间我们反复尝试不同的过程与模式，即使做好了谋篇布局、资讯掌握，也得到了市场认可，但依旧无法保证。

数年前，我自己曾探索过两个领域：海产品的可持续发展、公众营养意识的提升。

前期，我觉得市场潜力巨大。因为数据显示，全球 20 亿人口摄入的蛋白质，有 3/4 源自全球的渔业，而渔业资源面临枯竭局面（FAO，2010）。这个消息竟没能引起人类警惕，我觉得太可惜了。想象一下 75% 的农场遭受毁坏后，加拿大会是什么样子？

我们很快从实践中找到了结论。如果我们渔业资源枯竭，那渔业行业的股票市场将遭受挑战；如果我们的捕捞被定期限制，那么我们的商业自由将遭受挑战。而且，如果我们的客户对这些环境因素有所反应，那么我们的销售业绩将遭受挑战。于是，我们要尽早预判形势，意识到问题的严峻性。我们前往加拿大靠大西洋沿岸的达尔豪西大学，拜访海洋学家杰弗里·汉成斯博士。他帮我们解读数据，理清思路，并培训我们如何区分能否上架的物种，辨析可持续发展的海产品的概念。后来，汉成斯博士帮我们联系世界自然基金会和国际海洋管理委员会，与两者开展海产品方面可持续发展的合作。随着合作项目的开展，我们静待消费者能感知到我们的努力，我们仍在等待。目前，海产品的可持续发展尚未激发消费者共鸣。

相比之下，公众营养意识提升的项目已经深入人心。与海产品项目类似，我们通过咨询行业专家，兴趣大增。营养学家承担指导责任，都是"指导明星"。我们先后请来多位营养学家来到零售店面做产品推荐，虽然消费者的反应有很大的不同，但都使我们的同事信心倍增。自那时起，我们不仅能服务于有着特殊膳食需求的客户，也能给消费者提供有关膳食与健康如何关联的话题。我们评选"指导明星"，也遵循类似的模式。针对客户曾经购买过的营养保健品，我们请求客户对这些商品进行简单的营养学打分评价，包括商品的种类、购买目的等，借助这个模式，我们找机会跨越有关营养学信息不对称的障碍。本项目自 2012 年启动以来，消费者给予热烈反响，为此我们信心大增，准备借助我们的数字化客户忠诚度系统，追加投资到未来的创新之中。如今，600 万加拿大人足不出户，即可访问网站，找到个性化的营养学得分卡。综合起来，海产品项目与营养学项目提升了消费者对有关幸福的直观感受。幸福是我们的企业价值观，是我们打造可持续发展竞争优势的力量源泉。

随着家族企业加快改革步伐，出现了有关家族企业价值观塑造的误区，比如对价值观宣传过度，与别人的毫无差别等。企业每一轮次都急于完成价值观的思考，导致后期热情不足、注意力减退。也许是混杂着非核心的价值和目标，原本清晰的价值观越宣传越不明朗，显得很模糊；原本思考可持续发展的一件事，变得不可持续。思考企业的价值观与未来走势，应赋予优先考虑权。糖果巨头"玛氏公司"的产品十分依赖可可粉，为此他们需要从西非、东南亚、美国等国家和地区的 500 多万名小型农场主手中采购可可豆。小农群体的种植成效很低，无法支付可可树的移栽替换成本，可可豆供应量开始下降。玛氏公司借助"开启改革的视野"这一内部项目，已经培训 15 万名科特迪瓦农民，熟练掌握种植、施肥技术，帮助他们实现了可可豆的丰收。该计划在 5 年内将拓展 3 倍种植面积，帮助当地农民增收，实现当地可可豆产业的可持续发展。

从上述案例中我们能看出，紧跟可持续的起关键作用因素的发展趋势，才是着眼长远价值创造的基础。不仅家族企业要这样做，上市公司也要这样做。上市公司常为目标的长短期争论不休，导致在危机到来前，反而缺乏直面危机的主动性。

避免常见误区

前文所述家族企业、长期资本体系及其四大特征，这个实践全无捷径可走。长期资本体系，不仅无法取代正统的、持续的商业管理，而且无法解决家族企业共同面临的挑战。本章前面部分在分析众多的潜在风险因子时，我提炼出三项因子：自我满足、内部斗争、代际继承。如果你没有面向长期投资或没有长远发展的视野，或你没有致力于价值创造或不做遗产方面的资本保全，那么这就是一种错误的资源整合或错误的定位，这样会让员工懈怠消极，导致家人坐吃山空。为避免重蹈覆辙，我们家族施行五年计划制度，而且每年都要考核；我们家族贯彻公开透明原则，设置独立的董事会。而且相对不那么明显却又同样重要的是，我们家族一贯继承勤勉的工作传统，雇用能强化我们价值观的管理层。所以，百余年来，我们一直非常重视这方面工作。

任何一家家族企业都避免不了内部斗争和代际继承纠纷问题，我们家族也不可幸免。但是，在我每次不用为这些风险担心之前，我的员工一定是做到了如下一项或多项条件。

（i）充分授权。例如，我的家族企业允许我父亲和叔父，以自己熟悉的方式，各打一片江山；再如，我们董事会支持我拿下启康药店连锁的合作项目。

（ii）坚持家族打理。首先，我们借助企业行为来培养家族领导者；其次，我们鼓励家族成员终身任职，告诫他们不要仅仅做观察家或批评家，督促他们立即开展行动。

（iii）关注非家族成员与企业领导层的管理意见，以维系家族影响力为己任的人才，将推动公司向前发展。

结论:超越家族企业之外的长期资本体系

本章以家族企业的管理模式为例,着重阐述了长期资本体系和该体系的四大共同特征,借此希望能向家族企业、非家族企业或政策制定群体等推荐,并能作为参考。对于非家族企业,我在前文曾预言——长期资本体系的四大特征可能超出非家族企业的理解范畴。请允许我稍作夸大,因为我觉得,本章所述四大特征适用于任何商业形态。

树立有关资本与风险的长远眼光,塑造企业的价值观,摆脱传统思维的桎梏,关注行业发展趋势等,这些工作并不难做,难的是要记得兑现承诺,让他们真正参与组织战略与运营。众多 CEO 所面临的问题是在短暂的任期内不辜负企业的期望。此时,选出一名敢于突破这一局限的上市公司高管,更是难上加难。对于任何一位想从家族企业取经的上市公司高管而言,不妨先从简单地整合与运用前文我所引用的三大定义开始做起。这三大定义分别是:"在运营面向长期的资本时,不设复盘清算的限制。在这一前提下,开展金融资本投资""不受绩效考核限制而运营企业",以及简单地履行"职业经理人的岗位职责"。家族企业无须考虑领导层,这方面氛围相对宽松;对于上市公司而言,除非有一名强有力的高管,否则较难实现面向长期资本运用的效果。

最后,对于政策制定者与经济建设者而言,答案很明显。在产业整合和全球化的世界,成功的家族企业能做到放眼长远,开展深思熟虑的风险管理,这个模式将成为所有公司的筹码。同时,他们摆脱传统思维桎梏的能力,将有别于那些能赶上变革的企业高层,即使这部分高层可能出生在硅谷。上面这句话已经是老生常谈。既然变化是永恒的,那么坚定恪守价值观与企业文化也应该是永恒的,而价值观与文化,可以帮助企业从季度考核转型到年度考核,从年度考核转型到跨年度考核。上述特征整合在一起,体现在成功家族企业的全球股市表现之中,也体现在它们聚焦长期资本体系时,所用到的社会、民主与环保主义的实践之中。这些社会、民主与环保的命题,是世界上最难解决的难题。对那些赞赏这一观点的人士而言,拥有两条符合逻辑的结论:(i)带领家族企业走向成功;(ii)推荐所有类型公司,包括家族企业等在内,统统参与长期资本体系的运营,而长期资本体系前文已经有所提及。

致谢

感谢马蒂亚斯·基平、戈登·科里、凯文·格罗、安德鲁·格雷厄姆的悉心指导，也要感谢为本章内容付出艰辛努力的其他同事。

参考文献

Anderson, R. C. and Reeb, D. M. (2003). "Founding-Family Ownership and Firm Performance: Evidence from the S&P 500," *Journal of Finance*, 58(3): 1301–28.

Bellow, A. (2003). *In Praise of Nepotism: A Natural History*. New York: Doubleday.

Björnberg, Å., Elstrodt, H., and Pandit, V. (2015). "Joining the Family Business: An Emerging Opportunity for Investors," *McKinsey on Investing*, 2, Summer. Available at: <http://www.mckinsey.com/insights/financial_services/joining_the_family_business_an_emerging_opportunity_for_investors>.

Casper, C., Dias, A. K., and Elstrodt, H.-P. (2010). "The Five Attributes of Enduring Family Business," *McKinsey Quarterly*, January. Available at: <http://www.mckinsey.com/insights/organization/the_five_attributes_of_enduring_family_businesses>.

Coates, J. C. and Kraakman, R. (2010). "CEO Tenure, Performance and Turnover in S&P 500 Companies," ECGI, Finance Working Paper No. 191/2007; Harvard Law and Economics Discussion Paper No. 595. Available at: <http://ssrn.com/abstract=925532>.

Dow, A. (1973). "The Summit Meeting that Changed the Course for Giant Loblaw," *Toronto Star*, January 25.

FAO (2010). *The State of World Fisheries and Aquaculture*. Rome: Food and Agriculture Organization of the United Nations.

Fernández-Aráoz, C., Iqbal, S., and Ritter, J. (2015). "Leadership Lessons from Great Family Businesses," *Harvard Business Review*, 93(4): 82–8.

Hall, C. and Astrachan, J. (2015). "Study: Customers Really Do Trust Family Businesses More," *Harvard Business Review*, April 27. Available at: <https://hbr.org/2015/04/study-customers-really-do-trust-family-businesses-more>.

James, H. (2006). *Family Capitalism: Wendels, Haniels, Falcks, and the Continental European Model*. Cambridge, MA: Belknap Press of Harvard University Press.

La Porta, R., Lopez-de-Silanes, F., and Shleifer, A. (1999). "Corporate Ownership around the World," *Journal of Finance*, 54(2): 471–517.

Landes, D. (2006). *Dynasties: Fortunes and Misfortunes of the World's Great Family Businesses*. New York: Viking.

Sirmon, D. G. and Hitt, M. A. (2003). "Managing Resources: Linking Unique Resources, Management, and Wealth Creation in Family Firms," *Entrepreneurship Theory and Practice*, 27(4): 339–58.

Spizzirri, A. and Fullbrook, M. (2013). "The Impact of Family Control on the Share Price Performance of Large Canadian Publicly Listed Firms (1998–2013)," University of Toronto, Rotman School of Management, Clarkson Centre for Board Effectiveness. Available at: <http://www.rotman.utoronto.ca/-/media/Files/Programs-and-Areas/CCBE/CCBE%20Family%20Firm%20Performance%20Study%20June%202013.pdf>.

第 5 章

合作联社

谋篇布局、着眼长远，面向利益相关者开展合作

莫尼克·勒鲁

引言

2008 年，金融海啸之后数月，全球政府管理者向私有经济体求助，调拨数万亿资金救市。合作型企业，这种金融组合体得以独善其身，其抗压能力令业界震惊。2009 年，国际劳工组织在一份研究报告中指出，金融合作型企业，很少甚至不需要政府的资源支持，在金融危机期间亦能维系好强大的资产负债表。该报告宣传，由于"客户占有股份的合作型银行体系……更能抵抗风险，投资方施加业绩压力的需求和管理层分红的需求都更小，与众多私有的投资者占股的银行所遭遇的一切相比，这种组织形式更能抗压"（Birchall and Ketilson，2009: 3）。该报告称（2009: 9）：

> 有趣的是，一方面，在当下金融危机期间，合作型银行企业、储蓄与信贷企业、信用社等，表现出强大的抗压能力；另一方面，与投资者占股的竞争对手相比，他们却极少向政府索取什么。他们的竞争对手被迫从公共基金中调拨资金，艰难度日。

而且，世界信贷协会理事会（World Council of Credit Unions）报告称，在金融危机中，全球任何一处他们的办事机构都未曾接受过来自政府方面

的资金扶助（Crear，2009）。但众所周知，就在数十年前，那些曾经经历过重新拆股的信贷协会、金融集团，以及后来相继上市的银行，都在危机中倒闭。在重新配股的案例中，美国北岩银行（Northern Rock）的挤兑危机最为出名。1850年，北岩银行就以"合作办银行"的思路开展金融协作。北岩银行的危机波及全国。关于北岩银行危机，有人归因于"不可持续的领导力实践"，还有人归因于北岩银行作为一家协作性的金融机构，不善于调度资源，没有用好新的或者众望所归的金融工具（Klimecki and Wilmot，2009）。

但在金融"大屠杀"中，合作社不仅毫发无损，还在危机之后数年，营收额与员工规模都获得持续增长。以英国为例，2008~2012年，英国整体经济体量收缩2%，但其中合作社逆势增长近20%（Co-operatives UK⊖，2013）。另一案例是我自己所在的企业，加拿大加鼎集团。加鼎集团是全球排名第五的金融协作体，是加拿大排名第六的银行。在金融危机之后数年，也实现逆势增长（Kanter and Malone，2013）。那么，合作社究竟是什么？为什么在经济滑坡的情况下，它比私有企业和上市公司常常表现得更为出色呢？为什么它的复原能力这么强呢？

本章分析了在金融危机下，影响合作社的复原能力和可持续发展能力的因素，并探讨了合作社的DNA。首先，在合作社中，利益相关者群体的成员对以季度考核为主的短期利润最大化不感兴趣，他们实行民主管理制度，以保障权力与监督的平衡，使组织关注最广泛的利益相关者，并最终实现以长期资本手段来指导商业。紧接着，本章回顾了合作社的发展史、运行特征，探讨了其运作模型，分析了其在更具体场景下的优势，并特别从经理层视角检讨了这类企业的缺陷或局限，最后指出其对利益相关者和大众社会的好处。本章小结部分，用一定的篇幅探讨了合作社作为21世纪商业形态所扮演的角色模型，探讨其追寻长期、可持续发展的价值的过程。

合作社：发展史与运行特征

国际合作社联盟（International Co-operative Alliance，ICA）是一个在

⊖ Co-operatives UK 即"英国合作社集团"。——译者注

全球 90 多个国家或地区拥有 280 多个机构成员的非营利性联盟组织，他们认为，合作社是"自愿联合起来的人们通过联合所有权共享与民主控制的企业，来满足他们共同的经济、社会、文化需求与抱负的自治联合体"（ICA，2015a: definition）。所有合作社有两大关键特征：所有权共享和民主控制。与上市公司不同，上市公司是股东所有，合作社是成员所有。这些成员包括客户或员工。这些成员对公司如何管理享有话语权，能投票决定组织的关键战略决策。

国际合作社联盟认为合作社具有这样一种特点，它是一种"为满足更广范围的人类需求、更宽的投资期限和更广的价值取向决策而设立的高效商业模式"（ICA，2015b）。2000～2008 年，阿尔班·达慕先生曾任加鼎集团董事会主席。他在此定义基础上，强调另一项基本属性，该属性能从众多其他商业形态中区分出合作社来，即所谓"一个重在服务而非利润的所有权模型，这是该模型的商业哲学"（Leroux，2014）。合作社强调如何关注服务，这使得人们常概括它是基于人的企业形态，而非基于利润的企业形态。

合作社的合作模式与规模是多样的。作为成员可以享有所有权的商业形态，合作社已经涉猎农业、银行、零售、保险等行业，规模小到托儿所，大到跨国金融组织不等。全球合作社企业雇用 2.5 亿名员工，拥有 10 亿名成员。前 300 家合作社为企业贡献出 2.2 万亿美元的营收额，这相当于世界第七大经济体的总量（World Co-operative Monitor [⊖]，2014）。这些全球最大最成功的合作社横跨领域非常广阔，例如"州立农业保险集团"（State Farm Group），这是一家保险与金融服务供应商，同时是《财富》500 强企业；凯撒医疗集团，总部位于加利福尼亚州的医疗保健集团；英国合作社集团，总部位于英国的零售集团，涵盖从仓储到旅游代理，再到电子产品等多个领域的业务。来富埃森先生作为"现代合作社运动之父"[⊖]，在 1862 年首次创立了信用社，推动了全球合作社银行体系和信用社体系的成立（ICA，2015c）。

来富埃森的核心理念包括自我扶助、自我管理、可持续发展，共同目标是"永久的经济改善"。有趣的是，来富埃森期望经济改善时不忘提醒"欲

⊖　World Co-operative Monitor 即"世界合作社监督委员会"。——译者注
⊜　瑞士的来富埃森银行类似于我国的农村信用合作社。——译者注

速则不达"。来富埃森创业时，选用两匹马头交叉组合成字母"X"状，这种符号在当时常被用于居家避邪。对来富埃森而言，合作社运作方式，保护了成员免受经济波动之苦（RZB ，2015）。来富埃森的理念对阿方斯·德斯贾丁斯（Alphonse Desjardins）造成深度影响。1900 年，阿方斯在魁北克省李维斯市，创建了加拿大第一家信用社"储蓄互助社"，即当今加鼎集团的前身。他同时也在美国创建了第一家信用社，所以美名远播，成为"北美信用社运动之父"（Bérubé and Lamarre，2012: 64）。

合作社运动早期，另一风潮是罗奇代尔公平先锋社所做的开创性工作。1844 年，罗奇代尔公平先锋社在英格兰成立。罗奇代尔公平先锋社留给我们最持久的遗产，是一系列有关合作社的概念与原则，这在当今依然适用。这些原则包括民主成员控制、全民所有的经济参与方式（ICA，2015d）。

合作社的设立初衷是为人们日常生活提供产品与服务，包括日常饮食和建筑材料，以及支付账单或实现资产保全、财富增值所需的银行和保险交易服务等。这样一来，合作社深深渗透到实体经济的方方面面，而实体经济更加有形、可触摸，也更亲近于人。因此我们可以说，从我们核心观点看来，合作社已经成为一种草根经商渠道。

合作社横跨集体经济与私有经济之间，兼具营利与非营利性组织的特点。在市场经济体制下，合作社如同营利性组织一样照常售卖产品与服务，与营利性组织形成直接的市场竞争。虽然合作社不主要依赖利润驱动，但是它们从未放弃创新与高效管理、高生产率管理，以及客户服务管理，这与私有经济的操作一模一样。正如人们所了解的，合作社具有天然厌恶风险的属性，企业成长率较低。但是，据研究表明，合作社同样拥有能与上市公司相媲美的成长率（Bérubé et al.，2012）。同时，合作社也能履行与非政府组织、国有企业一样的社会功能。如果合作社不得不沦为现行经济体制的某一特定成分，那么可能是所谓"营利"或"第四部门"组织——代表其利益相关者的，兼顾社会与经济目标的企业（Fourth Sector Network ，2008）。

　　⊖　RZB 是位于奥地利的"瑞弗森中央合作银行"的简称。——译者注
　　⊜　Fourth Sector Network 的建立，有赖于学术界提出继立法、行政和司法之后的"第四部门"概念。——译者注

　　许多既大又成功的合作社都经历过数十年的风风雨雨。作为一个拥有10 亿名成员的庞大经济体，合作社常被全球经济忽略。鉴于合作社的久远发展史和它提供的就业岗位，令人诧异的是，合作社模式尚未得到广泛应用。这部分源于合作社的公众曝光率不高，静悄悄地高效完成着自己的价值创造，而且合作社在过去一直是主流商业模式的陪衬。既然合作社有别于上市公司，财经媒体也就没有给予过多报道，同时也被商科学校所忽略，很少进入商学院师生的研究视野。

　　为提高合作社的曝光率，联合国大会宣布 2012 年为国际合作社年。同年，加鼎银行、圣玛丽大学、国际合作社联盟共同举办了国际合作社峰会。全球来自 90 多个国家和地区的近 3000 人参与该峰会，针对合作社管理层、合作社最新研究成果等开展专题讨论。该国际峰会为全球合作社经济组织提供了学习机会，使与会者学到不少最佳实践成果，探索战略联盟的操作，同时展望了合作社对财富创造、经济自主权把控、就业岗位提供等方面所展现出的巨大价值。峰会结束后，国际合作社联盟出版了蓝皮书，展望到 2020 年，要让合作社成为增长最快的商业模式，发挥它在经济、社会、环境可持续发展的全球领军效应（ICA ⊖，2013）。

合作社模式及其优势

成员民主管理

　　合作社模式的核心，在于其天然的民主性。合作社的出现，是为满足个体享有企业股份并参与管理的需求，人们对自己的民主保持着一份真诚。正如国际合作社联盟所言，合作社的主要指导原则之一，是成员民主管理原则（ICA，2015a：principles）。

　　合作社是由社员管理的民主组织，它的事务由积极参与政策制定和决策的成员管理。被选出的男女代表应对成员负责。在基层合作社中，社员拥有平等的投票权（即每位成员一票），其他级别的合作社也按民主的方式进行。

　　⊖　ICA 是"国际合作社联盟"的简称。——译者注

以加拿大加鼎集团所开展的合作社民主建设为例，所有成员根据"一人一票"的原则参与企业管理决策。加鼎集团在魁北克与安大略省拥有20多家子公司、300多家农业保险社或信用社以及数百万名成员。每家农业保险公司，都设有由15~25人组成的董事会，董事会成员代表全体社员的利益。据统计，加鼎集团选举出超过5000名总部社员代表，他们继而选出本土的社员代表。各大区主席出席旁听集团董事会的会议。该董事会是完全独立的机构，广泛代表各部门各利益相关者的利益。董事会主席、董事长和CEO均由各大区代表选举产生。

借助这种民主风格的企业管理模式，合作社很少受个人风格，或者狭小利益相关者群体的愿景或兴趣的影响。由于合作社是交给社员进行民主管理的，所以管理决策方式不再由董事会决定，而是在充分权衡利弊的前提下，有效体现利益相关者的不同利益诉求。换句话说，企业的管理正向广泛的利益相关者群体放权，企业的管理模式更趋平衡。

服务于利益相关者

麦肯锡公司全球管理部门主任鲍达民，概括其愿景为"长期资本主义"，他力促上市公司实现管理转型，即从原来的"对股东负责"转向"对全体利益相关者负责"。他指出这种战略是创造价值的最佳途径。据鲍达民所说（2011），"管理层必须在他们的企业中贯彻一种思维方式，即服务于全体主要利益相关者的兴趣，包括员工、供应商、客户、债权人、社团、环境等。这并非反对集团价值最大化，相反，这是实现集团价值最大化的必由之路"（参见本书第10章和第17章）。

从成员所有到员工与供应商共同所有，利益相关者都是合作社商业模型的固有组成部分。在很多情况下，利益相关者经常是一个人，可能来自董事会成员、企业主、员工或社区居民等。结果，不同利益相关者群体之间会拉帮结派。这种经常用到的利益相关者模型，是合作社在形成之初的主要特征之一。事实上有人分析，借助一定的结构化和一定的设计，以及面向利益相关者的思路调整之后，合作社的意义在于满足利益相关者的需求。构成这一想法的主要原因是，他们是基于人的结盟行为，而非资本的结盟行为。简单地说，他们将人的需求（例如员工需求）摆在追逐利润的前面，并且将资本视作满足那些需求的工具。

在加鼎集团宣称的价值观中，有一条写着"在加鼎，资金是服务于员工发展的。我们调拨资金是用于推动员工与社团的自治与成长，设法满足合作社'成员'与'客户'的兴趣与需求"。同样，在全球其他合作社也有相关价值、使命和管理授权方面的类似表达。蓝多湖公司，是美国食品加工行业领军企业，同时也是美国最大的生产合作社之一。蓝多湖在官网宣称："我们信奉客户乃成功之本——我们致力于满足客户需求。"西北相互人寿保险公司，是一家年销售额超过 250 亿美元的美国金融服务公司，其价值观是"西北人寿的使命是做正确的事，坚持以人为主导，坚持提供金融服务，坚持放眼长远的视野"。

研究表明，合作社拥有较强的增长态势，因此在与私营经济体的竞争中脱颖而出。或许这与合作社与成员 / 客户保持密切联系有关，合作社深入细致地了解客户需求（Bérubé et al.，2012）。他们将尊重成员 / 客户兴趣置于追逐短期利益之前，这样更能保障长期客户的忠诚度和吸纳新成员。另外，因为合作社洞见并了解客户需求，所以能带给客户更为深刻的更令人满意的体验（Bérubé et al.，2012）。

任何一家合作社的关键利益相关者群体之一，都是其所在社区。所有类型的合作社趋向于与本土社区打成一片（参见本书第 6 章）。从历史发展分析，部分原因是本土社区曾用它这种形式，来解决本土特定的社会或经济问题。许多合作社成立于经济大萧条时期，在上市企业、私营企业和非营利性组织均无能为力的境况下，它们用于挽救本土经济。在"等待救济"的困难时期，合作社曾是最具效率的甚至是最必要的组织形态（Bérubé and Lamarre，2012: 61）。确实，合作社取得高速增长的领域，一般来自健康医疗、养老院和教育领域，这些领域的运营主体，即公营部分，目前正在缩减支出。所以，合作社是在填补医疗、养老和教育等领域的"经济窟窿"（Bérubé and Lamarre，2012: 64）。

有强大的社区导向意识做支撑，将社区纳入有价值的利益相关者群体之中，这也能从根本上改变了企业从事商务活动的方式。例如，如果某项目有损当地自然环境，那么金融合作社不会审批或承建这样的开发项目。如果是要做商业贷款，合作社就不会像商业银行那样，因为担心亏损而轻易断掉资金供给的生命线。相反地，因为合作社的成员 / 占股者共同承担资金的收益与风险，所以合作社更趋向于选择扶持创业失败者。

眼光更加长远

前文曾提及鲍达民（2011）对企业高管的劝诫，要"摆脱追逐短期利益的暴政"，转向"季度资本主义"甚至更长远的市场经济体系；在投资、规划和建设上，要考虑未来25年的发展，而不要局限在第二财年的发展。合作社凭借其特殊的运转构造，才能免受鲍达民所说的困扰，即"追逐短期利益的暴政"和"疯狂追求季度业绩"。与上市公司动辄就要持续实现利润最大化，抬高公司股价这种压力相比，合作社将精力解放出来，更容易适应企业部署长期战略、实现长远发展的需求。这种固有的长期导向，实际上深受合作社重视，因为这是合作社的突出竞争优势。上市公司主要靠股市交易，精力用于每日关注股价波动，从事数据率分析，盘算季度营业额，应付敌意收购的威胁等方面；合作社不能被股东群体单独管控，所以合作社有了呼吸空间和决策时间。

当前有关如何适应长远规划需求的讨论愈发热烈，许多管理专家认为"长远视野"才是成功的基业长青的公司的根本。哈佛商学院教授罗莎贝丝·莫斯·坎特在"伟大的公司如何用不同的方式思考"（How Great Companies Think Differently）一文中说，那些基业长青、持续高速发展的伟大公司，都信奉聚焦长远的发展思路（Kanter，2012），由于合作联社不被股票表现或季度业绩等短期目标束缚，因此它们有更多时间实践定位长远的发展战略，比如寻找新的机遇或创新管理思路，以实现为消费者和客户创造价值。上市公司被追逐投资回报最大化束缚，无暇顾及企业的长远发展。两者的管理思路存在本质上的差异。以加鼎集团为例，这种合作社模式更关注长期的金融稳健发展，而非短期内追逐更高利润。除了管理思路上的差异外，还有成本方面的世俗趋向。例如，合作社在管理其资产时更追求稳健发展，因为它们无法像上市公司一样，能通过发行普通股等方式直接对接资本运作。

合作社固有的金融保守主义，还表现在其他方面。例如，合作社推崇一种这样管理哲学——为实现更平衡、更具可持续性的增长，可不惜一切代价牺牲其他增长方式；合作社不以利润追逐为终极目的，而将追逐利润视为支持企业发展、创新或提升客户服务水平的工具。但是，合作社的挑战在于，如何避免用这种内在的、长期导向的管理思路，来作为短期无作为的借口，作为拒绝做出必要的艰难决策的理由。优势也可能转变为劣势——不做好短期目标达成，是无法促使企业实现长期发展的。企业基业长青不是靠自吹自擂，而是通过常年积累达到的。全球领军型合作社都有着百余年的发展史才走到今天。

这些合作社列举如下：加拿大加鼎集团、荷兰合作银行集团以及美国金融合作社，如农民保险集团公司（Farmers Insurance Group）、西北互助保险人寿集团（Northwestern Mutual Group）、泛美互助保险公司（Nation-wide Mutual Insurance Company）等。除了公共服务领域外，合作社在其他领域也大有作为。例如，爱信硬件集团（Ace Hardware Corp.）、优鲜沛（Ocean Spray）、丹麦皇冠集团（Danish Grown）。爱信硬件集团成立于 1921 年，是美国硬件零售行业的领军型合作社，拥有 4000 多家门店，平均年收超过 30 亿美元；优鲜沛成立于 1930 年，是向全球提供饮料产品的农业合作社；丹麦皇冠集团成立于 1887 年，是来自欧洲的畜牧合作社，如今已成为全球最大的猪肉出口商。但是，在不同行业、不同国家或地区，合作社除了能较好地维系可持续发展和企业恢复能力之外，无论它自身拥有多大的规模、管理得多成功、市场维护得多出色，它仍然是脆弱的。可能的挑战包括全球化竞争、影响全球产业链的宏观经济走势等。这其中包括西班牙蒙特拉贡集团旗下的电器制造商——Fagor，该品牌由于销售业绩持续下滑，2013年惨遭母公司抛弃。

合作社的利益与挑战

合作社基于其内在优势，向社会提供了许多社会经济学的利益。例如，它们在市场经济范畴内，向上司公司提供了一个可供参考的经济模型。所以，合作社仍是一个追逐优秀业绩的、富有竞争力的商业模式，否则它无法生存，或者无法为合作社成员、所在社团、社会提供价值，但合作社仅仅拥有优秀业绩是远远不够的。合作社商业模式的存在，说明当企业承担企业社会责任时，也拥有优秀的业绩表现。发展中国家或地区急需健康、农业、金融等关键领域的产品与服务，那里的合作社需要为成员/拥有者创收，帮助当地人民脱贫致富，因此当地的合作社发挥着更引人注目的经济影响力。国际合作社联盟和其他机构为顺利进行现代合作社运动，正致力于给政府、法规制定或认证机构、高校提供指导，并介绍这种商业模式的优势。无论从个人层面还是集体层面，上述政府、机构或高校正更加主动地适应合作社这种商业模式与哲学，进而打造自身独特性。

对上述组织而言，虽然合作社的结构和指导原则体现出吸引人的优势，但是它同样面临着挑战。也许其中最显著的挑战，就是决策。从整体而言，在上市公司，关键的利益相关者是股东群体，首要目标是最大化股东产权，负责跟进投资回报（参见第 12 章）；但对于合作社而言，利益相关者众多，目标也是多元的。而且，鉴于合作社的构造更民主，更强调统一性，因此决策常需要经过大量论证，决策时间相对漫长。而且，私营企业或上市公司的重要决策活动，均由高层管理者决定。但合作社的重要决策活动，需要先通过成员和所有者的集体表决。特别是在事务发展到迫在眉睫之际，这种决策风格导致合作社无法与竞争对手当面抗衡。

因为合作社不以分红为目的，因此它们能摆脱短期业务缠身的困扰，不用像上市公司那样承担股权收益风险。但是，有时不以分红为目的，反而是一件坏事。例如，2008 年金融危机之后，全球的政府机构加紧对金融机构的监管，制定了许多相当严厉的规则。金融机构现在被要求大幅增资以缓解金融压力。但这些限制政策没有考虑到合作社的属性，也没有考虑到金融合作社的高流动性。与上市银行不同，金融合作社无法触及同类市场来增发投资，这逼迫政府寻求其他途径，或以政府管理自身金融资产的传统思维方式，使得政策变得更为严苛。

除投资途径受到限制外，合作社面临的其他挑战包括如何持续贴近合作社成员的需求，在全球化进程加快的时代如何把控管理规模，如何探寻创新的途径来应对竞争，包括与更大的合作社开展市场竞争。

合作社能否成为 21 世纪商业模式

在众多企业领导层和思想家的呼吁下，市场经济的改革之路势在必行，许多合作社开始探寻发展途径，以思考如何将自身商业战略与其利益相关者结合起来，从而创造更多的长期价值和维护自身的可持续发展。甚至那些一心追寻短期利润最大化的公司，都开始探寻新的途径，来创造其社会与经济价值和响应改革的呼声，设法重塑其商业战略。更有甚者，这种改革呼声通过"创造共享价值"的方式得到广泛传播，因为一家公司的竞争力与公司社团群体的幸福感是密不可分的。合作社通过满足社会需求，能产生富有竞争力的优势（Porter and Kramer，2011；参见本书第 11 章）。

生活在当今这个时代，我们见证着无数新型企业的诞生，其中有面向公众的和追逐利润的。但是，所有这些类型的企业都有一个共同目标：将社会价值融入企业经营目标之中（参见本书第 9 章和第 11 章）。对这些企业而言，社会目标与商业目标不是相互独立的，它们将"善于经营且遵循商业道德"这个标语视为自己的座右铭。这些企业倡导某些与合作社类似的属性和原则，所以，关于成功的商业战略如何因长期社会效益，打造更富有可持续性发展能力的方面，上述企业的行动成为有力的证据，并在现实世界真实地发生着。在促进经济主体多元化发展方面，合作社扮演了重要的角色。这些经济体包括充满活力的私营企业、上市企业、非营利性组织以及稳健成长起来的合作社经济体。这些经济体在食品、健康医疗、保险、能源等领域，为公众提供更丰富的经济选择、更激烈的竞争和更优质的服务。同时，在金融危机期间，这些经济体维系工作岗位免受裁减，提供稳定的就业岗位，并且深深扎根于员工所生活的社区。

总之，将合作社视为早期过时的经济发展模式，这一观点正逐步消失。在全球经济衰退的背景下，合作社凭借其自身属性，得到再次重视。这些属性或优势包括经济稳健性、持久性以及它对企业长远发展的权衡作用。20 世纪 90 年代，公司化浪潮席卷英国，许多合作社转型为上市公司，合作社犹如机电火车年代的蒸汽机车一般过时（Birchall and Ketilson，2009：5）。但在金融危机过后的日子里，经过反复考验的那些合作社依然屹立不倒；相比之下，许多之前的合作社和转型为上市公司的互助共建经济体，包括英国知名户外休闲服饰品牌"北岩"（Northern Rock）在内的企业都被淘汰出局。同样遭受厄运的还有之前合作社成员的成百上千的储蓄已经蒸发掉了。

在自然界，由于生物多样性的出现，因此生态系统显得更平衡、恢复能力更强、适应性更好，与之类似的是经济发展。合作社商业模式，与公共部门组织、非营利性组织、私营企业、家族企业、上市公司等经济体一道，共同组成经济大生态。充满活力的合作社，不仅为消费者带来更丰富的选择，给企业带来更激烈的商业竞争，而且能在市场崩盘和经济下滑的情况下，缓解经济动荡带来的危害。

参考文献

Barton, D. (2011). "Capitalism for the Long Term," *Harvard Business Review*, 89(3): 84–91.

Bérubé, V. and Lamarre, E. (2012). "Another Way to Do Business: An Interview with the President and CEO of Desjardins Group," in M. T. Borruso (ed.), *McKinsey on Cooperatives*. New York: McKinsey & Company, pp. 60–7. Available at: <http://www.mckinsey.com/client_service/strategy/latest_thinking/mckinsey_on_cooperatives>.

Bérubé, V., Grant, A., and Mansour, T. (2012). "How Cooperatives Grow," in M. T. Borruso (ed.), *McKinsey on Cooperatives*. New York: McKinsey & Company, pp. 4–11. Available at: <http://www.mckinsey.com/client_service/strategy/latest_thinking/mckinsey_on_cooperatives>.

Birchall, J. and Ketilson, L. H. (2009). *Resilience of the Cooperative Business Model in Times of Crisis*. Geneva: International Labor Office. Available at: <http://www.ilo.org/empent/Publications/WCMS_108416/lang—en/index.htm>.

Co-operatives UK (2013). "Homegrown: The UK Co-operative Economy 2013." Available at: <http://ica.coop/sites/default/files/media_items/homegrown_co-op_economy_2013_final_0.pdf>.

Crear, S. (2009). "Cooperative Banks, Credit Unions and the Financial Crisis." Prepared for the United Nations Expert Group Meeting on Cooperatives, New York, April 28–30, World Council of Credit Unions. Available at: <http://www.un.org/esa/socdev/egms/docs/2009/cooperatives/Crear.pdf>.

Fourth Sector Network (2008). "The Emerging Fourth Sector." Available at: <http://www.fourthsector.net/learn/fourth-sector> (accessed December 11, 2015).

ICA (2013). "Blueprint for a Co-operative Decade," International Co-operative Alliance, February. Available at: <http://ica.coop/en/media/library/member-publication/blueprint-co-operative-decade-february-2013> (accessed March 28, 2015).

ICA (2015a). "Cooperative Identity, Values and Principles," International Co-operative Alliance. Available at: <http://ica.coop/en/whats-co-op/co-operative-identity-values-principles> (accessed March 28, 2015).

ICA (2015b). "The Need for Change," International Co-operative Alliance. Available at: <http://ica.coop/en/blueprint-co-op-decade/need-change> (accessed March 28, 2015).

ICA (2015c). "Friedrich Wilhelm Raiffeisen," International Co-operative Alliance. Available at: <http://ica.coop/en/history-co-op-movement/friedrich-wilhelm-raiffeisen> (accessed March 28, 2015).

ICA (2015d). "The History of the Co-operative Movement," International Co-operative Alliance. Available at: <http://ica.coop/en/history-co-operative-movement> (accessed March 28, 2015).

Kanter, R. M. (2011). "How Great Companies Think Differently," *Harvard Business Review*, 89(11): 66–78.

Kanter, R. M. and Malone, A.-L. J. (2013). "Monique Leroux: Leading Change at Desjardins," Harvard Business School Case 313–17, February (revised April 2013).

Klimecki, R. and Wilmot, H. (2009). "From Demutualization to Meltdown: A Tale of Two Wannabe Banks," *Critical Perspectives on International Business*, 5: 120–40.

Leroux, M. F. (2014). *Conversations on Cooperation*. Lévis: Federation des Caisses Desjardins.

Porter, M. E. and Kramer, M. R. (2011). "Creating Shared Value," *Harvard Business Review*, 89(2): 62–77.

RZB (2015). "Raiffeisen: An Idea Becomes a Success," Raiffeisen Zentralbank Österreich AG. Available at: <http://www.rzb.at/eBusiness/01_template1/832624473864488257-832624426888283369_832626739996609179-832626739996609179-NA-2-EN.html> (accessed March 28, 2015).

World Co-operative Monitor (2014). *Exploring the Co-operative Economy: Report 2014*. Available at: <http://ica.coop/sites/default/files/WCM2014.pdf>.

第 6 章

21 世纪企业的社区参与

拉坦 N. 塔塔　德克·马滕

在一个自由的企业里面，社区不仅是我们商业利益链当中的另一类利益相关者，而且事实上它的存在具有很强的目的。

——詹姆谢特吉 N. 塔塔，塔塔集团创始人

引言

自工业革命以来，企业社区参与（CCI）已成为许多企业的特征。CCI意味着商业公司开展改善与其直接相关的社区活动，在许多情境下，这种社区很大程度上是指员工所生活的社区。公司和 / 或公司的股东 – 经理层（owner-managers）承担起如今我们所说的"家长式管理"职责，内容包括基础设施建设、教育、医疗、住房和日常生活开销等。

本章将在现代商业环境中，探讨 CCI 及其相关的市场经济表现形态，借此我们将以印度塔塔集团作为切入点。我们意识到，若需清晰描述塔塔集团及其旗下公司的 CCI，那么恐怕将会超出本章的讨论范围。更多细节我们可以参阅塔塔集团各大网站上公布的信息（http://www.tata.com），以及塔塔集团旗下各子公司的信息（http://www.tata.com/sustainability/sub_index/Tata-Sustainability-Group），同时还可在学术领域参阅日益增多的相关

论文（Elankumaran et al.，2005；Haugh and Talwar，2010；Shah，2014；Sundar，2000；Surie and Ashley，2008；Worden，2003）。

本章从塔塔集团高层的视角，重点分析了影响塔塔集团 CCI 进程的基本因素，还在更广视野下，重点探索了塔塔集团所处的更多的情境，以及它在当代市场经济体系下所做的灵活变通的方式。紧接着，我们首先从历史发展的视角审视各种情境下的 CCI 进程，并探讨其核心的战略问题，这些问题包括"社区"的含义、CCI 的动机与内驱力、思考企业目的的作用以及社区参与的归属问题。同时，我们就构建可持续市场经济体系展开更广范围的讨论，简要讨论了地理环境和 CCI 重要程度的相关性。

企业社区参与的发展简史

在 19 世纪，北美地区成立了全球第一家股东持有的铁路企业。那时有关"社区"的概念，尚未被拿出来单独讨论过。毕竟这些公司已经将"社区"这一利益相关者作为各自战略的核心——为客户提供安全、高效、廉价的陆地交通运输服务。当然，这些集团已经在维护其利益相关者的利益，毕竟对它们而言，资本最重要。而且较强的资本回报能力是它们前进的动力。简而言之，当时这些集团公司所服务的各大城市、乡镇和各个联邦，就构成它们的社区，这就是它们的主要目的。

工业革命时期，包括欧洲在内的世界其他地方，企业家们很早就发现工厂雇员就是需要首先被维护的社区群体。这种维护方式常被称为"家长式管理"，重在维系雇员及其家庭的健康与幸福感。早期的吉百利食品、郎奇糖果、德国蒂森克虏伯公司，其社区群体就是工厂的工人，工厂从理论层面和实际操作层面，都保障工人住有所居，且住所临近工厂（Cannon，2012）。

20 世纪以后，社群参与逐渐转向公司所在的社区、城镇或城市，甚至国家。欧美大型公司的社区参与活动，主要表现为在医疗、教育、艺术等其他社会服务领域开展慈善事业与自愿捐赠活动，即当下所称的"企业社会责任"，只是早期这仍表现为企业的慈善事业（Porter and Kramer，2011）。最后，20 世纪下半叶，企业社区参与的领域转向生态、环保领域及其从业人员，这些新领域共同组成企业新一轮社群服务对象。

塔塔集团则与此不同。詹姆谢特吉·塔塔在 19 世纪下半叶成立公司时，已经将社区参与作为公司核心战略目标，他希望能服务于整个印度社会，使印度人民摆脱英国殖民主义统治（Worden，2003）。当然，詹姆谢特吉·塔塔所处的时代如此特殊，促使他催生出报效祖国的雄心壮志，在英国殖民主义限制的条件下开展实业救国。在当时印度本土公司能做的事情非常有限，要将印度发展成为工业化国家十分困难，因此环顾同时代的全球局势，公平地分析，塔塔先生的创举或多或少推动了印度社会的公平事业。塔塔先生没有满足于在殖民者手下从事二级市场的运作，进而在纺织品、能源领域取得了世界级的商业成功。而且，詹姆谢特吉·塔塔决心为作为产品使用者的印度消费者创造价值。在塔塔先生看来，他对国家的情感超越一切。只要对国家有利的，他都要运用规模效应和当时最先进的科技手段去尝试一番。

塔塔集团的这种报国情怀，继续在塔塔先生的儿子、前塔塔集团总裁克里希那·古玛（Krishna Kumar）手中延续，并已经成为塔塔集团社区参与的核心动力。但这份情怀带有很强的殖民色彩，并不能较好地指导管理层继续促进印度社会与经济的发展。同样值得一提的是，一方面，塔塔集团的社区参与活动，一贯重在笼络大批利益相关者；另一方面，对塔塔集团而言，他们不需要将员工置于客户之上，或者将员工置于某些本土社区之上。因为这类本土社区并不想与企业产生直接关联。

21 世纪的企业社会责任事务

当今跨国公司对"社区"的定义

从历史角度分析，企业"社区"的概念构成已经非常清晰明了，特别是当代企业更是如此。毕竟现在的公司，不管利益相关者的地理位置远近，都要依靠他们的参与。所以，问题是：所谓公司"社区"，与公司所依靠的债权人、投资方、供应商或政府等利益相关者相比，区别在哪里？

每当我们提及"社区"，总会想起这样一群利益相关者——他们至少有一部分是不与企业直接产生经济往来的。特别是在工厂或车间的邻近社区，如果当地人不是公司雇主或客户，他们就没有直接筹码，来要求工厂或车间给予良好的福利，因为这要看公司意志；或者从事以铁路或公用事业为代表的垄断行业在当地开设公司，当地居民也只有有限的经济筹码来与公司交涉，而且在维系服务的质量与价格方面，居民得屈服于公司意志。回顾历史我们甚至发现，以欧洲工业革命时期的企业行为例，当时由于公司普遍缺乏强有力的监管，工人的劳动条件、生活条件都不得不依赖公司的意志。如果企业将社区与利益相关者两个群体放在同等重要的地位，那么参选范围就会很大了。对于跨国公司而言，情况更为复杂，有关何类社区值得开发的研究论文日渐增多（Jones et al.，2007）。

塔塔集团对社群有不同的理解。印度的"精英阶层"占据天然优势，生活质量很高，但欠发达地区仍普遍存在不富裕的社群。在广大农村或城郊接合部生活的居民，他们是最糟糕的社群，一贫如洗。其中某些家庭有残疾人士，当地教育不公平现象时有发生，甚至整体缺乏对外面世界的理解。塔塔集团察觉到这一现象，主张印度社会关注这个被忽略的群体。同时，主张关注塔塔工厂周围 30～50 英里[⊖]范围内的社区居民，这不仅涵盖其所雇用的员工，还包括加入塔塔集团合作社的农民朋友。按照传统，塔塔集团给当地居民提供健康服务之余，还提供技能提升培训服务。这些服务，有些是在农村的大树下开展的，这些活动都与教育培训有关。通过教育，塔塔集团考虑尝试雇用当地居民。例如，组织农村妇女缝制工装，生产午餐饭盒，以便塔塔集团回购使用。对于不幸遭遇流产的妇女，塔塔集团会为她们提供工作，但雇用名额是有限的，因为塔塔集团作为公司，通常会一方面压缩雇员人数，一方面提高产量。塔塔集团所做的一切，都是为了让当地社群能自食其力，盘活经济。

当然，哪类社区才值得服务，这个问题很难回答，特别是在塔塔集团已成为一家跨国企业的情况下。在其众多工厂运营中，对社区的定义可能仍然相当草率。但是作为一家囊括全球利益相关者的公司，尝试去挑选哪类社区来服务，这个行为本身就非常具有挑战性。因为，在当前全球化背景下，生态系统保护、气候变化或生物多样性保护等问题层出不穷（参见本书第 2 章和第 3 章）。

⊖ 1 英里＝ 1609.344 米。

集团社区参与的动机和内驱力

以上我们探讨 CCI 在不同公司的不同实现途径。接下来，我们将探讨公司组织 CCI 活动的动机和内驱力在哪里。我们认为 CCI 背后动机包括迫于现实需要、战略需求、规范化。

首先，在公司需要在当地小镇或国家开展业务时，CCI 仅是一种拓展运营资格的现实做法（Smith，2003）。为吸引高素质、高追求的员工，当地必须配有教育质量优秀的学校、医疗水平高的医院、清新怡人的自然环境。例如，在许多发展中国家，矿采企业一直在主推此类型 CCI 活动（Kemp and Owen，2013；参见本书第 19 章）。有时我们甚至可以说，一家大型企业能养活整个小镇，促进当地经济发展（Muthuri et al.，2012）。

其次，毫无疑问，北美近期一直在讨论 CCI 与企业慈善活动的关系，有些企业将 CCI 当作提升企业竞争力的工具（Porter and Kramer，2002）。例如，苹果与微软一直向学校和图书馆捐献计算机。这不仅促进当地学生的受教育水平的提升，还为学生和经常到图书馆读书的人提供了锻造未来职业技能的机会。

再次，从做规范研究的角度出发，公司开展社区参与，是要肩负道德职责的。更何况社区参与，能反过来辅助公司的运营，为公司拓展更多战略层面的机会。在众多社区参与活动中，最基本的形式是公司对社区的"回馈"，这体现出公平和公正等基本思想。长期以来，公司及其所有者开展慈善事业，目的正是如此——回馈社会（Carroll，1991）。近年来，慈善事业得到更多人的关注，美国前总统奥巴马在某竞职演讲中，曾发表著名的"你没有建立这些"演讲。他说（White House，2012）：

富裕、成功的美国人支持着我，因为他们想给社会反馈点什么。他们知道……如果你已经成功，你不是靠一个人努力才做到的……如果你曾成功过，有人曾给过你帮助。人的一生会遇到一位伟大的老师。有人帮助创建了如此伟大的美国社会，大家能共享这里的繁荣昌盛；有人投资建设道路桥梁；如果你经商，你又做了些什么呢？都是其他人帮你实现的。

该演讲的要义是，人们经商都得依靠周围社群资源，如公共基础设施资源或学校资源，这些都是不用花钱就能享用的。从公平、公正的角度分析，公司开展社区参与，就是利用这些资源之后，进行"回馈"。

关于开展 CCI 的动机，另一种理解会显得稍微深刻一些，即依据的是启蒙运动的哲学家，伊曼纽尔·康德所说的道德职责。站在这个层面分析，公司不应仅将员工、邻居和其他利益相关者视为可供利用的工具，而应将他们视为拥有各自性格和喜好的人类。这种理解常与"道德黄金律"的提法重复，所以能在许多公司看到，那些公司的所有者或管理层被宗教思想所驱动。例如，英国早期的慈善企业，吉百利或朗特里（Rowntrees），据报道称就是因为管理层是虔诚的基督教教友派的信徒。

对塔塔集团的管理层而言，推动 CCI 活动的首要动机是维系社会的公平与公正。如果公司的人坐拥亿万家财，而工厂旁边的居民家徒四壁，那么公司的人通常会被视为有原罪感的；如果公司拥有为员工创造足够财富的能力，那么就不应将公司员工与公司附近居民之间的界限划得那么清楚。人们期望公司对社区报以仁慈的态度，这个态度不一定等同于给钱补贴而已。公司要发展，就要以多种方式与社会共享公司发展红利，包括建更好的学校、更好的社区基础设施等。

第二个动机很简单，因为塔塔集团是依靠商品或服务消费者生存的。他们的服务对象是拥有基本财富水平的、有抱负的中产阶级。所以塔塔集团的社区导向，就是为中产阶级，特别是普通阶层设计产品。当然，塔塔集团意识到实现理想的难度，而且从整体而言，鉴于社会金字塔的底层人民收入欠佳，价格与利润太低，许多公司几乎不关心他们。它们主要关心股东价值，以此作为衡量自己市场成功的标准（参见本书第 12 章）。塔塔集团与它们的最大不同在于，塔塔集团除了关心利润外，公司高层坚信——除了通过股票分红或利润最大化来提升股东价值外，还能够通过创建社会和谐和提升公民的幸福感来增加股东价值（参见本书第 10 章）。

塔塔集团将考虑面拓展得如此之广，经常陷入成本很高的尴尬境地。在 20 世纪 90 年代的印度社会，塔塔集团与其他企业的潜在对比变得相当明显。那时，国家允许外资企业进入印度股票交易市场，塔塔集团也开始尝试向外投资，或者接受私人股本公司的注资。这些投资客经常问："为什么你花这么多钱在农村福利上？那是我们的钱啊！到最后，我作为你的潜在投资人，这些钱都要变作我们专属的基金，你们不能就这样拿去给社区当福利。"塔塔集团历代经营管理层，都经历过类似的被质疑的遭遇。塔塔集团领导层从未用"施舍"的心态对待社区。相反，这些社区投资都被视作是善良的、和谐的、对职工及其家属有好处的。当然每个人投资或经商都不容易，但事实上，塔塔集团多年来从未产生过一起劳务冲突，这就是看得见的事实，即使这种收益很难用机会成本的方式来衡量。

综上，塔塔集团开展 CCI 的原则是多级联动推动这项事业的发展，而非局限在其中一两种渠道上。公司能达到的最高境界，是能从道德层面向社区发出明确的承诺。这让人想起塔塔集团在创业初期，有关振兴国家、实业救国的伟大抱负，让人想起承诺背后的道德职责。但是，包括公司内部员工在内的群体，对收入分配制度不公平的现象，也存在世俗看法，为此，他们会设法用不可持续的方式釜底抽薪，阻断公司的发展前程。最后，也是下一节即将探讨的，塔塔集团开展 CCI 项目是出于战略发展的需要。公司清楚意识到两方面的互补关系——一方面，作为私营企业，塔塔集团的目标是追逐利润；另一方面，塔塔集团要推动 CCI 项目向前发展，积极探索 CCI 项目的核心重点。

此时值得注意的是，有人说塔塔集团如此注重社区参与项目，是因为其创建人詹姆谢特吉·塔塔，是一位索罗亚斯德教的教徒，他在公司成立之初，就为公司文化奠定了一些宗教信仰的成分（Worden，2003）。但是，现任的塔塔集团高管们或多或少认为这纯属无稽之谈。如今，塔塔集团开展 CCI 项目的动机，是迫于现实需要的、道德建设需要的，以及公司战略发展需要的。

集团目的与 CCI 项目的商业案例

本书所述市场经济的改革理论多如牛毛，因此导入像塔塔集团 CCI 项目这样的应用案例非常重要。毕竟，当我们翻阅印有 CCI 概念的教材时，相关的战略研究文章层出不穷（Crane et al.，2013）。由此，如果 CCI 在收入、降低成本、规避风险方面，能起到维护甚至促进的作用时，那么 CCI 就是受到热烈欢迎的。

这种战略思维上的支配，是基于这样一个重要的假设：公司的核心目标是追逐（短期）利润最大化（参见本书第 12 章）。由此，只有在 CCI 能维系公众利益，同时融入公司文化内核之中时，CCI 才是有保证的。公司理应追逐 "共享价值"，意为只有 CCI 这类项目才值得投资，因为 CCI 对公众利益和公司的文化内核都有积极促进作用（Porter and Kramer，2011）。最后，当追寻公司存在的终极意义时，我们难免遇到这样一种窘境，那就是公司的价值主要是由集团管理层塑造的（参见本书第 4 章、第 5 章和第 9 章）。

塔塔集团与西方国家的公司存在的最大差异是塔塔集团从管理架构和价值承诺两个层面，形成了独特的商业目的——塔塔集团要与社区服务紧密联系在一起。无论是本部还是全球分公司，这都是塔塔集团最独特的优势。事实上，塔塔集团控股的大多数股份是由慈善机构所属，进而公司对社区承诺的责任是完全不同的。值得一提的是，慈善机构入场持股，实现了真正意义上的慈善目的，而不是成为任人摆布的工具。例如，个别纳税户利用减税养老政策避免交纳遗产税。塔塔集团高管的目的很明确，即从一开始就致力于打造资金实力雄厚的慈善方式，主要围绕教育、医疗和其他不断拓展的领域，开展社会慈善事业。于是，慈善机构的股权已经成为显著区分开展 CCI 的公司和主要追逐利润的公司的显著标识；于是，塔塔集团高管的管理哲学植根于公司的社区角色之中。

开展 CCI 项目的主要途径

举办 CCI 项目的途径非常多，主要分为如下五种：（i）慈善捐赠；（ii）企业员工志愿服务；（iii）和社会团体 / 非政府组织开展跨界合作；（iv）为行动有障碍的群体开发产品服务；（v）参与公共领域的政策制定。下面进行逐一探讨。

第一，慈善捐赠与赞助（通常被视为企业慈善行为）是开展 CCI 项目最传统的途径，但很多公司仍喜欢用这种方式。企业的捐赠行为，越来越多地与公益营销等市场战略一道，配合着 CCI 项目的战略的节奏而发展。企业的捐赠行为，能产生可见的收益，如促进销售增长，提升品牌认知或品牌识别度等。塔塔集团多次开展慈善计划，举办慈善活动，以实现上述商业目的，这将在未来予以详细讨论。

第二，企业员工志愿服务已成大势所趋，特别是它被纳入人力资源发展战略之后，更是如此。企业员工不仅可以多花点时间和精力，去社区开展志愿活动，还能够自主选择那些能巩固自身可转移技能和能力的志愿项目，这样对自身与雇主都有好处。在塔塔集团，员工志愿服务在社区参与的许多方面，都起到很大的作用。其中值得一提的案例是"塔塔救济委员会"。2005 年印度海啸期间，公司所有员工都有资格报名参与赈灾，所有员工都被充分信任和授权。当时，塔塔集团捐赠出 700 所住房，并为失去配偶的女性群体、渔民遗孀采取救济措施。这次救济也通过开办学校，甚至联系养父母等方式照顾孤儿。塔塔集团的员工自发形成志愿服务队深入灾区，在恶劣的生存条件下开展救援行动。这一切付出的背后，都是志愿者的一颗颗赤诚之心。塔塔集团的全体员工匀出时间和工资积蓄，最终完全达成捐赠目标。同时，塔塔集团谨慎操作，避免在捐赠行动中动用其品牌资源，避免给灾区人民造成误解，误认为塔塔集团只在危难之际出手相助而已。在各个灾区亲眼看见人民的苦难生活后，塔塔集团高层更坚定了自己的信念——决不能采取短视思维做这类型项目，更不要提它最终将产生多少股东价值。公司存在的目的，是为了向它所在的社区创造价值。

　　第三，从更广的角度分析，跨界合作关系能将合作双方维系在相同的框架下，共同致力于满足社区需求。跨界合作也有利于构筑企业公信力，提升管理社会问题所需的特定能力。企业在面临信任危机，或在欠缺慈善公关活动的运营能力或资源时，与非政府组织的合作将会开启双赢局面。在塔塔集团官网及其年报上，关于塔塔集团在开展 CCI 项目期间与市民社会团体的多方合作网络随处可见。

　　第四，所谓的"金字塔底层"战略，公司已经开始构思如何借助自身的核心运营经验，去"服务行动有障碍的群体"（参见本书第 2 章）。我们在实践中发现一个核心问题：在发展中国家或地区，行动有障碍的人士和低收入人群生活在物流条件恶劣的地区，他们是极难享受到商产品与服务消费的（Kolk et al., 2014）。塔塔集团针对社会贫困阶层和行动有障碍的群体开展了多种社区扶持计划，旨在提高目标人群的生活品质，让商业文明惠及千家万户。在众多努力中，最值得庆祝的是塔塔 Nano 汽车。这款汽车旨在为无法支付市面主流品牌汽车的人群改善个人交通条件。

　　第五，企业在举办 CCI 项目中，如何协调自己与社会团体、政府机构的关系，这个议题正激发热烈讨论。毫无疑问，这一争辩毫无必要，它其实起源于 CSR（企业社会责任）与 CCI（企业社会参与）之争。在 20 世纪 70 年代，米尔顿·弗里德曼（1970）提出代表公众诉求的社会团体不应被产业界所左右，而应肩负起（民主）政府的管理职责。但如今公司常面临的局限，与过去相比已经有了相当大的差异。政府可能不能解决公共卫生、教育问题，甚至自身组织架构的问题都不能解决。这也许与当地政府缺乏资源、官场贪污腐败有关，也许他们无法撼动某种事实，对于超出自身能力范围之外的管理确实无能为力（参见本书第 9 章）。但我们观察到，印度的政商关系愈加微妙。瓦伦特与克瑞恩（2010）用不同方法研究最终发现：在政府的管理空白区域，公司会部分或全部地参与公共服务建设，此时发挥的是"补充""替代"作用；或者，当公司维持或鼓励、促进政府管理公共产品的能力时，发挥的是"支持""促进"作用。

塔塔集团历经时间的洗礼，曾在不同历史时期扮演过不同角色。塔塔钢铁曾运营过学校、医院。但如果在事业单位有能力提供基本的基础设施时，那么公司最多能起到支持、促进作用。但从高级管理的角度分析，政企关系并非一直是如此轻松愉快的。印度社会从战后一直到 20 世纪 90 年代，即所谓的"许可证管理"期，公司拓展业务需要征求政府的同意（Dwivedi，1989；Tripathi and Jumani，2007）。这种政策显然阻碍公司发展，因为颁发各种各样的牌照必然滋生政府的贪污腐败。塔塔集团在这段时期错失良机，接连失去进军纺织业、人工合成（绝缘）材料行业的机会，而当时这两个行业正处于飞速成长期。在 J. R. D. 塔塔先生任职主席期间（1938—1991），塔塔集团深受政府贪污腐败之毒害，只能在艰难岁月中踟蹰不前，例如我们曾错失良机进军乘用车制造业。资产国有化过程中的腐败，同样导致航空、银行、保险等领域亏损。这就是塔塔集团血淋淋的惨痛教训——缺乏自己的价值主张。如果公司与腐败在同流合污，那么 J. R. D. 塔塔先生会看到自己毕生心血和辉煌成就将毁于一旦。为了坚守塔塔集团一贯的价值主张，塔塔先生当时已经做好准备，要做出必要的牺牲。

CCI 项目在发展中国家与发达国家应用的区别

过去 20 年来，塔塔集团从印度本土企业跃升至全球知名的多元发展

企业，那么人们不禁要问，印度本土的 CCI 项目与全球其他国家或地区的
CCI 项目有何不同呢？比如在欧洲是什么样的发展情况？在塔塔集团收购
英国－荷兰钢铁制造商"康力斯集团"时，曾因欧洲经济整体下滑而不得
不做出裁员的考虑。因为塔塔集团相信经济不会长期下滑，所以与康力斯
集团在欧洲的各分公司讨论，如何保留保障现有员工不失业，维持他们的
社区继续生存。在那两年时间内，塔塔集团向全体员工发放一半工资，而
政府负责发放另一半工资。在印度我们也有类似做法：设法帮助员工小孩
继续上学接受教育，或设法让工人在过渡期时找到另一份工作。有趣的是，
在那么多塔塔集团曾经协商过的国家中，只有荷兰政府愿意支持。所以，
当时塔塔集团的国际化战略，仅停留在期望对方社区的运营模式能尽量与
印度本土的运营模式贴近。但是，在他国执行 CCI 项目的方式方法和政策
环境，都与印度本土存在较大差异，至少本土的资源更丰富，公司管理更
加高效。

　　塔塔集团总结出一套跨国管理经验：发达国家经济体更多关注人权和
人道主义政策，这是它们的一贯传统。例如，捷豹汽车在遭遇经济低迷时
期时，公司通常会通过压缩工厂的劳动时间，如一周做三天，或者采取临
时裁员措施；但是塔塔集团的高管团队决定向新项目加注资金，辅助捷豹
汽车走出经济低迷期，之后公司再设立更具竞争力的创新项目。塔塔集团
当初根据高管的估计，以 16 亿净值买下捷豹，在经济低迷期仍加注 20 亿
资金用于新产品开发和其他创新。于是，当捷豹可能减缓产量时，塔塔集
团反而用延长内部工时的方式帮助工人增收。当然，塔塔集团高层意识到
此举并非长久之计，毕竟人力成本很高。基于这一点，公司才意识到欧洲
雇员的情况与印度本土雇员存在很大的不同。当人们还在为英国钢铁制造
商的未来而喋喋不休时，塔塔集团正迎来新一轮挑战，正准备为满足社区
需求而努力。

结论：CCI 和市场经济体系重塑

　　本章回顾了公司社区的角色及其重要性，并以塔塔集团多年实践经验
对案例加以分析。在自由市场或私营企业的环境中，商业实现成功的方式

方法有很多种，结合本书主题，塔塔集团 CCI 项目管理经验也许能启发我们。

塔塔集团开展 CCI 项目的突出优势，是公司发展目的的多元性。这不仅深深植根于企业文化之中，也一直贯穿到公司如今的发展。通过致力于服务社区、客户、雇员，甚至更广范围的临近片区，包括整个印度国家，塔塔集团与大部分同等规模的大型跨国集团形成了显著差异。引用弗里曼、帕马和马丁的话来说，一个多世纪以来，公司一直以追逐利润为至上目的，股东作为众多利益相关者中的成员，仅被视作企业要服务的重点目标之一（参见本书第 10 章）。这当然是一项繁重的任务，但同时也证明：仅为股东提供价值是不够的。例如，迈克尔·詹森曾说（2010），管理者只有在专注一项财务目标时，才能成功管理一家企业（参见本书第 12 章）。众所周知，以商业盈余来养活企业社区是非常复杂的管理工作，多级管理结构和特别任务小组均已对此有着切身体会。但塔塔集团的案例表明，当企业决定致力于满足社区对新兴产品、教育、医疗或其他社会公需时，企业管理者的成功当然是指日可待的。

但是，两类目的不同的企业，却因共同使用一个相当复杂而特别的所有者模型而紧密联系在一起。塔塔集团在创立初期家族股份占 66%，在规定企业盈利用于社区服务的问题上掌握话语权。所以，塔塔集团能够力排众议，用自身坚定的价值观继续开展社区服务。试想，如果塔塔集团的大部分股票掌握在一群疯狂追逐利润的股东手里，那么，塔塔集团一开始就难以将如此广泛的利益相关者考虑进来，而且很明显，公司曾经所做的社区承诺也很难兑现，更不用说用 CCI 项目的成果说服股东加大对 CCI 的投资。塔塔集团的经验不代表唯一可行的经验，我们分析塔塔集团的案例，是为了以私有企业管理权的问题为研究对象，促进人们对改革的方式方法、动机、政府管理机制等方面的反思。

第三点也许超出常规理解，那就是塔塔集团管理层尊崇价值与诚信的传统。塔塔集团的社区参与深深植根于这些价值中。学术界也多将塔塔集团纳入企业文化的案例研究之中（Brown，2005；Paine，1994）。纵观塔塔集团数代管理层，有两点要提出。第一，在公司的领导下，尊重个人价值并强烈主张讲诚信，这是公司开展可持续的社区服务的根本（Solomon，1999）。第二，这一点看上去稍显容易，然而同等重要的是，在塔塔集团这样一个家族控制的组织中，其管理层历经数代演变，已经形成所谓的"管理传统"（Bartlett and Ghoshal，1988），这个传统体现着员工对企业文化价值的承诺，相当牢固地植根于个人对现有领导层、集团组织架构的态度之中。人们对当代市场经济改革过程中涌现的许多问题争论不休，包括 2008 年那场次贷危机所表现的不利影响，现在这个"管理传统"又会引发业内深思。值得信赖的承诺，对道德价值的信仰，两者不仅能维系经济体系的良好运转，还能激发人们的思考。思维的问题包括：这种改革能否在短期内见效？能否仅通过法律改革见效？（参见本书第 16 章）。

　　最后值得强调的是，塔塔集团的案例体现出推动 CCI 项目自身所蕴含的潜在价值的威力。从历史视角分析，我们理应承认其中一些价值主张是相当特殊的，特别是创业之初詹姆谢特吉·塔塔的战略观点，这是由当时的时代与地缘环境决定的。其他价值主张，特别是对社会经济收入平等的渴求，无论是在 19 世纪还是在当代，都永不过时。确实，收入或经济地位不平等的问题，不仅是所谓"发展中经济体"或"新兴经济体"的命题，相反，特别是在 2008 年之后，在北半球的发达经济体中，有关收入不平等的不可持续性的讨论也尤为迫切，这一形式几乎不能再拖延了（Pickett，2013）。

　　正如本章所强调的，私有经济体在财富创造与积累中扮演至关重要的角色。公司作为一个经济体，曾遭遇极度迫切的信任危机，因为大众对公司的期盼很高，公司能缓解经济地位不平等的问题。在化解这场信任危机中，CCI 项目是首先被公司考虑的项目。塔塔集团案例表明，这属于集团创造价值的一种途径，集团和自己的客户、员工、邻居做好关系管理，同时会与公司其他兴趣群组做好关系管理；塔塔集团案例也表明，商业实体在实现价值创造的过程中，在社会环境中所扮演的角色应加以反思——有关这种价值创造是否要走向"价值分配与共享"的讨论不能停止，有关这种价值创造是否要跨越公司管理层或股东来共享的讨论不能停止。

致谢

　　诚挚感谢塔塔集团的管理层在本章撰写过程中给予的无私帮助。感谢塔塔集团董事局成员、集团执行顾问、品牌托管顾问，慕昆·拉詹博士，以及塔塔集团各大分公司的首席道德官。感谢克里希·库马尔先生（集团公司中心 2013 年之前的成员），感谢塔塔集团各大分公司的主席们。

参考文献

Bartlett, C. A. and Ghoshal, S. (1988). "Organizing for Worldwide Effectiveness: The Transnational Solution," in P. J. Buckley and P. N. Ghauri (eds), *The Internationalization of the Firm: A Reader*, Vol. 2. London: Routledge, pp. 295–311.

Brown, M. T. (2005). *Corporate Integrity: Rethinking Organizational Ethics and Leadership*. Cambridge: Cambridge University Press.

Cannon, T. (2012). *Corporate Responsibility: Governance, Compliance and Ethics in a Sustainable Environment*, 2nd ed. London: Pearson Education.

Carroll, A. B. (1991). "The Pyramid of Corporate Social Responsibility: Toward the Moral Management of Organizational Stakeholders," *Business Horizons*, July–August: 39–48.

Crane, A., Matten, D., and Spence, L. (2013). *Corporate Social Responsibility: Readings and Cases in Global Context*, 2nd ed. London: Routledge.

Dwivedi, O. (1989). "Editor's Introduction: Administrative Heritage, Morality and Challenges in the Sub-Continent since the British Raj," *Public Administration and Development*, 9(3): 245–52.

Elankumaran, S., Seal, R., and Hashmi, A. (2005). "Transcending Transformation: Enlightening Endeavours at Tata Steel," *Journal of Business Ethics*, 59(1): 109–19.

Friedman, M. (1970). "The Social Responsibility of Business Is to Increase Its Profits," *New York Times Magazine*, September 13: 70–1, 122–6.

Haugh, H. M. and Talwar, A. (2010). "How Do Corporations Embed Sustainability across the Organization?" *Academy of Management Learning and Education*, 9(3): 384–96.

Jensen, M. C. (2010). "Value Maximization, Stakeholder Theory, and the Corporate Objective Function," *Journal of Applied Corporate Finance*, 22(1): 32–42.

Jones, I., Pollitt, M. G., and Bek, D. (2007). *Multinationals in Their Communities: A Social Capital Approach to Corporate Citizenship Projects*. Basingstoke: Palgrave Macmillan.

Kemp, D. and Owen, J. R. (2013). "Community Relations and Mining: Core to Business but Not 'Core Business,'" *Resources Policy*, 38(4): 523–31.

Kolk, A., Rivera-Santos, M., and Rufín, C. (2014). "Reviewing a Decade of Research on the 'Base/Bottom of the Pyramid' (BOP) concept," *Business and Society*, 53(3): 338–77.

Muthuri, J. N., Moon, J., and Idemudia, U. (2012). "Corporate Innovation and Sustainable Community Development in Developing Countries," *Business and Society*, 51(3): 355–81.

Paine, L. S. (1994). "Managing for Organizational Integrity," *Harvard Business Review*, 72(2): 106–17.

Piketty, T. (2013). *Le capital au XXIe siècle*. Paris: Seuil.

Porter, M. E. and Kramer, M. R. (2002). "The Competitive Advantage of Corporate Philanthropy," *Harvard Business Review*, 80(12): 56–69.

Porter, M. E. and Kramer, M. R. (2011). "Creating Shared Value," *Harvard Business Review*, 89(2): 62–77.

Shah, S. (2014). "Corporate Social Responsibility: A Way of Life at the Tata Group,"

Journal of Human Values, 20(1): 59–74.

Smith, C., Child, J., and Rowlinson, M. (1990). *Reshaping Work: The Cadbury Experience*. Cambridge: Cambridge University Press.

Smith, N. C. (2003). "Corporate Social Responsibility: Whether or How?" *California Management Review*, 45(4): 52–76.

Solomon, R. C. (1999). *A Better Way to Think about Business: How Personal Integrity Leads to Corporate Success*. New York: Oxford University Press.

Sundar, P. (2000). *Beyond Business: From Merchant Charity to Corporate Citizenship, Indian Business Philanthropy through the Ages*. New Delhi: Tata McGraw-Hill.

Surie, G. and Ashley, A. (2008). "Integrating Pragmatism and Ethics in Entrepreneurial Leadership for Sustainable Value Creation," *Journal of Business Ethics*, 81(1): 235–46.

Tripathi, D. and Jumani, J. (2007). *The Concise Oxford History of Indian Business*. New Delhi: Oxford University Press.

Valente, M. and Crane, A. (2010). "Public Responsibility and Private Enterprise in Developing Countries," *California Management Review*, 52(3): 52–78.

White House (2012). "Remarks by the President at a Campaign Event in Roanoke, Virginia," July. Available at: <https://www.whitehouse.gov/the-press-office/2012/07/13/remarks-president-campaign-event-roanoke-virginia>.

Worden, S. (2003). "The Role of Religious and Nationalist Ethics in Strategic Leadership: The Case of JN Tata," *Journal of Business Ethics*, 47(2): 147–64.

第 7 章

通才的优势

职业生涯发展路径非线性的领导者洞见

尼克·拉古路夫　马修·托马斯

> 我们的时代敬重专家，但人类是天生的多面手，当我们的头脑处理多项事情时状态是最好的。

——罗伯特·特威格（英国诗人、作家、探险者）

引言：专才的时代

我们作为消费者和市民，是愿意将自己托付给那些技术专家的。我们都渴望听到：飞行员已拥有几千小时的飞行记录，外科医生已做过几百台类似的临床手术，建筑家设计过很多宏伟的建筑。马尔科姆·格拉德威尔在其畅销书《异类》中盛赞"一万小时定律"，这是一个关于如何用执着专注、经验线性累积的思维帮助自己打开潜能的概念。他说："要圆满完成复杂任务，就要跟随专家，反复做最低水平的练习。"他用许多世界级专家作为例证，其中包括国际象棋大师鲍比·费舍尔和钢琴大师沃尔夫冈·阿马多伊斯·莫扎特（Gladwell，2008）。

当然，如果我们讨论的是飞行员、外科医生、国际象棋选手、钢琴家等需要长久练习的领域，那么我们能接受，可某些领域我们是存有异议的。我们社会的架构，以及包括政府、商业、非营利性组织等在内的社会核心成分，有关它们的架构现在已成热议。我们把各自领域最好的人才标榜为"政策分析者""实业巨头"或"奇迹创造者"，但这给其他人造成错觉——不用增长更多见识，不用非线性地开展经验累积，因为有专才代劳。人类知识总量已显著扩展，"博学的人""多才多艺的人""多才多艺的女士"等来自15世纪的形容词到现在却已成为往日遗迹。时间发展到21世纪，我们相信一个人可以通过深度、专业的教育培训，以及依靠选定领域的专注力，逐渐成为职业人士，或达到个人满足感与成就感。

这条职业成长之路，如今起步于学校。所以在美国有许多新建的高中开设有"STEM"课程，即科学、技术、工程与数学。在英国，15岁的学生可选修三四门大学预科课程，并要达到A级考核成绩。学生参照自己的考核成绩，来决定大学阶段的报读专业或未来就业方向。美国高校在大专教育（post-secondary education）模块，正趋向于缩小人文学科的比例，缩减至大7%左右（20世纪70年代占比近14%）；人文学院数量下降，从1990年的212所降至今天的130所，环比下降39%（Brooks，2013）。我们在增加高等教育的职业教育成分，却遗忘了对学生创新所需的思维积极性和思考能力的培养（Phelps，2013）。高校这种相对畸形的教育形态，结果传递到了职场。一位兼修商科与公共政策的学生告诉我们，由于面试官质疑他兼修双学位的动机，导致"他无法在国有和私有企业求职"。所以，我们今天的求职者多数在求职简历中只强调某一领域的专业素养。

但是我们的研究表明，通才的职业发展道路要比过分强调专业水平的专才要宽广很多。我们找到那些曾经不愿深究某特定领域的管理层做访谈，这部分管理界人士有着跨部门、跨企业甚至跨界别的管理经验，其中有些人曾带领员工渡过全球最复杂的管理危机。本章以拥有丰富的跨界从业经验的通才为研究对象，他们以非线性积累的方式学到广泛的知识经验，因此更能适应当下形势多变的职场，更能游刃有余地面对生活中的挑战，更能学会拥抱公司变革和社会进步。

下文首先分析专才沉浸于垂直领域所带来的不利影响，特别是如何应对2008年金融危机横扫全球的局面，下文予以探讨。紧接着提出如何用跨界思维和"多面手"思维，来破解亟待解决的社会发展难题，并主张公司管理层充当多面手。本文认为，拥有跨部门、跨学科、跨文化、跨职责、跨界别的职场人士，更适合应对复杂问题。然后，本文详细阐述了我们的研究方法，主要采用访谈法，探索来自美国、加拿大和中国香港地区超过150名"通才"管理者的现状，分析他们的职场技能、思维工具和管理思想。本研究揭示出"通才型管理者"所需六大重要特质，即实用型的智力、可通用的技能、完整的资源网络、情景化的智力、综合考量的动机和有准备的头脑，下文将结合案例逐一予以详述。最后，我们提出了如何培养这六大重要特质的指导方案，呼吁人们在企业、政府、非营利性组织以及高校中加强实践，为自己的个人发展和组织参与的政策注入活力，形成非线性的职业提升之路。

专才的弊病分析

专才在学校教育和职场发展中体现出弊病：将来的管理者，鼓励员工规划和执行职业生涯发展；墨守成规的管理者，则通常以高昂的代价维系自己的一亩三分地的利益。在 2008 年和 2009 年的全球金融危机中，被突然自由授权的专才们，将自己设计、打造的经济体系几乎亲手摧毁。专才说着某个细分行业的晦涩语言，别人无法听懂；专才使用充斥着术语缩写的文字，别人无法理解；专才运用自身专业知识与技术，一年接一年地开发出更多晦涩的、复杂的、不透明的金融产品。专才的努力成果，和我们常人所理解的成果存在差异，这种差异被无情地拉大了。

但是，随着金融危机的演变，这些专才无法用丰富多元的从业背景和跨界的思维方式，去应对金融系统中残酷且血腥的竞争。这种后果，同样属于如下场景：难以赎回当初忍痛割肉的典当品，回天乏术；打包的典当品无人认识，有价无市；金融风险蔓延至毫无准备的国家或地区，它们的财政资源挥霍无度、金融秩序混乱不堪。专才对纵横捭阖、指点江山毫无兴趣。但关键问题是，金融系统缺乏通才的参与。有了通才的介入，金融体系才能在本土、所在国家或地区，甚至全球范围内，有效应对购房者、销售代理、投行、财经学者、信用合作社、信贷机构、养老金管理机构、立法者、监管者、央行等抵押系统中的其他角色。金融体系中，缺乏能从经济、数学、金融、历史、社会学、心理学的角度评估次贷危机泡沫的通才。

专才无法把控 2008 年和 2009 年金融危机所带来的混乱局面，这种现象已经不是首次发生。早在 20 世纪 80 年代，宾夕法尼亚大学的菲利普·泰特洛克教授就曾做实验，探索专才与通才对事物预判的精准度（Tetlock，2005）。他选取了"地缘政治的结果"作为实验主题，这个领域与金融行业类似，普遍存在不确定性。他选出 284 名专才型预言家作为被试，总共收集到 8 万余条预测记录。结果发现，通才型被试实际上对形势预判更为准确。他在报告中阐述到：

专才的思考内容远没有其方式方法来得重要。如果我们想要知道下一刻会发生什么，那么最好向通才求助。因为通才知道如何在坚守传统的同时，兼顾生命中出现的模糊处境或矛盾，进而构思出折中的解决方案。这一点专才做不到，专才死守传统，固执地采用刻板的方法来应对生活中的模糊问题。

当今世界，没有什么是简单的、线性的，或者说是一维的。可是专才把问题看得太简单。相反，当今管理层与社会面临的迫切需要解决的"奇怪问题"，都是牵涉面非常宽广的、复杂的问题，是牵涉各种各样的利益相关者的问题。这些利益相关者对问题各执一词，甚至对可供选择的解决方案报以坚决反对的态度。这些问题全都影响深远，它们涵盖健康医疗产业的服务质量和人群购买力、教育公平、食品卫生与安全、能源安全、气候变化、经济可持续发展、就业等。各方需要协调起来，开展有效协作和统一行动，方可推进问题的解决；没有单一的个体、组织或行业能够独当一面地解决这些问题。

部分行业专家和过于自信的专才，在做出精准预判方面出现失误：他们低估了世界的复杂程度，不能接纳与自己观点相抵触的思维方式，不喜欢那些拥有多种解决途径的问题，决策过于草率和自信，不能倾听有可能正确的异己言论，只喜欢与同自己志趣相投的朋友打交道（Tetlock，2005）。最新研究表明，即使专才并非总是发挥消极作用，但是，作为一名优秀的预判者，通常了解相关不同应用范围的各个"领域知识"（Mellers et al.，2015）。

管理层只有兼顾业务上的"精"与"专"，才能避免步入专才所走进的常见误区。

对通才型管理者的研究

首先要提的问题是：一个人作为个体为什么仍需要懂得这么多？组建一个多元化团队不就行了吗？多元化的团队是由一个个背景、经验和能力不同的个体组成的，多元化也胜过单一化，但这不同于今天我们所探讨的。通才型管理者拥有我们所谓的"博闻强识"。心理学与组织行为学研究表明，博闻强识的人比知识面狭窄的人，更善于运用多种手段来有效地解决问题。他们经常产生出新点子、新发明（Boh et al.，2014）；他们是关键决策圈的核心成员（Bunderson，2003）；他们交际面颇广，接触到完整的人脉网络（Cannella et al.，2008）；他们在某个团队圈子中，能够克服沟通障碍（Bunderson and Sutcliffe，2002）；他们是更好和更快的学习者（Dries et al.，2012）；而且他们更容易获得职场晋升（Campion et al.，1994）。所以，个体（或组织）拒绝强调过度专业化程度，拥抱多元化发展，更能做到攻坚克难、玉汝于成。

在我们的研究中，"非线性"或"博闻强识"用于跨界别的场景。例如，管理者同时拥有从商、从政和从事非营利性组织管理的经验。基于此，我们挑选150位各个组织的高管或代表开展访谈研究（保障我们的研究主题有广泛的行业基础，同时能真正代表各行业的意见）；他们在商业、政治和非营利性组织（包括高校）领域拥有全职或兼职的岗位。这150位研究对象，大部分拥有跨界别（政商）的全职从业经验和第三行业的兼职管理经验（非营利性组织）。这150位研究对象，其中60位来自美国，70位来自加拿大，15位来自中国香港地区，剩余5位来自其他国家和地区（新加坡、俄罗斯和英国）。美国红十字会洛杉矶分会CEO贾勒特·巴里奥斯、加拿大参议员道格·布莱克、奥尔布赖特石桥集团高级顾问卡罗尔·布劳纳、亚洲金融控股公司主席伯纳德·陈、加拿大卡尔加里市的市长纳西·南施，联合利华首席可持续发展官杰夫·西布赖特、联合劝募会的美国分部主席斯泰西·斯图尔特、巴克莱银行加拿大总部主席迈克尔·威尔逊、香港青年协会执行董事王易鸣，均在名单之列。

为深入了解各位访谈对象的具体管理技能、管理的方式方法、管理思维等，我们每人（平均）留出 60～90 分钟时间开展结构化访谈。问题预留如下：（1）请介绍你的教育经历和工作经验，并重点谈一谈你做出转变的时间和动机；（2）请说明你在每个场景或转到下一场景时，需要哪些特别的能力与资源；（3）请试举案例，说明你是如何变得更加博闻强识的；（4）请回顾曾经在事业上走过的弯路，并向坚持忠于某一领域的人士提供建议；（5）请谈谈通才型管理模式，以及如何解决组织与社会在当下与未来面临的挑战之间的关系。访谈过程有录音与转录稿件，然后研究人员通过阅读转录稿件、具体访谈的编码／分析，以及在小组内开展问题讨论／解决等研究方法，整理被访者的观点。

在更高层级上，我们的研究显示，除界别的广泛性之外，许多被访的管理者表现出一个或多个维度的其他广泛性：（1）智力的广泛性，例如对艺术、科学、工程、商业、法律等领域知识的理解；（2）文化的广泛性，例如察觉出地理与文化因素分别影响手头问题的微妙区别；（3）职能的广泛性，了解财务、人力资源、运营部门的职能，并懂得如何协调各部门资源；（4）行业的广泛性，例如能够洞察到食品、水资源与能源行业的内在关联。

更具体而言，我们的研究是将自身的理解，与通才型管理者历经数代的管理经验，以及心理与组织行为学的研究成果进行融合，进而总结出通才型管理者的 6 条重要特质。你也可以说是"通才型领导者的 DNA"。这是一组引人注目的共同语言和共同价值的属性集合，通过这种集合，各个原本分散的经验得以汇聚成领导力的优势，而非劣势。在这 6 项相互独立的特质中，我们要考察的是：（1）各自的优点与相互之间的关系；（2）实现其发展所需的经验；（3）对应的挑战与风险。

为验证早先的研究成果，我们翻阅大量流行刊物和相关学术刊物，而后者的论著却离题万里，最有可能是因为目前学术界尚未对跨界职业发展形成研究兴趣。整体而言，我们收集到足够的研究素材，包括额外的和可供选择的论据等，这些素材与论据能改善目前的研究水平，启发学者的思考。接下来，我们将结合案例逐一阐述通才型管理者的 6 大特质。

通才型管理者的 6 大显著特质

实用型智力

这意味着，通才型管理者能运用所学知识，从专业看待问题的角度出发，针对某一特定问题，以一位学科材料专家的身份予以解决。因此我们所指的"通才"，是指具备能运用所学知识技能，有力解决问题的能力。这种能力在重要关头显得十分关键、特别重要。在某种意义上，这就是"专才"辅助"通才"，你需要深入钻研某个具体学科、具体问题，再谈如何最有效地解决问题。因此，最高效的"通才型管理者"，不是"无所不能却一无所精的三脚猫"，而是"无所不能且样样绝活的多面手"！他们的经验呈现出"T"字形分布，横线代表知识面，竖线代表有样绝活。一个通才型管理者要达到这种特殊的状态，即实现所谓的"智力上的穿针引线"，就需要将特定问题弄懂吃透，用跨界思维去钻研学习，不断进行积累。通才型管理者打开并进行"智力上的穿针引线"后，才能"迈入阳台"迎来一片更为宏伟的景象，克服专才型管理者无法应对的障碍，实现复杂问题的最终解决（Heifetz and Laurie，1997）。

卡罗尔·布劳纳女士作为一名典型的通才型管理者，她从事环保事业已经有 30 年了。她曾服务于草根游说组织"公民行动"，担任阿尔·戈尔参议员的立法事务总监、佛罗里达州环境监管署主任、克林顿政府时期的环境保护署主任、奥尔布赖特石桥管理顾问公司的战略合伙人、奥巴马政府时期的能源与气候变化政策研究助理。卡罗尔女士对我们说："为了健全环保法治进程，我曾担任过非营利性组织的领导，做过国会工作人员、司法人员，而现在是一家公司的战略咨询顾问。每一次人生的转折点，我都要从整体上形成对新领域的全新认识，体察新情境下遭遇的新挑战。"

卡罗尔女士在奥巴马政府时期的一次亮相中指出，2009 年她曾做到"智力上的穿针引线"。当时，她召集各方围绕环保话题展开协商并签署国家政令，建立燃油效率标准，限制美国新款轿车、卡车的温室气体排放量。当时参与协商的是加利福尼亚州政府代表、美国环保署官员代表、美国交通部和 10 家汽车制造商。这 10 家汽车商包括福特、克莱斯勒、通用动力等。最后还有多家非营利性组织的参与，包括全美汽车工人联合会和部分环保公益组织。

卡罗尔借助"智力上的穿针引线"，深知汽车产业的私有部门的利益生态。因此在接下来的环保立法进程中，卡罗尔设法维持了公有与私有部门的利益均衡。她说："一项清晰而规范的国家政策，不仅给希望节省加油费的车主带来好消息，还给汽车产业带来好消息，因为汽车制造商将从纷繁的规章条款中摆脱出来，从而节省成本。"奥巴马政府预计该政策在颁布之后的有效执行期内，将节省18亿桶原油，缩减大约9亿公吨的温室气体排放量（Environmental Protection Agency ⊖，2009）。

很多人尚未察觉自己可以进行"智力上的穿针引线"，这就成为他们死守自己一亩三分地的绝佳借口。但是我们反对这样做，如果你不知道自己想要什么，那么就要广泛涉猎，增加你的机会，直到找到你觉得自己将会毕生投入的领域。

可通用的技能

这涉及个体的学习能力，而在众多"广泛性"中，每个人的学习能力也不一样。2012年，总统大选期间，米特·罗姆尼的竞选要义是"要当美国CEO"，这个概念相当具有吸引力。罗姆尼先生本人是贝恩资本（私人股权投资公司）的CEO，已经做得相当成功，共和党提名人建议他借用商界的管理能力来"稳固"美国政府的地位。

这条逻辑推理的思路不算新。政府与非营利性组织的管理，的确与商业管理有异曲同工之妙，三方都讲究高效、战略、绩效等，但这个概念的风险是缺少通才型的管理。成功的管理人不会简单、盲目地照搬某种管理方法，而会稳扎稳打，先将各个环节的知识经验累积好，然后充分考虑各个要素的综合利弊，最后构建出一条成功的、非线性的职业发展道路来，并打造出影响力。因此，反而是商业应从政府与非营利性组织身上汲取管理智慧。在通才型管理者6大成功的特质中，"迁移应用能力"是引发方才这一观点的根基。

接受我们访谈的通才型管理者发现，在政界、商界和非营利性组织领

⊖　译为美国环保署。——译者注

域，自带天然的、一流的管理技巧，这些技巧令人印象深刻，显得非常独特。政商界的管理干部，善于分配稀缺资源，来快速捕获有吸引力的市场机会；非营利性组织的管理干部，则通常将更有限的资源聚焦到边缘人群上，在解决环境、社会问题方面推陈出新。政府官员负责把握好各方利益冲突，来为公众利益划定关于法律、政策和激励方面的约束。同理，以社会科学、艺术创作、经济、法律为代表的行业经验与从业技能，能迁移到新的竞技场，例如最近新兴的设计思维，它对改善店面布置、运营流程、客户服务等企业管理问题都有帮助。

立足中国香港的王易鸣女士，是通才型管理者的另一杰出代表。她曾任职香港青年协会总干事、香港立法会（兼职的政治角色）、香港恒生银行董事局成员兼顾问、香港和记黄埔控股集团、香港和记电讯、玛氏食品公司的顾问。她早年曾获得社会学、社会政策与规划以及美学的硕士研究生学位，凭借上述求学与任职经历，她获得了一系列可迁移的技能。在某集团董事会上，王易鸣女士作为唯一的非商界代表向与会成员，发表一段非常独特的讲话。

下面我就长期可持续发展、文化与价值，比如忠诚和正直等主题发表个人意见。我感觉自己有必要提醒各位，企业的资金不能仅仅花在企业社会责任的建设上，还可以投资用于培育以人为中心的企业文化。这也许与我作为社会学研究者的教育经历有关，因为这段教育经历让我学会整合思考人的行为。我认为员工协作的方式方法，对提高员工生产效率有重要的促进作用。总而言之，人最重要。

她随即谈到如何将"人最重要"的观点迁移到企业管理中。

处于商业氛围的个体，有着各自不同的思维方式，我感受到这种差异，这些都帮助我更好地、更高效地、更有力地打理好 NGO。现在，我不仅关注风险管理，还关注战略与财务规划、绩效评分等，我要确保我的客户和我所服务的人，都能从我这儿得到最棒的服务。

早在 2000 年之初，可口可乐公司的杰夫·西布赖特就发现，政界也有类似的管理技能。可口可乐公司在印度、墨西哥和泰国的罐装生产线，因水资源浪费和环保措施不力等问题被迫关闭，杰夫·西布赖特临危受命，负责解决三国的水资源安全危机。杰夫除了曾在墨西哥的政策规划部门担任过副总裁一职之外，在第一次进入这家私企开展工作之前，他还拥有丰富的政治与外交经验，他曾供职于美国外交部、参议院、美国国际开发署、克林顿总统时期的白宫气候变化特别行动小组。

　　杰夫为具体了解水资源保护问题，从以往在政府和非营利性组织的工作经验中总结出对应的分析方法论，委托他人制成一份地理信息系统地图。地图显示，可口可乐公司 39% 的罐装工厂选址在全球水资源最为匮乏的地区，更重要的是公司对这些地区寄予厚望，是未来公司增长利润率的源泉。这是公司高管层第一次以如此彻底、规范的方式进行自然资源分布的调查。杰夫凭借这个数据，向公司高层征得预算来启动水资源可持续发展项目。项目预计在可口可乐公司内的罐装生产线上节省 1/3 的水资源需求总量，争取到 2015 年 100% 完成水资源补充的目标，以提前 5 年完成可口可乐公司的 2020 计划。

　　开发可通用的技能，需要你首先分析现阶段掌握的核心技能，并确定好迁移到新环境的操作方法（不是盲目照搬）。这是你迅速适应新环境最行之有效的做法。

完整的资源网络

　　在推进其事业、建立顶尖团队、召集决策者商议特定议题时，需要一个跨部门的关系网。在访谈时，当我们问道："你是如何打破职业生涯中的种种界限的，是什么引起了你的兴趣呢？"普遍得到的回答是，当初是导师、同事或朋友把他们"拉进坑"的。跨部门的关系网对任何岗位都很重要。但是，在你自己的部门、行业甚至国家之内，你要实现抱负是非常难的，试想你做跨部门资源协调的难度。由于招聘来的职业经理人墨守成规，惯于维系现有的员工圈子，所以组建一个跨部门的完整网络，这对于构建非线性的职业发展道路，以及往后初次尝到它的甜头，都是非常关键的。

　　通才型管理者借助其完整的交际网络，不仅促进了自身事业进步，还开阔了视野，提高了思维水平，以便在今后生活和工作中发挥创造力。通才型管理者从同事或朋友身上学到不同的知识，进而能够收集信息，解决专才型同事所不能解决的问题。在理想状态下，通才型管理者甚至能够被聘去帮助解决社会上的棘手而复杂的问题。

2010 年，美国有数百万人失业，就业率低迷不振，IBM 公司在招聘符合要求的职员问题上面临困境。时任 IBM 公众事业合作部副总裁的斯坦·利特罗先生意识到，劳动力市场的人才供给不符合信息技术企业的招聘要求，也许转而依靠自己的交际网络能奏效。于是，斯坦先生联合各界人士筹建"职业技术学院高中预备学校"（Pathways in Technology Early College High School，P-TECH），目标是要求 9～14 年级的学生通过严格的教学，主修高中课程的同时，辅修大学课程，以便符合高速发展中的技术岗位的从业要求（参见本书第 20 章）。他开始启动广泛的人脉四处联系，最终将如下人士纳入麾下：纽约市教育局的乔尔·克莱恩校长、纽约市立大学的马修·戈德斯坦校长。斯坦告诉我们：

> 我与纽约市立大学的校长有很深的交情。**IBM 前 CEO 山姆·帕尔米萨诺**，则与时任纽约市长的迈克尔·布隆伯格熟识。我们两人现在都有困难，但由于之前我曾在纽约市教育局做过一段时间的代理校长，因此我们熟悉这方面的工作，也熟悉乔尔·克莱恩校长这个人，对其他一些教育和政府单位的人也很熟，对教育体系和学校组织架构很清楚。

所以说在招聘初期，无论是行业经验、资金，还是声望等资源，斯坦先生的人际网络都起到关键作用。有了合作伙伴的支持，P-TECH 学校才能开办下去。P-TECH 学校在 15 年间服务了 500 余名同学，其中半数同学在 3 年时间内都能考过纽约州的高中会考线。2013 年，P-TECH 学校办出特色后，前美国总统奥巴马在 IBM 的 CEO 吉尼·罗曼提的陪同下前往参观，随即联邦政府拨付 1 亿美元专项资金，以 P-TECH 学校为蓝本研究高中的教学改革。当时预计到 2016 年秋，P-TECH 学校将在 6 个州兴建 60 所分校，这将涉及 200 余位行业合作伙伴，涵盖尖端制造业、信息化医疗等多个领域的教学内容。

虽然我们的人脉网络不如斯坦这样强大，但我们都能付出时间与精力，完善自己的人脉网络。为确保能正确构建这个网络，你需要广泛合作，结识不同教育经历、文化、职能、行业的朋友。

情景化的智力

管理者透过问题看本质，能总结出不同行业的共同规律，进而顺利适应新情境，开展管理工作。约瑟夫·奈在其著作《领导的力量》一书中指出，一部分管理者只能适应本行业发展，却不能适应其他行业的发展。他在原书中说："管理者在本行业长期积累的经验，限制了他在其他行业的发展。"（Nye，2008）我们发现，通才型管理者同时会擅长避开这些约束条件，他们擅长审时度势，根据环境或情景的差异灵活调整自己，特别是针对不同的动机、文化、语言、绩效考核、管理决策等方面，灵活调整自己的管理风格。我们称之为"情景化的智力"。

在解决复杂的跨界、交叉学科的问题时，尤其需要这种应变能力。这种能力使人拥有看透合作伙伴深层心理状态的直觉，明白对方表达的意思，预判本次合作成果的优劣，而不是局限于预判对方的个人合作意向。一个人拥有成熟老练的情商，能做到自我察觉、社会察觉和懂得设身处地思考问题，这就代表这个人拥有潜在的情景化的智力（Goleman，2006）。这种应变能力的修炼，有些自然而然就能感觉得到提升，有一部分却不是。尝试不同角色，参与不同活动，自然会提升你的情景化的智力，但另一些则需要你专门花心思去打造。所以像律师、咨询顾问、记者或银行从业者等一类职业化程度很高的行业，通常都需要招聘通才型管理者。这些行业的管理岗，每天都要面对来自不同行业的轮番轰炸，每天要和不同界别、不同行业、不同地域的形形色色的人打交道。通才型管理者需要表现出从容与自信，来面对这些问题。尤其是在金融危机期间，经常有跨界合作的需求产生。

2001年，可口可乐公司遭遇水资源危机的时候，杰夫透过现象看本质，并不认为这仅是环境上的风险，而把它归因到企业战略、财务和运营管理上。他强调，公司发展最快的那一批罐装工厂，却同时也是选址在水资源最紧张的区域，而这导致生产被迫中断。他认为，可口可乐的成功大部分源自其市场营销与品牌价值，因此，在印度解决这场危机时，需要循例开展公关活动，挽回品牌信誉。

我透过技术、环境方面的公关危机看到它有损企业信誉的本质。我将自己的分析结果简明扼要地标记在会议白板上，配以精彩的图示，转化成同事都能听得懂的描述，来提高同事对本危机的重视程度。如果我们没有及时应对本危机，那么企业的品牌就要冒大风险。

杰夫唤起各部门同事对本危机的警觉，同时穿梭在各部门中间进行协调沟通，争取让每个部门都能做出回应。他凭借自己在美国国际开发署的从政经验，判断哪些组织会是重点协调对象。例如，世界自然基金会就能为可口可乐带来专业的咨询建议。

杰夫通过情景化的智力问自己："我明白对方的需求和迫切要解决的问题吗？我如何让对方聆听到我的表达？我怎么用对方明白的话语和清晰的逻辑框架来表达自己呢？"一个人可以通过反问自己上述问题，相当清晰直接地进行沟通，构造较高的影响力。是的，有太多新手不会用这种结构化的方法，来适应新环境。因为，新手被一些片面的观点所左右，如"商业讲究行动迅速、直接，商业为利润而生"或"政府办事拖拖拉拉、懒懒散散，还很官僚主义""非营利性组织理想很丰满，现实很骨感，它们缺乏实践动手能力，缺乏资源"。人们较难摆脱上述偏见，但这却是非线性职业生涯发展的起点。

综合考量的动机

挣钱，行善，促成某项变革，影响他人，或者突破界限提升自己，提醒自己要实现社会价值等动机交融在一起，人们想要实现的愿望总不一而足。通才型管理者依靠核心价值观与深层次的动机，来指导个人发展和拓宽职业发展。麻省理工学院的埃德加·沙因教授将指导一个人职业选择所需的核心动机与价值，称为"职业锚"，这些管理者都有强大的"职业锚"。但是，如同多数人一样，通才型管理者心中的目标总是太多，通常是：渴望为自己与社会创造财富，满足有价值事物或者环保事业的需求，渴望打造强大的影响力来制定决策，提升工作技能或领导力水平，改善生活品质，促成某项变革并推动事物发展等。上述动机并非同等重要，事实上，表达"过程"的次要动机服从于表达"结果"的主要动机。曾有一位通才型管理者告诉我们，她渴望促成某项变革，促成变革是为了挣钱。还有一些管理者给动机排序，是为了各个目标相辅相成、互相支撑。

问题是，很少有人或组织能够一步到位，同时实现所有类型的目标——尤其是各行各业都有自己的特殊情况，他们目标不同，动机也不同。例如，挣钱这件事主要体现在私有企业和某些行业中；打造影响力和引领大范围的变革，主要体现在政府行政中；非营利性组织主要关注如何帮助社会大众，或开展环保事业。

通才型管理者致力于同时追寻所有这些动机，因此他们在任何时候都得做出权衡。而且有时上述动机是相互冲突的，使人陷入道德两难的境地。此时，通才型管理者会找出最深层次的动机，追寻约瑟夫·奈所说的"公共价值"（Public Value）。约瑟夫·奈曾在采访中告诉我们："通才型管理者无论做哪个行业，这都会产生效力，他们在不同行业形成共同的思维。"通才型管理者随着时间的流逝，持续达成不同动机、创造公众价值的愿望与决心，就构成第五个特质：综合考量的动机。

迈克尔·威尔逊就是这样的人，想到就去做，所以他在各阶段的职业生涯都取得辉煌的成就。迈克尔在加拿大任职瑞士联合银行主席、巴克莱银行加拿大分行总裁、加拿大财务部长，以及在加拿大驻美国大使期间，始终致力于经济增长和竞争力提升这个目标。迈克尔的非线性职业生涯发展道路，体现出他对目标的高度热衷，特别是后期加入非营利组织更是如此。迈克尔在20多岁时，曾有两位高中好友因癌症离世，这激励他努力考上多伦多大学，在那里主修癌症医学研究，随后身上承担着越来越重的责任。命运依旧没饶过他，大约20年前他的大儿子患上抑郁症自杀身亡，这激励他在加拿大腾出时间钻研心理卫生的研究与治疗，以及构思设立相关基金会的方案。

其实在我们的儿子去世前，我就感觉抑郁症这个群体需要获得更多关注。这个群体背负的心理负担很重，募集救助的资金也很困难。当你在全国都看到病患忍受着痛苦煎熬时，你会不由自主地只想到癌症和心脏疾病，却几乎忽略了抑郁症。抑郁症比人们预估的情形要严重，给家庭和社会造成了沉重的负担。

用专业的态度实现梦想并过上幸福的生活，这需要通才型管理者明确了解个人对梦想重要程度的先后考虑，需要他们在面临伦理道德问题上，有较强的道德修养。杰夫·西布赖特先生时任美国白宫的气候变化特别行动小组成员，曾受邀加入美国油气公司德士古公司的全球公共政策团队。杰夫心动了，但开始进去的时候发现事情不对劲。杰夫缺乏私有企业从业经验，意识到像德士古公司这样的油气大亨给人的印象是"很坏，是气候变化问题的始作俑者"。德士古公司毕竟是"全球气候联盟"（GCC）成员，是反对政府开展气候变化治理工作的游说集团。所以，杰夫与德士古公司的主席彼特·比瑞约法三章——他可以加入，但前提是德士古公司脱离 GCC，而这将是美国石油企业的爆炸式新闻。当彼特竟然点头同意后，杰夫反而感到十分为难。因为他本可以在政府一直做到退休，但现在加入德士古公司，则需要为公司承担环保责任。"我被自己的 NGO 朋友臭骂一顿，"他回忆道，"但在入职后的两周内，我调拨了数百万资金用于提高组织架构的运营效率，进而帮助解决能源问题，并取得很好的效果。我真的背叛环保了吗，还是我在推动环保？"

所以，在修炼成为通才型管理者的道路上，你将如何在众多选择中做出取舍呢？答案是你得有自己的衡量标准，懂得如何理解、评估和协调你的动机来设计一张"动机地图"。设计这张地图时，你会在众多动机中进行取舍，给最渴望实现的目标赋予最高的权重，从而制定对应的执行路线。设计并遵循这张动机地图，也许会耗尽一生的时间，但你的起心动念，将为这个世界做出改变。

有准备的头脑

一个人凭借自己的探索欲，能让自己在并不会一帆风顺的财务或职业发展道路上继续坚持走下去。在采访中，我们问道："你是灵光乍现，还是已经下决心成为一名通才型管理者的呢？"几乎所有受访者都回应道："灵光乍现吧。"过了一会儿，我们开始质疑这种回答，因为有这么多非线性的职业生涯积累都是通过苦苦追寻得来的。我们谈到了鲍勃·霍马茨先生。鲍勃·霍马茨先生兼具政治、经商的经历，目前任"基辛格事务所"的副主席。正如路易·巴斯德的名言所说："根据我的观察，机会垂青于有准备的头脑。"鲍勃解释道："即使你不知道下一步会发生什么，但你要准备抓住任何可能的机会。"这时我们意识到，通才型管理者有一个共同特点——

"有准备的头脑"。

通才型管理者的好奇心（即天赋）使之能在丰富的职业生涯经历中抓住机遇。人生道路无论是提前规划的，还是走一步看一步都好，总之要保持一颗较深的好奇心和探索欲。好奇心和探索欲引领你在步入未知领域时，更从容不迫地探索生命与事业发展道路上少有人走的路；好奇心和探索欲是伴随你走过荆棘坎坷的一笔精神财富。通才型管理者不赞成一开始就对此产生畏难情绪，他们坚信自己能直面人生或事业上的困难、风险，相信自己能在兴趣的指引下不断开阔视野，积累阅历，甚至是在对未来一片迷茫和不确定的情景下。但这不意味着，过一个阅历丰富的人生，做一份非线性积累的事业，就不需要任何想法和决心。在其他情况下你还需要一个理财规划，这样你在机遇垂青之际，几乎能肯定地说"Yes"。

"机遇垂青于有准备的头脑。"史蒂夫·乔布斯在2005年斯坦福大学毕业典礼上致辞，他追忆当年17岁的自己，那时他刚从里德学院退学6个月，但仍心有所念，继续在其他学院读书，18个月之后才"真正退出"。他补充道："从退学那一刻起，我明白，我终于不用在不感兴趣的课堂上浑浑噩噩度过时间，我终于可以选修自己真正想去探索的学科知识……而且我遵循自己的探索欲和直觉，那些我曾跌倒的事情，后来都变成了无价之宝。"乔布斯所说的感兴趣的课程是书法课。

当时里德学院开设的书法课，可以说是全美国最好的书法教学课。校园的海报、画作的签名，全都是漂亮的手写体……我决定报一门书法课来学习怎么做到这一切。我学会了"无衬线体"，我学会了怎么去设置单词的字母间距。太漂亮了、太有历史韵味了、太有艺术感了！这是科学无法捕捉的美，我觉得太棒了。

他没去考虑这样做是否实用，直到10年后，他在麦金托什这款电脑上设计出漂亮的字体。"我们把书法应用到所有的苹果电脑上。这是第一台显示非常漂亮字体的电脑，"他反思说，"如果我当年不退学去选修书法课，那么现在的苹果电脑就永远不会有大量字体，永远不会考虑到字体间距的美学。自从微软抄袭苹果电脑这一点以来，几乎没有个人电脑能做到。"在那次演讲中，乔布斯从未使用过"有准备的头脑"这个词。但是，从他的演讲中可以察觉到："你无法将点连成一条向前走的线，你只能将点连成一条向后走的线。所以你相信过去你曾记下的点，也许未来你能依靠它们连成线。"这种观点，其实已经构成了我们所说的"有准备的头脑"。

再以贾勒特·巴里奥斯为例，他从公司法务职员做起，由马萨诸塞州的同性恋群体公开投票，成为该州立法机构的首位拉丁裔官员。贾勒特曾任职位于马萨诸塞的"蓝十字与蓝盾协会"和"同性恋反歧视联盟"，现任美国红十字会洛杉矶分会 CEO。贾勒特在大学期间，曾因拒绝选修专业而被羞辱过一次，当时不得不采取自卫措施。他后来改学人体测量学、经济学和法学。从那以后，他通过那段在法学院的学习迅速弥补了中学后的知识漏洞。不过，在法学院上学期间，他的学习成绩并不靠前，但却因博闻强识、善于辨析而闻名。大学毕业后，他进入一家集团公司从事法务工作，同样表现出非凡的学识，在众多渴望一战成名的同行中间脱颖而出。贾勒特的同学毕业后都直接从政，而他这段路却走得相当漫长。

毕业后，我的同班同学基本都是资深的政府官员，都比我强。但是 10 年后，当我被投票当选州政府议员的时候，他们还在为职位晋升而苦苦挣扎，他们不禁要问："这人还有什么是我不知道的？"

运筹帷幄对修炼成为通才型管理者很重要，因为它的确是一个且是唯一一个让你勇于直面荆棘坎坷的特征。如果你的这种能力不是与生俱来的，那么也可以通过后天逐步修炼得到。准确而言，形成有准备的头脑不是一蹴而就之事，需要个人投入专业的态度。在人的一生中，我们很少有人停留在某一项兴趣爱好或目标上——我们在成长。问题是，人们在成长过程中，能不能朝视野更开阔、思维更具深度、兴趣和机遇都更加宽广的方向发展呢？

结束语

非常荣幸能和视野开阔、阅历丰富的管理者畅谈，他们肩负着应对整个社会最具挑战性问题的责任。但你在上文阅览的这些公众人物并非都体现出那种规律。社会敬重专才，他们权威而专业。但仅有一个领域的专业知识是不够的，是无法胜任面向未来的、激励人心的管理者角色的。相反，我们需要更多人成为通才型管理者——在多个领域完成出色工作，能通过自身丰富的阅历、聪明的头脑、多元的文化背景，在多个行业、多个岗位，鼓舞他人，与人协作。

许多读者也许已经发现，以上文的公众人物为榜样，实在是令人望而却步，也许还是不可能的。你也许会感到战栗的是，在当今世界做到阅历丰富、管理高效绝非易事。但是我们可以做到不断去修炼自我，提升自我，从上文所述 6 条特质出发，使自己成为一名通才型管理者。我们是可以做到的，而且能从运用自身天赋做起。我们的天赋包括对新鲜事物的好奇心，比如形成有准备的头脑，然后基于综合考量的动机做你认为正确的事。接着提升可通用的技能，从你完整的资源网络中寻找更聪明的朋友请教，运用情景化的智力与新同事坦诚沟通，运用"智力上的穿针引线"来构筑庞大的知识网络，上述这 6 步也许能唤醒你更好的天赋和本能。如果你将这 6 条作为自己的人生信条，你将有可能成为一名通才，不仅关乎如何造福社会，更有希望成为一名创新的领导者。

告诉单独的个体去践行是不够的。在维持这个大生态系统正常运转的过程中，各行业、企业或机构扮演着非常重要的角色，特别是鼓励管理者积累起非线性的职业发展经验，践行上述 6 条特质的时候。管理者践行 6 条特质的途径，包括更高的报酬、开阔的视野、更快掌握高级管理技能等，也包括将他们的管理天赋用在无论是资深或进阶，还是入门的掌握程度，都能逐步修炼为一名一专多能的管理者。教学机构作为我们寄望于培养未来管理层的组织，同样必须审视其教育理念，改革其教育方法。高校教务处领导、系主任和教授应该叩问自己：教育的终极目的是什么？我们培养的学生能适应未来复杂、多元的环境吗？

参考文献

Boh, W. F., Evaristo, R., and Ouderkirk, A. (2014). "Balancing Breadth and Depth of Expertise for Innovation: A 3M Story," *Research Policy*, 43(2): 349–66.

Brooks, D. (2013). "The Humanist Vocation," *New York Times*, June 20. Available at: <http://www.nytimes.com/2013/06/21/opinion/brooks-the-humanist-vocation.html?smid=tw-share&_r=0>.

Bunderson, S. (2003). "Team Member Functional Background and Involvement in Management Teams: Direct Effects and the Moderating Role of Power Centralization," *Academy of Management Journal*, 46(6): 458–74.

Bunderson, S. and Sutcliffe, K. (2002). "Comparing Alternative Conceptions of Functional Diversity in Management Teams: Process and Performance Effects," *Academy of Management Journal*, 45(5): 875–93.

Campion, M. A., Cheraskin, L., and Stevens, M. J. (1994). "Career-Related Antecedents and Outcomes of Job Rotation," *Academy of Management Journal*, 37(6): 1518–42.

Cannella, A. A., Jr., Park, J.-H., and Lee, H.-U. (2008). "Top Management Team Functional Background Diversity and Firm Performance: Examining the Roles of Team Member Colocation and Environmental Uncertainty," *Academy of Management Journal*, 51(4): 768–84.

Dries, N., Vantilborgh, T., and Pepermans, R. (2012). "The Role of Learning Agility and Career Variety in the Identification and Development of High Potential Employees," *Personnel Review*, 41(3): 340–58.

Environmental Protection Agency (2009). *Press Release: President Obama Announces National Fuel Efficiency Policy*, White House. Available at: <https://www.whitehouse.gov/the-press-office/president-obama- announces-national-fuel-efficiency-policy>.

Gladwell, M. (2008). *Outliers*. London: Penguin Books.

Goleman, D. (2006). *Emotional Intelligence*. New York: Bantam.

Heifetz, R. L. and Laurie, D. L. (1997). "The Work of Leadership," *Harvard Business Review*, 75(1): 124–34.

Mellers, B., Stone, E., Atanasov, P. et al. (2015). "The Psychology of Intelligence Analysis: Drivers of Prediction Accuracy in World Politics," *Journal of Experimental Psychology: Applied*, 21(1): 1–14.

Nye, J. (2008). *The Powers to Lead*. Oxford: Oxford University Press.

Phelps, E. (2013). *Mass Flourishing*. Princeton, NJ: Princeton University Press.

Tetlock, P. E. (2005). *Expert Political Judgment: How Good Is It? How Can We Know?* Princeton, NJ: Princeton University Press.

参与：

更广泛视角下更好的资本主义

Re-
Imagining
Capitalism

第 8 章

对市场经济优越性的
理解和误解

约翰·凯伊

引言

市场经济优于计划经济可能是我们一生中意义重大的经济事件。在西方发达经济体中，增加政府对经济的干预，在 20 世纪或多或少受到阻碍，由于里根和撒切尔政府思想上的保守，1980 年停止了广泛模仿别国的政治革新。亚洲的中国和印度等几个国家相继发展市场经济和全球贸易。这些发展激起了著名的称为"弗朗西斯·福山历史的终结"（1989；1992）的傲慢，他认为，目前，自由民主与轻度管理的市场经济结合是政治和经济组织的必然形式。如果某个国家是 21 世纪新愿景的标准承载者，那么这个国家可能就是美国。如果某个行业是新观点的标准承载者，那么这个行业可能就是金融服务行业。

如今，这一断言缺乏说服力。在政治上是双子塔的崩溃及其惨败的后果，而在经济上则是 7 年后雷曼兄弟公司的破产。显然，历史没有结束。事实上，这一点福山如今也很容易意识到（2006）。但是，对全球金融危机之后的市场经济的批判，就像从冷战结束以来一样不协调——在示威者的口号中能够很好地捕捉到这种不一致，"市场经济应该被更好的东西所替代"（Wolff，2003）。但是，市场经济的传统防御并不一定更加一致。支持者往往只是指出已经采用它的国家拥有的财富，这也是他们个人的财富。这虽然不一定是一个坏的论据，但今天看起来前景很黯淡。当市场体系中最大的受益者对其他人的繁荣造成重大损失的时候，这种说法变得越来越难以维持。

市场经济的成功体现出三个要素。第一个要素我将在"价格作为信号"这个小节中描述，一般来说价格机制是比中央计划能更好地引导资源配置的方式。第二个要素是"市场作为发现的过程"，混乱的实验过程是市场经济适应变化的方式。第三个要素是"政治和经济权力的扩散"，这里的经济意义在于，繁荣与增长需要一种创业精神，这种精神应该集中在财富的创造上而不是瓜分其他人的财富上。

在我们的教学中，在我们所说的话中，在我们的经济研究中，最重要的是在我们采用的政策中，我们过分强调了第一个要素（价格作为引导资源配置的信号）而牺牲了可能更重要的第二和第三个要素——市场价格的发现过程，以及市场作为政治和经济权力传播的机制。结果是，市场经济的支持者和批评者往往将亲商的政策与有利于市场的政策混为一谈。这种混乱既破坏了市场经济的社会和政治合法性，也导致了严重的政策错误，这种错误体现在误解或至少不完全了解市场经济是如何运作的。我将参考政策的三个方面：金融服务、不可避免地也会涉及数字媒体和竞争政策来说明这一主张。这些行业只是众多选择中的一个专题选择。

市场经济成功的三要素中有一个贯穿始终的中心主题，这个主题就是我称之为的"纪律多元化"（Kay，2003）。当价格作为信号时，分散的企业和分散的信息就被汇集在一起，并产生一致的结果。市场作为发现的过程是基于实验的自由，且结合不成功的实验被识别并终止的原则。市场作为权力下放的手段代表了政治和经济学交织的部分。如果市场的本质是多元性，那么成功的市场经济与开放社会的其他组成部分——言论自由和民主制度之间存在着不可避免的联系。尽管独裁政权显然是经营市场经济，但至少有一点，从长远来说，这种组合可能是不可持续的。一个重要的推论是政治自由受到过度集中的经济权力的威胁。即使福山在不可避免的断言中是错误的，自由主义的民主与轻度监管的市场经济之间选择性的确定也是完全恰当的。

价格作为信号

"价格作为信号"模型描述了自利行为的代表——个人或企业在如何组织生产及分配，配置资本、劳动和其他资源的过程中，通过独立决策进行一致而有效的选择。在简洁的表述中，这个想法自从经济学起源时就一直存在。许多人阐释了亚当·斯密"看不见的手"的著名言论以及他的观点，并不是面包师的仁慈，而是他的自利行为，提供了我们每天餐桌上所需的食物（Smith，1976）。在自发秩序力量的惊人表现中，分散的市场机制能够比集权配置更好地协调复杂的生产系统。

虽然市场能够实现这一点，但是直到 20 世纪 50 年代，经济学家才全面解释其原因。这一解释证明，竞争均衡可能存在，而且如果它确实存在，那么它应该是有效的。基于理性代理人行为的一般均衡模型（简称"该模型"），在形成经济专业研究和为那些根本不了解该模型基本论点的人制定经济政策提供理论依据方面，具有非常重要的意义。这意味着追求利润的市场交易对整个社会是有益的。事实上，他们的社会效益是通过营利性展现的。一个推论是"市场失灵原则"，这意味着目前对制定经济政策的重要影响只有在局部的轻微的市场失灵中，市场干预才是合理的。这是现实世界与模型假设的背离所导致的，即外部性、不完全竞争以及信息不对称（Balls et al.，2004 and the critique by Kay，2007）。

该模型还为某种市场基础主义提供了理由。不仅干预市场通常是不合适的，而且市场结果也是有效率的，甚至在道义上是合理的，这样的结果只是源于市场机制。不仅市场是有效的，而且更多的市场优于较少的市场，例如，金融产品新市场的出现是有利的。在经济学家中，这种方法的普及，部分原因是崇尚物理学的结果，该模型提供了一种经济事务的普遍解释，它似乎在很多方面类似于已被自然科学证明如此强大的均衡模型。严格已经成为衡量理论经济学质量的标准，它意味着逻辑一致性，并且很容易找到数学表达式。

在学术之外，政府应该远离商业并让商业独立发展，这对商界人士有很大的吸引力，而贪婪可以建设性地服务于社会，这一简单的信息对贪婪的人也有很大的吸引力。宣称逐利性代表甚至可以衡量公众利益，可以缓解人们对自己个人有益活动效用的担忧。然而，这些简单的信息对于理论论据无动于衷或无知的知识分子毫无吸引力。大多数人对此也是抵制的，他们不参与企业的管理，只能间接地从商业活动中受益，所以不必沉迷于贪婪。现如今的政治世界是，欧洲的政党和选民都承认市场的实证成功，但他们却几乎不喜欢它的所有方面。"市场"和"市场力量"是我们繁荣的源泉，也是滥用的条件。我们已经成功地描述了市场如何工作，而这种描述立刻令人厌恶，并且基本上是虚假的。

该模型可能有助于我们了解市场运作，但是，这种贡献在很大程度上被误解并被过分强调。一个问题是，模型中没有真正确认的不确定性，或者更精确地说，不确定性基本上是以正式的方式被确认。当该模型用于描述交易本质是风险交易的金融市场时，这种遗漏是至关重要的。在这样的市场中，将不确定性纳入模型，实际上需要资产的真实价值基础，它独立于有关该价值的信念，而且市场交易包含实现真正价值的过程。经验已经清楚地表明，这一说法对于金融市场的实际运作来说是绝望的、不充分的论断。

更大的问题是，该模型未能认识到在其形成的社会中，市场经济的嵌入程度。财产权不只是一个事实，更是一种社会建构，而且还有许多其他方式可以确定这些权利（Ostrom，1990；Kay，2003: 60）。在以复杂产品为特征的现代经济中，供应商通常比购买者更了解他们所销售的商品。信任关系和供应商信誉就是处理这个问题的市场机制。

这些观察不是理论上的诡辩，它们是近期事件的中心问题。金融领域涌现的复杂结构性产品的交易通常有两个广为接受的原因。一方面，这些发展是更复杂的风险分担和风险转移形式，这是创造新市场收益的一个例证；另一方面，交易主要是由信息不对称驱动的：产品的购买者是高估其价值的人（参见在著名的 Jackson Hole 会议上 Rajan、Kohn 和 Summers 的讨论（Summers，2005 ））。

这些解释的后果差异非常大。当结构性产品带来更有效的风险分配时，私人的逐利性通过公共利益反映出来，即风险成本降低了。如果产品由不了解他们的人购买，那么当资产价格最终回归到资产的潜在价值时，私人利益总体来说是虚幻的、消失的。回想起来，显而易见的是，后一种解释是真实的。交易是由信息不对称和理解的差异驱动的，当这些错误被揭开时，从中获取的利润就被蒸发了。世界充满不确定性：凯恩斯（1921）和奈特（1921）认为，不仅仅是风险，而且不确定性本身都是不确定的。我们不仅不知道会发生什么结果，也无法充分说明可能产生的结果。如果我们可以预言或预测车轮的发明，那我们将已经发明了它。市场经济不会预测未来，它探索未来。这是计划经济和市场经济之间根本的也许是最基本的区别。

市场作为价格发现的过程

继冯·米塞斯（1927）之后，哈耶克（1945）成为市场作为价格发现的过程这一理论最有说服力的人物。他的论据是先验的，并被战后个别国家的失败所证明。计划经济发展的失败，不仅仅是消费产品而且是商业方法的失败，它的技术发展几乎与军事硬件无关。市场经济在持续供不应求的乐观情绪中蓬勃发展。而且，通常企业实践的成功很快就被模仿了。令人难过的事实是，在市场经济中，创新即使在商业上取得了成功，也很少给创新者带来商业上的成功。

如果在新思想的起源和传播方面市场经济比计划经济更好，那么它们也能更好地处理失败。诚实的反馈在大型官僚体系中不受欢迎，在专制政权中，这种反馈可能对真实表达者来说是致命的。在几近苛刻的政权中，不需要的信息对于职业生涯可能是致命的。当谈及大型官僚机构时，我想要说的和关于私人官僚主义的说法一样。

市场的颠覆性创新通常来自新进入者——从谷歌、易捷到亚马逊。现存公司有很好的理由怀疑它们已建立市场及活动的新颖性和保护性。因此，市场经济的健康有序依赖于新进入者不断扩充商业领域。作为规划者或赞助部门，如果在 20 世纪 70 年代计划航空领域的未来，你是否会想到西南航空公司创始人兼首席执行官赫伯·凯莱赫？作为规划者或赞助部门，如果在 20 世纪 80 年代规划计算机行业的未来，你是否会想到比尔·盖茨和保罗·艾伦？作为规划者或赞助部门，在新世纪规划未来的零售业时，你是否会想到杰夫·贝佐斯？当然不会！无论你是政治局职员还是内阁秘书，你都只会想到和你一样循规蹈矩的人。

看看电子技术和互联网对孩子及孙辈的影响，企业和公共政策制定者至少了解了这些问题。中年委员会认为技术类似于局促不安的成年人试图在青少年迪斯科中获得乐趣。但是，正如那些在晚会中的成年人一样，我们不是很严肃。无论是市场经济的规划者还是政府，我们都是通过已经建立的公司来了解行业的。此时，经济的中心动力是忽略市场的多元化。这直接导致了市场经济优势表现的第三个原因。

政治和经济权力的扩散

如果用一句话描述为什么有些国家贫穷而有些国家富裕，那就是贫穷国家的政治、经济主要是由寻租控制，而富裕国家的政治、经济并非如此。寻租是野心家发现更高回报，瓜分其他人创造的财富而不是自己创造财富的过程（Tullock，1967；Kay，2003: 287-300）。寻租采取并已经采取了多种形式——莱茵河上的城堡、"玫瑰战争"、10% 的武器销售、7% 的新问题：从控制之前政权的国有资产中获利，窃取国家资源存量的收益，从外国竞争中寻求保护，阻止新进入者进入市场；通过与公务员或公司员工的沟通来获得高薪的职位。寻租机制从武力应用到民主选举胜利；所采取的方法包括在美国国会大厦和布鲁塞尔餐馆中的游说、访问国王或行政长官。

但是，尽管寻租是不可接受的，但我们仍可以或多或少地利用它。政权常常被寻租控制；派系将争夺国家的控制权，当他们赢得这种控制权时，他们将运用寻租来窃取尽可能多的利益。世界上的大部分地区，就像这样。*It's Our Turn to Eat* 是一本迷人的关于现代肯尼亚腐败、适度民主与政治的书的引人入胜的标题（Wrong，2009）。我们已经认识到资源诅咒——由于寻租，从国家资源中获取的财富在许多国家是弊大于利的，而国外援助也可能具有一些相同的特征。

政治 / 经济制度抵制寻租的能力在很大程度上取决于经济下放的程度。如果经济权力集中，那么个人将试图抓住权力集中所吸引的公共部门、私营企业或私营企业集团的租金。这种机会创造的范围越广，个人通过追求权力而不是发挥个人的聪明才智，在经济活动中发展独特的能力来获得财富及影响力的趋势就越明显。

经济权力私有化集中向自我强化的倾向是强烈的。这个问题在 19 世纪末美国的"镀金时代"（Tarbell，1904；Josephson，1934）被广泛认可。有据可依的恐惧是，新兴大富豪（洛克菲勒、卡内基、范德比尔特）将利用自己的财富来增强政治影响力，进而进一步增强经济实力，颠覆市场经济和民主进程。这些担忧是反垄断立法的起源，这是今天经常被遗忘的一个问题，那时反垄断政策的执行主要是基于消费者福利的复杂和投机成本效益分析。与美国人相关的过程也是如今我们在俄罗斯和世界其他地方看到的问题。

市场经济限制寻租的能力，其将收购欲望转化为创造财富而不是攫取资本的能力，取决于阻止经济权力集中的措施以及限制达到这种集中条件的措施。这都是对国家经济权力的制约：对大企业的经济权力集中的约束，对国家和企业之间的界限进行不断的警惕，以及同时使用外部监督和内部约束，以防止个人使用经济权力杠杆来直接为他们自己谋取租金收益。在过去的几十年，由于我们混淆了亲商立场与亲市场立场，我们强调这些条件是以牺牲别人的利益为代价。西方（特别是在盎格鲁－撒克逊）社会制约了国家的经济地位。这些措施，减少了一个重点寻租的范围——通过有组织的公务人员。但大量寻租不可避免地在公共部门领域仍然存在。企业游说的爆炸式增长已成为一个主要的（在美国越来越占主导地位）影响促进寻租增长的因素。人们所表达支持的意见并不是免费的自由言论，而是收取费用后表达的支持。腐败是一个长期、温和的过程。

然而，曾经有一段时间，类似的约束应用于大型企业：当人们知道，在金融部门和国际经济组织的人知道，但在肯尼亚财政和私人银行的人显然不知道，大量货币将通过你的手投放出去而没有钱会属于你。在 20 世纪 80 年代以前，公司的高级管理人员没有给自己高薪，因为他们认为这样做不合适。他们认为拿奖金或者回扣是有辱人格的，这种想法就像医生或老师认为接受奖金或回扣是有辱人格的。他们把工作看成责任而不是获取报酬的手段。然而，这些良好传统已经不复存在了，目前大公司赚取的租金中的相当一部分被转移到高级管理人员手中，这是一个严重的问题。当然，这是问题的一个方面。更大的问题是大企业或大企业集团的权力集中，以及利用权力杠杆来强化既定职权并进一步提高经济和政治权力。我将重点放在两个行业，一直以来它们是商业和政治相互影响的关键点：金融服务和传媒行业。对于这两个行业来说，共同的问题是从已经建立的公司视角来审视行业发展的恶性后果。

金融服务领域的问题太熟悉以至于不需要赘述。世界各国的政府都投入了难以置信的大量的钱财在金融服务领域：直接方式是注资和购买或认购所谓的不良资产；间接方式更多的是通过广泛的隐性和显性的担保责任。即使这些显性担保到期，由于"大而不能倒"的原则已经确立，这意味着隐性担保责任遥遥无期。要获得这些保障的标准，从本质上讲，该公司规模巨大、机构设置完善、在商业上不成功。很难想象如何实施直接与市场经济的动态变化背道而驰的政策。在公众对于大型银行的支持背后是现代政治生活的核心——金融服务行业，特别是其投资银行业务，已经成为美国和西欧最强大的政治力量。原因很清楚：金融领域可以获取的租金已经吸引了很多在两大洲最能干的人才，并造就了聪明而又富有的一代金融人。

数字化正在改变所有的传媒行业（参见本书第 13 章）。改变最快速的是音乐产业。经常有报道说音乐产业正处于压力之下。音乐产业蓬勃发展，现场表演的需求正在迅速增长。与许多休闲活动一样，人们将为音乐支付比传统想象更多的钱。录制音乐比以前更便宜，而且质量更高。音乐方面的总支出一直在增加，所以艺术家的收入份额也在增加。新技术对于音乐产业来说不是难题，而是机遇。虽然，对于音乐产业中一些已经成立的公司来说，新技术是一个问题。音乐出版商试图使用法律限制来防止互联网传播，以保护它们既定的商业模式，事实证明，它们失败了。盗版开始了，不是作为合法下载的替代品，而是完全不下载的替代品。这种抵制不可避免的变化的结果是，这些企业把自己边缘化了。荒谬的是，它们把市场主导权拱手让给了苹果（for an account，Witt，2015）。

我们可以在书中观察到类似的问题。关于通用的数字图书馆的设想可能是出版业中最激动人心的发展。关于作者的问题不是问题，数字图书馆不仅将扩大作品被广为人知的机会，而且其前景将可能解决一直困扰着作者和限制他们几个世纪以来的经济机会的问题：作者与读者之间缺乏任何直接接触。问题是，在音乐产业中，现有出版商在新时代的作用是什么？几十年来，他们坚持要求政策制定者必须找到一种方式以延迟新技术应用的能力。

没有人知道数字媒体的世界是怎样的。确定它的未来是长期的小规模的实验，尽管大多数是不成功的，但我们惊讶地发现，那些发展是开创性的。这几乎是不言自明的，从代表行业智慧的委员会，到既得利益者和他们的追随者组成的商讨会，其中不包括那些可能非常重要的成员，如史蒂夫·乔布斯、杰夫·贝佐斯或赫伯·凯莱赫。政府不应该试图塑造行业，而是应该给行业塑造自己的最大机会。在金融服务业和传媒行业有明确的共同要素表明发生了什么以及什么应该发生。对政策的需求，是市场政策，不是产业政策；政策旨在支持市场，而不是支持产业；政策旨在打破行业垄断，而不是加速集聚；政策旨在为新进入企业提供便利，而不是强化现有企业的优势；政策旨在消除不正当竞争，而不是鼓励扭曲的竞争。

前进的方式

市场政策首先是竞争政策。但是在过去的20年里，竞争政策已经严重错误，经济学家要承担很大的责任。市场经济有三大支柱——价格作为信号的作用，市场作为价格发现的过程的作用，以及经由于经济权力集中导致的需要限制的寻租行为。竞争政策的新发展几乎完全集中在三大支柱中的第一条，以及源于我所说的"模型"的经济分析。明显地，但我怀疑很大程度上是虚假的，这种方法提供的精度，天真地夸大了经济学能够实现的目标，特别是，它认为对不同市场结构的成本和收益进行逐项评估是可能的。

这项任务是不可能完成的，而试图这样做的后果是竞争政策，即使相当深入，也是旷日持久的和无效的。多年来，关于竞争，专家交换了不同意见和不确定的理论断言以及相反的论断。企业付费请律师和经济学家承担这项工作，虽然绝对金额大，但相对于其整体营业额来说是个小数目。这些实践几乎完全忽略了市场力量的更广阔的维度。以第一支柱——价格作为信号的作用，政策低估了市场作为价格发现过程的作用，以及在抑制经济权力集中的过程中，市场有重要的政治和经济作用。市场不是润滑良好的物理机器，而是一个不断变化、适应性强的生物系统。多元主义是它的动力，它的本质混乱，它的发展在本质上是不确定的。如果我们能够预测市场的演变，那么我们压根就不需要市场。

参考文献

Balls, E., O'Donnell, G., and Grice, J. (2004). *Microeconomic Reform in Britain*, with foreword by Gordon Brown. London: Palgrave Macmillan for HM Treasury.

Fukuyama, F. (1989). "The End of History," *National Interest*, 16, Summer: 3–18.

Fukuyama, F. (1992). *The End of History and The Last Man*. New York: Free Press.

Fukuyama, F. (2006). "After Neoconservatism," *New York Times*, February 19.

Hayek, F. A. (1945). "The Use of Knowledge in Society," *American Economic Review*, 35(4): 519–30.

Josephson, M. (1934). *The Robber Barons: The Great American Capitalists, 1861–1901*. New York: Harcourt, Brace, and Co.

Kay, J. (2003). *The Truth about Markets: Why Some Nations Are Rich but Most Remain Poor*. London: Penguin.

Kay, J. (2007). "The Failure of Market Failure," *Prospect*, August 1.

Keynes, J. M. (1921). *A Treatise on Probability*. London: Macmillan.

Knight, F. H. (1921). *Risk, Uncertainty and Profit*. Boston, MA: Houghton Mifflin.

Kohn, D. L. (2005). "Commentary: Has Financial Development Made the World Riskier?" *Proceedings*, Federal Reserve Bank of Kansas City, August: 371–9.

Ostrom, E. (1990). *Governing the Commons: The Evolution of Institutions for Collective Action*. New York: Cambridge University Press.

Rajan, R. G. (2005). "Has Financial Development Made the World Riskier?" *Proceedings*, Federal Reserve Bank of Kansas City, August: 313–69.

Smith, A. (1976). *An Inquiry into the Nature and Causes of the Wealth of Nations*, edited by R. H. Campbell and A. S. Skinner. Oxford: Oxford University Press.

Summers, L. H. (2005). "General Discussion: Has Financial Development Made the World Riskier?" *Proceedings*, Federal Reserve Bank of Kansas City, August: 387–97.

Tarbell, I. M. (1904). *The History of the Standard Oil Company*. New York: McClure, Phillips, and Co.

Tullock, G. (1967). "The Welfare Costs of Tariffs, Monopolies, and Theft," *Western Economic Journal*, 5 (3): 224–32.

Von Mises, L. (1927). *Liberalismus*. Jena: Gustav Fischer.

Witt, S. (2015). *How Music Got Free*. London: Bodley Head.

Wolff, J. (2003). *Why Read Marx Today?* Oxford: Oxford University Press.

Wrong, M. (2009). *It's Our Turn to Eat*. London: Fourth Estate.

第 9 章

参与要求

企业在社会中的角色改变

安德鲁·柯仁　德克·马滕

引言

认为企业仅仅是社会中具有纯粹经济功能的经济主体，这种观点变得越来越站不住脚。现代企业的权力、范围及影响如此重要，以至于它是社会变革和政治审议与辩论的关键因素。当我们考虑目前人类面临的最大挑战时，从贫穷到气候变化，我们不能忽视公司的行为和议程。在本章中，我们将阐述公司的这种变化和日渐扩大的作用，特别是考察公司在经济领域之外所发挥的越来越多的重要的社会、政治作用。在这个过程中，我们显著推动了这场辩论，它不仅仅局限于"企业的社会责任"，毕竟这一责任设计的初衷是为公司的经济绩效做贡献（McWilliams and Siegel，2001；Smith，2003），因此，通常不存在任何有意义的方式对企业在我们担心的问题中的更为基本的作用进行质疑。

关于企业的社会、政治地位以及权力的辩论由来已久（如 Akard，1992；Nader and Green，1973；Useem，1984），但从 21 世纪以来，它已在超越其经济功能的日益突出的作用中承担更为关键的角色（如 Klein，2007；Korten，2001）。最近，企业在气候变化中的作用（Klein，2014）、收入不平等（Piketty，2014），以及民主制度的衰落（Reich，2010）已经被公开讨论，经常增加（缺乏对整个社会体系的谴责）对市场经济系统的替代方法的需求。

在这一章中，我们首先分析导致这一变化与扩大作用的企业界面临的关键驱动因素和压力。然后，我们继续分析四个特定领域的变化——企业在保护人权、提供公共产品、从事公共政策、促进国际发展中的作用。我们提出这样的变化需要我们超越简单的商业案例的思考，并且对三元素性质进行严肃的反思：企业宗旨、业绩和伙伴关系。最终，我们认为，今天的企业需要进行更多的基础性、系统性变革，以创造我们明天的理想社会。我们认为，这正是反思市场经济的基础。

企业作为更暴露的社会和政治角色的驱动因素

以股东拥有、管理者治理的方式建立的企业具有主要的经济目的。它们在许多方面对自然、人类以及金融资本具有巧妙的协调机制，当它们巧妙结合时，将创造人类无法单独实现的价值。然而，正是企业作为经济制度的成功将它置于一个远远超出了最初的经济目的社会地位（Ciepley，2013；Scherer and Palazzo，2011）。今天，正如在经济上，它们在社会与政治上有了新的角色和责任。当然，其中某些方面，特别是关于跨国公司（MNC）和它们在民族国家政府的相对权力，已经争论了 40 多年了（Vernon，1991）。然而，这样一个政治（或甚至可以说是准政府）的角色（Matten and Crane，2005）已经成为一个普遍现象，而且近年来才受到关注。那么是什么推动了这些变化呢？

企业扩大角色的第一推动力显然是政治，如果不是有意识的，就是自然形成的。自 20 世纪 70 年代以来，我们看到许多国家自由主义经济政策的兴起和扩散。通常与芝加哥学派的经济学家或诸如奥古斯都·皮诺切特、罗纳德·里根以及玛格丽特·撒切尔等政治家相联系，许多国家已经放开劳动力市场，私有化大部分国有企业和公共服务的提供，普遍降低贸易壁垒，并鼓励创造跨国经济和政治空间，如欧盟、北美自由贸易协议以及东盟。20 世纪 80 年代末期，柏林墙的倒塌加剧了这一趋势向自由市场和私有财产经济系统（或多或少）的发展，这是目前公认的最经济的资源配置原则，通常被称为"华盛顿共识"（Serra and Stiglitz，2008）。自由化也因此创造了一个空间，在这里，各国政府也逐渐放弃了对私人行为的更多影响和控制，特别是企业和民间社会团体——其重要性随着企业的社会和政治作用的提高而提升。

与这些政治变革相随的是众多重要的经济转变。国际贸易制度的兴起，资本、商品和劳动力的全球市场的出现，以及全球供应链和生产链的延伸都为企业创造了巨大的经济机会。同时，我们还看到企业的规模明显扩大和经济影响力有显著增长。因此，通常默认情况下，社会对企业是有期望的，因为无论是在美国的通用汽车，还是在中国的沃尔玛，它们都被认为是具有经济实力、资源和能力的，比政府更容易解决特定的社会需求（Crane et al.，2008；Wilks，2013）。

最后，由于技术进步，企业承担了更多的社会角色。在过去的几十年里，我们看到了全球电信和运输技术有了前所未有的创新。一方面，这使得公司在世界范围内的交易比以往任何时候都更为明显，它使批评者更加容易将注意力集中到企业在社会和环境问题上的角色。另一方面，由于上述的政治变化，这些新技术中的大多数，现在由私营企业管理、运行并控制。同样，在20世纪的大部分时间里，新技术如互联网或生物技术，使得企业在许多公共利益问题的制定以及私营企业竞争领域发挥重要作用。当讨论个人信息涉及的隐私时，无论是在美国、德国还是中国——脸书、谷歌或苹果作为私营企业，都是引人注目的（Martin，2015）。

企业作为社会和政治参与者

由于这些变化，企业的社会和政治角色因此都发生了变化与扩大。四个关键领域最深刻地说明了这些变化：人权、公共产品、公共政策和发展。

人权

人权可以被定义为"基本的、不可剥夺的权利，是所有人类固有的，无一例外"（United Nations，1948）。

在过去的几十年里，越来越多的跨国企业已经将它们的供应链和服务扩张至全球各地，并且经常被认为（在有效政府缺失时）在其影响范围内最强大和最有能力解决基本人权问题（Clapham，2006；Hsieh，2009）。大多数跨国企业总部在工业化国家，那些自己国家已有的价值观和标准与企业或其合作伙伴基于发展中国家东道国所践行的价值观与标准之间关系紧张（Donaldson，1996）。这一紧张关系中最引人注目的是呼吁企业尊重人权，无论它们在何处经营，尽管在它们的经营范围包括辖区内的人权保护是非常具有挑战性的。因此，企业在承担人权责任中的角色，在大多数企业的可持续发展政策或企业社会责任中成为一个重大问题。在这方面，另一个主要的发展是联合国商业与人权指导原则的出现（Ruggie，2014）。

直到最近，人权才不被视为只是政府考虑的事情，有明确的证据表明，总的趋势是更积极的企业参与。这不只是越来越有必要尊重人权，而且企业也参与建立相应的系统以保护和修复人权（Hsieh，2009；Kobrin，2009）。例如，谷歌已经参与了建立全球网络倡议"协作以在 ICT 领域促进和保护言论自由与隐私权"（Global Network Initiative，2015）；巴里克已经对波戈拉矿产公司问题进行回应，并在该地区建立非司法救济框架资助。

公共产品

如果我们看看所谓的"公共产品"的提供，例如公共交通、水、电、医疗和教育，我们可以再次看到私营企业在最近几十年中扮演了越来越重要的角色。最初，政府提供的公共产品被认为是保障基本公民权利的政府职责的一部分（Marshall，1965）。然而，前面所概述的公共政策的基本意识形态的转变，严重质疑政府参与公共物品的提供。德国联邦铁路公司、英国电信或 EDF 都是私营企业。电力、电信或公共交通都可以由私人企业提供，但这些企业如何提供产品以及服务如何收费，往往面临来自公众的更高期望，因为这种公共产品仍被视为公民的基本权利，而不仅仅是消费品。

公共政策

目前，大多数 MBA 的典型策略课程，将介绍公共政策作为外部参数，精明的企业应该设法避免，例如，通过有利的税收制度，或调整它们的业务以在一定的监管下获取效益。这一方法已被广泛地在企业政治活动的文献中讨论（Hillman et al., 2004）。然而，如果我们认为 21 世纪初公共政策中的企业角色是这样，那么这种观点就显得过于简单了。首先，现在相当公开的讨论游说的程度、企业和政府之间的参与程度以及塑造公共政策等方式，在许多民主国家它们被提升到前所未有的水平：在华盛顿工作的 12 000 名游说者，2015 年总游说开支在美国是 33 亿美元（Collins，2015）。虽然美国经常说要领导这个趋势，但在某些方面，在欧洲的游说似乎已经取代了在美国的和在布鲁塞尔的 30 000 名游说者据说以某种形式影响了欧盟立法的 75%（Traynor，2014）。经济利益驱动这种实践，它们对于民主进程有深刻的影响，毕竟民主进程不能因为声称"只是商业"而打折。

企业在公共政策方面角色的转变并不是通过增加对政治家的影响力，而是通过企业以全新的形式参与公共政策。无论是童工、环境绩效还是反腐败，私营企业和商业协会越来越多地参与调节自己的行为（Leipziger，2010）。也就是说，在过去的 20 年里，公司开始着手制定、实施和执行新标准，以防不负责任的做法。由此产生的自愿性标准迅速在不同的行业和国家扩散，以解决各种社会和环境问题（Abbott and Snidal，2009）。当然，不同行业不同国家的标准是不同的，并且这些标准明显比传统政府必要的监管更"温和"。这意味着它们的相对成功或失败可以防止不负责任的做法仍然是一个具有相当大的争议的主题（Banerjee，2010；Vogel，2010）。然而，重要的是，这些标准表明企业如何变得更自律以及其他超越经济之上的作为传达社会责任的基本政治行为。所以，经济激励可能仍然是这些举措的一部分，例如，通过引入生态标签可以吸引消费者，政府仍可能参与签订很多这样的协议，参与制定公共政策和规则（而不是回避）这是现代跨国企业战略投资组合超出其追求短期财务回报的很重要的一部分。

发展

最后，发达地区（在支持生活水平低的国家的社会和经济进步的意义上）是近年来我们看到企业发挥了更加积极的作用另外一个领域（参见本书第 6 章）。同样，这往往是受到企业追求经济利益的推动，但已把它们深入到社会和政治领域中。2001 年，一些公司成立了艾滋病毒 / 艾滋病全球商业联盟（今日健康环球商业联盟）以宣传艾滋病毒 / 艾滋病的传播途径。这些公司中的许多公司通过发展中国家的员工认识到艾滋病毒 / 艾滋病的经济影响，并期待能更系统地解决艾滋病的问题。同样，当可口可乐参与到发展中国家的社区水资源保护中时，它的"水管理"最初是为了确保自己的供应，并增强自己的声誉。然而，由于它们的参与，因此我们已经看到它们涉及更广泛的发展领域。类似的例子比比皆是，无论是公平贸易采购、支持当地的企业家或其他形式的扶贫，企业已成为实现很多发展目标的主要参与者，几十年来政府和援助机构已经尝试通过其他方式来实现这些发展目标（参见本书第 2～4 章）。

跨国公司参与到"金字塔底层"的策略也许是这一转变最明显的表现（Karnani，2007；Kolk et al.，2014；Prahalad，2005）。公司发现，即使是最贫穷地区的人，也可以是它们产品的积极生产者和消费者，只要适应需求、特定的地理和气候情况，最重要的是，考虑这类地区的不同的经济情况。一个突出的例子，电信行业已经在许多发展中国家获得移动通信和互联网服务的广泛度，随着健康的显著影响，它们逐步为迄今孤立的地区提供药物及经济机会（Vodafone，2005）。金融部门在为许多以前被排除在世界外的发展中国家开辟经济机会的微观金融模式中同样起着举足轻重的作用（Cull et al.，2009）。

这些发展是毫无疑问的，但远不是万能的，我们这里大体勾勒出企业在过去几十年曾设想过的新的和扩大的社会及政治角色，关于其发展我们将在下一节讨论。

启示：走向一种新的参与形式

那么，这些广泛的社会变革意味着什么呢？企业长期以来一直参与社会问题，但这里所列出的变化，以及本书其余部分列出的变化，表明一些较大的转型正在进行，这需要新的思维。现有的企业社会责任模式可能无法满足转型的需要（参见本书第 10 章）。相反，我们认为，企业需要在核心战略领域（即建立更长期、社会可持续以及负责任的市场经济模式）进行变革。

一个流行的答案是重新断言将企业责任与财务绩效挂钩的重要性。例如，对"共同价值观"的关注极大地推动了伴随着经济价值创造的社会改善（Porter and Kramer，2011）。这种想法在高管获得购买权时常常被认为是必要的，而事实上，很难想象一种有效的方法，不考虑企业的成功作为它的一个先决条件（参见本书第 17 章）。但同时，我们也必须承认，当我们谈及人权、公共物品、公共政策和发展时，仅仅考虑企业的业绩是不够的（参见本书第 11 章）。即使不利于企业发展，企业仍然会避免雇用奴隶劳动力吗？如果企业可以从更富裕的邻居那儿得到更高的回报，那么企业可以关闭没有权限的贫困社区干净的饮用水吗？

当我们谈论更深层次的社会和政治责任时，关键点是社会责任对企业发展的局限性。这不仅仅是慷慨的捐款帮助，而且是对社会结构的必要投资。这种投资不能完全不考虑企业自身利益，但也必须考虑纳入更广泛的公共服务意识。我们认为，3P 框架是对这一投资最好的概括：目的、业绩和伙伴关系。我们认为，在任何更负责任的、长期的市场经济的修订概念中，3P 框架是重塑企业角色的基本要素。我们的概念框架如图 9-1 所示，并将在下面进行详细讨论。

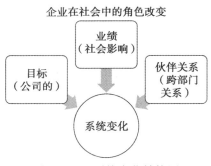

图 9-1　3P 系统变化结构图

目标

对公司目标的讨论主要集中在支持股东论和提倡利益相关者导向观点之间的争论。支持股东论的人认为，公司的目标是股东利益最大化，并且，这是有效评价高管唯一的正确方式（如 Jensen，2001；Sundaram and Inkpen，2004）。提倡利益相关者论的人认为，公司的目标是"为公司的利益相关者创造价值"，包括股东价值但股东价值不一定优先（如 Freeman et al.，2004，2007）。从某种意义上说，两种观点都认为公司设立的最初目的是在社会中实现更有效的价值创造手段。两种观点的不同之处在于，价值究竟是什么，即只是股东价值，还是更广泛的经济价值或社会价值，以及价值为谁创造——股东或利益相关者。

对于企业更广泛的社会和政治角色的认识，需要我们考虑关于企业目标的争论（参见本书第 2 章）。如果认为企业的目标是为了实现股东价值最大化，那么我们必须看到，在这个视角下任何被放大的作用。举例来说，如果我们关注企业关闭有需要饮用水的社区，我们需要找到一种方式。要么与股东价值最大化相一致的更广泛的责任，例如，通过引入激励机制，以鼓励企业更广泛地涉足社会责任；要么我们需要转向宏观调控，以迫使其符合社会的期望。如果我们从利益相关者的角度来看待公司的目标，我们需要考虑什么样的"利益关系"会发挥作用。企业应该让顾客和员工保持快乐是一回事，但扩大的社会与政治角色需要更深入地考虑企业对社会不同群体的权利和义务。很多人认为，由于扩大的角色，有必要重新界定企业的目标（Basu，1999）。当然，有很多言论阐述了界定企业目标的重要性，但现实的情况是，企业可以有多种目标，而且规模越大越复杂的企业，越有可能有多重目标。

一个思考企业目标的越来越有影响力的方式是把企业作为社会目标企业，即旨在将社会目标与财务可持续性相结合的混合组织（Haigh et al.，2015）。因此，有社会目标的企业像非营利性企业一样随着社会进步或环境目标具体地确定它们的目标，但通常会像企业一样寻求通过商业或市场工具来实现这些目标。虽然许多这样的混合组织是规模较小的新公司或社会企业，也有一些更知名的公司，以这样的方式阐述它们的目标。巴塔哥尼亚，总部设在美国的户外服装公司，它的目标是"打造最好的产品，不造成任何不必要的伤害，使用业务来激发和实施解决环境危机的办法"（Patagonia，2015）。联合利华也有明确的混合目标，"使可持续的生活成为常态"，同时该目标使其业务规模翻倍（参见本书第 2 章）。

追求明确的社会目标并将多个逻辑整合在一个组织中，会带来巨大的内部冲突和压力。这些措施包括整合不同目标和指标的挑战，缓和不同价值体系的员工之间的紧张关系，以及平衡短期和长期利益的需要（Smith et al.，2013）。混合型组织也可以与使命转变斗争（当业务首要目标从原有的社会目标转移）以及对不同期望和要求的多个利益相关者履行责任的挑战

（Ebrahim et al.，2014）。SKS，印度最大的微金融公司，其使命是帮助穷人改善他们的生活。2010年，在公司成功上市后，其社会使命受到严重威胁，由于其强有力的收回贷款措施以及公开危害客户而导致发生在安得拉邦农村的自杀事件，使得该公司的社会使命深陷争议中。警方关押了SKS数十名员工，包括教唆自杀的主犯——本质上导致人们自杀，这是根据印度法律确定的一项罪行（Associated Press，2012）。

　　因此，重要的是，通过立法或认证，发展创造或多或少社会目标企业的官方类别的新方式（Rawhouser et al.，2015）。例如，受益公司是美国的一类新公司，这类公司必须考虑其利益相关者的利益并承担实现社会目标的责任。具体地，依据法律要求，除了利润之外，它们必须追求公众利益，或者追求特定公共利益；必须采用独立的、透明的三方标准衡量公众利益；并出具年度收益报告。自2010年推出以来，截至2015年，这种新法律在美国已有27个州通过。著名的例子包括第七代和方法、家庭清洁用品公司以及上面提到的巴塔哥尼亚。不是所有重新定义企业目标的尝试都要求修改法律。然而，这些立法对于保护企业领导人，使他们免于以下困扰确实起到一定作用，如不得不面临法律的挑战，放弃或减少自己的社会责任以最大化股东利益。

业绩

　　在企业新的角色和责任的背景下，另一个要考虑的关键领域，是我们的第二个P，即业绩。对于业绩，我们的定义是支付以获得更多关注的需要：（i）企业的业绩水平或企业对社会的影响；（ii）企业影响公众和其他利益相关者的方式。企业业绩问题一直是纯粹的财务业绩或其他类型的经济表现，如市场占有率。随着越来越多的注意力已经转移到社会和环境问题上，公司在评估和交流非财务绩效问题上投入了相当大的努力。越来越多的企业发布可持续发展报告，逐步建立共同标准如全球报告倡议（参见本书第15章），这些都反映了企业在这些问题上的努力。最近的一项调查显示，目前，全球最大的250家公司中有93%发布了企业责任报告（KPMG，2013）。

　　然而，更大的问题是，从公司扩大的社会和政治角色来看，公司或研究人员所采取的措施是否是最突出的。虽然在确定报告重要性的问题上已经有显著的进步，许多使用的指标仍主要集中在投入，或在最大的产出上，而不是对利益相关者的实际效果或影响上。萨拉查等人（2012）认为，"企业层面的（企业社会绩效）首先关注的是投入，如企业捐款的价值或志愿者小时数，而不是企业的社会活动预期收益（例如，挽救生命、改善健康、提高收入、增加快乐等）"。然而，正如艾佰斯坦和 Yuthas（2014）指出，

我们知道，产出的增长与增加社会影响目标的成功并不是一回事。这些目标不应该仅仅是衡量孩子在学校的数量（产出），而应该是有多少受过良好教育的人，有多少人能够更好地实现一系列生活目标，包括就业能力的提高（影响）。这不应该是收集更多的数据，而应该是收集和正确分析数据，这会影响或者说与项目或组织的目标更相关。

问题是，衡量企业对社会的真正影响或被企业所影响的地区几乎是不可能的。对企业的整体影响尤其是这样，即使基于项目对企业社会责任举措进行评估也是罕见的，往往也考虑不周（Salazar et al., 2012）。事实上，没有证据表明提高评估和报告水平将对企业合法性产生任何有意义的影响。目前，公司更倾向于以机会主义的方式向利益相关者请教，以期在关于他们已经在做的而不是真正参与的双向对话方面建立共识，其中包括的有意义的决策是绩效由什么构成以及应该如何评估绩效（Manetti，2011）。正如怀尔和欧文（2005: 208）指出，"许多学者已对《可持续发展报告》中的新兴实践的关键特征提出批评，由于其以牺牲了利益相关者的问责制和透明度的管理主义"。甚至有社会导向的报道分析表明，改进是明显的，改善是显而易见的，而在许多核心质量指标上明显不足（Manetti，2011；Owen and O'Dwyer，2008）。

很明显，到目前为止，尽管对于企业的责任和可持续性报告的关注已有几十年，公司在评估其对社会的真正影响方面依然没有取得很大进展。当然，这样的评估是非常具有挑战性的。然而，有一些值得注意的试点项目，提出了一些可能的前进方式。普马的环保利润表，第一次提供了公司对自然影响成本的全面评估。普马的账本将环境影响的货币价值从其原材料的生产一直延伸到销售点。2010 年，普马估计其净环境影响价值在€145m。在"影响力投资"运动（Bugg-Levine and Emerson，2011）的驱

动下，从投资角度评价社会影响的新方法也不断出现。这些范围是"平均监禁时间的减少"或"增加就业率"，在纽约州的社会影响债券中其目标是有罪犯前科的人，在以改善非洲农村民生（Social Impact Investment Task Force，2014）的一英亩基金中，其目标是东部非洲农民"人均收入的提高"。如果我们认真考虑企业社会和政治角色的变化，那么这些措施的表现将会更精炼并被广泛采用。

伙伴关系

　　最后，我们来谈谈第三个 P——伙伴关系。社会各部门之间的合作以解决社会问题，已被广泛誉为解决社会面临的严峻挑战的一个重要工具。20 世纪 80 年代，首先出现的公私合营企业（Wettenhall，2003），跨部门的伙伴关系已经变得既涵盖行业和涉及的问题，又在其全球影响力方面更加膨胀（Crane and Seitanidi，2014）。例如，世界自然基金会及可口可乐的伙伴关系，旨在为世界淡水资源，包括提升横跨三大洲的 11 大淡水流域的韧性项目，以及改善水效率、碳足迹、包装废弃物和饮料公司的全球价值链可持续采购（WWF，2015）。又如依据采掘行业透明度倡议，一个多利益相关者联盟的政府、企业、投资者和民间社会组织活跃在 48 个国家。该倡议要求缔约国"披露纳税、许可证、合同、生产以及其他资源开采的关键要素的信息"以在全球"促进开放和负责任的自然资源管理"（EITI，2015；参见本书第 19 章）。

　　因此，今天的伙伴关系可以用来解决一切问题，从气候变化到健康和贫困再到腐败。最近的一项调查报告说，90% 的企业经理认为企业需要合作以解决企业所面临的可持续发展的挑战（Kiron et al.，2015）。然而，同样的报告指出，"尽管对可持续发展合作的重要性几乎一致的共识，实践滞后于信念……调查中，低于 30% 的经理人说他们所处的公司建立了成功的可持续发展的合作伙伴关系"。合作伙伴关系是公司不断变化的角色的关键组成部分。关于这一点，主要有三个原因。

　　第一，许多问题企业目前不得不处理，如人权、公共产品、公共政策和发展的问题，这些问题它们没有所有的答案。这些问题的设计和实施解决方案的许多专业知识在公共部门和民间部门，因此，业务需要进行合作，以制定有效的战略。例如发展问题，非营利性组织在发展项目方面有几十年的经验。即使公司决定交货应转向市场机制，在只有其他行业中的经验丰富的操作工才能带来国际发展的背景下，他们仍然需要理解环境的复杂性（McKague et al.，2015）。最近的一个例子是雀巢的"可可计划"，倡议解决在象牙海岸可可生产过程中猖獗地雇用童工和人流拥堵问题。该公司已开始全面参与各种合作中，其中包括公平劳动基金会和公平贸易基金会，以解决职工的在职教育问题及改善其他社会条件（Nestlé，2015）。

第二，即使企业知道如何处理社会问题，它们也无法在没有政府或社会公众的参与下实施它们提出的解决方案。这是因为许多此类问题的解决方案需要非市场参与者的参与，无论是召集、交付、评估或执行社会计划，例如人权案件。虽然企业越来越开始意识到自身人权责任的重要性，政府还是要承担保护公民权利的最终责任，而非政府组织已经在企业是否承担人权义务的监督中起到关键作用。因此，人权可以被认为是多方积极参与的"全球公共领域"（Whelan et al.，2009）。不考虑政府与非政府组织角色和责任的企业举措不太可能成功。同样，企业参与公共政策，例如，通过自愿自律，常常依赖于政府和非政府组织共同号召相关参与者作为企业新标准的可信评估者与执行者（Abbott and Snidal，2013；Beer et al.，2012）。例如，由 200 家企业、非政府组织以及在 2013 年拉纳广场工厂倒闭后由政府间国际劳工组织主持的工会联合设立的"孟加拉国消防和楼宇安全协议"（Labowitz and Baumann-Pauly，2014）。

第三，企业通常缺乏合法性来独自解决这类问题——在提出方案以解决公共福利问题时，公众无法充分信任私营部门会为了他们的利益而行事。国际民意调查显示，相比任何公司或政府，民众更信任非政府组织会做正确的事情（Edelman，2015）。非政府组织通常采用代表公共利益的立场，这是它们在开发解决方案以解决社会和政治问题时，所需要的在公众眼中的道德合法性（Baur and Palazzo，2011）。例如，2013 年，当苹果面临关于在中国区的供应商劳动条件的批评时，该公司加入公平劳动协会以全面持续审核其供应商，而不是建立一个内部小组或聘请咨询公司，他们试图通过非政府组织（Fair Labor Association，2012）的外部验证以提高其自身努力的合法性和可信性。

　　伙伴关系显然不是解决复杂全球问题的灵丹妙药（Kolk，2014）。成功的跨部门的伙伴关系以创造积极的定位和真正的影响，需要得到授权、需要时间、承诺和相当多的资源，而这是相当困难的。因此，企业的任务是提供跨部门的领导，以确保伙伴关系不仅变得更加普遍，但更重要的是，使他们在解决社会和环境问题中，能够发挥积极的影响。已经有许多公司在发展有效的跨部门合作中发挥领导作用的例子。例如，联合利华在建立海洋管理委员会的过程中，为可持续地管理渔业提供了标准和认证（参见本书第 2 章和第 4 章）。沃尔玛率先发展可持续性联盟，以发展产品相对可持续性的量化和沟通工具（参见本书第 3 章）。但总的来说，随着政府和非政府组织在召集多个利益相关者的行动中扮演主要角色，企业逐渐趋向于扮演次要角色。

　　由于这些伙伴关系变得更加普遍、更具战略性，在公司嵌入系统更多更深层次的变化，企业领导人将不得不认识到，伙伴关系本质上是一个不断变化的社会和政治行为模式。更深入的伙伴关系意味着更多地参与社会和政治，作为“三部门参与者”，具有挑战性的商业领袖将开发一套全新的能力（Barton，2011；参见本书第 7 章）。公司试图改变员工的心态和能力，与社会更直接接触的一种特殊方式是志愿活动。目前，许多公司在员工工作时间派遣他们去为非政府组织和社会团体工作，这不仅是公司的社会责任贡献，同时也是公司员工更好地了解民间社会的合作伙伴并与其互动的一种方式。一个广泛讨论的例子是辉瑞公司的全球健康计划，该企业长期派遣员工参与非政府组织和慈善机构在非洲的与健康相关的工作（Vian et al.，2007）。

结论：系统变革和构建可持续市场经济

　　那么，这不关我们的事吗？我们毫不怀疑公司会继续在社会中发挥更大的作用。接下来的问题是我们如何最好地驯服它，以使我们仍可以获得来自于统一、等级划分的经济组织形式的特定经济效益（如效率和协调）与此同时，确保它能够胜任其新角色。在我们的思维中，重新界定公司宗旨、重新思考公司绩效如何构建与评估以及对跨部门领导的转变在公司及其在社会中的角色是不小的调整。特别是，企业宗旨的改变，在某些情况下，伴随着公司章程的相应法律变化，这将明显影响如何治理公司以及随之而来的规范公共问责制和重塑公司透明度。应该严肃对待这些构成了企业形式性质的系统性变化。但在我们看来，这种系统性变化，必须考虑到目前企业社会和政治角色的变化。

那么，什么是市场经济，或者更确切地说，什么构建可持续的市场经济？认为企业不是简单的经济参与者的观点可能会威胁到一些传统的市场经济观念。但值得注意的是，市场经济不仅是一个经济体系，它也通过强调生产资料私有制、市场经济和雇佣劳动等各种方式被定义为"社会系统"或"经济和政治制度"。社会和政治问题一直是关于市场经济应该如何运作的争论的一部分。因此，我们在这里指出的系统性改变并不是要从根本上威胁市场经济的任何核心因素，但它确实暗示了我们渴望的某种类型的市场经济运动。市场经济制度在世界范围内差别很大，而这些国家制度本身也随着时间的推移在不断变化（参见本书第 1 章和第 21 章）。

在"3P 模型"这一章中，当然要关心股东权利反映所有权一定的职责的程度（参见本书第 12 章和第 16 章）。同样，更广泛的公司业绩概念可能不仅扩大市场思维进入新的社会空间，最终也可能限制我们允许某些其他市场"自由"的程度，最显著的是劳动力和资本。最后，扩展参与伙伴关系不仅可以取代一些利益相关者的市场结构，而且目前变换的劳动关系已被一些国家称为"社会伙伴关系"（Iankova and Turner，2004）。在我们看来，任何向更加负责的市场经济的转变，都必然会涉及一些重大变化，我们如何想象企业不只是经济价值创造的引擎，同时也是社会、政治的关键参与者。

参考文献

Abbott, K. W. and Snidal, D. (2009). "The Governance Triangle: Regulatory Standards Institutions and the Shadow of the State," in W. Mattli and N. Woods (eds), *The Politics of Global Regulation*. Princeton, NJ: Princeton University Press, pp. 44–88.

Abbott, K. W. and Snidal, D. (2013). "Taking Responsive Regulation Transnational: Strategies for International Organizations," *Regulation and Governance*, 7(1): 94–112.

Akard, P. J. (1992). "Corporate Mobilization and Political Power: The Transformation of US Economic Policy in the 1970s," *American Sociological Review*, 57(5): 597–615.

Associated Press (2012). "SKS under Spotlight in Suicides," *Wall Street*

Journal, February 24. Available at: <http://online.wsj.com/news/articles/SB10001424052970203918304577242602296683134>.

Banerjee, S. B. (2010). "Governing the Global Corporation: A Critical Perspective," *Business Ethics Quarterly*, 20(2): 265–74.

Barton, D. (2011). "Capitalism for the Long Term," *Harvard Business Review*, 89(3): 84–91.

Basu, S. (1999). *Corporate Purpose: Why It Matters more than Strategy*. New York: Routledge.

Baur, D. and Palazzo, G. (2011). "The Moral Legitimacy of NGOs as Partners of Corporations," *Business Ethics Quarterly*, 21(4): 579–604.

Beer, C. T., Bartley, T., and Roberts, W. T. (2012). "NGOs: Between Advocacy, Service Provision, and Regulation," in D. Levi-Faur (ed.), *The Oxford Handbook of Governance*. Oxford: Oxford University Press, pp. 325–38.

Bugg-Levine, A. and Emerson, J. (2011). "Impact Investing: Transforming How We Make Money while Making a Difference," *Innovations*, 6(3): 9–18.

Ciepley, D. (2013). "Beyond Public and Private: Toward a Political Theory of the Corporation," *American Political Science Review*, 107(1): 139–58.

Clapham, A. (2006). *Human Rights Obligations of Non-State Actors*. Oxford: Oxford University Press.

Collins, M. (2015). "Buying Government with Lobbying Money," *Forbes*, March 28. Available at: <http://www.forbes.com/sites/mikecollins/2015/03/28/buying-government-with-lobbying-money-2/#f355dbf45879>.

Crane, A. and Seitanidi, M. M. (2014). "Social Partnerships and Responsible Business: What, Why, and How?" in M. M. Seitanidi and A. Crane (eds), *Social Partnerships and Responsible Business: A Research Handbook*. London: Routledge, pp. 1–12.

Crane, A., Matten, D., and Moon, J. (2008). *Corporations and Citizenship*. Cambridge: Cambridge University Press.

Cull, R., Demirgüç-Kunt, A., and Morduch, J. (2009). "Microfinance Meets the Market," *Journal of Economic Perspectives*, 23(1): 167–92.

Donaldson, T. (1996). "Values in Tension: Ethics away from Home," *Harvard Business Review*, September–October: 48–62.

Ebrahim, A., Battilana, J., and Mair, J. (2014). "The Governance of Social Enterprises: Mission Drift and Accountability Challenges in Hybrid Organizations," *Research in Organizational Behavior*, 34: 81–100.

Edelman (2015). *2015 Edelman Trust Barometer*. Available at: <http://www.edelman.com/2015-edelman-trust-barometer/>.

EITI (2015). *What is the EITI?* Available at: <https://eiti.org/eiti>.

Epstein, M. J. and Yuthas, K. (2014). *Measuring and Improving Social Impacts: A Guide for Nonprofits, Companies, and Impact Investors*. San Francisco, CA: Berrett-Koehler Publishers.

Fair Labor Association (2012). *Assessments of Apple Supplier Factories*. Available at: <http://www.fairlabor.org/2013-apple-quanta-shanghai-changshu>.

Freeman, R. E., Wicks, A. C., and Parmar, B. (2004). "Stakeholder Theory and 'the Corporate Objective Revisited,'" *Organization Science*, 15(3): 364–9.

Freeman, R. E., Harrison, J. S., and Wicks, A. C. (2007). *Managing for Stakeholders: Survival, Reputation, and Success*. New Haven, NJ: Yale University Press.

Global Network Initiative (2015). Available at: <https://www.globalnetworkinitiative.org>.

Haigh, N., Walker, J., Bacq, S., and Kickul, J. (2015). "Hybrid Organizations: Origins, Strategies, Impacts, and Implications," *California Management Review*, 57(3): 5–12.

Hillman, A. J., Keim, G. D., and Schuler, D. (2004). "Corporate Political Activity: A Review and Research Agenda," *Journal of Management*, 30(6): 837–57.

Hsieh, N. (2009). "Does Global Business Have a Responsibility to Promote Just Institutions?" *Business Ethics Quarterly*, 19(2): 251–73.

Iankova, E. and Turner, L. (2004). "Building the New Europe: Western and Eastern Roads to Social Partnership," *Industrial Relations Journal*, 35(1): 76–92.

Jensen, M. C. (2001). "Value Maximization, Stakeholder Theory, and the Corporate Objective Function," *Journal of Applied Corporate Finance*, 14(3): 8–21.

Karnani, A. (2007). "The Misfortune at the Bottom of the Pyramid," *Greener Management International*, 51: 99–110.

Kiron, D., Kruschwitz, N., Haanaes, K., and Reeves, M. (2015). "Joining Forces: Collaboration and Leadership for Sustainability," *MIT Sloan Management Review*, January 12. Available at: <http://sloanreview.mit.edu/projects/joining-forces/>.

Klein, N. (2007). *The Shock Doctrine: The Rise of Disaster Capitalism*. Toronto: Alfred A. Knopf Canada.

Klein, N. (2014). *This Changes Everything: Capitalism vs. the Climate*. New York: Simon and Schuster.

Knuckey, S. (2013). "On Australia's Doorstep: Gold, Rape, and Injustice," *Medical Journal of Australia*, 199(3), July 22: 1.

Kobrin, S. J. (2009). "Private Political Authority and Public Responsibility: Transnational Politics, Transnational Firms and Human Rights," *Business Ethics Quarterly*, 19(3): 349–74.

Kolk, A. (2014). "Partnerships as a Panacea for Addressing Global Problems? On Rationale, Context, Actors, Impact and Limitations," in M. M. Seitanidi and A. Crane (eds), *Social Partnerships and Responsible Business: A Research Handbook*. London: Routledge, pp. 15–43.

Kolk, A., Rivera-Santos, M., and Rufin, C. R. (2014). "Reviewing a Decade of Research on the 'Base/Bottom of the Pyramid' (BOP) Concept," *Business and Society*, 53(3): 338–77.

Korten, D. C. (2001). *When Corporations Rule the World*, 2nd ed. Bloomfield, CT: Kumarian Press.

KPMG. (2013). *International Survey of Corporate Responsibility Reporting*. Amsterdam: KPMG.

Labowitz, S. and Baumann-Pauly, D. (2014). "Business as Usual Is Not an Option: Supply Chains Sourcing after Rana Plaza," Stern Center for Business and Human Rights. Available at: <http://stern.nyu.edu/sites/default/files/assets/documents/con_047408.pdf>.

Leipziger, D. (2010). *The Corporate Responsibility Code Book*, 2nd ed. Sheffield: Greenleaf.

McKague, K., Wheeler, D., and Karnani, A. (2015). "An Integrated Approach to Poverty Alleviation: Roles of the Private Sector, Government and Civil Society," in V. Bitzer, R. Hamann, M. Hall, and E. W. Griffin-El (eds), *The Business of Social and Environmental Innovation*. Heidelberg: Springer, pp. 129–45.

McWilliams, A. and Siegel, D. (2001). "Corporate Social Responsibility: A Theory of the Firm Perspective," *Academy of Management Review*, 26(1): 117–27.

Manetti, G. (2011). "The Quality of Stakeholder Engagement in Sustainability Reporting: Empirical Evidence and Critical Points," *Corporate Social Responsibility and Environmental Management*, 18(2): 110–22.

Marshall, T. H. (1965). *Class, Citizenship and Social Development*. New York: Anchor Books.

Martin, K. E. (2015). "Ethical Issues in the Big Data Industry," *MIS Quarterly Executive*, 14(2): 67–85.

Matten, D. and Crane, A. (2005). "Corporate Citizenship: Towards an Extended Theoretical Conceptualization," *Academy of Management Review*, 30(1): 166–79.

Nader, R. and Green, M. J. (1973). *Corporate Power in America*. New York: Grossman Publishers.

Naughton, J. (2006). "Google's Founding Principles Fall at Great Firewall of China,"

Observer, January 29.

Nestlé (2015). *Nestlé Cocoa Plan*. Available at: <http://www.nestlecocoaplan.com>.

O'Dwyer, B. and Owen, D. L. (2005). "Assurance Statement Practice in Environmental, Social and Sustainability Reporting: A Critical Evaluation," *British Accounting Review*, 37(2): 205–29.

Owen, D. L. and O'Dwyer, B. (2008). "Corporate Social Responsibility: The Reporting and Assurance Dimension," in A. Crane, D. Matten, A. McWilliams, J. Moon, and D. Siegel (eds), *The Oxford Handbook of Corporate Social Responsibility*. Oxford: Oxford University Press, pp. 384–409.

Patagonia (2015). *Our Reason of Being*. Available at: <http://www.patagonia.com/ca/patagonia.go?assetid=2047>.

Piketty, T. (2014). *Capital in the 21st Century*. Cambridge, MA: Harvard University Press.

Porter, M. E. and Kramer, M. R. (2011). "Creating Shared Value," *Harvard Business Review*, 89(2): 62–77.

Prahalad, C. K. (2005). *The Fortune at the Bottom of the Pyramid*. Upper Saddle River, NJ: Wharton School Publishing.

Rawhouser, H., Cummings, M. E., and Crane, A. (2015). "Benefit Corporation Legislation and the Emergence of a Social Hybrid Category," *California Management Review*, 57(3): 13–35.

Reich, R. B. (2010). *Aftershock: The Next Economy and America's Future*. New York: Alfred A. Knopf.

Ruggie, J. G. (2014). "Global Governance and 'New Governance Theory': Lessons from Business and Human Rights," *Global Governance*, 20(1): 5–17.

Salazar, J., Husted, B. W., and Biehl, M. (2012). "Thoughts on the Evaluation of Corporate Social Performance through Projects," *Journal of Business Ethics*, 105(2): 175–86.

Scherer, A. G. and Palazzo, G. (2011). "The New Political Role of Business in a Globalized World: A Review of a New Perspective on CSR and Its Implications for the Firm, Governance, and Democracy," *Journal of Management Studies*, 48(4): 899–931.

Serra, N. and Stiglitz, J. E. (2008). *The Washington Consensus Reconsidered: Towards a New Global Governance*. Oxford: Oxford University Press.

Smith, N. C. (2003). "Corporate Social Responsibility: Whether or How?" *California Management Review*, 45(4): 52–76.

Smith, W. K., Gonin, M., and Besharov, M. L. (2013). "Managing Social-Business Tensions: A Review and Research Agenda for Social Enterprise," *Business Ethics Quarterly*, 23(3): 407–42.

Social Impact Investment Task Force (2014). *Measuring Impact*. Available at: <http://www.thegiin.org/binary-data/IMWG_Whitepaper.pdf>.

Sundaram, A. K. and Inkpen, A. C. (2004). "The Corporate Objective Revisited," *Organization Science*, 15(3): 350–63.

Traynor, I. (2014). "30,000 Lobbyists and Counting: Is Brussels under Corporate Sway?" *Guardian*, May 8.

United Nations (1948). *The Universal Declaration of Human Rights*. New York: United Nations. Available at: <http://www.un.org/Overview/rights.html>.

Useem, M. (1984). *The Inner Circle: Large Corporations and the Rise of Business Political Activity in the US and UK*. Oxford: Oxford University Press.

Vernon, R. (1991). "Sovereignty at Bay: Twenty Years After," *Millennium: Journal of International Studies*, 20(2): 191–5.

Vian, T., McCoy, K., Richards, S. C., Connelly, P., and Feeley, F. (2007). "Corporate Social Responsibility in Global Health: The Pfizer Global Health Fellows International Volunteering Program," *Human Resource Planning*, 30(1): 30–5.

Vodafone (2005). *Africa: The Impact of Mobile Phones*, Vodafone Policy Paper Series, No. 3. Available at: <http://www.vodafone.com/content/dam/vodafone/about/

public_policy/policy_papers/public_policy_series_2.pdf>.

Vogel, D. (2010). "The Private Regulation of Global Corporate Conduct: Achievements and Limitations," *Business and Society*, 49(1): 68–87.

Wettenhall, R. (2003). "The Rhetoric and Reality of Public-Private Partnerships," *Public Organization Review*, 3(1): 77–107.

Whelan, G., Moon, J., and Orlitzky, M. (2009). "Human Rights, Transnational Corporations and Embedded Liberalism: What Chance Consensus?" *Journal of Business Ethics*, 87(2): 367–83.

Wilks, S. (2013). *The Political Power of the Business Corporation*. Cheltenham: Edward Elgar.

WWF (2015). "Renewing Our Partnership. Expanding Our Impact." Available at: <http://www.worldwildlife.org/partnerships/coca-cola>.

第 10 章
负责任的市场经济
21 世纪的企业

R. 爱德华·弗里曼　彼德汉 L. 帕马　克尔斯滕 E. 马丁

引言

在过去的十年里，人们听到了市场经济改革的号角，正如本书所描述的那样。然而，大多数号召远远低于需要，并且只代表部分成功。缺乏彻底改革的主要原因是西方以及世界各地文化中根深蒂固的企业和市场经济的标准。本章主要叙述了企业的性质和市场经济的主要特征即对利润和"实物货币"的狂热追求（Freeman et al.，2010）。人类被描述为自利的经济人，他们无论是单独还是在商业组织中，彼此不断竞争。大多数改革尝试保留这种标准的阐述。

真正的市场经济思想的变革必须涵盖这个潜在的阐述，并提出不同的表述，这是我们的任务。在这里，我们只能简要描述大体框架，然而，好消息是，关于企业的全新阐释，从初创企业到跨国公司，每天都有企业意识到这一问题（参见案例 Sisodia et al.，2014；Mackey and Sisodia，2014）。事实上，如果大企业和企业领导重视不够，我们认为，一旦我们理解了这一新的阐释，我们可以更充分地认识到其主要宗旨一直没有改变。

我们进行如下阐述。在下一节中，我们更精确地勾画了原有表述的原理，并强调了部分改革建议。然后介绍由一批学者在过去近 40 年来总结的被称为"利益相关者理论"的一套原则，并表明这些利益相关者原则对于理解企业在 21 世纪的运营需要而言，是更有用的原则。最后，我们总结了称之为"负责任的市场经济"的一些原则。

部分解决方案

许多人对商业标准的理解主要从经济的角度来看。在这种观点中，有买家和卖家，每一方都希望以最低的价格获得对方所提供的产品。经济理论是一系列假设条件下的可能性，也是通过我们了解企业的主要方式之一。最常见的理解是这样的：企业追求投资者（即股东、银行、债券持有人等）的投资资本回报最大化，以利润或股票价格或一些财务方法来衡量。通过追求所有者的利益最大化，社会福利提高了，至少依据理论的某些标准是这样的（Friedman，1970；Jensen and Meckling，1976）。此外，为了最大限度地提高他们的投资回报，资本所有者必须充分控制企业的活动。总之，由此可以看到，依据这一观点，商人只关注利润和金钱。更进一步，在经济学的语言中，人类通常被描绘成只关心自身利益并最大化自身利益，但现实中人们也可能关注其他方面。竞争和获胜的动力是企业的最终动力，而这种驱动的实现会使社会福利增加。

这种对企业特征和市场经济的描述有许多错误，其中最不重要的是，它是一种容易被推翻的"稻草人"论调，也是对实际实践的一种表征。然而，这一论调与流行概念也有共同之处，如企业主要关注利润、金钱和自身利益。我们将在其他章节阐述其他学者对这一观点的微妙分析（参见本书第 8 章）。这里足以说明呼吁改革的重要性，尤其是考虑到直接以这一市场经济观点为基础而引发的全球金融危机（GFC）。

首先，有人认为，市场经济的主要的缺陷是它将"资本"与"劳动"对立（Jameson，1991）。在这样的一场战争中，资本必将获胜，除非劳动力能够有效组织、号召罢工等。在现代术语中，一些理论家呼吁所有员工而不仅仅是公司高管更多地参与企业管理。像丰田这样的公司，他们已经授权装配线员工对产品和制造质量负责，他们确实比通用汽车等更为强劲的市场经济竞争对手表现得出色。许多人认为，资本与劳动的对立是一种错误的二分法（Follett，2011）。显然，所有者、管理者和员工共同合作创造价值。然而，古老企业理论告诉我们，价值总是被资本所有者以牺牲劳动者的利益为代价夺走。这个假设可以防止更彻底的改革。

其次，一些人认为我们需要更多地考虑政府的角色。根据标准的阐述（Freeman et al.，2010），政府的作用是调节企业对利润肆无忌惮地搜刮；没有监管，企业可以为社会创造浩劫。政府的角色往往归功于凯恩斯和他的追随者。根据他们的比喻，政府的干预是必要的，正如园丁照料花园一样（Keynes，2006）。没有政府市场会混乱无序。无论现代货币主义者如弗里德曼是否赞成凯恩斯的观点，政府调节市场波动与企业行为的必要性都是相同的。

当然，全球金融危机告诉我们，企业并不存在于真空。相反，我们应该把它看作是一个嵌入在其他社会制度中的机构，政府就是其中之一。自从全球金融危机以来，呼吁监管以及真正的监管改革的呼声就很高，如美国的 Dodd-Frank 和一些世界上其他地区的高管薪酬制度。另外，关于企业的基本假设保持不变的问题。Dodd Frank 认为，企业和银行仍然是为利益驱动的最好描述，并且应该有侧约束强加给这个"自然"驱动。改革又变成零碎的、局部的。

最后，一系列旨在改善"公司治理"的改革，更注重股东、高管及员工在董事会基本结构和企业的日常管理中利益的不同。尽管不再质疑企业基本假设的不足，但所有这些改革都事与愿违（Bebchuk，2006）。我们现在将转向那些基本假设。

利益相关者理论与企业基础

随着时间的推移，使任何企业成功和可持续发展什么？从实际的角度来看，答案是，不断地为客户、供应商、员工、社区（社会）以及融资者创造价值。如果失去这些群体中任何一个的支持，那么企业很容易失败。如果在一个自由的社会里，企业忽略了这些群体中的任何一个，那么这个群体将利用政治手段来执行自己的主张。大部分情况下，企业经营是一种自愿的活动。而且，那些从事商业活动的人是自愿的，因为他们通常对是否选择有一定的理由。当然，选择的存在取决于社会结构的基础，但在新古典经济学的情况下，为了给企业一定的合法性，我们假定某种形式的财产权利或其他一些基本的道德制度具有吸引力——问题是复杂的，超出了本章的范围。

因此，任何企业都必须在为客户提供产品和服务的同时创造一些价值，使他们的生活更富裕，使客户愿意为这些价值付费。基于同样的原因，任何企业必须与供应商以及它们的客户合作。企业必须为员工创造价值，使他们愿意学习如何经营企业的各个方面。而且，研究表明，员工参与企业的程度越高，企业就越成功（Edmans et al., 2014）。企业必须为社区创造价值，这一点颇有争议，但尽管如此，这一点是确切无误的。社区经常通过监管过程或法院，阻止特定企业在其边界内运营。更多时候，如果企业已经对社区造成损害，社区将设法恢复原状。并且，当然，任何企业都必须有其融资者的支持，这是旧的阐述中认同的观点。

然而，我们需要进一步探讨。每个利益相关者的利益不是孤立存在的。如何雇用员工肯定会影响我们的创新能力和为客户生产高品质的产品，并且所有利益相关者之间有相似之处。目前已有大量新兴的关于利益相关者的利益如何影响企业各个领域的文献（参见 Freeman et al., 2010；and Parmar et al., 2010 相关的讨论和文献）。事实上，所有企业不断尝试和满足利益相关者。引入"利益相关者创造价值"这一简单而实用的想法，将旧的叙述置上（参见本书第 12 章）。事实上，我们可以提出一些不同的假设，以形成关于企业的新的阐述，详见总结表 10-1。请注意，我们不是试图在这里完善或相互排斥，仅仅是为了说明真正变革企业和市场经济中的旧观念的想法的必要性。

让我们分别讨论这些问题。

表 10-1　改变企业阐述的假设

新　假　设		取代旧的假设	含　义
单位假设	企业至少是由客户、供应商、雇员、社区（包括社会）以及融资者组成	企业从事交易	如果市场经济繁荣，那将是因为个人和团队可以一起工作，为彼此创造价值。只有存在合作与选择自由时，合作才有效

（续）

新　假　设		取代旧的假设	含　义
利益相关者相互依存假设	利益相关者的利益间存在协同性。每个利益相关者对为他人所创造的价值做出贡献	高管必须做出权衡，为股东创造价值就会降低为利益相关者创造的价值	企业从根本上说是为了创造价值、进行贸易以提高自己及他人的福利而建立的合作企业
人类动机复杂性假设	人是社会性的，使用语言的合作者。大多数时候，我们渴望成为比自己个人利益更大的团队中的一部分	人都是自利的机会主义者	大多数人、大部分时间，愿意对自己的行为对他人产生的影响负责任

单位分析假设

企业单位分析的有用之处是利益相关者关系的集合，而不是离散的经济交易。大多数企业至少是由客户、供应商、雇员、社区（包括社会）和融资者的自愿合作组成。这种合作包括在公平和信任的基础上达成延长时间协议的能力，而不仅仅是交易换交易。为每个利益相关者创造价值，因为每个人都可以自由地与他人合作。

大多数人大部分时间都遵守他们的协议（下面是其潜在的道德框架）。通过观察一大群利益相关者的关系，而不是单一的交易，学者和参与者可以在更广泛的关系系统中更好地了解管理决策的影响。这很重要，因为它允许我们创建决定有利于利益相关者关系的生态系统的方式，而不是试图在交易中最大化某个参与者的利益，然后在其他领域造成破坏其价值的后果。

利益相关者相互依存假设

利益相关者的利益间存在"协同性"，例如，员工的福利与顾客的福利有关。每个利益相关者都会为他人创造价值，价值是在他人的背景下创造的，而且几乎无法将这个过程归结为纯粹的合同。执行的任务是不断工作，以使利益相关者的利益朝同一方向发展。当管理者看到利益相关者之间的相互依存时，这是最好的。当管理者不得不在为某个利益相关者创造价值或降低为他人创造的价值间进行权衡时，它的作用较小。这种相互依存关系需要运用一系列行改想象中的技能和思想。而且，利益相关者自己的充分参与是最好的执行方式。利益相关者的参与有时被认为是企业社会责任的体现，在这方面，没有什么比我们的想法更深入。利益相关者参与是关于特定公司的商业模式如何运作以创造价值的问题。

人类动机复杂性假设

市场经济运行良好是由于人类的复杂性。人性生来就是自利的。我们既可以选择自私或无私的行为。人类是社会性的、使用语言的合作者。大多数时候，我们渴望成为比自己个人利益更多的群体的一部分。大多数人大多数时候都愿意并且实际上承担了自身行为对他人影响的责任。人类行为的复杂性主要源于我们的文化、艺术、音乐和文学。当我们从科学研究和文学艺术中对人类行为有更多的了解时，我们发现传统经济理论关于简化激励结构的应用非常少。

这里的三个基本假设和隐含的道德框架构成了理解企业的不同基础。隐含的道德框架不是理想主义的幻想，而是一种基于科学和文化的想象。在一定程度上人类历史是人类共同合作以摆脱贫困，为自己、家庭及社区创造更好的生活的历史。如果参与者无须为受自己行为影响的人负责任，那么此类项目将深陷泥淖，无法成功。实际上，利益相关者原则只是基于这样一种想法，即我们需要对我们的行为对他人产生的影响负责。这样的基本原则是人们发明或发现的伦理体系、宗教信仰和人类互动的一部分。当然，有些人从中获利，但是我们为彼此创造价值的主要方式取决于我们"放弃所能获得利益"的意愿，这是一个长期存在的比其他可能的任何有用性更受欢迎的概念。这种"牛仔市场经济"的理念应该放在一边，并且最好是可以随意选择。

任何合理的市场经济及企业改革必须建立在公司伦理的基础之上，这样"商业道德"不再是笑话或矛盾。我们认为在此不需要一个非常高的大厦，而应该是一个包含各种常识性观点的花园，以便教育我们的孩子要对自身行为对他人造成的影响负责。请注意，这种责任假设适用于企业的利益相关者，也适用于雇员和管理者。在目前的阐述中，许多人认为只有公司需要负责（Goodstein and Wicks，2007），但这种假设是错误的，正如其相反的观点。

负责任的市场经济

上一节表明，我们已经开始以不同的方式来看待企业。企业基本上是为了创造价值、进行贸易以及提高自己和他人福利而建立的合作联盟。由于它是完全嵌入在社会体制中的，因此我们也可以从其建立的基础上获得其道德理念。让我们从我们之前讨论的市场经济及企业改革提案中，简要概括出一套标准。

责任标准

任何对市场经济的改革都必须解决一个问题：谁对企业活动对特定利益相关者和社会造成的影响负责。我们认为这个问题的最好答案是企业和它的利益相关者，但是我们认识到可能还有其他的选择。同时，"责任"是一个非常棘手的哲学概念。通常，责任是一起努力，由于其复杂的因果机制或对于这些机制的无知，它是不透明的。这些困难增加了我们以更微妙的方式理解责任以及运用现有原则的紧迫性。

自愿合作

市场经济的蓬勃发展归因于个人及团队的个人能够一起为彼此创造价值。只有当能够自由选择是否合作时，合作才会起作用。强迫劳动、强迫合作、强迫消费或者强迫投资，都会带来消极的后果。然而，很多时候我们并不清楚什么是自愿的，什么不是。积极参与工作的人的比例非常低，这在一定程度上是由于他们对自由的认知度非常低，不知道怎样做才是对组织最好的。在繁荣的 21 世纪，企业员工必须有能力与他人合作并创造价值，他们必须有时间和资源以新的创新方式推动价值创造。

竞争属性

企业和商学院通常沉迷于企业的本质是一种竞争性活动的认知。我们认为，这样的假设简单地忽略了市场经济的主要动力。市场经济之所以起作用，是因为合作创造价值，而这些价值可以通过交换以使每个人都变得更富有。在自由社会鼓励自愿协议的情况下，竞争是很重要的。如果我们可以找到一个更好的方法来做一些事情，那么，我们可以比目前更好地满足利益相关者之间错综复杂的关系。文卡塔拉曼（2002）认为，创业过程导致均衡，这是经济竞争的结果。然而，将整个系统的竞争属性归结为系统中的单个参与者，可能是错误的。

持续创新

熊彼特曾提出过著名的创造性破坏理论。每个公司最终都会被那些后来居上的人所取代和颠覆。然而，这个观点忽略了企业形式的作用。公司可能会有某种有限的永生。在 21 世纪，企业不会停滞不前。它们寻找下一个颠覆性创新，有些甚至希望颠覆自己。当一个更好的对手进入市场时，很多公司并不会马上退出市场，它们会适应。企业的适应能力就是其创新性。创新的品质有好有坏，但是它给一个快速变化的世界带来了一些稳定。

政府作为价值创造的推动者准则

在呼吁对市场经济进行改革的呼声中，许多要求对企业进行进一步监管的提议，通常来自左翼，而"明智监管"的建议多来自右翼。当然，政府作为仲裁人的角色，尤其是在市场经济原有体系的范围。然而，如果企业合作是为利益相关者创造价值的主要引擎，一个显而易见的问题是政府和其他民间社会组织如何为促企业价值创造提供便利。随着越来越多的公司和非政府组织在很多问题上合作，从行业工作条件到具体的地理和生态问题，在这个领域，我们看到很大的进步。像全食超市（Venkataraman）这样的公司经常与动物福利组织合作，以提高对食品生产过程环境的认识。麦当劳与环保组织在一些生态问题上进行合作。我们已经开始看到公私伙伴关系的出现，通常涉及私人企业、非政府组织以及政府一起合作解决问题，而这些问题单个组织无法轻易解决（参见本书第 9 章）。

我们认为，除了发挥仲裁和价值再分配的传统作用外，政府还可以在促进价值创造方面发挥重要作用。在此过程中政府有很多角色，如（1）协调、沟通和信息验证；（2）明智的政策以鼓励自愿合作并创造价值；（3）协助及企业家教育；（4）为创业和企业发展提供基础设施；（5）促进企业在国际层面上的业务和贸易增长。实际的支持政策包括企业孵化器，税收法律及监管制度的改革，建立自由和公平的贸易，鼓励企业对利益相关者价值进行广泛思考，并选取做得好的公司树立榜样。

总结

我们认为，我们正处于市场经济历史上的一个转折点上。现在是时候对市场经济的最佳方式以及如何避免它的历史缺陷进行广泛和创造性的思考。在这一章里，我们列出了许多市场经济的缺陷，这些缺陷源于关于企业本质包括它的目的和互相依赖水平以及人类复杂性假设等不准确及无益的假设。没有解决这些基本假设，呼吁改革市场经济，无论是商业领袖或政策制定者，其影响是有限的。我们建议，致力于利益相关者理论及其实践的学者和高管，以不同的方式来讨论这些假设，一起释放我们合作的潜力，增加责任意识，并提高彼此的福利。这些阐述必须在实践中变得更加广泛和彻底。在发展理论和实践方面，我们仍有许多工作要做，以推进该项工作。

致谢

这篇文章基于早期一系列试图定义利益相关者市场经济的研究（Free-man et al.，2006，2007，2010）。我们感谢合作作者、编辑和出版商早期的尝试，感谢他们允许我们在此继续拓展我们的观点。

参考文献

Bebchuk, L. (2006). *Pay without Performance*. Cambridge, MA: Harvard University Press.

Edmans, A., Li, L., and Zhang, C. (2014). "Employee Satisfaction, Labor Market Flexibility, and Stock Returns around the World," *National Bureau of Economic Research*, w20300.

Follett, M. P. (2011). "Business as an Integrative Unity," in M. E Godwyn and J. H. Gittell (eds), *Sociology of Organizations: Structures and Relationships*. Thousand Oaks, CA: Sage, pp. 7–13.

Freeman, R. E., Martin, K., and Parmar, B. (2006). "Ethics and Capitalism," in M. Epstein and K. Hanson (eds), *The Accountable Corporation*, Vol. 2: *Business Ethics*. Westport, CT: Praeger, pp. 193–208.

Freeman, R. E., Martin, K., and Parmar, B. (2007). "Stakeholder Capitalism," *Journal of Business Ethics*, 74(4): 303–14.

Freeman, R. E., Harrison, J., Wicks, A., Parmar, B., and de Colle, S. (2010). *Stakeholder Theory: The State of the Art*. Cambridge: Cambridge University Press.

Friedman, M. (1970). "The Social Responsibility of Business Is to Increase Its Profits," *New York Times Magazine*, 13: 32–3.

Goodstein, J. D. and Wicks, A. C. (2007). "Corporate and Stakeholder Responsibility: Making Business Ethics a Two-Way Conversation," *Business Ethics Quarterly*, 17(3): 375–98.

Jameson, F. (1991). *Postmodernism, or, the Cultural Logic of Late Capitalism*. Durham, NC: Duke University Press.

Jensen, M. C. and Meckling, W. H. (1976). "Theory of the Firm: Managerial Behavior, Agency Costs and Ownership Structure," *Journal of Financial Economics*, 3(4): 305–60.

Keynes, J. M. (2006). *General Theory of Employment, Interest and Money*. New Delhi: Atlantic Publishers and Distributors.

Mackey J. and Sisodia, R. (2014). *Conscious Capitalism*. Cambridge, MA: Harvard University Press.

Parmar, B. L., Freeman, R. E., Harrison, J. S., Wicks, A. C., Purnell, L., and De Colle, S. (2010). "Stakeholder Theory: The State of the Art," *Academy of Management Annals*, 4(1): 403–45.

Schumpeter, J. A. (2013). *Capitalism, Socialism and Democracy*. New York: Routledge.

Sisodia R., Wolfe, D., and Sheth, J. (2014). *Firms of Endearment*, 2nd ed. Upper Saddle River, NJ: Pearson Press.

Venkataraman, S. (2002). "Stakeholder Value Equilibration and the Entrepreneurial Process," in R. E. Freeman and S. Venkataraman (eds), *Ethics and Entrepreneurship*. Charlottesville, VA: Philosophy Documentation Center, pp. 45–57.

第 11 章

企业既要行为良好又能业绩优良

并没有想象中那么容易

布莱恩 W. 赫斯特德

引言

好的公司可以做得很好，这是陈词滥调了。事实上，这种说法是构建可持续的市场经济的核心，它暗示了企业和社会都有双赢的机会。尽管这种说法有时是正确的，但并非总是如此。它阐述了一个困扰许多学者和实践者的研究，并展示了关于企业社会责任（CSR）的"企业案例"，比如最近波特和克莱默（2011）的共享价值概念。然而，关于 CSR 的企业案例不是自发发生的，也不是自然发生的。更不一定是最有可能发生的，在好与做得好之间。事实上，管理者常常不得不面对艰难的权衡，他们试图变好并做好。未能区分两个可能兼容的条件，可能会创建一个过于乐观的企业社会责任和利益相关者管理方法，这注定是要失望的。

我将阐述，至少有三个条件决定一家好的公司是否能在财务方面做好，在减少社会和环境的负面影响的同时增加其积极影响的前提下。首先，道德上的条件。有些情况下，没有道德的选择。换句话说，企业活动或特定的决定是不符合伦理行为的，如"共同利益"的定义。其次，技术条件决定好的公司要做好是否可行。许多社会创新探索开发适当的方式来满足这两个目标。有些解决方案是不可行的。最后，制度条件允许变好及做好。

例如，因为"公地悲剧"的存在（哈丁，1968），所以单个公司想变好可能是没有选择的，必须转向集体解决方案。通过探索变好及做好的兼容性共同条件，管理人员可以做出更好的决策方式来引导企业满足两项目标。

在这一章的其余部分，我描述了变好和做好的条件可能是兼容的。然后，假设这些条件都得到满足，我概括公司需要采取的步骤才能变好并达到业绩优良。最后，我将探讨企业案例的局限性，并阐述实践的含义。

一个简单的模型

什么是行为良好？在好的公司做好业绩的环境中，好意味着简单的道德行为。功利主义的方法表明，好与个人效用和社会福利有关，而社会福利仅仅是社会中个人效用的总和。对于边沁（2000）来说，效用是个体的幸福。对于康德论者来说，做好事情需要遵守绝对命令——把所有人都看作是目的，而不是手段，并对那些可以作为普遍规则的决定采取行动（Kant，1993）。在商业领域，做好事情通常被认为是社会责任，通常涉及"某些社会善行更进一步，超出了法律规定的公司利益"（McWilliams and Siegel，2001：117）。什么是业绩好？业绩好的公司是有利可图的，至少从长远来看。尽管亚马逊成功地延迟其投资者的利润，然而企业必须创造价值、现金流或净收益使经济长期可持续发展（Ruddick，2014）。

因此，很多文献集中在道德行为或社会责任与企业营利性之间的关系问题上——好的公司做好业绩（Margolis and Walsh，2001；Orlitzky et al.，2003）。文学中有时将这称为"商业案例"，因为它认为道德或社会责任具有商业意义，即它是有利可图的。在我的方法中，我认为，好和做得好是独立不相关的概念。本质上，两者之间不应该存在相关性。然而，我认为可能会有一些非常具体的条件相关。表 11-1 提供了一种方便的方法来检查如何将好与做得好密切联系起来。

表 11-1 显示了两个方面：行为良好及业绩优良。很简单，它表明公司表现很好或者不好，它们行为良好或不好。每个单元格描述刻画这些情况的条件。因此，在行为良好的情况下，业绩优良是可能的；这是单元 1——企业案例。

表 11-1　行为良好及业绩优良

		业绩表现好	
		是	否
好	是	1.综合、双赢的解决方案。在詹森的语言中，这是一个有单调转换的领域，做得很好	3.这也是一种权衡。虽然道德和制度条件可能存在，但技术条件并不存在
	否	2.无论是道德、技术还是制度条件，都不存在于寻求解决社会问题的企业解决方案。因此，存在一种权衡的情况	4.不是有趣的。一般来说，任何人追求这一象限都是不合理的

　　然而，在许多其他情况下，这样的结果是不可能的。这个框架允许我们探索道德、技术和制度条件，在这些条件下，好与做得好是相互关联的。这个框架并不试图做到面面俱到，而是包含一些相关条件，这些条件决定公司可能是行为良好和／或业绩表现很好。

　　如果我们观察剩下的单元，单元 4 很容易被丢弃。此时公司业绩不好，行为也不好。显然没有公司愿意位于这个单元。单元 2 和单元 3 是棘手的，此时公司的权衡确实是重要的。企业案例表明，权衡是非常罕见的，通常可以转换为双赢的解决方案。我认为，这样的解决方案有时可能是可行的，但更多时候，道德、制度和技术条件往往不允许将道德问题转化为双赢的解决方案。

　　发生单元 2 的情形是因为在公司道德、技术或制度方面的条件不具备，公司不能成为好公司。换句话说，根本没有道德环境可以让企业解决方案被执行，或者没有可用的技术解决方案，或者制度框架使理想的双赢解决方案不可能实现。因此，存在权衡的情况。在单元 3 的情况下，也存在权衡，却是另外一种类型的权衡。道德的解决方案可能存在，但是在任何情况下，盈利的企业模式都不能变好，对于公司来说，这不是在经济上有吸引力的选择。因此，非营利性组织和政府组织可能必须做好以填补在这种情况下的需要。虽然道德条件可能存在，但技术条件或制度条件并不存在。制度条件可能包括在缺乏知识产权保护的情况中，这可能会让公司从可能的解决方案的实施过程中获利。在下一节中，我们更详细地审视那些可能影响好和做好的道德、技术和制度条件。

条件和结果

道德条件

是否存在公司最大化利润的道德空间？有时这样的空间并不存在。问题是，道德条件界定一个给定的解决方案是否属于道德问题。所以，核心问题是，确定一个解决方案或决策是否属于道德范畴。然而，正如上文提到的功利主义和义务论，关于道德的概念，不同学派存在着相当大的差异。例如，哈丁（1988: 3）写道："功利主义的道德倾向于把正确定义为好的后果，并激励人们去实现这一结果。"另一方面，霍斯默（1987: 3）认为，伦理问题"代表组织中经济绩效（收入、成本和利润衡量）和社会绩效（组织内外人员的义务）之间的冲突"。那么，一方面，道德与良好的后果相关；另一方面，道德与职责和义务相关。功利主义和义务论的大体区别是没有考虑以其他的方式去了解什么是道德，如美德伦理或话语伦理，但它们代表了两个最广泛被使用的方法和合理的起点。

不管人们对道德的态度如何，我的观点是，有些情况下，对自己产生好影响的同时对他人也产生好影响或对他人履行义务和责任是不可能的。不是所有的问题都有一个双赢的解决方案。有时必须权衡取舍。在最好的情况下，公司的问题是约束优化之一，企业在良好的后果或责任的道德范围内实现企业利润最大化。不幸的是，这种问题通常没有解决方案。当然，在许多情况下，经济绩效可以与社会绩效协调一致。这是波特和克莱默（2011）的共享价值概念以及哈斯特和艾伦（2011）的企业社会的发展战略。米尔顿·弗里德曼（1970）认为，如果事实上有双赢的机会，那么，谈论企业的社会责任是没有意义的，因为从经济上来说这是适当的事情。然而，寻找和开发这些双赢的机会常常需要社会创新，这种创新必须尊重这两个目标设定的约束条件。

尽管如此，在某些情况下，做好财务业绩同时履行良好的道德是不可能的。让我们来研究两个这样的案例。首先，好的公司可能存在内部冲突。社会绩效通常被理解为利益相关者利益（Clarkson，1995）。最根本的问题是，某些利益相关者做得很好，可能会损害其他利益相关者的利益。要使

所有利益相关者的利益保持一致几乎是不可能的。举一个员工工资上涨的
例子。如果工资增长并没有伴随相应的技术效率的增长，那么这种增长只
能以牺牲利益相关者或客户的利益为代价，因此有些人的利益会受到损害。
在这里，功利主义的方法可以通过关注最大利益相关者的最大利益来提供
解决方案。然而，对不同利益相关者的职责可能存在冲突，因此，不存在
可行的道德解决方案。其次，义务论者认为，一个人必须做对自身有益的
事情，而不是改善公司的财务业绩（Bowie，2002）。因此，良好的财务业
绩必须让人感到快乐，但变好并不是预期的结果。在一些情况下，真诚的
意图是做正确事情的必要条件。然而，企业案例主要是做正确的事，是因
为它将使企业受益，而不是因为这是正确的做法。如果确实如此，那么企
业案例并不符合道德定义。

技术条件

　　从技术上来说，我指的是手段与目的之间的关系。终极目标是成为好
与做得好的公司。有两种类型的技术条件发挥作用。第一组条件与技术解
决方案的存在有关。换句话说，必须存在引导公司成为好的并且做得很好
的公司的方式。第二组条件涉及技术解决方案的有效发现和实现。第一组
条件可能与科学在特定区域的状态相关。第二组条件与影响技术解决方案
实施的人为因素有关。让我们更详细地研究这些条件中的每一个。

　　首先，为了让私营企业成为好的并做得好的公司，解决社会和环境问
题的技术方案必须存在。许多新兴的社会问题管理方法，如社会战略、社
会创新和社会企业家精神，都是为了解决社会问题而采用的商业方法。这
些解决方案并不总是存在的，例如，假设一家制药公司出于对患者的责任
而感受到的社会责任，着手寻找治愈胃癌的治疗方法。在写本章时，胃癌
患者拥有 5 年生存时间的概率小于 10%。将来可能会出现一种技术解决方
案，但至少目前还不存在技术解决方案。其结果是，一些公司可能追求这
些解决方案，但它们的成就是有风险的。对于河盲症，默克公司（简称默
克）的确找到了一个技术解决方案，但对于受益人群来说，它在经济上并
不可行。默克的河盲症倡议从来没有为公司赚钱（Sturchio，2001）。虽然
不是成功的企业案例，但对默克来说，这是一件正确的事情。默克可能从

良好的宣传中获得了好处，但值得怀疑的是，良好的宣传是否能补偿投入研发的数百万美元。幸运的是，对于人类来说，即使没有可行的伊维细菌市场，默克公司依然把它献给了人类。

如果我们把公司的企业社会责任战略看作是社会行动项目组合（Husted and Allen，2011），技术问题将变得更加显而易见。在项目层面，研究表明，许多善意的项目不一定产生真正的社会效益（Salazar et al.，2012）。说到企业的社会责任绩效（影响），如果不说具体的项目和活动的社会影响，那几乎是荒谬的。公司可能获得声誉或被评估整体社会绩效，但直到社会绩效与具体项目和活动的积极及消极影响相联系，企业也没有能力制定策略并改善其绩效。不幸的是，许多项目可能没有社会或环境影响。

技术条件在一定程度上取决于适当措施的缺乏状态（Peloza，2009）。有了良好的度量，跟踪解决方案的进展就更容易了。例如，企业社会责任的财务绩效研究需要在项目层面进行，以确定特定的企业社会责任计划是否产生了经济效益（Salazar et al.，2012）。很多公司在进行环保认证，但它是否实际上增加了消费者支付价格溢价的意愿（Husted et al.，2014）？只在特定程序或项目的研究中将揭示这种关系。在企业层面考察社会计划投资组合和财务绩效的相关性，发现管理者的具体项目决策几乎没有用（Peloza，2009）。所以，好的公司并且做得好，具体的实现方式需要在适当的层面衡量，即项目水平。

如前所述，社会 / 环境认证项目的研究表明，环境管理体系（EMS）中著名的 ISO 14001 认证对于墨西哥的公司在减少排放方面没有积极的影响（Henriques et al.，2013；but see Dasgupta et al.，2000，for contrary findings）。问题是，并非所有的社会活动都能真正改善社会影响。EMS 认证中 ISO 14001 的存在可能是一件好事，但这样的认证系统，就其本身而言，并不一定导致环境排放的实际减少。显然，程序的设计是至关重要的（Henriques et al.，2013）。公司寻求认证与减排直接相关，而不是 EMS 的实施使排放大量减少。

其次，技术解决方案的实施可能并不总是有效的（Christmann and Taylor，2006）。企业社会责任充斥着符号实现的指责，有时被称为"绿色清洗"（Entine，1994）。通常情况下可能存在适当的方法，但是并没有实现它们的意图。尽管意图并不是有效实施的充分条件，但它是一个必要条件。公司必须实施环境管理系统，以减少影响。如果实施是源于利益相关者的压力，它们将无法实现实质性的实施（Aravind and Christmann，2010）。同样，在今日资本（Patrimonio Hoy）的案例中，一个由墨西哥西麦斯水泥公司专门设计的项目，以协助低收入受益者来构建良好的住房和创造社会效益。虽然在某种程度上项目确实帮助公司产生了积极的经济效益，但该项目未能对潜在的受益人真正发挥作用（Salazar et al.，2012）。实施过程中也可能缺乏共识或对于公司应实现目标的清晰认识。在今日资本的案例中，经理层中有人缺乏对公司目标的清晰认识，进而导致衡量问题，阻碍项目实施（Salazar et al.，2013）。一旦对明确的目标达成共识，有可能识别企业可以在社会问题和提出实质性的解决方案取得进展的领域的机会。

制度条件

制度环境从四个方面影响公司的好及做得好。首先，强有力的制度必然可以克服社会和环境资源条件（公共池资源），这些条件使公司无法成为好的并做得好的公司。其次，腐败可能会削弱精心设计的机构的能力。第三个问题与"公地悲剧"有关，并提出了一个所谓的"竞争难题"，这表明在这种情况下，公司做好就需要破坏竞争的基础。最后，存在许多不同的企业社会责任制度的设置，通过国家监管系统和区域组织领域，可以推动或阻碍好的公司做得好。

首先，公共池资源使企业竞争和参与社会责任活动缺乏强有力的制度。公共池资源竞争具有排他性，即资源的使用者可以防止其他人使用它，例如鱼类资源。排除使用资源的潜在受益者是可能的，但这是极其困难的。如果没有竞争对手之间对于公共池资源的有效协调，那么公司对这些资源的过度使用与公司试图做好的本质是相冲突的，此时将寻求自愿克制来实现。这种情况就是众所周知的"公地悲剧"。"公地悲剧通常指肆意使用环境/社会公共池资源（哈丁，1968）。公地悲剧表明，有时我做好可能会妨碍我们作为一个整体做很好。"

企业中有很多这样的例子。捕鱼、电信市场营销，甚至借款发放都是这种例子，对于整体来说没有什么好处，但随着这些活动的增加超出了通常不为人知的临界点，自然人口（鱼）或社会资源（信任的提供）可能崩溃。一个特定的公司可能成功，但整个系统却退化了（Hardin，1968）。在这种情况下，"责任是明确的社会安排的产物"（Charles Frankel，as cited in Hardin，1968）。所以，对于捕鱼来说，私营部门是否存在过度捕捞的解决方案（社会安排）？一个公司捕的鱼可能少了，但它并不能解决过度捕捞的问题，所有渔业公司必须参与到解决方案中。如果一个公司没有过度捕捞，那么它会比其他继续过度捕捞的公司做得更差并被惩罚。从本质上说，"公地悲剧"需要一个集体的解决方案。如果其他公司没有同步行动，单个公司自愿限制其活动几乎是不可能的。类似的情况也发生在气候变化上，大气层是工业过程产生的温室气体的廉价垃圾场。

诺贝尔经济学奖得主埃莉诺·奥斯特罗姆谈到用各种规则以维护公共池资源。她提出了可以帮助管理下议院机构的具体设置原则（Ostrom，1990）。她指出，为了有效地排除未授权第三方以及协调资源权利方的使用，必须确定清晰的界限。她还认为，需要根据当地情况对规则进行调整，授权方应当参与决策过程，并且必须得到有效和独立的监督。必须对违反当地规则的人进行处罚。最后，高层次的政府需要接受社区来建立自己的规则的权利。如果不按照这些原则设计机构将导致无法长期维持公共资源。鉴于奥斯特罗姆的方法，公司的责任是确保制定有效的规则，并贯彻执行。一旦有了有效的规则，那么企业就可能同时具有道德和竞争性。

其次，阻碍成为好的并做好的公司的制度缺陷是腐败。腐败破坏了规则的有效运行。例如，如果制度环境是这样的，获得采购合同需要行贿，那么唯一的道德选择就是放弃合同。然而，在这种情况下，道德选择意味着公司会远远差于那些从事腐败活动的企业。腐败以这样的方式改变竞争环境，这使得公司几乎不可能变好并做好。

再次，竞争难题也描述了阻碍公司变好和做好的制度条件。竞争难题指的是环境或社会问题的解决方案要求模范公司的创新行动是可以大规模复制的。然而，复制违背了竞争优势的概念。相对于保护与给定的社会计划相关的知识产权，知识产权需要分享才能产生影响（Christensen et al.，2006）。通过分享社会创新，公司破坏的正是使得它具有竞争力的东西。但并不总是这样，有时可能存在先发优势。作为第一，公司进一步深化其学习曲线，这将削减成本，也是其追随者无法得到的。然而，学习曲线并不重要，知识产权需要分享才能让解决方案有效，变好和做好的可能性大大降低。例如，为了提供零排放的烹饪，太阳能炊具国际（SCI）在非洲的偏远地区分享了太阳能烹饪技术。这样的烹饪技术的影响程度只与其用途广泛传播的程度相关。在太阳能炊具的例子中，SCI 通过与其他非政府组织和地方政府的合作来扩大其技术的使用。这种模式在竞争激烈的市场中行不通。

最后，国家企业社会责任制度的差异以及企业社会责任区域参与的合法性影响好公司做好的能力。就国家政权而言，Matten 和 Moon（2008）区分了隐性与显性的企业社会责任。隐性的企业社会责任是一个国家的公共政策体系，旨在公平竞争，这样的竞争不受提供公共物品成本不同的影响。然而，一些国家要么选择不实施这种制度，要么只在有限的范围内实施。在后一种情况下，可能存在制度上的空洞。在这样的情形下，公司有机会实施显性的企业社会责任，提供部分由私人公司承担的公共物品。企业可以在企业社会责任的基础上进行竞争，因此，好公司可以做好。隐性的企业社会责任如在全民医疗保健的情况下，企业不能通过提供卫生保健来竞争。如果制度不包括教育、健康、安全等基本需求，那么企业可以提供这些公共产品并竞争。例如，在奥巴马医改之前，许多美国汽车公司从密歇根州搬迁到安大略省以利用该省为员工提供的全民医保。搬迁至安大略省比在密歇根为员工提供昂贵的健康保险更便宜。这个例子说明了制度环境可以促进或阻碍激励企业从事特定领域的企业社会责任活动。

集群或区域，如明尼阿波利斯、圣保罗，为附近的企业提供了应该遵守的企业社会责任基准（Galaskiewicz，1997；hust ed et al.，2012）。在企业社会责任更为明确和制度安排较弱的地方，附近的邻居也具有企业社会责任，往往会使当地公司更重视参与企业社会责任。企业社会责任集群提供了机构支持，促进了创新，并刺激了非营利性组织的参与。知识溢出和模仿发生在这些区域内。企业社会责任集群的存在可以通过减少相关的成本来促进企业承担社会责任。在这些集群中，投资者尤其重要。一般来说投资者支持当地企业。如果存在企业社会责任集群，那么本地投资者可能会认为企业社会责任是合法的。这样的集群使得担有企业社会责任的企业能够以实际的方式进行投入和试验，从而得到投资者和消费者的回报，因此使其变得良好并做好。

在每种情况下，由于竞争环境（公地悲剧、腐败、竞争难题）或制度环境（治理体制，CSR 集群），使公司变好并做好的制度条件可能存在或不存在。与道德条件和技术条件一起，这一节描述的第一象限中操作的可能性实际上比通常所认知的希望对社会负责任的公司有双赢机会的许多乐观的描述更有限。

下一步是什么？

在这些道德、技术和制度条件的共同作用下，企业能够参与到战略和创新中，从而使自己变好并做好。在这里，好和做好，在道德上是相容的，技术解决方案是可行的，没有制度上的障碍。在这样的空间中，根据基本的波特方法，企业可以基于此进行竞争（1）降低成本，比如通过生态效率；（2）创造出消费者愿意支付更高价格的差异化产品，或者是至少愿意与对社会或环境负责的企业（Orsato，2006）合作；（3）与政府政策进行战略互动（Reinhardt，1999）。让我们简要回顾每个战略选择。

首先，通过许多制度可以降低成本。例如，通过为一家认为企业社会责任很重要的公司工作，提高员工的忠诚度，可以降低与人员流动率相关的成本，尤其是招聘和培训。投资者可能愿意接受较低的资本成本和有企业社会责任的公司，因为这类公司被视为低风险公司。公司可能通过生态效率的程序或回收来寻找降低成本的机会。其次，差异化可能是（a）顾客愿意为具有社会或环境属性的产品支付价格溢价；（b）他们获得关于产品或服务质量的可靠信息，和（c）具有环境和社会属性的产品与服务很难被模仿（Reinhardt，1998）。最后，公司可以游说政府加强监管，以充分利用它们比竞争对手所享有的较低成本，因为它们在学习曲线上走得更远。例如，本田积极游说美国国会在企业平均燃料经济计划下执行更严格的要求，因为他们在制造高度高效的汽车发动机方面的技术优势（Shaffer，1992）。

如果公司能够获得使其变好并做好的空间，那么，它们需要制订公司的社会战略计划（Husted and Allen，2011）。实际的过程遵循了一般战略的战略规划过程。像其他战略制定一样，战略必须考虑竞争环境、公司资源和能力，包括公司的身份和文化。通常，公司将需要获得额外的资源和能力。在任何情况下，它都需要制订计划，实施计划，并衡量它的进展。传统商业战略与社会战略之间最大的不同之处可能是需要确定社会问题的机会。它涉及确定公司能够以一种既能让公司又能让社会都接受的社会需求。考虑到这样一个机会所必需的道德、技术和制度条件，这样的机会可能比先前想象的要少。相反，管理者需要在面对真正的道德困境时做出权衡。

结论

　　在这一章，我试图定义好和做好的条件是兼容的。我描述了道德、技术和环境的条件，这些条件使公司操作的空间变得很大，并且做得很好。一旦满足了这些条件，那么公司可以自如地面对竞争，然而，通常这些条件不被满足。当然，可能存在唾手可得的双赢选择，但公司间真正的挑战发生在收获果实后。挑战是双重的。

　　第一个挑战是创新。在没有技术或制度条件的地方，企业可能需要参与社会创新，以开发技术解决方案或填补制度空白（Mair et al., 2012）。因此，举例来说，如果有公共池资源，企业就将需要参与机构创业，以确保适当的规则，无论是基于草根、自下而上的倡议，还是基于自上而下的政府举措，都是正确的。然而，即使有了技术和制度要求的支持，道德条件也可能无法满足。

　　因此，第二个挑战是，该公司可能不得不面对取舍。也就是说，公司必须接受取舍，并在好与做好之间做出选择。有时这种权衡不只是黑色和白色，而是涉及灰色地带，因为经理们会在边缘做出决定，并问：为了更充分地承担道德义务，公司愿意放弃多少利润？不过，在某种程度上，公司将不得不确定那些在竞争中引导它们的不可协商的价值。是的，确实存在一个商业案例，但它无法总是将管理者从做出道德决策的艰难工作中拯救出来。

致谢

　　作者感谢合作编辑马蒂亚斯·基平的深刻见解，这有助于丰富这一章的内容。

参考文献

Aravind, D. and Christmann, P. (2010). "Decoupling of Standard Implementation from Certification," *Business Ethics Quarterly*, 21(1): 73–102.

Bentham, J. (2000 [1781]). *An Introduction to the Principles of Morals and Legislation*. Kitchener, ON: Batoche.

Bowie, N. (2002). "A Kantian Approach to Business Ethics," in T. Donaldson, P. J. Werhane, and M. Cording (eds), *Ethical Issues in Business: A Philosophical Approach*, 7th ed. Upper Saddle River, NJ: Prentice Hall.

Christensen, C. M., Baumann, H., Ruggles, R., and Sadtler, R. (2006). "Disruptive Innovation for Social Change," *Harvard Business Review*, December: 94–101.

Christmann, P. and Taylor, G. (2006). "Firm Self-Regulation through International Certifiable Standards: Determinants of Symbolic versus Substantive Implementation," *Journal of International Business Studies*, 37: 863–78.

Clarkson, M. E. (1995). "A Stakeholder Framework for Analyzing and Evaluating Corporate Social Performance," *Academy of Management Review*, 20(1): 92–117.

Dasgupta, S., Hettige, H., and Wheeler, D. (2000). "What Improves Environmental Compliance? Evidence from Mexican Industry," *Journal of Environmental Economics and Management*, 39(1): 39–88.

Entine, J. (1994). "Shattered Image," *Business Ethics: The Magazine of Corporate Responsibility*, 8(5): 23–8.

Friedman, M. (1970). "The Social Responsibility of Business Is to Increase Its Profits," *New York Times Magazine*, September 3.

Galaskiewicz, J. (1997). "An Urban Grants Economy Revisited: Corporate Charitable Contributions in the Twin Cities, 1979–1981, 1987–89," *Administrative Science Quarterly*, 42(3): 445–71.

Hardin, G. (1968). "The Tragedy of the Commons," *Science*, 162(3859): 1243–8.

Hardin, R. (1988). *Morality within the Limits of Reason*. Chicago, IL: University of Chicago Press.

Henriques, I., Husted, B. W., and Montiel, I. (2013). "Spillover Effects of Voluntary Environmental Programs on Greenhouse Gas Emissions: Lessons for Mexico," *Journal of Policy Analysis and Management*, 32(2): 296–322.

Hosmer, L.T. (1987). *The Ethics of Management*. New York: Irwin.

Husted, B. W. and Allen, D. B. (2011). *Corporate Social Strategy: Stakeholder Engagement and Competitive Advantage*. Cambridge: Cambridge University Press.

Husted, B. W., Jamali, D., and Saffar, W. (2012). "Location, Clusters, and CSR Engagement: The Role of Information Asymmetry and Knowledge Spillovers," *Proceedings of the Seventy-Second Annual Meeting of the Academy of Management (Best Papers)* (CD), 2012: 1–6, doi: 10.5465/AMBPP.2012.72, ISSN 1543-8643.

Husted, B. W., Russo, M. V., Meza, C. E. B., and Tilleman, S. G. (2014). "An Exploratory Study of Environmental Attitudes and the Willingness to Pay for Environmental Certification in Mexico," *Journal of Business Research*, 67(5): 891–9.

Kant, I. (1993). *Grounding for the Metaphysics of Morals*. Indianapolis, IN: Hackett Publishing.

McWilliams, A. and Siegel, D. (2001). "Corporate Social Responsibility: A Theory of the Firm Perspective," *Academy of Management Review*, 26(1): 117–27.

Mair, J., Martí, I., and Ventresca, M. J. (2012). "Building Inclusive Markets in Rural Bangladesh: How Intermediaries Work Institutional Voids," *Academy of Management Journal*, 55(4): 819–50.

Margolis, J. D. and Walsh, J. P. (2001). *People and Profits? The Search for a Link between a Company's Social and Financial Performance*. New York: Lawrence Erlbaum Associates.

Matten, D. and Moon, J. (2008). "'Implicit' and 'Explicit' CSR: A Conceptual Frame-work for a Comparative Understanding of Corporate Social Responsibility," *Academy of Management Review*, 33(2): 404–24.

Orlitzky, M., Schmidt, F. L., and Rynes, S. L. (2003). "Corporate Social and Financial Performance: A Meta-Analysis," *Organization Studies*, 24(3): 403–41.

Orsato, R. (2006). "Competitive Environmental Strategies: When Does It Pay to Be Green?" *California Management Review*, 48(2): 127–43.

Ostrom, E. (1990). *Governing the Commons: The Evolution of Institutions for Collective Action*. Cambridge: Cambridge University Press.

Peloza, J. (2009). "The Challenge of Measuring Financial Impacts from Investments in Corporate Social Performance," *Journal of Management*, 35(6): 1518–41.

Porter, M. E. and Kramer, M. R. (2011). "Creating Shared Value," *Harvard Business Review*, 89(1/2): 62–77.

Reinhardt, F. (1998). "Environmental Product Differentiation: Implications for Corporate Strategy," *California Management Review*, 40(4): 43–73.

Reinhardt, F. (1999). "Market Failure and the Environmental Policies of Firms: Economic Rationales for 'beyond Compliance' Behavior," *Journal of Industrial Ecology*, 3(1): 9–21.

Ruddick, G. (2014). "Will Amazon Ever Be Profitable?" *Telegraph*, July 25. Available at: <http://www.telegraph.co.uk/finance/newsbysector/retailandconsumer/10990659/Will-Amazon-ever-be-profitable.html> (accessed March 3, 2015).

Salazar, J., Husted, B. W., and Biehl, M. (2012). "Thoughts on the Evaluation of Corporate Social Performance through Projects," *Journal of Business Ethics*, 105(2): 175–86.

Shaffer, B. (1992). "Regulation, Competition, and Strategy: The Case of Automobile Fuel Economy Standards, 1974–1991," in J. Post (ed.), *Research in Corporate Social Performance and Policy*, Greenwich, CT: JAI Press, pp. 191–218.

Sturchio, J. L. (2001). "The Case of Ivermectin: Lessons and Implications for Improving Access to Care and Treatment in Developing Countries," *Community Eye Health Journal*, 14(38): 22–3.

第 12 章

"股东至上"是不必要的
和不切实际的企业目标

琳恩·斯托特

引言

公司的目的是什么？许多学者和激进投资者会说答案是显而易见的：公司的存在是为了最大化股东价值。事实上，这一观念已成为现代企业的口头禅。值得注意的是，在商业史的广泛范围内，这是一个相对较近的发展。20 世纪 30～80 年代，所谓的"管理至上主义年代"，美国公众都认为，商业公司不仅应该向股东提供良好的回报，而且还要为员工创造安全、薪酬丰厚的工作机会，为客户提供优质产品和服务，并为国家服务（Davis，2013）。然而，如今传统观点认为，企业经理只有一个合理的目标："最大化股东价值。"这一观点虽然仍被广泛接受，但越来越多地受到挑战（Stout，2012a；参见本书第 8 章和第 10 章）。最大化股东价值思维被批评为鼓励社会不负责任的企业行为（Elhauge，2005）。人们认为创立公司将牺牲重要的利益相关者的利益，如员工和客户（Blair and Stout，1999；Denning，2011；Porter and Kramer，2011）。人们担心，鼓励经理采取短视的商业策略，比如利用和削减工资、研究和发展，将阻碍创新和削弱长期业绩（Aspen Institute，2009；Lazonick，2014；Montier，2014）。但是，经理应该最大化股东价值的观念，很容易受到一种更深层、更具毁灭性的批评的影响，这种批评超越了负面影响的可能性。总之，尽管其表面上具有吸引力，但是公司可以或应该"最大化股东价值"的想法，缺乏任何坚实的理论基础。

这一章更深入地探讨了将最大化股东价值作为企业目标的理念，即将涉及的三个概念分别是最大化、股东和价值。它得出的结论是，每个概念都有很大的问题。例如，虽然最大化某个东西的想法很直观，而且易于理解，但是最大化一个单一变量应该是令人满意的原因还很不清楚。作为企业需求的最大化的规范性案例被证明是极其脆弱的。与此同时，"股东"这一概念，作为一个积极的问题，非常值得怀疑。"股东"被含蓄地假定为具有共同利益的同质实体。然而，没有这样的同质实体存在，在现实中，公司的股票是直接或间接地由不同的利益相冲突的人持有。把他们当作同质人对待，会带来严重的问题。最后，也许在"最大化股东价值"的箴言中，最理智的是价值概念本身。除非我们以像如今股价这样可被观察到的短期指标来衡量股东价值，否则公司股票的"价值"必然取决于对未来事件不确定的预期。这使得股东价值变得不确定、主观，甚至可能最终成为判断公司业绩的一个概念。

仔细观察发现，"最大化股东价值"的想法缺乏理性的严密性。将股东价值描述为最终的企业目标，这提供了一种精确、客观的幻觉，缺乏逻辑和现实基础。更糟糕的是，它扭曲了公司的行为，最终不仅损害了股东本身，也损害了整个社会。

为什么企业要最大化某样东西

让我们先从最有趣的事情开始，关于最大化股东价值的概念——假设公司必须首先最大化某些东西。这种假设很少会受到仔细地检查或解释。经济学家迈克尔·詹森（2010）的一篇题为"价值最大化、利益相关者理论和企业目标功能"的文章中发现了一个明显的例外。在这篇文章中，詹森论证说，任何组织都必须有一个有价值的目标作为有目的或理性行为的先驱。根据詹森的说法，这是真的，因为"在逻辑上，在一个维度上最大化地实现最大化是不可能的。为了让经理最大化当前的产品、市场份额、未来的增长，以及其他任何让他们满意的事情，经理都无法做出合理的决定。实际上，它没有给经理留下任何目标"。

詹森声称，在多个维度上实现最大化是不可能的，这一点是没有争议的。但他的说法，作为有目的或理性行为的先驱，个人需要将单个目标最大化，这是没有逻辑或证据支持的苍白无力的断言（Stout，2012b）。与詹森的主张相反，人们每天都有目的性地、理性地追求不止一个目标。考虑一下你是如何决定昨天午餐吃什么的。理性要求你只关注美味的愉悦而忽略卡路里（在这种情况下你可能还在吃）吗？或者要求你只关注营养，把你的食物和豆腐、甘蓝混合在一起？或者是你把热量降到最低，在这种情况下，你的身体会长得很快？如果个人在理性地选择吃什么午餐时可以有多个目标，那么为什么公司在经营业务上不能有多个目标呢？另一个例子是，在本科的公司财务课程的教学中，学生通常被教导，企业必须只专注于最大化股东价值。与此同时，他们还被教导（在同一门课中）投资者应该至少有两个目标：增加回报和降低风险。这就表明，单一目标函数是理性经营大公司的"必要性"（比选择投资组合更复杂的任务），这甚至看起来很奇怪（参见本书第 9 章）。

事实上，组织可以并且应该追求多个目标的观点在经济理论中有很长的一段历史，虽然有时候人们会忘记这一点。1978 年，赫伯特·西蒙获得了诺贝尔经济学奖，原因在于其著作展示了在不确定的世界中，企业组织的理性决策不仅允许而且要求管理者"满足"多个目标（"子目标"），而不是只实现一个目标（Simon，1978）。只有在满足这些子目标的时候，至少要达到一个目标，例如，专注于达到"积极的利润而不是最大利润"，这样才能保证企业的生存。西蒙的观念在称为系统分析的分析方法中有更广泛的相似之处，它是一种理解和建模复杂系统的方法，这些系统通常用于计算机科学、工程、生物学、生态学和进化科学（Meadows，2008）。在每个这样的领域中，观察复杂的现象（机器、生物体、生态系统）是很常见的，它们必须保持在一定的参数中才能生存和运转。例如，机器、生物或生态系统必须保持在一定的温度范围内，既不能太热也不能太冷；它必须有一定的能量，但不能太多；它必须受到一定程度的压力但不能有太多的压力。只有在几个参数之内，机器、生物和生态系统才能继续发挥作用。

就像机器、生物和生态系统一样，商业公司是复杂的系统，除非它能保持在一定的参数之内，否则它无法生存。为了生存下去，商业公司必须获得足够的利润，但它也必须在研发、员工忠诚度、客户满意度以及与监管机构和公众保持良好的关系方面进行投资。西蒙的见解是，在一个充满不确定性的世界里，专注于满足每个重要的子目标，而不是试图最大化股价之类的单一变量，是更好的选择。

当然，系统方法假定子目标很重要，因为它们是实现更高目标的必要条件：系统将继续存在和运行。这对于许多公司来说似乎是一个明智的目标。公司形式最独特、最有趣的特点之一是，公司是可以永久存在的法人实体。永久存在的特点使公司特别适合在不确定的条件下进行大规模的长期项目——这些项目不仅可以跨越数年或数十年，甚至可以跨越人类的几代人（Schwartz，2012；Stout，2015）。正如我们稍后将看到的，在这种长期的、不确定的项目的背景下，可衡量的"价值"的概念几乎毫无意义。这样，系统的生存就变成了一个比股东价值最大化更具体、更务实、更有能力的企业目标。这可能是为什么立法构想的基本法律原则通常被称为商业判断规则，公司董事必须行动，而不是最大化某些东西，但"诚实相信行动以公司利益为前提"（Cede and Co.v.Technicolor，Inc.，634 A.2d 345，360 (Del. 1993)）。

重要的是要认识到并不是所有的公司都会永久地生存下去，但这不是一个需要通过人类干预来解决的问题：作为一个普遍的规则，市场力量会消灭那些功能失调的公司（参见本书第 8 章）。因此，有助于企业目标实现的满意方法与蓬勃发展的企业部门相一致。

在这一点上，那些捍卫将最大化股东价值作为企业唯一目标的人，通常转向另一个论点，除非我们有单一的指标来衡量公司业绩，否则公司高管和董事会将胡作非为，为他们自己谋求利益并在此过程中造成失控的"代理成本"。著名的公司法学者马克罗伊已经指出，这些专家担心如果没有最大化股东价值作为一个统一的目标，管理者只剩下"太多的自由裁量权，（他们）可以很容易地追求自己的目标，而这不可能最大化股东、员工、消费者甚至国家利益，只是让他们自己的利益得到最大化"（Roe，2001：2065）。

代理成本的争论可能是最频繁地被提出的理由，即最大化股东价值是企业的目标。例如，公司法教授斯蒂芬·班布里奇在《纽约时报》的一篇评论文章中断言，"如果董事们被允许偏离最大化股东价值，他们将不可避免地转向不确定的平衡标准，这是不负责任的"（Bainbridge，2015）。这种不被支持的假设，在学术文献中是典型的，它表现出一种奇怪的智力盲。假设，我们不是要求公司经理最大化某个单一变量（如股价），而是要求他们满足几个公司的目标：至少获得一定的利润，保持员工的营业额低于某个水平，同时达到或超过收入增长的最低标准。的确，一旦这些子目标实现了，经理就会对是否以及如何使用企业盈余有一定程度的自由裁量权，但这并不是"没有责任"。"如果他们不能满足任何要求的子目标，那么经理的领导权只有比喻上的意义。"如果他们真的实现了目标，那么公司就会生存下来并蓬勃发展。在这个过程中，公司为消费者创造有用的产品，为雇员提供薪水，为政府纳税以及（如果不是"最大化"）股东的投资也会产生适宜的回报。这似乎是一件相当愉快的事情。

换句话说，有很多方法限制——如果不是消除代理成本，让经理负起责任，确保公司成功，不需要采用单一的度量标准。这就引出了一个问题：为什么这种显而易见的可能性经常被忽视？为什么那么多的公司治理专家，尤其是学术界的专家，不假思索地认为，单一变量的最大化是必要的呢？为什么他们认为将代理成本最小化是一个比确保企业生存和为社会做出贡献更重要的问题？赫伯特·西蒙认为，答案可能是让公司治理"计算能力"（1978：499）的学术愿望。如果我们用一个单一的、可量化的指标来衡量公司的表现（特别是一些容易观察到的东西，比如股价）那么将公司业绩降低到用一个简单的数学方程式来计算就变得容易多了。从容易获得的公共信息中得出关于"良好的公司治理"的结论，要容易得多。而且，作为一名专家，能够为每个公司的问题提供有效解决方案，而不去考虑复杂性、不确定性和个体组织的特质问题，这就变得容易多了。

因此，数学可追溯性的迷人之歌诱使学者和公司治理专家认为，最大限度地实现单一目标，而不是满足许多目标，才应该是企业的目标。在这一过程中，他们牺牲了简单性、数学上的便利和不正当的专业知识的机会，从而牺牲了他们的价值和准确性。

虚构的"股东"

正如我们所看到的那样，把最大化股东利益而不是满足其他目标作为企业目标的规范性案例，是一个非常值得怀疑的问题。当我们更仔细地研究股东价值最大化思考的第二个要素——股东的概念时，就会出现更根本的问题。

"股东价值"一词含蓄地将股东视为一个具有共同利益的同质群体。股东变成了一个柏拉图式的理想，一个只有一个人关心的不知名的实体——最大化价值，不管那是什么。（我们转向了下一节中"价值"这个棘手的问题。）然而，这种柏拉图式的股东并不存在。在现实世界中，公司的股份由个人持有，无论是直接的还是间接的，都是通过共同基金和养老基金这样的机构投资者来持有的。因此，不存在单独的股东价值，因为不同的股东有不同的利益。

为了了解股东的利益是如何不同的，让我们先来比较一下计划在不久的将来出售的股东利益，以及那些打算持有数年或数十年的长期投资者的利益。在"自由市场"的全盛时期，一种经济学理论曾认为预测股票价格能准确反映基础价值，一些专家认为，短期和长期投资者有着相同的利益，因为一个有效的股票市场会惩罚那些损害未来业绩的管理策略（Easterbrook and Fischel，1981）。如今，金融经济学家对市场效率的看法更为温和，并且承认价格通常只与价值存在一种松散的关系（Stout，2003；参见本书第 8 章）。这意味着，在损害其长期前景的同时，有可能暂时提高公司的股价（Aspen Institute，2009；Stout，2012a）。最明显的例子也许就是安然公司的会计欺诈。但是，企业短期主义可以以更微妙的方式表现出来，例如削减工资和研发以增加会计利润，或者通过借贷来资助大额分红或股票回购计划。

这使得短线交易者和长线投资者的利益不一致。长期投资者希望该公司投资于未来。另外，短线交易者希望经理做任何能让股价长期上涨的事情，以便让他们卖出。在目前的市场上有许多短线交易者。1960 年，当固定的经纪佣金使股票交易成本相对较高时，纽约证券交易所的股票平均每 8 年就换一次手。如今，美国公司股票的平均持有期只有 4 个月左右

（Stout，2012a: 66）。现代股东们可以融券，所以他们并没拥有那么多的股票（Bogle，2005）。

相关地，如果在智力上可以区分，股票持有者之间的信息共享的来源，来自一个事实：当重要的利益相关者团体认为公司将比法律要求的更公平地对待他们时，公司可以为他们提供帮助。例如，当他们信任一家公司来照顾他们的利益时，雇员和客户就会变得更愿意做"具体公司"投资，如获得专门从事特定工作或使用特定产品的专门技能。用经济学的术语来说，忠诚的利益相关者促成了可盈利的"团队生产"（Blair and Stout，1999）。与此同时，在股东对公司抱有信心之后，股东可能不会利用这种信任和忠诚来获取利润。例如，该公司可能会停止支持现有产品，迫使其客户购买另一种不必要的升级版，或通过威胁裁员来迫使其长期雇员接受减少的利润。

当然，当公司经常这样做时，它们就失去了雇员和客户的信任，他们不愿意做未来的公司具体投资。事前，当公司公平对待股东（Wharton School，2012）时，股东会做得更好。尽管如此，事后的诱惑仍然是放弃公平，放弃利用利益相关者忠诚的机会。这就产生了一个有趣的冲突，即股东的事前利益和股东的事后利益之间的冲突，股东过去的自我和未来的自我之间的冲突。在利益相关者进行任何公司具体投资之前，股东希望公司能够公平地对待利益相关者。在利益相关者变得脆弱之后，有想法的股东希望公司能够利用这一弱点。哪种方式真正服务于"股东价值"呢？

然而，股东之间冲突的第三个原因是股东是拥有其他利益的人（Hawley and Williams，2000）。传统智慧的柏拉图式股东只关心一家公司的股价。但真正的股东通常会有多元化的股权投资组合，以及有公司债券、政府债券和房地产的投资兴趣。他们通常有自己赖以为生的工作。此外，真正的股东不仅是投资者和雇员，还是购买商品与服务的消费者、纳税的公民以及必须呼吸空气和喝水的有机体。

因此，真正的股东不仅关心他们投资的公司赚了多少钱，还关心这些公司是如何赚钱的。在一家矿业公司和一家湖边度假酒店都拥有股票的多元化股东，他们并不希望这家矿业公司能从破坏酒店周边湖泊的行为中得到什么。如果这意味着要裁掉员工的职位，那么投资于退休储蓄基金的员工不希望该基金对其投资组合中的公司施加压力削减工资。那些重视健康环境的股东不希望他们投资的公司通过污染环境来节省资金。当他们的公司创造并销售轻量的平板电脑和自动驾驶汽车时，股东作为消费者也能受益。换句话说，从理想主义的股份持有者角度来看，对于真正的股东来说，许多具有外部性的成本和收益将会内部化。

当然，并非企业活动的所有外部成本和收益都有可能被内部化。发达国家的投资者可能会合理地认为，如果他们投资于污染或虐待员工的公司，那么他们个人不会受到伤害。今天活着的投资者可能不会从企业治愈癌症的研究中受益或延长寿命。

但这并不意味着投资者对企业的外部性漠不关心。股东价值最大化的理念将股东视为只关心自身财富而不关心道德或他人福利的自利人。然而，大量的经验证据证明，大多数人实际上是"亲社会"的，这意味着他们愿意至少做出一些牺牲来遵守伦理规则，并帮助或至少避免伤害他人（Stout，2011）。少数不愿意这么做的人被贴上了精神病患者的标签。股东亲社会的具体证据可以从社会责任投资的日益流行中看出，考虑到社会成本和对社会回报的贡献。对这些亲社会的股东而言，"股东价值"包括了解公司的价值，他们持有的股份正以合乎道德的、社会公益的方式创造利润。因此，亲社会的股东可能与自私的股东有不同的价值观念。

当我们考虑到所有这些不同之处和股东之间的差异时，很明显，股东并不是一个整体，他们的利益往往是冲突的。如何管理这种冲突？利用"满意"的方法，企业董事和高管可能会通过寻求一种充分但不完美的工作来满足不同股东群体的利益，从而管理股东之间的冲突。例如，他们可能会试图确保公司保持可持续性，并为短期的、自利的股东支付一些红利，同时试图以一种环境可持续性的方式运作，并再投资和服务于亲社会的长期投资者的研究与开发领域。相反，要求经理人最大化一个变量，迫使他们做出选择，并只关注部分股东的利益，而不是股东主体的多元化利益。

在这里，股东价值思维最具破坏性的后果之一是显而易见的。正如下一节所讨论的那样，由于价值的概念是不确定的和主观的，立法者、学者和企业人士将其作为一个实际的问题，常常被迫把重点放在更直接和更客观的指标上，比如股价。然而，当他们这样做的时候，他们暗中只考虑一小部分股东的利益，即那些最短视、最不值得信任的股东，对他们最终承担的"外部成本"毫不在意，并且对由他人承担的真正的外部成本漠不关心。换句话说，他们私下看待股东就好像他们是没有耐心的、机会主义的、自我毁灭的、没有意识的精神病患者。结果是一个单一的度量，但几乎不可能是理想的（Stout，2012a）。

"价值"是一种毫无意义的抽象——假装它没有危险

仔细观察就会发现，两要素中的第一个要素"最大化股东价值"，这是一个非常有问题的企业目标。法律或逻辑没有要求公司最大化单一变量，尤其是当我们认识到同质股东是一种功能，而真正的股东利益是多样化的。然而，当我们告诉公司董事和总经理把注意力集中在"价值"上时，这种不同的情况就显得苍白无力了。

确切地说，股东持股的价值是什么？对于这个问题，唯一的答案是明确的，那就是当股东正在成为前股东的时候，也就是说，当股东出售他的股份时。在这个短暂的时刻，出售股东利益的价值完全被股票的价格所俘获。出售股份的股东在未来对公司经营没有任何利害关系。然而，在任何时候，股东利益的价值很大程度上取决于公司未来的发展方向。这不仅包括未来的利润和未来的股价，而且可能（正如刚刚讨论的）也包括对未来外部成本和收益的预期。当价值取决于未来发生的事情时，价值就变得不确定了。

理解不确定性是理解为什么当我们把目前股票价格的安全等衡量标准抛诸脑后之后，价值变成了不确定概念的关键（Stout，1990；Radcliffe，2015）。门外汉通常将"风险"和"不确定性"作为同义词。然而，自弗兰克·奈特时代以来，经济学家将风险和不确定性视为完全不同的概念（Knight，1921）。风险指的是未来结果的变化，即可能结果和不可能结果的概率都是完全已知的；抛硬币是有风险的，但不是不确定性的，因为我们不知道硬币会出现正面或反面，我们知道正面和反面是可能的结果，每一种可能的概率是 50%。不确定性是一种更令人生气的野兽。不确定性描述了未来可能的结果，或者可能的未来结果的可能性，或者两者都未知的情况。同样，没有史蒂夫·乔布斯掌舵，苹果能否设计出一款突破性的产品，或者谷歌的棉布项目能否成功延长人类的寿命，目前还不确定。公司的未来充满了不确定性——不仅仅是风险。

　　因为风险在数学上是可处理的，而不确定性在数学上是无法处理的，现代金融理论倾向于忽略不确定性。预测所有可能结果的能力是假定的，而概率是根据过去的推断或简单的推测来推断的。以专业的态度对待不确定性的危险，是纳西姆·塔勒布的畅销书《黑天鹅》(Taleb, 2010)的主题。然而，在现实生活中，处理不确定性是不可避免的，即使在像赌场这样的风险导向行业也是如此。在说明这一点时，塔勒布讲述了赌场的最大损失不是源于一些非常幸运的人（赌场在计算和保护自己免受大赢家的可预见风险方面毫无问题），却是源于一只受欢迎的表演老虎突然袭击了它的人类训练员。

　　不确定性是理解估值极限的重要概念。这是因为未来的不确定性导致了分歧。一位投资者认为，如果没有史蒂夫·乔布斯，苹果将会蓬勃发展，而另一位投资者预计苹果公司注定会走向衰落；一位分析师预计谷歌的棉布项目会成功，而另一位分析师预测该项目将会失败。哪个是正确的？谁能更好地看待苹果或谷歌的真实价值？不确定性和分歧使企业对任何正在进行的商业活动进行评估，这是一种主观的判断，它见证了数百页关于不同估值技术的文章，以及投资银行家"公允价值"观点的蓬勃发展的市场。有很多方法可以解决估值问题——一个人可以专注于账面价值、贴现现金流、息税前利润，以及未计利息、税项、折旧及摊销前的利润、盈利倍数等，每个指标都要求做估值的人做一些假设。未来的收益会增加、减少还是保持稳定？适用什么贴现率？不出意料，职业评估者往往拒绝设定一个数字，而只承诺一系列可能的"公平"价值。即便如此，不同的评估者在他们的意见中经常存在分歧——估值专家之间的竞争是公司诉讼的标准特征。

　　固有的主观性对于公司股东利益的影响比今天的市场价格更大，它违背了声称要求管理者关注"股东价值"的原则，因而在某种程度上增加了衡量公司董事和高管是否做得很出色的标准的简单性、客观性或者严格性。

这远不是为了让经理人负起责任提供坚实的基础，从价值的角度来描述公司的目标，会导致主观性、分歧和操纵。首席执行官声称，他所选择的战略将"从长远来看"最大化股东价值，而激进的基金经理声称，他可以"释放股东价值"，对于计划持有他股份的股东来说，同样是不可证伪的，同样也是毫无用处的。何时，如果会到来，"长远"何时到来？坦率地说，股东价值是一个没有意义的指标，不能衡量每个人的表现。商业教授戴娜·雷德克里夫讲述了一个朋友的故事，他问他的会计师，最大化股东价值意味着什么，并被告知"它意味着任何你想要的东西"（Radcliffe，2015）。

事实上，将价值作为企业目标比没有目标更糟糕，这是彻头彻尾的危险。这是因为，所谓强调股东价值的目标，会促使企业董事、高管和投资者去追求那些导致公司业绩不佳的策略，不仅是对社会，对股东本身也是如此。危险来自对"价值"的不可抗拒的诱惑，这种"价值"是不确定的、主观的，并且是有分歧的，作为"今天的股价"的同义词，这是众所周知的、客观的，并且是普遍认同的（Stout，2005）。价值被不假思索地等同于股价的趋势，在用"托宾 Q"即股票价格与账面价值之比来衡量公司业绩的共同学术习惯中可以被看到。在高管薪酬方案中可以看到，通过强调股票期权或限制性股票，可以将薪酬与绩效挂钩。这可以从养老基金的行为中看出，这些基金的长期目标是支持他们的"退休基金"，即根据他们的投资组合中股票价格的年度甚至季度变化来衡量这个目标的进展。

价值和股价的共同价值导致了许多功能失调的公司行为。一是企业短期行为，正如上一节所指出的那样，以牺牲长期投资者的利益为代价，为短期投机者服务。例如，在寻求释放价值的过程中，管理者可能会通过削减工资、市场营销或研发等开支来提高报告盈利。这导致了会计"利润"的迅速增加，从而提高了股价，但也使公司长期处于较弱的地位（Aspen Institute，2009）。另一种常见的由股东价值驱动的公司行为的常见形式是使用股票回购计划来操纵股价。股票回购可以提高价格，因为在一个充满不确定性的世界中，投资者对股票价值的主观估计不一致。考虑到可能存在的市场缺陷，投资者的不同意见导致了该股的向下倾斜的需求曲线（Miller，1977；Stout，1990）。向下倾斜的需求曲线意味着，如果一家公司通过发行新股来增加市场上的股票供应量，它必须降低价格，以吸引边际投资者购买；相反，通过公司回购计划限制可供投资的股票供应量，从而拉高股价。不幸的是，当公司经理把注意力集中在这样的"金融工程"上时，他们就会因更加不受人关注的公司运营分心。当他们借钱来回购基金的时候，他们就会增加公司风险和失败的可能性（Lazonick，2014）。

将股价视为价值同义词的另一个问题是，这助长了企业的兼并和收购。在典型的企业收购中，出价者为目标股票支付了高于市场价格的溢价。这使得它在第一次检查时看起来就像是出售创造了"价值"。然而，实证研究发现，平均而言，出价方不会更有效地或更有益地管理被收购公司，而目标股价的增长会被投标方价格的下跌所抵消（Moeller et al.，2005）。这一现象可以解释为"赢家诅咒"的结果，它导致了中标者在拍卖中出价过高（Roll，1986；Thaler，1988）。实际的结果是，企业并购通常会使那些财富集中在目标股票上的激进投资者和首席执行官们富有，但却不能让那些同时拥有目标股票和出价股票的投资者或者整个社会的投资者分散投资。

然而，当高管薪酬由股价业绩决定时，就会出现另一种功能障碍。正如罗杰·马丁指出的那样，如果一个有才华、有奉献精神的管理团队已经很好地运营了一个公司，那么该公司股票的价格可能已经相当高了——管理层可能会宣称价格已经达到了最大化。在这种情况下，管理层几乎不可能进一步提高股价。如果高管薪酬与股价上涨有关，那么执行团队必须通过降低股价来给市场空间，从而有效地重新设定业绩衡量基准。其结果是，聚焦于股东价值的增加，可能会产生一种反常的激励，让高管定期尝试降低股价，以便他们随后可以享受股价上涨（Martin，2011）。

最后，现代企业对股东价值最大化最具破坏性的后果之一，可能是它阻碍企业追求基础研究（有时被称为纯粹研究或发现研究）而没有明确的商业目标。对于许多专家来说，将股东价值作为一个目标，这是很容易被忽视的缺点，因为他们接受了经济学导论和金融学课程的培训。这些课程通常鼓励学生思考经济效率，通过重新分配现有资源来提高经济效益，直到我们处于"效率前沿"（Markowitz，1952）。然而，专注于经济增长的经济学家认为，绝大多数的经济增长不是来自重新分配现有资源，而是来自创造新资源的技术创新，或者发现利用现有资源的新方式（Mowery and Rosenberg，1989）。"外生"增长是经济学家罗伯特·索洛 1987 年获诺贝尔奖（Solow，1987）的基础。

但是，如果说创新是增长的关键，那么创新从何而来呢？它来自发现——发现是不可知和不可预测的。毕竟，如果是已知和预测的东西，它就已经被发现了。发现的不可预测、不可知的本质使创新和股东价值最大化之间产生了分歧。即使是最完美的股票市场也不能将信息反映到价格中，如果相关信息还不存在的话。因此，我们不能指望股票市场奖励那些投资于纯研究、没有可预测的商业应用的公司。对股票市场来说，这类投资看起来就像是一种垃圾，即使这是一种最可能导致像灯泡或晶体管那样的重大技术突破的投资，并最终创造了未来的"股东价值"。"鉴于创新对经济增长的重要性，对股票持有者价值最大化的痴迷可能会阻碍企业投资于纯粹的研究，这是我们所有人都应该关注的问题。"

当这种可能性与我们遇到的其他企业功能失调混合在一起时，当股东价值思维转变为经理人重点关注股价——功能障碍如果只关注短期利益时，从实际工程转向"金融工程"，无尽地合并和收购，以及不正当的动机如压低股价以增加后续股价上涨的可能性，接受股东价值最大化作为企业的目标不仅是一种非理性而且是不明智的想法，它具有破坏性。

结论

现代企业可以是非常复杂的机构。它们可以拥有数以百万计的客户、股东和雇员。有些企业的收入比许多国家的国内生产总值还高。它们提供资助，并将成本强加于各种各样的群体：投资者、雇员、客户、征税政府、社区成员以及半个地球之外的人。它们在全球范围内运作。作为拥有永久生命的实体，它们也可以跨越人类的代际。

复杂性是心理上的挑战，有些人甚至会害怕。这是多么的简单，多么让人安心啊！如果我们能够发现单一的、可量化的、容易观察到的衡量公司业绩的标准。那么，我们立刻就会轻易知道，哪些公司值得投资，哪些公司应避免投资；哪些公司经营得好，哪些公司经营得糟糕；公司的哪些管理层应该加薪，公司的哪些管理层应该被解雇。

避免复杂性的渴望，在很大程度上解释了为什么最大化股东价值的理念被如此多的人接受。不幸的是，仔细观察就会发现，这种方法只提供了一种精确和确定性的错觉，当我们走近并仔细检查它时，这种错觉就消失了。事实证明，"最大化股东价值"是一种不必要的、不切实际的、具有破坏性的公司目标。

参考文献

Aspen Institute (2009). *Overcoming Short-Termism: A Call for a More Responsible Approach to Investment and Business Management*. New York: Aspen Institute. Available at: <https://www.aspeninstitute.org/sites/default/files/content/docs/pubs/overcome_short_state0909_0.pdf>.

Bainbridge, S. (2015). "A Duty to Shareholder Value," *New York Times*, April 16. Available at: <http://www.nytimes.com/roomfordebate/2015/04/16/what-are-corporations-obligations-to-shareholders/a-duty-to-shareholder-value>.

Blair, M. and Stout, L. A. (1999). "A Team Production Theory of Corporate Law," *Virginia Law Review*, 85(2): 247–328.

Bogle, J. C. (2005). *The Battle for the Soul of Capitalism*. New Haven, CT: Yale University Press.

Cede and Co. v. Technicolor, Inc., 634 A.2d 345 (Del. 1993).

Davis, G. F. (2013). "After the Corporation," *Politics and Society*, 41(2): 283–308.

Denning, S. (2011). "The Dumbest Idea in the World: Maximizing Shareholder Value," *Forbes*, November 28. Available at: <http://www.forbes.com/sites/stevedenning/2011/11/28/maximizing-shareholder-value-the-dumbest-idea-in-the-world/>.

Easterbrook, F. H. and Fischel, D. R. (1981). "The Proper Role of a Target's Management in Responding to a Tender Offer," *Harvard Law Review*, 94(6): 1161–204.

Elhauge, E. (2005). "Sacrificing Corporate Profits in the Public Interest," *New York University Law Review*, 80(3): 733–869.

Hawley, J. P. and Williams, A. T. (2000). *The Rise of Fiduciary Capitalism: How Institutional Investors Can Make Corporate America More Democratic*. Philadelphia, PA: University of Philadelphia Press.

Jensen, M. C. (2010). "Value Maximization, Stakeholders Theory, and the Corporate Objective Function," *Journal of Applied Corporate Finance*, 22(1): 32–42.

Knight, F. H. (1921). *Risk, Uncertainty, and Profit*. Boston, MA: Houghton Mifflin Co.

Lazonick, W. (2014). "Profits without Prosperity," *Harvard Business Review*, 92(9): 46–55.

Markowitz, H. (1952). "Portfolio Selection," *Journal of Finance*, 7(1): 77–91.

Martin, R. L. (2011). *Fixing the Game: Bubbles, Crashes, and What Capitalism Can Learn from the NFL*. Boston, MA: Harvard Business Review Press.

Meadows, D. H. (2008). *Thinking in Systems: A Primer*. White River Junction, VT: Chelsea Green.

Miller, E. M. (1977). "Risk, Uncertainty, and Divergence of Opinion," *Journal of Finance*, 32(4): 1151–68.

Moeller, S. B., Schlingemann, F., and Stulz, R. M. (2005). "Wealth Destruction on a Massive Scale? A Study of Acquiring-Firm Returns in the Recent Merger Wave," *Journal of Finance*, 60(2): 757–82.

Montier, J. (2014). "Shareholder Value Maximization: The World's Dumbest Idea?" Video, 44:31, CFA Institute. October 17. Available at: <http://livestream.com/livecfa/EIC-Montier>.

Mowery, D. C. and Rosenberg, N. (1989). *Technology and the Pursuit of Economic Growth*. New York: Cambridge University Press.

Porter, M. E. and Kramer, M. R. (2011). "Creating Shared Value," *Harvard Business Review*, 89(1/2): 62–77.

Radcliffe, D. (2015). "Maximizing Shareholder Value: Why the Baseless Dogma Persists" (unpublished manuscript).

Roe, M. J. (2001). "The Shareholder Wealth Maximization Norm and Industrial Organization," *University of Pennsylvania Law Review*, 149(6): 2063–81.

Roll, R. (1986). "The Hubris Hypothesis of Corporate Takeovers," *Journal of Business*, 59(2): 197–216.

Schwartz, A. A. (2012). "The Perpetual Corporation," *George Washington Law Review*, 80(3): 764–830.

Simon, H. A. (1978). "Rational Decision-Making in Business Organizations," *American Economic Review*, 69(4): 493–513.

Solow, R. M. (1987). *Prize Lecture: Growth Theory and After*. Nobel Media. Available at: <http://www.nobelprize.org/nobel_prizes/economic-sciences/laureates/1987/solow-lecture.html>.

Stout, L. A. (1990). "Are Takeover Premiums Really Premiums? Market Price, Fair Value, and Corporate Law," *Yale Law Journal*, 99(6): 1235–96.

Stout, L. A. (2003). "The Mechanisms of Market Inefficiency: An Introduction to the New Finance," *Journal of Corporation Law*, 28(4): 635–69.

Stout, L. A. (2005). "Share Price as a Poor Criterion for Good Corporate Law," *Berkeley Business Law Journal*, 3(1): 43–57.

Stout, L. A. (2011). *Cultivating Conscience: How Good Laws Make Good People*. Princeton, NJ: Princeton University Press.

Stout, L. A. (2012a). *The Shareholder Value Myth: How Putting Shareholders First Harms Investors, Corporations, and the Public*. San Francisco, CA: Berrett-Koehler.

Stout, L. A. (2012b). "Why Do Corporations Need A Single Purpose?" *Harvard Business Review*, May 29. Available at: <https://hbr.org/2012/05/why-do-corporations-need-a-sin>.

Stout, L. A. (2015). "The Corporation as Time Machine: Intergenerational Equity, Intergenerational Efficiency, and the Corporate Form," *Seattle University Law Review*, 38(2): 685–723.

Taleb, N. N. (2010). *The Black Swan: The Impact of the Highly Improbable*, 2nd ed. New York: Random House.

Thaler, R. H. (1988). "Anomalies," *Journal of Economic Perspectives*, 2(1): 191–202.

Wharton School (2012). *Declining Employee Loyalty: A Casualty of the New Workplace*. Philadelphia, PA: Wharton School, University of Pennsylvania. Available at: <http://knowledge.wharton.upenn.edu/article/declining-employee-loyalty-a-casualty-of-the-new-workplace/>.

第 13 章

小范围播送

媒体和政治的混乱如何改变经济思考

约翰·斯塔克豪斯

简介

2011 年 9 月 17 日午时前，几百名示威者聚集在纽约鲍灵格林公园的收费公牛雕像周围。他们离全球市场经济中心——华尔街只有两个街区。在加拿大激进主义杂志《广告克星》的呼吁下，示威者以和平的方式对美国式的市场经济进行了抗议。被称为"占领华尔街"的组织并没有冲破路障，甚至连一块石头都没有扔。取而代之的是，他们在公园里聆听游行乐队的演奏，在公园里练瑜伽和太极，然后转移到曼哈顿广场，在股市收盘前，他们设立了"人民集会"来挑战国家金融机构。

这一天几乎所有的事情都是象征性的。2008 年 9 月 15 日，当雷曼兄弟破产时，令人震惊的财务事件使世界将目光投向了曼哈顿的这个角落，它给全球经济带来了威胁。自那以后，华尔街经济出现了反弹，部分原因是政府的资金支持。10 年前被恐怖分子摧毁的关于世界贸易中心的情感和有形物体上的灰烬也在消失。然而，美国人仍然对一个没有产生足够高质量工作或机会的经济感到焦虑，并对最新一轮的华尔街奖金支付感到愤怒。在人民集会周围的街道上，在全美各地，希望和恢复的呼声继续与恐惧及失败的共鸣相互碰撞，而这正是"占领华尔街"运动组织者想要捕捉的，以便证明是美国再次摧毁了自己，至少在他们看来是这样的。他们认为，随着失业、政府债务和收入停滞的盛行，需要对更广泛的经济体系做些什么。"我们想，为什么这里没有反弹呢？""占领华尔街"运动的负责人之一，也是《广告克星》的主编，卡勒·拉森对 CNN 财经杂志记者说，"我们需要撼动我们所处的企业驱动的市场经济体系。为了做到这一点，我们需要一些激进的东西"（Pepitone，2011）。

"占领华尔街"运动成为一个文化符号，也是 2011 年最著名的社交媒体之谜因之一。它从"阿拉伯之春"中汲取了灵感，从 2010 年起，中东和北非人民的运动一直在酝酿，最终在 2011 年年初埃及总统胡斯尼·穆巴拉克的"辞任"中达到高潮。与开罗解放广场或伊斯坦布尔的格兹公园的抗议不同，数十万民众没有回应"占领华尔街"的口号。在接下来的两个月里，充其量只有几百人聚集在华尔街周围的营地里，而他们对"激进"的渴望却遭到了嘲笑。《纽约时报》在一周之后才报道这个自封的运动，甚至在那之后，它的不屑一顾从"华尔街占领者，时刻抗议"的标题中也可见一斑（Klienfield and Buckley，2011）。许多美国媒体评论员对示威者表示蔑视，称他们为"中产阶级青年"，并指出他们对李维斯牛仔裤、星巴克咖啡和 iPhone 等产品的偏爱是消费者虚伪的证据。从抗议活动开始的那天起，左翼和右翼的政客都以同样怀疑的目光看待它。几乎没有人想成为这个运动的目标，因为担心他们会被贴上华尔街辩护者的标签。就像几乎没有人支持其宣言一样，他们担心自己会被贴上激进的同情者的标签。

因此，旨在为美国创造"阿拉伯之春"而设计的运动已经逐渐褪色，取而代之的是秋季的灰色寒意。11 月 15 日，当地政府迫使"占领华尔街"阵营关闭，运动失败，给世界留下了一个朗朗上口的名字，但对公共话语却没有什么改变。当然，金融部门并未因其在金融危机中的作用而不受公众的厌恶。华尔街及其全球同行继续推行一系列监管措施、更积极的监管以及更严格的资本控制。但对于那些希望对该体系进行知情辩论的人而言，他们期待的不是更多的监管，失望就隐约出现了。在欧洲，危机后的政治继续被财政问题所主导，主要是关于财政赤字、刺激、紧缩以及国家在经济中的作用。但是，对市场经济制度的更加根本的改变，或者对其精神和意图的重新调整，都是不可能的。

本章描述了过去 25 年里，如何通过数字媒体的扩散、新闻和政治的瓦解削弱了公众对全球经济的讨论。以互联网为基础的新闻，以及最近以移动为基础的平台，已经缩短了新闻周期，减少了观众的数量，从而减少了不同群体之间严肃辩论的范围。政治辩论的不断缩小，是由于选民数量的长期下降，以及在公共政策上的竞选活动和第三方参与的显著性，特别是在美国，这已经缩小了可供选择的观点的范围。本章探讨了"占领华尔街"运动影响有限的原因，并探讨了参与式民主和媒体参与的双重下降，社会媒体的兴起和局限性，以及公众辩论的后果，就像从 2008 年的金融危机扩散中所看到的那样。最后回顾了数字媒体和政治对话的替代模式，探讨是否可以重新激活公众参与，并在公众认真考虑的情况下再次拓宽政策选择范围。

为什么"占领华尔街"运动会失败

"占领华尔街"运动被认为是西方经济政策游戏规则的改变者。这不仅仅是人民的力量，也是一种古老的抗议形式。它本应成为全球对话的中心，利用社交媒体，飞越商业甚至国有媒体建立的大门。传统上，这是一种媒体守门人可能认为是边缘而不值得报道的抗议。毕竟，每天都会发生无数大大小小的抗议活动；只有当它们真正改变某些东西时，争论才会被认为是新闻。社交媒体扰乱了这一理论，并恢复了数量对新闻的重要性。如果某件事被转发了足够多次，它就变成了相当于"百万人"游行的虚拟版，这可以引起政策制定者和利益集团的关注，无论传统媒体如何说。这一情况并未发生在"占领华尔街"运动中，因为"占领华尔街"运动本身似乎缺乏领导力或议程，因此，传统媒体和政府对社交媒体的兴趣最终被忽视。在很大程度上，它被视为一种抗议。

沿途失去了什么？2011 年，在大多数西方国家，经济是最重要的问题，而在整个经济体系中，在不同的党派中，金融的角色被质疑。那么，为什么政党不再对经济体制的根本变化发表意见呢？为什么主流媒体没有给基本问题更多的播出时间呢？英国哥伦比亚大学新闻学院院长阿尔弗雷德·赫米达将其归结为复杂性："当媒体报道运动时，它们倾向于关注抗议者与警察之间的冲突。任何政治目标都会被暴力事件所掩盖。"他在《告诉每个人：为什么我们分享和为什么这是重要的》中写道（Hermida，2014）："《华尔街日报》的记者对如何报道格济（Gezi）或占领这样的运动感到困惑不解，因为这些运动似乎缺乏可识别的领导人或一系列的要求。与警方的对抗让我们的叙事更加清晰。"

"占领华尔街"运动和它催生的许多抗议运动也是如此。在最初的冲突或暴力事件发生后，伴随着政治方面的担忧，媒体的关注消失了。2011年10月初，根据皮尤研究中心新闻卓越项目（PEJ）的一项分析，"占领华尔街"运动在全国10%的新闻报道（PEJ，2011）中被提及。在11月的第一周，这一数字下降到5%左右，而在第二周，抗议者被驱逐时，这一数字还不到1%。在审查新闻报道时，前国家公共广播电台的调查官艾丽西亚·谢帕德说，大多数的报道"都不是关于问题的，而是关于谁上台和谁下台的问题"（引自Stelter，2011）。她将其与在政治竞选中普遍存在的"赛马"式的报道相比较，即使在那时，人们的兴趣也很快减退了。五年后，比"抗议报道"更有作用。在"占领华尔街"这类事件的短暂爆发后，"占领华尔街"的技术在一定程度上已经分散了新闻消费者和选民的注意力，以至于对严肃问题的单一、持续的讨论越来越少，即便是对资源充足的企业、治理机构和想要吸引公众的利益集团来说也是如此。下面将研究这些变化背后的一些力量，并更详细地探讨其后果。

公共利益的驱动者

在数字技术出现之前，西方社会的分裂正在进行中。20世纪，尤其是第二次世界大战之后，社会权力下放，从机构和权力中分化形成了——宗教、媒体、劳工，这些都是围绕公共事务形成的不同群体。在过去的20年中，这种分裂持续不断，尽管互联网使人们的联系变得前所未有的紧密。今天，社会中的大部分人都把自己和他们的利益围绕在一个与全球背景无关的、更小的、虚拟的社会圈子里。

民主参与的减少

在20世纪中叶，大规模通信和公共交通的兴起结合在一起，打破了传统社区和社会网络。由于个人不再受政党、教会、社区协会和传统媒体习惯的影响，他们在晚间报纸上的集会和维持大型团体的能力都有所下降。这一点在选民投票率的长期下降中最为明显。像加拿大这样相对稳定和繁荣的民主国家，投票率在 1867 年联邦统一后的一个世纪中保持得非常稳定，在 70% 到 80% 之间徘徊，偶尔低至 60%。它在 20 世纪 70 年代初期开始转向，在过去的五次联邦选举中，有四次保持在 60% 左右。自 20 世纪 70 年代以来，省级选举表现更差，投票率下降了约 20%（2015 年加拿大大选），技术似乎发挥了作用。在 1958 年、1962 年和 1963 年的选举中，选民投票率达到了历史最高水平，当时的投票率超过了 79%。相比之下，记录在案的投票率最低的是 2008 年的智能手机数量的上升，当时是 58.8%（2015 年加拿大大选）。选民参与的减少是整个民主国家的明显模式。在不同的选举中，投票年龄的人口比例如下，2012 年美国的投票率为 53.6%，加拿大为 54.2%，意大利为 68.6%，德国为 66%。G8 国家中投票率最高的法国为 72.2%，而在全球它仅排名第 13 位。加拿大排名第 29 位。2005～2015 年的议会选举中，加拿大的选民投票率为 61.9%，美洲为 68.6%，西欧为 74.9%。2015 年 10 月加拿大联邦选举中出现了一个例外，当时选民投票率为 68.5%（CBC News，2015）。

其结果对政党和媒体都是显而易见的。随着投票率的下降，各政党已经学会了缩小它们的政策，并寻求选民的支持，这是一种融合了意识形态和事务政策的混合政策，这些政策迎合了小众群体。在 2011 年加拿大联邦选举中，斯蒂芬·哈珀的保守党在 2420 万个选民中获得了 520 万张选票，赢得了议会的多数席位，大约有 1480 万张选票。目标政治或基础政治，在美国通常被认为是比较尖锐的。在 2014 年的中期选举中，36.4% 的投票率是自 1942 年以来最低的（2014 年美国大选项目）。在这些选举中，共和党人赢得了 60% 的白人选票，从而增加了对国会的控制，而民主党赢得了 89% 的黑人选票和 62% 的拉丁裔选票（Pew Research Center，2014）。

传统新闻媒体的衰落

在过去的半个世纪里，不能孤立看待政治的狭窄与大众媒体的缩小。主流新闻商业的力量——公众看到和理解经济政策的主要门户，以及市场经济的演变性质，自 20 世纪 50 年代以来，一直在逐渐减弱，尽管此后每十年都有突破性的进展。这不仅仅是数字技术的结果。大众媒体是建立在几项技术革命的基础上的：电报，使得新闻可以实时播报；广播，将现场活动带入家中；电视，使新闻可视化；微芯片，将新闻变成了一个互动的信息产业。卫星和光纤光学加速了这些变化，但也开始通过将新闻创作传播交给个人来取消和减少传统媒体。就像地理流动改变了政治一样，电子移动也改变了媒体。

第一个遭受重创的是报业，自 1950 年以来，报业一直在稳步下滑，而在美国报业出版的鼎盛时期，每 1000 人就有 350 份报纸。到 1990 年时是 250 份，2010 年时是 150 份（Mitchell，2015）。就像报纸的大众影响力被电视和互联网淹没一样，它们对广告的独特价值——廉价和有针对性也被数字化所超越。根据 2015 年的《新闻媒体现状》报道，报纸的广告收入还不到 10 年前的一半，而同期的每日发行量下降了 19%（Mitchell，2015）。让我们来看看新闻报纸所遭受的经济损失，以分类广告为例，它曾经是报纸业务利润最高的行业。《纽约时报》的分类广告收入从每年约 2 亿美元下降到 1000 万美元。在英国，短短五年内，报纸上的分类广告支出从每年 20 亿英镑降到 10 亿英镑。利润的直接损失迫使西方报社大幅缩小其新闻编辑室的规模。在美国，在 21 世纪的前几年里，大约有 15 000 个新闻编辑室的工作被取消，迫使报纸对它们所报道的内容更加挑剔（Jurkowitz，2014）。

受到挑战的媒体经济状况，反映了一种更大的社会力量，即受众的分裂，这是一种以数字形式出现的力量，并在移动领域爆发。在 2012 年之前的 15 年里，手机的数量增长了 20 倍，达到了 62 亿个。观众曾经受惠于少量的出版物和广播媒体以了解他们周围的世界，现在突然有了比人类曾经所知道和所能理解的更多的选择：6.34 亿个网站，6.34 亿名 Facebook 用户和 30 亿小时一个月的视频内容（Pingdom.com，2013）。在加拿大这个拥有 3500 万人口的国家，2014 年 Facebook 拥有 2000 万名用户——1600 万名用户每天使用该平台，平均每天访问 14 次。一个门槛已经被打破了，因为加拿大人在 Facebook 上花的时间和他们在报纸上花的时间一样多。尽管报纸新闻是人们在 Facebook 上阅读和分享的消息来源之一，但任何一次的讨论都比大众媒体时代（Jurkowitz，2014）的规模要小得多。

社交媒体的兴起导致了一种著名的新闻业的平民化（极端天气视频、

名人照片画廊和"利斯汀克勒斯"，即通过列表来讲述故事），正如在传统新闻机构中，通过列表来讲述故事，努力保持数字相关性和收入。同样重要的是，移动革命也导致了时事的转变，更加关注本地新闻，从而使人们远离大型社会问题。本地新闻的制作成本通常更低，对中端市场的受众更有吸引力，本地广告商也可以访问。皮尤研究中心在 2014 年夏进行并于 2015 年发表的一项研究，调研了三个截然不同的城市和地区的新闻习惯（丹佛，科罗拉多州；梅肯，乔治亚州；苏城，艾奥瓦州），并发现了当地新闻的强烈趋势（Mitchell et al.，2015）。9/10 的受访者表示，他们关注的是当地新闻，约一半的受访者表示，他们非常密切地关注着当地新闻。他们首选的新闻来源也从传统媒体转向了本地电视台，以及越来越多的新闻来源，如警察部队、学校董事会和地方政客。

新闻变得更简短。皮尤研究中心的研究发现，丹佛市场上 45% 的新闻内容不到 30 秒，而且往往由主持人而不是记者来阅读："在每个城市的 10 个故事中，只有不到 2 个是超过 2 分钟的"（Mitchell et al.，2015: 8）。或许更应该关心的是这样的：研究证实，报纸是唯一关注公民问题的媒介。该报道称，《丹佛邮报》的报道有 30% 来自政府、政治、经济或教育领域，而电视新闻只有 11% 的内容是专门针对这些问题的。而且，任何有意义的原创报道都只来源于报纸，尽管这一数字也在下降。

公众信任的减少

尽管我们社会的疯狂步伐使公众的注意力远离长期问题，但对机构的不信任增加了这一现象。即便是那些试图推动严肃辩论的媒体和公共政策人士，也面临着不信任度的攀升。自 20 世纪 60 年代的文化战争以来，对国家、教会和媒体的质疑一直在稳步增长。在金融危机、阿富汗和伊拉克战争、宗教秩序中性虐待的曝光以及大型媒体组织中的道德违规行为的推动下，在过去的十年里，人们的信任受到了更多的侵蚀。

根据美国爱德曼国际公关公司（2015）出版的《爱德曼信任度调查报告》，企业已经重新获得了在 2008 年金融危机期间失去的大部分公众信任，但政府和媒体却没有。在公众信心方面，2014 年的信托评级使非政府组织处于领先地位，64% 的受访者表示他们对非政府组织拥有完全或大量信任。

这个数字与前一年相比没有变化。紧跟其后的是对企业的信任度为 58%，随着技术的发展，对技术的信任也在不断增加，这一数字也很稳定。相比之下，对媒体的信任在一年内下降了 5%，降到了 52%，而对政府的信任下降到了 44%，一年内下降了 4%。在爱德曼的调查中，4/5 国家中的媒体的信任下降了，而企业则比政府更受到信任。这一公众的嘲讽与其他研究表明，2/3 的美国人认为他们的国家正朝着错误的方向前进，只有 20% 的人相信华盛顿对此会采取任何行动。相反，他们正转向私人网络——商业协会、社会运动和非政府组织——试图解决长期和系统性的挑战。

　　始于 20 世纪 80 年代的国有媒体的衰落，在数字化的早期阶段留下了空白，正如曾经占主导地位的国家广播公司（在美国以外的世界大部分地区的共同力量）成为普遍削减公共支出的牺牲品。如果这些削减在政治上是可行的，那是因为新兴的互联网确保了比我们原来所知的更多的媒体访问。突然间，媒体（公有或私有）似乎不再那么重要了。就像突然之间，公众还有许多其他的联系方式，而不是传统的公民参与。今天在加拿大，只有 30% 的成年人表示他们会关注政治和公共政策问题。正如我们所见，在这样的环境下，政治已经变成了地方性和交易性的，这使得政府更多地关注于服务提供而不是服务结构。有些人认为，在更广泛的"囤积"背景下——全球化的公众认为它在周围更大的世界中无法控制，实际上没有发言权，因此专注于自身的需求、欲望、野心和恐惧。加拿大经济学家 J. 彼得·文顿（Venton，2015）认为：

　　各政党竞相追逐"中心"，以最大限度地发挥其政治力量。"但这个中心被富人所主导，因为他们的选民投票率很高，而其他选民的投票率相对较低。"后者包括大多数穷人、弱势群体和小"自由主义者"。

　　《多伦多星报》作家苏珊·德拉古认为，大多数情况下，公民都不是知情的消费者（Delacourt，2013）。

　　他们只关注那些为他们的物质世界提供切实改善的政治家和政府。在一个消费者-公民的国家，政治家的职责不是改变人们的思想或偏见，而是让他们或与他们合作，以达成支持的协议。

　　德拉古写道，在结果中，政治党派成为品牌，而政策变成产品发布。社交媒体本应通过吸引年轻选民、为政治提供信息、激发公众辩论，将其从事务型转变为变革型，来扭转这一局面。在一段时间内确实这样做了，但只有一段时间。

社交媒体的流沙

　　基于互联网的媒体在20世纪80年代后期成为一股重要的政治力量，因为博主开始吸引更广泛的公众观众，并且引入真正简单的联合供稿允许读者定制他们自己的新闻和创意菜单。在2000年中期，另外两项技术进步——3G无线技术和iPhone手机使移动媒体呈指数级增长，并且随之而来的社交媒体渠道允许在公民群体之间实时共享和讨论新闻。在2008年美国总统大选中，政治分歧日益明显。巴拉克·奥巴马当年竞选总统，被认为是媒体、政治和公共政策的转折点。就像1960年约翰 F. 肯尼迪（John F. Kennedy）向一个仍然根植于罗斯福无线电时代的政治阶层展示了电视的力量一样，奥巴马在白宫的第一次竞选中确立了社交媒体至高无上的地位。在 Facebook 上，奥巴马拥有240万个粉丝，而他的第一大竞争对手约翰·麦凯恩则有62万个粉丝。在推特上，奥巴马有112 000个粉丝，而麦凯恩则有4600个粉丝。2012年，奥巴马的 Facebook 粉丝数量达到了3070万个，而他的第二大竞争对手米特·罗姆尼则是880万个。在推特上他们的粉丝数量的差距为13万～210万个。社交媒体的崛起并没有被记者们所遗忘，他们认为民主媒体的崛起既是职业挑战又是机遇（Pilkington and Michel，2012）。

　　在持续了数年的对政府影响的犬儒主义之后，从气候变化到伊拉克战争，社交媒体在政治上似乎正在重新连接千禧一代，即1980年后出生的人。皮尤研究中心委托进行的一项调查发现，1/3 的千禧一代表示他们参与了2008年的竞选活动，高于婴儿潮一代，即出生于1945～1965年间的人或 X 一代即出生于1965～1980年的人（Pew Research Center，2008）。由于千禧一代在金融危机后不久就开始脱离正式的政治进程，这一爆发似乎是短暂的。根据多伦多组织萨马拉委托进行的一项促进民主参与的调查显示，91% 的年轻人表示他们不参加政党，82% 的人在竞选期间没有自愿参加，也许最值得注意的是，70% 的人说他们没有通过社交媒体发布政治内容。这不仅仅是一种代际现象。2014 年 12 月，萨马拉公民调查共对 2406 名加拿大人进行了抽样调查，调查结果显示，只有 31% 的人认为政治影响了他们，58% 的人不信任政治党派。令人惊讶的是，39% 的受访者表示他们全年都没有在线上或线下进行政治对话（Samara，2015）。

年轻公民中政治脱离的趋势最为明显。然而，尽管各大政党都把注意力集中在更小、更老的选民群体上，但千禧一代却把自己的利益和精力转移到其他地方。2014 年，咨询公司德勤对媒体习惯进行了常规调查，发现年轻的成年人从社交媒体上获取新闻的时间和电视上一样多，并比其他任何地方都要多。在对 2000 名美国人进行的调查中，1/4 的美国人称其为徘徊千禧一代，年龄在 14～25 岁，他们利用社交媒体的首要目的是为了获取新闻。只有 15% 的老千禧一代（26～31 岁）、10% 的 X 一代（32～48 岁）和 3% 的婴儿潮一代（49～67 岁）做出了同样的回答。大约有 1/4 的千禧一代和 X 一代的人首先求助于在线网站（Deloitte，2014）。政党和新闻机构不能再将年轻人视为被动的受众，他们是内容和思想平等的塑造者与分销商。这并不意味着使用社交媒体的一代是闲散的，他们已经转向更特定的问题和定制渠道，他们中的许多人都非常严肃，当然这是对传统组织想要控制交流的挑战——"带回我们的女孩"推特在抗议博科圣地在尼日利亚绑架了数百名女孩的活动中，以及冰桶挑战以支持肌萎缩性侧索硬化症（或卢伽雷氏症）的研究，这是两个最新的案例。

后果：2008 年的金融危机是一个错失的时刻

如果说有机会打破辩论的枷锁，那就是 2008 年的"金融危机"。至少在一代人的时间里，公众敏锐地意识到经济体系的局限性，而在许多人看来，这个体系并没有提高公共利益。美国总统竞选以及随之而来的媒体报道，引发了关于资本主义的更广泛辩论：国家所有权、相对税收负担、凯恩斯主义兴奋剂、贸易政策、风险和回报的本质，一切似乎都有争议。但是，一旦经济从危机走向挑战，辩论的条件就会再次发生变化。

2009 年，PEJ 发现媒体对不断演变的危机的报道是狭隘的，这在很大程度上取决于华盛顿的行动和纽约的反应（PEJ，2009a）。美国的中产阶级迷失在中间，而主要的街道则被切断了。主流媒体关注的是相对较少的主要故事情节，主要来自这两个城市。与此同时，在康奈尔大学开发的一种新的"谜因追踪器"技术，对更广泛的媒体进行了分析，发现短语和理想的早期参数主要来自政府，特别是来自总统和联邦储备委员会主席（PEJ，2009a）。这场危机的核心，三个故事线占据了经济覆盖率的40%：帮助重振银行业、刺激经济的一揽子计划以及美国汽车业的挣扎。其他主题——零售销售、食品价格、危机对社会保障及医疗保险的影响，对教育的影响以及对卫生保健的影响，合计占所有经济覆盖率的2%以上。

　　如果问题的范围很窄，那么占主导地位的声音就会更少。另一项PEJ关于媒体对危机的报道研究发现，近一半的报道是由政府官员和商界领袖引发的（PEJ，2009b）。白宫和联邦机构单独发起了将近1/3（32%）的经济报道，这些报道反映了奥巴马政府半年来的经济状况。商业活动又引发了另外21%的经济报道。大约1/4（23%）的新闻报道是由新闻机构发起的，不依赖外部新闻的触发，17%的新闻报道是调查或企业新闻。该研究发现，普通公民和工会工人联合起来，成为推动经济发展的催化剂，仅占有关经济报道的2%。银行业的故事，主要是由制度驱动的。从2009年2月1日到7月3日，奥巴马政府在整体经济报道中占据了主导地位。鉴于公众对政治家和媒体的不信任，这种新闻来源的缩小几乎可以肯定会导致公众不参与，从而失去了进行更深层次结构性辩论的机会。

　　媒体更具反思性的观点恰好与20国集团领导人峰会相吻合。在危机后，他们承担了以前曾在富裕的七国集团和俄罗斯等较窄的范围中占据了主导地位的经济政策。这是一个更广泛、更深入、更全面的全球经济政策讨论的开始，各国政府以及G20峰会的非政府组织以及全球媒体都在讨论这些问题。这种希望并没有持续太久。2010年，在多伦多举行的第一次G20峰会上，媒体开始关注经济结构问题，但在峰会开幕数小时内，警察和抗议者之间的街头暴力就分散了人们的注意力，具有讽刺意味的是，他们希望引起人们对系统性问题的关注。在峰会的其他部分，媒体报道和政治行动都转向了破坏、警察行为、公民自由以及此类集会的成本。

　　在21世纪十年的早期阶段，G20峰会的愤怒和阿拉伯之春的希望结合在一起，产生了其他旨在绕过主流媒体和官方政治的流行运动。"占领华尔街"运动于 2011 年启动，它是这种方式的缩影。这是第三种方式的尝试吗？媒体和政党似乎再次在其定位方面陷入困境。继"占领华尔街"运动之后，弗雷泽研究所于 2012 年发布了一项覆盖率研究，表明媒体偏见没有太大变化。作为代理人，该研究使用了"占据"和"公司福利"以及"商业补贴"这些词来查看覆盖范围："趋势似乎是，媒体通常更倾向于自由主义"或者是"左翼"，甚至是反商业的——CBC、《多伦多星报》、ABC 新闻、MSNBC、《纽约时报》和国家公共广播电台（NPR），不经常涉及公司福利（Milke，2012）。"相反，它是表面上支持商业和右翼的媒体，比如国家邮政、《华尔街日报》和福克斯新闻，这些媒体经常报道或评论公司福利。"在"占领华尔街"运动期间，研究发现，《华尔街日报》每 14 篇报道中就有一次提到公司福利。NPR 比率是 260∶1。"在整整一年的报道中，美国国家公共广播电台从来没有提到过"公司福利"或"商业补贴"（Milke，2012）。简而言之，媒体对自己的小规模受众进行了宣传，强化了偏见，而不是吸引新的读者、观众或拥有更多元观点的用户。

弗雷泽学院的观点很快就被法国经济学家托马斯·皮凯蒂（2014）在 2013 年出版的《21 世纪资本论》的轰动中黯然失色。尽管经济学者说这本书可能会改变我们对两个世纪经济史的思考方式，但皮凯蒂的著作中关于方法论的问题很快在主流媒体上被嘲弄了（Cassidy，2014）。任何关于核心问题的讨论都被媒体淹没了，因为媒体想要遵循一个正确或错误的叙述，而政客需要采取中立态度回避这些问题。他们的理由是可以理解的。不管是左派还是右派，无论是兰德·保罗还是伊丽莎白·沃伦，主张采取更激进政策的政客往往不会赢得公众的支持。2015 年，爱德华·米利班德的工党，2014 年胡达克的安大略进步党，2004 年霍华德·迪安的民主党人，那些推动经济体制改革的人，成为负面竞选的目标，他们专注于变革成本。从工会到商业组织的倡导团体，这些活动已经变得更加强大，这些团体与现状密切相关。

也许没有什么比关于气候变化的争论更让人痛苦的了。不管一个人的立场如何，在过去的 25 年里，在没有失望感的情况下研究对气候问题的政治和媒体处理是很困难的。国际期刊《地球论坛》中的重大研究发现，媒体倾向于淡化围绕气候变化的更大的社会、经济或政治背景，支持人类试验、悲剧和偶然的自然胜利（Boykoff，2007）："媒体不关注权力、背景和过程，而是倾向于个性化社会问题，聚焦于那些陷入政治斗争的个体主张者。"换言之，宏观已经放弃了对微观的支持。除了像《卫报》这样具有坚定反碳编辑议程的媒体例外，大多数主流新闻机构都试图保持一种平衡的做法，《卫报》冒着发表极端观点的风险，这些观点往往会让公众感到困惑或疏远。BBC 信托基金在 2011 年对气候科学的报道中发现，"气候变化的'否认者'继续在报道中占据显著位置，尽管在科学争论中处于边缘地位"（BBC Trust，2014）。该报告指责 BBC 的编辑准则在与科学报道有关的公正性方面"过度僵化"，没有考虑到某些报道的"无争议性"的性质。随后，BBC 广播公司任命了一位科学编辑，为其选择和使用采访对象带来了更多的学术严谨。

政治辩论的不断缩小可能会导致一个愤世嫉俗的结论：政治利益现在受到特定的受众群体和特殊利益集团的青睐，他们可以利用自己的媒体渠道来创造和塑造公众利益，并影响多元化投票的结果。虽然这种转变仍然是一个值得关注的问题，但有证据表明，其他力量正在涌现，以重新吸引公众，并利用比以往任何时候都更强大的数字和移动媒体工具，用新思想和新的叙述来挑战大众辩论。

结论：从混乱到希望

2016 年，美国总统竞选对许多既定政策，以及媒体与政治话语之间关系的看法提出了惊人的挑战。在共和党方面，唐纳德·特朗普通过抨击媒体和企业利益来发起支持，声称不代表任何利益集团的利益，同时又支持民众主义观点反对许多中间派的政策，尤其是贸易、税收和移民问题。伯尼·桑德斯在民主党党内初选中取得了令人瞩目的成就，他还声称自己没有利益集团，同样也不赞成主流经济政策。这两名反叛的候选人都通过社交媒体获得了大众的关注，以及通过他们所谓的激进（和丰富多彩的）观点吸引了大量的主流媒体报道。在这样做的过程中，他们走出了边缘，使得一些媒体怀疑他们是否真的错过了"占领华尔街"的信号。

就全球经济体系而言，已建立的组织开始提出替代观点。世界经济论坛长期以来一直倡导从环境监管到金融部门治理的系统性改革（WEF，2015）。英国央行行长马克·卡尼在 2014 年"包容性市场经济"的演讲中进一步推动了这场辩论。该演讲认为，所有社会都渴望分配公平、社会公平和代际公平的"三位一体"，这不仅仅是基于道德原因，而是因为越来越多的证据表明，相对平等有利于经济增长。（Carney，2014）。

在这些新的经济思想流派中，过去 1/4 世纪的主导力量——全球化和数字化，已经削弱了政府履行社会契约的能力。在这个空白中，各种各样的企业试图展现出更强大的领导力，采用三重底线：金融、社会和环境（参见第 2 章、第 9 章、第 15 章和第 21 章）。许多机构投资者也在推动变革，他们认为不作为的影响太大，无法留在政治和媒体的交易领域（详见本书第 17 章）。2015 年 5 月，在纽约举行的福布斯慈善会议上，激进的投资者比尔·阿克曼敦促，如果公众希望企业寻求更负责任的企业议程，就需要更好的衡量标准。"如果你衡量一下，"他说，"企业将会回应"（Ackman，2015）。

媒体和政策制定者也是如此。新闻机构倾向于关注赛马，这就产生了开始和结束，胜利和失败，被概括为一个事件。在这种线性背景下，一种更加情境化的新闻出版方式正在兴起，通常是通过新媒体投资，而不是传统的销售报纸或推动广播评级的模式。一个值得注意的例子是《得克萨斯论坛报》，这是一个在 2010 年创建的在线出版物，由共和党人和民主党人、公司和基金会提供财政支持，希望加强对得克萨斯州事件和问题的讨论。5 年过去了，它拥有美国最大的专门讨论国家问题的新闻编辑室，并在页岩气繁荣时期从事 15 个系列的专题研究。"这听起来很老套，但我们始终认为，存在这样一个地方，不同思想的人可以放下武器，进入房间并散布东西。"它的创始编辑埃文·史密斯告诉作者（Stackhouse，2015）。

在类似的新媒体冒险精神中，福特基金会支持波因特学院的意识形态项目，在"公民将如何理解宇宙"这一指导性问题下，专注于新闻与公民参与的交集（Blais，2014）。福特基金会还支持纽约州立大学石溪分校新闻学院的新闻素养中心，以教育当前与未来的新闻消费者如何判断新闻的可信度和可靠性。由于投资者远离传统的基于广告的模式，这类风险投资是美国新媒体投资热潮的一部分，这些投资资金来自非投资或风险资本。即使是《卫报》，在增加其全球受众的同时，每年仍然损失数千万美元，而且按照目前的利率，可能会耗尽它所依赖的信托基金。新形式新闻的转变，旨在通过 Facebook 和 YouTube 等新平台服务来吸引越来越多的移动受众，这种转变目前仍处于早期阶段。政治运动可能会随之而来，从数字叙述和奥巴马的运动中获得更多线索，既可以吸引观众，也可以在他们深入研究全球经济的结构性挑战时抓住它们。政治家和记者都必须认识到，21 世纪资本主义的最佳思想需要通过 21 世纪的渠道浮出水面，进行辩论和分享。

参考文献

Ackman, B. (2015). *The Fourth Annual Forbes 400 Summit on Philanthropy*. New York City, June 4.

BBC Trust (2014). "Trust Conclusions on the Executive Report on Science Impartiality Review Actions," July. Available at: <http://downloads.bbc.co.uk/bbctrust/assets/files/pdf/our_work/science_impartiality/trust_conclusions.pdf>.

Blais, J. (2014). *Sense Making Project*. St Petersburg, FL: Poynter.

Boykoff, M. and Boykoff, J. (2007). "Climate Change and Journalistic Norms: A Case Study of US Mass Media Coverage," *Geoforum*, January 5. Available at: <http://sciencepolicy.colorado.edu/admin/publication_files/2007.40.pdf>.

Carney, M. (2014). "Inclusive Capitalism: Creating a Sense of the Systemic," London, May 27. Available at: <http://www.bankofengland.co.uk/publications/Documents/speeches/2014/speech731.pdf>.

Cassidy, J. (2014). "Forces of Divergence: Is Surging Inequality Endemic to Capitalism?" *New Yorker*, March 31.

CBC News (2015). "Voter Turnout Spikes after a Long, Unpredictable Campaign." Available at: <http://www.cbc.ca/news/politics/canada-election-2015-voting-polls-turnout-1.3278838>.

Delacourt, S. (2013). *Shopping for Votes: How Politicians Choose Us and We Choose Them*. Madeira Park, BC: Douglas and McIntyre.

Deloitte (2014). "Digital Democracy Survey: A Look into the Minds of Media Consumers." Available at: <http://www2.deloitte.com/us/en/pages/technology-media-and-telecommunications/articles/digital-democracy-survey-generational-media-consumption-trends.html>.

Edelman (2015). *The 2015 Edelman Trust Barometer: Annual Global Study*. Available at: <http://www.edelman.com/insights/intellectual-property/2015-edelman-trust-barometer/>.

Elections Canada, Resource Centre (2015). "Estimation of Voter Turnout by Age Group and Gender at the 2011 Federal General Election." Available at: <http://www.elections.ca/content.aspx?document=index&dir=turn&lang=e&section=ele>.

Hermida, A. (2014). *Tell Everyone: Why We Share and Why It Matters*. Toronto: Doubleday.

Jurkowitz, M. (2014). "The Growth in Digital Reporting: What It Means for Journalism and News Consumers," *Pew Research Center: Journalism and Media*. Available at: <http://www.journalism.org/2014/03/26/the-growth-in-digital-reporting/>.

Klienfield, N. R. and Buckley, C. (2011). "Wall Street Occupiers, Protesting till Whenever," *New York Times*, September 30.

Milke, M. (2012). "How the Media Covered Occupy Wall Street—and Crony Capitalism," *Fraser Forum*, November/December. Fraser Institute.

Mitchell, A. (2015). "State of the News Media 2015," *Pew Research Center: Journalism and Media*. Available at: <http://www.journalism.org/2015/04/29/state-of-the-news-media-2015/>.

Mitchell, A., Holcomb, J., and Page, D. (2015). "Local News in a Digital Age," *Pew Research Center: Journalism and Media*. Available at: <http://www.journalism.org/2015/03/05/local-news-in-a-digital-age/>.

PEJ (2009a). "Covering the Great Recession: How the Media Have Depicted the Economic Crisis during Obama's Presidency," Project for Excellence in Journalism. Available at: <http://www.journalism.org/2009/10/05/covering-great-recession/>.

PEJ (2009b). "Who Drove the Economic News (and Who Didn't)?" Project for Excellence in Journalism. Available at: <http://www.journalism.org/2009/10/05/who-drove-economic-news-and-who-didnt/>.

PEJ (2011). "Biggest Week Yet for Occupy Wall Street Coverage," *PEJ News Coverage Index*, November 14–20, Project for Excellence in Journalism, Pew Research Center: Journalism and Media.

Pepitone, J. (2011). "Hundreds of Protestors Descend to 'Occupy Wall Street,'" *CNN Money*, September 17. Available at: <http://money.cnn.com/2011/09/17/technology/occupy_wall_street/>.

Pew Research Center (2008). "Young Voters in the 2008 Election." Available at: <http://www.pewresearch.org/2008/11/13/young-voters-in-the-2008-election/>.

Pew Research Center (2014). "Hispanic Voters in the 2014 Election," November 7. Available at: <pewhispanic.org/2014/11/07/hispanic-voters-in-the-2014-election/>.

Piketty, T. (2014). *Capital in the Twenty-First Century*. Cambridge, MA: Harvard University Press.

Pilkington, E. and Michel, A. (2012). "Obama, Facebook and the Power of Friendship: The 2012 Data Election," *Guardian*, February 17. Available at: <http://www.theguardian.com/world/2012/feb/17/obama-digital-data-machine-facebook-election>.

Pingdom.com (2013). "Internet 2012 in Numbers," *Tech Blog*, January 16.

Samara (2015). "Samara's Democracy 360: Talk. Act. Lead," September.

Stackhouse, J. (2015). Interview with Evan Smith.

Stelter, B. (2011). "Protest Puts Coverage in Spotlight," *New York Times*, November 20. Available at: <http://www.nytimes.com/2011/11/21/business/media/occupy-wall-street-puts-the-coverage-in-the-spotlight.html>.

United States Election Project (2014). Available at: <http://www.electproject.org/2014>.

Usman (2014). "Facebook Says 20m Canadians Visit Site Monthly, Reveals Plans for More Apps," *iPhone in Canada*. Available at: <http://www.iphoneincanada.ca/news/20m-canadians-visit-facebook-per-month/>.

Venton, J. P. (2015). "Income Inequality," Fair Vote Canada Campaign. Available at: <http://campaign2015.fairvote.ca/income-inequality/>.

WEF (2015). *Our Global Challenges*. Geneva: World Economic Forum. Available at: <http://www.weforum.org/projects>.

第三部分

前路漫漫，道在何方：
一些建议

Re-
Imagining
Capitalism

第 14 章
可持续金融体系的一个设想

西蒙·扎德克

引言

设想一个金融体系，它能够满足实体经济的长期健康运转需要，给全社会提供体面、丰盛、有益的生计，还能确保自然环境不受影响，从而满足现在和未来的人们的长期需求。更进一步地设想：这个金融体系非常坚韧，即使面对环境和其他方面波动的日益增大，依然能够围绕其核心目标，平稳运行。本章就是想探讨需要怎样去做，才能把这个愿景变为现实。

因此，本章要讨论的是如何努力打造金融和资本市场，既要增强从借贷到投资决策对环境和社会的正面效果，又要改善金融体系抵御社会和环境等外来冲击的韧性。近年来，无论从数量上还是期望上，在全国还是国际范围内，大家都在快速地加强这方面的努力。大张旗鼓的系统性挑战（如气候变化运动）已经取得显著进步，尽管不同的国家和地区，实际取得的进展仍然很不平衡。这些努力的成效最终取决于其产生的影响以及相对的成本。在许多情况下，给这些努力的效果下结论为时过早，但即便如此，本章还是在对现有事实证据深入调查的基础上，重点勾画出一些共同规律和初步发现。

本章内容引用了联合国环境规划署正在进行的，名为"关于可持续金融体系设计的调研"（简称调研）的调查发现。该调研覆盖了 13 个国家的工作案例，既有发达国家（即法国、荷兰、瑞士、英国和美国），也有新兴国家和发展中国家（如巴西、中国、印度、南非孟加拉国、哥伦比亚、印度尼西亚和肯尼亚等）的例子。此外，还在分部门的（如机构投资者、保险、股票）、专题的（如人权）、技术的（如压力测试和巴塞尔协议Ⅲ）等各个层面做了分析探讨。调研工作在与来自 20 个国家的 40 余个伙伴（包括主要的国际组织和分支网络）的合作下，总计已经成文了 70 份报告和工作文件。2015 年 10 月，在秘鲁举行的国际货币基金组织和世界银行年会上，发布了一份全球报告，名为《我们需要的金融体系：重塑金融，为可持续发展服务》（UNEP，2015）。总结了迄今为止的调研工作进展。报告内容已有 7 种语言可以免费上网查阅。

本章分为 4 个主要部分。首先，将根据融资和实体经济外部影响（特别聚焦于环境方面）之间的关系来确立问题之所在。接下来，阐述通过对金融体系的干预来解决问题的理由和好处（不是干预实体经济，或者与干预实体经济同时进行）。然后，就金融体系的规则制定者为追求可持续发展的结果而做的一系列系统性干预，总结了干预所带来的相关的、大致上是定性的证据。最后，笔者得出几点结论，并指出这个领域的研究潜力，以及当更多的案例材料和比较性数据出现之后，所需做的进一步研究。

框定挑战：环境的毁坏和金融的角色

在过去的一个世纪中，人类社会可以说是成就斐然。自 20 世纪 50 年代以来，世界人口的寿命增加了 21 年，在过去的半个世纪中，贫困程度的下降幅度比人类历史上任何一个时期都大。环境方面，在过去的 1/4 世纪里，每吨钢产量的能耗下降了 30%，而在过去 15 年间，欧洲每千瓦发电产生的二氧化碳排放量下降了 20%（Zadek，2012）。但与此同时，自然生态遭到严重损坏。9 个"地球的界限"中的 4 个已经受到侵犯：气候变化、生物环境完整性的丧失、土地体系的改变以及生物地理化学周期的改变。研究表明，140 个国家中的 116 个，其自然资本的指标下降了（UNEP，2015），1/8 的死亡人口，或者说每年 700 万人的死亡，源于空气污染

（WHO，2014），温室气体排放到地球大气系统的能量增速，相当于每秒钟4个原子弹爆炸的当量（King et al.，2015）。2013年，在119个国家中，几乎有2200万人受自然灾害影响而流离失所（Norwegian Refugee Council，2014）。世界上37个大型含水层中的21个，已经低于其可持续的临界点（Alexander et al.，2015）。

这些环境数据，揭示了一些已经在微观和宏观层面上存在的，而且还会造成人类各种危机不断加大的严重问题，虽然这些问题本身并不能让我们看到其产生的因果关系。事实上，它们是人类在管理经济方式与其自身所依赖的更广泛的生态系统互动的过程中发生的深层矛盾的症状而已。因果关系分析起来可以无穷无尽，因为不仅会深入到人类种种创造发明的领域，而且还关乎人类的天性。比如，短期行为，是作为在本章提出来特别讨论的金融资本市场问题之一，也可以说是横跨人类行为各个方面的更加普遍的问题。然而，就本章目的而言，这里的分析仅限于经济方面的探索，特别是金融系统对环境的影响。

为可持续发展的融资，需要大规模地运筹投资基金，调整投资方向。民间已有一系列评估预测，包括融资挑战的各个方面，主要是：能源、生物多向性、气候变化、粮食安全、水和卫生（ICESDF，2015）。迄今为止最为翔实深入的评估，是联合国贸易和发展会议（UNCTAD）2014年的世界投资报告。该报告估计，全世界要达成各种可持续发展的目标，每年需要的资金为5～7兆亿美元。发展中国家每年需要大约3.9兆亿美元，现在只有1.4兆亿美元到位，缺口的2.5兆亿美元靠民间资金和公共财政资源来填补（UNCTAD，2014）。公共财政支付只能提供总资金需求的一小部分（Greenhill et al.，2015）。比如在中国，据中国人民银行和国务院发展研究中心的估计，绿色融资总需求每年可高达4000亿美元，其中只有不超过15%由财政来支付（PBoC/UNEP，2015；DRC/IISD，2015）。简言之，资金的大头需要从金融和资本市场上来。

用民间资本来给公私利益均沾的项目进行融资，其性质一般会被理解为补贴增量成本——其实就是以公共财政来支付增量成本部分，以确保目标公共品的供应。可以肯定的是，在某些融资领域会发生这些额外的成本，因而可以合法地吸引财政支持。可是在其他情况下，可能没有额外的增量成本或者增量成本为负，于是获利机会可能会被政策和金融体系自身的市场失灵边缘化，这样一来可能导致一系列问题，比如投资者视野短期化，更为广泛的投资风险定价错误。对于所谓的绿色投资而言，这会是一个特别的挑战，因为许多项目的特点是，前期投资很高，投资回报期较长，对于某些投资项目来说，反映了以技术替代自然资本的特点（WEF，2013）。此外，金融和资本市场与许多现有的、因为不同目的设立的、有时甚至是经年积代的公共财政资金流动交错纵横，难解难分。相对其初衷而言，这些公共财政资金流动或许很有成效，但总体来说，会对市场造成效果不明，难以预料的扭曲。可以肯定的是，很少会是根据今天的可持续发展指标优化过的，因此以往的政策干预一定会是次优的选择。（Yavrom and Bernatkova，即将出版）。

我们的双重挑战是：确定需要什么样的金融体系来确保有效的融资，以实现走向可持续发展的转换；进一步确定对金融体系实行干预的条件和方式，以确保向此目标推进（UNEP，2015；Zadek，2013；Zadek et al.，2005）。

金融体系对实体经济的影响

一般认为，如果这个问题涉及实体经济的外部成本，解决办法是干预实体经济内部。在许多情况下，这种办法很对。应对气候变化的对策，的确就是需要把温室气体释放产生的（企业外部的）负面效应计入产品和服务的市场定价考量中。譬如，国际货币基金组织（IMF）就正确地指出：要消除其对环境和公共健康的十分严重的负面影响，每年估计需要减少大约 5.3 兆亿美元（即全球 GDP 的 6.5%）的能源补贴（Coady et al.，2015）。

但是，为了应付可持续发展挑战，也要求金融经济领域行动起来。今天，正从由世界上某些最先进的金融市场引发的过去数十年来最恶劣的危机中振作起来的金融体系，已经引入了一系列的政策、条例、行业标准和法规以及新的监管机构来稳定金融体系。虽然进展诸多，然而改革事业未竟。除了诸如监管、债务杠杆以及影子银行体系日益增长的普遍影响等种种老问题的近忧外（Wolf，2014），还有更根本性的远虑，正如国际货币基金组织的第一任总裁约翰·李普斯基的经典归纳："改革金融体系依然是未竟的事业——我们已经稳定了系统，但是要设计能满足持续发展需要的金融体系，我们还有很长的一段路要走。"（Thimann and Zadek，2015，2015）。

国际清算银行（BIS）和国际货币基金组织最近的研究，通过对经济增长和金融体系发展之间关系的深入量化分析，加深了我们对这种关系中一个方面的理解（Cecchetti and Kharroubi，2012）。

这项研究提出了一个钟形的关系，随着金融领域相对经济规模（即增长、规模、过大、过小等均是金融领域的大小相对于经济整体来说的）的不断发展和成长，金融领域对其主体（即本土经济、经济生产率和增长）的影响开始是增加的，然后下降。对此关系的观察分析，提出了一些解释，其中包括金融系统把资源拖入体系，并以此获取较高收益的情形。至于金融体系发展和环境以及更为广泛的可持续发展之间的关系，则可以通过可对比的假说来演绎。这里提出了两个可测验的假说：一个反映金融系统和可持续发展之间的关系"一切照旧"（见图 14-1）；另一个展示如果进步到形成可持续发展的金融系统时两者的关系，如图 14-2 所示（UNEP，2015）。

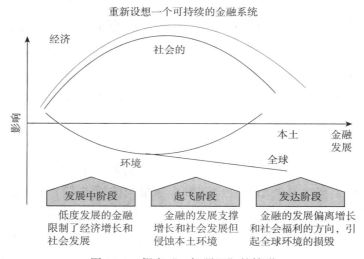

图 14-1　假定"一切照旧"的情形

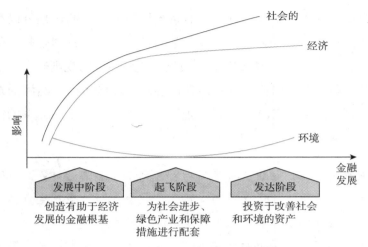

图 14-2　期望：可持续的金融系统

资料来源：UNEP, 2015; reproduced with permission by the copyright holder (UNEP).

图 14-1 展示的"一切照旧"情形的基本观点是，在经济快速增长发展阶段，金融体系的发展引起了外部环境迅速恶化，因而导致了本土经济社会效应的下降。然而，发达国家的金融体系却随着全球化的脚步而继续增长。本土和全球社会经济效应分离的原因，是由于虽然发达国家本土的环境法规严格起来了，并且执行坚决，但在全球范围来说却并非如此，因为国际金融体系的增长不断地超越实体经济，能在世界其他地方寻求融资机会。

图 14-2 展示了现实中还没有的，或者说期望的金融体系的进化与可持续发展两者之间假设的关系。起初的情形与之前的类似，即一个不发达的金融系统对社会、环境和经济发展影响甚微。当金融体系对生产率和经济发展开始产生巨大影响的时候，通过有效的保障措施把对环境负面的外部作用最小化，从而使得经济在某种程度上以一种对自然资源损耗更低、污染较小的方式发展。在更发达的金融体系中，全球融资收益很重要，其环境足迹也不断得到改善，部分是因为无论实体经济的境况如何，环境考虑已经内置化，直接进入了融资决策过程。

在国际清算银行和国际货币基金组织对经济增长与生产率的实证研究的基础上，提出的这两个假说，对某些人来说也许很直观。但由于他们并不是量化实证研究的结果，因此，依然只是一个进一步研究的框架性的工具。尽管缺乏对两个假说进行测验的系统性数据，我们还是可以利用已有的案例材料来进一步探索上述假设关系的各个方面。特别是联合国环境规划署覆盖了15个国家的调查案例，凸显了金融体系的规则制定者在寻求改善时的思路和实践，以使其与一系列社会的、环境的以及经济的发展结果的取向一致（UNEP，2015）。考虑把可持续发展纳入金融体系的设计和发展计划，有四个相互关联的理由。

- 对外部成本的估值：如果市场对外部成本影响的财务回报的定价发生系统性错误，那么就会对第三方或者一般社会产生负面的溢出效应，因此给了采取相应措施和行动的理由。
- 推广创新：要采取行动，把"失踪的市场"激发出来，譬如，通过制定共同标准来改善处于胚胎期的市场流动性，以产生正面的溢出效应。
- 管理系统性风险：当金融体系某些部分的稳定性受到外部环境或者说相关政策的、技术的或者社会反应的影响时，需要采取相应的管控行动。
- 确保政策的一致性：需要制定举措，来确保监管金融体系的规则与更为广泛的政府政策相一致。

需要把这四个方面的理由，与针对金融体系和实体经济的作为所带来的潜在负面的且有违初衷的影响，一并加以考虑。这些负面影响之所以发生，可能有一系列的原因，或由于系统的复杂性、目标间的矛盾，或由于政治干预，每个原因都会导致一个错误措施的执行。反之亦然，由于技术或者政治原因，因此会更倾向于选择干预金融经济，而不是干预实体经济。这里辅之以因果逻辑关系，是便于阐明一系列方法如何达到预期的效果。联合国环境规划署的调研提供了一个框架，包含了五种不同的使金融发展与可持续性保持和谐一致的方法。每种方法可能由多个特殊工具组成，并与财务回报的影响与公共物品的交付（如环境效益）之间的预期联系相对应。

- 加强市场惯例的完善，例如，通过更好的披露，以实现既增加财务回报，又在公共物品交付上达到和谐一致的目的。

● 利用私人资本获取公共财政的杠杆，例如，通过公共补贴或使用中央
银行资产负债表，以达到提供公共物品、增加财务回报的目的。

● 通过政策引导融资方向，例如，利用优先部门贷款和增强负债能
力，在要求公共物品的交付时，会对财务回报产生不同的效果。

● 鼓励文化的转变，例如，通过行为监督和社会契约，会对财务回报
产生不同的影响。

● 升级治理架构，例如，通过原则、任务和绩效指标体系，在国家和
国际层面上，形成上述措施的重要推动力量。

向前的道路："静悄悄的革命"

调查的核心案例材料，包括 13 个国家和地区（孟加拉国、巴西、中国、
哥伦比亚、欧盟、法国、印度、印度尼西亚、肯尼亚、荷兰、瑞士、英国和
美国）的以案例为基础的工作成果，另外，在 30 多个工作文件中，还列出
了若干专题议题：从绿色债券到电子交易，证券交易所的未来，养老基金的
信托责任以及金融市场发展与人权之间的联系等，不一而足。

调查的核心，是发现了被称为是正在进行的一场"静悄悄的革命"——
寻求将可持续发展的结果目标，逐步纳入金融财务决策内部的过程中。这
种寂静中的革命在发展中国家和新兴经济体中尤其明显，那些国家面临更
为直接的社会和环境挑战，而较少被普遍的规范和利益束缚手脚。在中国
和其他地方，空气污染对促进金融监管机构积极推进持牌银行的绿色信贷
指引，起了有力的推动作用。另外，在肯尼亚，普惠金融则是成立肯尼亚
中央银行的主要动因，孟加拉银行也是如此。在印度尼西亚和巴西，由于
国内经济倚重国内的生物多样性特别是森林的完整性，使得巴西中央银行
和印度尼西亚的金融监管机构制定了更为严格的环境风险管理要求，并在
金融界风险能力建设和意识提高上，进行了大量的投入。

值得注意的是，发展中国家负责监管金融和资本市场的机构，要比发达
国家的同行更习惯于回应政策信号和国家重点发展领域的政策导向。南非种
族隔离制度消除之后的"金融宪章"是一个现成的例子。该宪章是金融界与

全国各主要机构的利益相关者之间的协议：更广泛的国家政策目标和拟定的发展重点，指导了一代金融政策和法规，并且指导在自愿基础上的实践。一些发展中国家正在明确地将可持续发展因素植入金融和货币政策、监管法规和标准的设计中。例如，孟加拉银行认为，通过提供优惠再融资计划来支持农村发展和绿色能源，可以减少进口食品和化石燃料带来的长期不稳定因素，从而可以作为实现其货币政策目标的一个手段。同样，中国将把绿色金融考虑纳入"十三五"规划的金融市场发展轨道中，同时认为这是提高金融市场效率和有效性的重要组成部分。

　　发达国家也涌现了一批带头人，他们力求通过风险控制，加强披露和规范资本市场等政策框架，对市场活动举措实行补充。各发达国家观察其金融体系的可持续发展目标结果的视角大致相当，但有时也混合了与政策措施相一致的立场观点（Caruana，2015）。英国央行正在首次就气候对英国保险业的影响进行系统性分析，主要是因为相关的风险防范是其审慎责任的核心部分，部分则是对英国《气候变化法案》的回应（Dron and Francq，2013）。2013 年 11 月，法国政府在生态及可持续发展能源部和财政部的联合倡议下，发布了生态转型融资白皮书，2010 年，Grenelle II 的"企业可持续发展报告"的主张得到进一步推进（Dron and Francq，2013）。白皮书之后，在巴黎召开的 21 届联合国气候变化大会（COP21）对此有了进一步的强化。2015 年 5 月，各成员对新的披露要求达成一致，投资者需要在年度报告中包含如何管理可持续性因素，包括气候变化的风险及其对限制气候变化的国际目标所做贡献等内容。

　　然而，该调查也得出结论："静悄悄的革命"既欠完整，又显脆弱。发达国家的金融体系在某些方面具有适应性和高度创新性，但继续趋向于更高水平的"金融化"，即财务回报越来越多地来自那些与实体经济长期的价值创造毫不相干的金融交易。金融危机之后，虽然监管取得了很大的进展，但今天在长期基础设施方面，金融和资本市场投资比以前更少，继续受到鼓励的依然是流动性好的杠杆交易，却不是那些长期回报更好、流动性差的项目（Bassanini and Reviglio，2011；Thimann and Zadek，2015）。尽管限于数据不足，但还是积累了相当丰富的资料，该调查结合实践探索，吸取更为广泛的社会参与和案头研究等方面的分析之后，归纳出一个结论，对前述的五种方法的潜力——评估，如表 14-1 所示。

表 14-1　五种方法的潜力比较

方　　法	目前的实践	潜在的影响	
强化市场实践	由于比较直截了当，与所有国家的金融体系相关，故应用广泛	期望提高财务回报，并改善公共品交付，使两者和谐一致	除非采取额外措施，很可能只是产生缓慢而不显著的影响
利用财政的资产负债表	使用广泛，但是受到成本限制	期望提高财务回报，以换取公共品的获得	施行时可以非常有效，但由于财政资源稀缺而影响受限
用政策指导融资	应用的历史很长，现在已用于实现可持续性的目标上	公共品的交付要求对财务回报的影响参差不齐，相对来说，带来意想不到后果的风险较高	可以非常成功，但也很可能带来意想不到的后果
鼓励文化的转变	不常用，但是危机之后有可能会得到广泛运用，已经看到一些积极的迹象	对于财务回报可能有参差不齐的效应	可能有效，特别是与政策导向和激励措施联动，与更广泛的社会预期一致的时候
提升治理架构	应用最少	是以上方法的必要推动者	

资料来源：UNEP, 2015; reproduced with permission by the copyright holder (UNEP).

这些方法的不同，不仅仅是其带来的潜在的影响有大有小，也在于实施的难易程度。例如，强化市场实践的做法，如通过改善信息披露，更容易实施，成本相对较低，往往可以为市场参与者所接受。公共财政融资也是相对容易的实施办法，对于市场参与者来说有吸引力。但是同时规模又受到财政资源稀缺的限制。相比之下，通过政策直接引导融资，更容易遭到市场的反弹，关键是会引起意想不到的后果。因此，如图 14-3 所示，通过汲取经验教训，政策制定者和监管机构需要在执行的难易程度与潜在影响之间取得平衡，来找到合适的方法。

更广泛地说，将可持续发展的创新纳入金融体系的演化过程，可以为发达国家与发展中国家带来短期和长期的收益。在短期至中期内，发展中经济体，在有机会利用国际惯例增加融资机会，在减少环境污染的同时，获得公共卫生相关的收益，还可以增加流向清洁能源的资金。同样，发达国家也有短期和中期的机会来提高市场诚信度，减少生产力低下的金融交易形式，增强金融和货币稳定性，并向诸如降低碳排放量等一些较高层次的目标迈进。长期的机会，则是发展有效的金融体系，以更有效地满足普惠的、可持续的经济和社会的需求——无论是对于发达经济体还是发展中经济体来说，均是如此。我们共享的机会，是塑造一个更适合 21 世纪的金融体系，所有经济体都必须经过深刻的转变，向可持续发展的方向迈进。

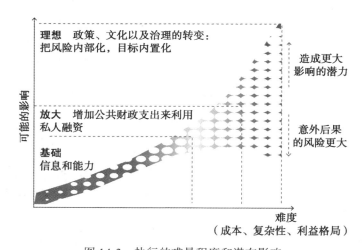

图 14-3 执行的难易程度和潜在影响

资料来源：UNEP, 2015; reproduced with permission by the copyright holder (UNEP).

结论：迈向一个可持续的金融体系

金融危机发生后，所采取的常规措施和一些非常规措施，在某种程度上，可以说既起到了"挽狂澜于既倒，扶大厦之将倾"的金融体系救火队作用，也增强了金融体系对未来抵抗类似危机的韧性。然而，明天的金融危机可能由不同的根本原因（包括环境的）引起，而更重要的是，它可能带来致命的后果。自然，除了这个"红色警戒"的状况外，还有一种简单的情景：希望明天经济的成功将成为共同繁荣的源泉，自然资源的使用效率水平显著提高，污染微不足道。

我们需要一个金融体系，既可以渡过新的各种难关，又能向普惠绿色经济的转型过渡进行投资。

因此，需要的是这样一个金融体系，在保护和恢复自然资产的同时，可以支持推动未来财富创造模式的转型，以实现共同发展。这意味着要给某些企业增加一些融资，而对那些虽然还会持续盈利一段时间，但是其资产性质最终将不能适应未来发展的企业，则要减少融资。今天的许多企业、市场、产品和更广泛的制度安排（包括融资）都将需要重塑，以便在必要的时间范围内实现这一转型。正如尼古拉斯·斯特恩爵士所说："我们处于一个不同寻常的历史时刻。我们在世界经济中所见证了：一面是深刻的结构变化和卓越非凡的技术变革；另一面是快速向低碳经济转型——我们有机会把两者结合在一起。"（Stern，2015）

需要了解，金融体系正是在此历史背景下进行发展的，系统设计和执行机制的指导也是在此背景基础上展开的。可持续发展最终是要求改变金融资产的部署和相对价值，及其与真实财富的创造、管理和生产率的关系。因此，一个"可持续金融体系"是"用创造、评估和交易金融资产的方式来塑造真正的财富，从而为普惠的、环境上可持续的经济之长期需求提供服务"的金融体系（UNEP，2015）。

最后，可以重新审视本文开头提出的双重假说。所建议的"一切照常"和"期望达到"的两种情景，很明显都需要经过实证分析。然而，这里提出的以既有先验又有现有证据为基础的核心论据，似乎像是一个合理的起点。而且，从联合国环境规划署调查的案例来看，显然越来越多的人认识到前者是不可接受的，倾向于后者的可能性在增加。重要的是，这种理解越来越多地来自金融系统本身的守护者：中央银行家、金融监管机构，甚至包括那些迄今为止不愿意参与、更不用说引领制定标准的人们。最后，在更广泛的地缘政治变化的背景下，在塑造设计未来金融与资本市场的新一代原则和实务操作规范上，发展中国家的领导力发挥了十分重要的作用，这也许并非出乎意料，但着实令人鼓舞。

参考文献

Alexander, R., Ehrlich, P., Barnosky, A., García, A., Pringle R., and Palmer, T. (2015). "Quantifying Renewable Groundwater Stress," *World Resources Research*, 51(7): 5217–38. Available at: <http://agupubs.onlinelibrary.wiley.com/agu/issue/10.1002/wrcr.v51.7/>.

Bassanini, F. and Reviglio, E. (2011). "Financial Stability, Fiscal Consolidation and Long-Term Investment after the Crisis," *OECD Journal: Financial Market Trends*, 11(1): 1–45. Available at: <http://www.oecd.org/finance/financial-markets/48609330.pdf>.

Caruana, J. (2015). *Financial Reform and the Role of Regulators: Evolving Markets, Evolving Risks, Evolving Regulation*. Basel: Bank for International Settlements.

Cecchetti, S. and Kharroubi, R. (2012). "Reassessing the Impact of Finance on Growth," BIS Working Papers, July.

Coady, D., Parry, I., Sears, L., and Shang, B. (2015). "How Large Are Global Energy Subsidies?" IMF Working Paper.

DRC/IISD (2015). *Greening China's Financial System*. Geneva: Development Research Center of the State Council and International Institute of Environment and Development.

Dron, D. and Francq, T. (2013). *White Paper on Financing Econological Transition* (English translation). Paris: French Ministry of Ecology, Sustainable Development and Energy and Directorate General of the Treasury.

Greenhill, R., Hoy, C., Carter, P., and Manuel M. (2015). *Financing the Future: How International Public Finance Should Fund a Global Social Compact to Eradicate Poverty*. London: Overseas Development Institute.

ICESDF (2015). *Report of the Intergovernmental Committee of Experts on Sustainable Development Financing*. New York: UNDESA.

King, D., Schrag, D., Dadi, Z., Ye, Q., and Ghosh, A. (2015). *Climate Change: A Risk Assessment*. Cambridge: Centre for Science and Policy.

Norwegian Refugee Council (2014). *Global Estimates Report*. Oslo: Norwegian Refugee Council, Internal Displacement Monitoring Centre.

PBoC/UNEP (2015). *Greening China's Financial System*. Geneva: People's Bank of China and UNEP.

Stern, N. (2015). *Why Are We Waiting? The Logic, Urgency, and Promise of Tackling Climate Change*. Cambridge, MA: MIT Press.

Thimann, C. and Zadek, S. (2015). *New Rules for New Horizons: Report of the High Level Symposium on Reshaping Finance for Sustainability*. Geneva: UNEP Inquiry/Axa.

UNCTAD (2014). *World Investment Report 2014: Investing in Sustainable Development Goals*. Geneva: United Nations Conference on Trade and Development.

UNEP (2015). *The Financial System We Want: Aligning the Finance System with Sustainable Development*. Nairobi: United Nations Environment Programme.

WEF (2013). *The Green Investment Report: The Ways and Means to Unlock Private Finance for Green Growth*. Geneva: World Economic Forum.

WHO (2014). "Burden of Disease from the Joint Effects of Household and Ambient Air Pollution for 2012," World Health Organization, Press Release, March.

Wolf, M. (2014). *The Shifts and the Shocks: What We've Learned—and Have Still to Learn—from the Financial Crisis*. London: Allen Lane.

Yavrom, D. and Bernatkova, L. (forthcoming). "Subsidies to the Financial System: A Review of the Literature," UNEP Inquiry Working Paper, UNEP Inquiry/SAIS Johns Hopkins.

Zadek, S. (2012). "Shaping a Green Political Economy," Public Lecture on the Occasion of the Symposium and Biennial Public Lecture on Energy Solutions in the Context of Sustainable Development, Green Economy and Poverty Eradication in Africa, University of Southern Africa (Unisa), October 26.

Zadek, S. (2013). "Greening Financial Reform," Project Syndicate, November 29.

Zadek, S., Merme, M., and Samans, R. (2005). *Mainstreaming Responsible Investment*. Geneva: World Economic Forum.

第 15 章

建立综合报告制度，
改造市场经济

罗伯特 G. 艾克尔斯　　比吉特·斯碧斯霍夫

引论

重新设想资本主义，改造市场经济的本质在于，资源分配的决策应该不仅仅只看短期财务业绩。为了达到这个目标，需要公司和投资者放远眼光，采用更广泛的业绩考核指标。为了做到这一点，他们需要财务指标以外的企业信息，即使其与财务业绩有关。企业内部和外部报告方式需要大幅度的改变。

在本章中，我们将说明采用综合报告作为企业报告的必要性，尽管很肯定这对反思资本主义的场景尚不足以形成充分条件。那么，究竟什么是企业综合报告？一个常见的误解是，它是一个单一的报告，它将财务的和所谓的非财务的，即将环境、社会和治理（ESG）的绩效综合在一个整体报告中，是任何上市公司必须发布的财务报告及（通常是自愿的）可持续报告的一种杂拌。其实，一个综合报告反映公司如何与投资者和其他重要受众沟通其财务业绩，以及其在重要的环境、社会和治理问题上的表现怎样影响其财务业绩。相比之下，可持续发展报告的目的，是向重要的利益相关者介绍他们感兴趣的，却属于公司非战略核心业务（至少目前不是）的业绩和活动。因此，综合报告和可持续发展报告是互补的，因为它们针对不同的受众。

"综合报告"这个术语可追溯到近 15 年以来的实践和 10 年来的文献。然而，只有一个国家——南非规定了所有上市公司必须发布综合报告。现在世界上所有的其他各地的公司，综合报告都是在完全自愿的基础上发布的。企业这样做，是因为它们认为在外部（例如，让受众更好地了解公司的战略和绩效）和内部（例如，管理层用更多整体性思维，来贯穿联通公司内的许多信息孤岛）都有好处。企业综合报告兴起的势头大小因国家而异，但总体而言，这一运动仍处于引起企业和投资界关注的早期阶段。为帮助传播对综合报告的认识和理解，在 2010 年成立了国际综合企业报告理事会（IIRC），一个"监管机构、投资者、公司、标准制定者、会计专业人士和非政府组织的全球联盟，联盟正在促进推广有关价值创造的信息是企业报告制度发展的下一步的理念"。国际综合企业报告理事会和其他组织如碳信息披露计划（CDP）、全球报告倡议组织（GRI）和可持续发展会计准则理事会（SASB）的工作将会在带来一种新型市场经济的努力中发挥重要作用。

下一节将介绍企业报告三种类型（财务、可持续发展和综合），并根据企业报告的两个功能进行分类：信息和转型。然后，我们论述综合报告在改造市场经济过程中能够发挥的核心作用。随后，我们首先讨论美国证券交易委员会（SEC）为在美国建立综合报告制度提供监管方面的支持的可行性，然后分析 2014 年 10 月 22 日欧盟发布的，对于修订关于欧盟要求某些大型企业和集团披露非财务与企业多样化信息的 2013/34 法令的 2014/95 法令（即企业社会责任报告的法令）对欧盟的企业报告的影响，特别是非财务报告新功能的范式转向的影响。最后，我们就综合报告成为业界惯例还需要做些什么的议题，简单总结了一下基本思路。

企业报告的类型和功能

企业报告制度，是以任何形式改造市场经济努力的一个重要因素。对于某些人来说，公司的企业活动和业绩透明化程度应该有多高，这个问题，是技术性的、神秘的，甚至很无聊。对于知情人来说，这是一个艰难争夺的阵地，代表了公司（通常希望较少的透明度）和利益相关者或公司报表的受众（希望信息越详细越好）之间的紧张关系。

公司报告有三种基本类型：财务、可持续性和综合。它们在内容、受众和实践方面各不相同（见表15-1）。今天的市场经济就是以财务报告为基础的。我们认为，如果没有财务报告，那么市场经济就不会存在。财务报告本身就基于会计准则，然后必须由独立审计机构审查，以制作公开发布的财务业绩指标的报告。财务报告应为投资者提供帮助他们做出知情决策所需的信息，上市公司有义务遵循这一做法，以便取得在公开资本市场的融资通道。及时提供高质量的财务信息，靠的是一个发展了数十年的庞大的社会基础设施，其中包括：证券监管机构（例如美国证券交易委员会（SEC））、会计准则制定机构（主要是美国财务会计准则委员会（FASB）和国际会计准则委员会（IASB））、审计机构（如德勤、安永、毕马威和普华永道会计师事务所等），以及会计专业的监督机构（如美国公共会计监督委员会）等。

表 15-1　公司报表的三种类型

报表类型	内　容	受　众	惯　例
财务	财务信息	投资者	规定
可持续发展	非财务信息	利益相关者	大部分自愿
综合报告	财务与非财务信息	投资人和许多重要受众	大部分自愿

可持续发展报告只能追溯到 20 世纪 90 年代初。可持续发展报告的目的是为广泛的利益相关者提供关于公司在各种环境、社会和治理范围内的绩效信息。虽然可能与财务相关，但在这些方面通常被称为非财务信息。1997 年成立的非营利性组织——全球报告倡议组织在可持续发展报告的发展中发挥了核心作用。CDP 最初于 2001 年成立时被称为"碳信息披露计划"，通过制定温室气体排放测量标准，以及最近的水和林业资源保护标准，给可持续发展报告以实在的标杆，成就了其现在的重要地位。今天有 5000 多家公司发布可持续发展报告，包括世界上 85% 的大公司。根据 Arabesque 资产管理公司（Arabesque Asset Management）使用 GRI 年报数据库中 2013～2015 年的报告所做的计算，10 年前只有 300 家公司这样做。

以往，大多数投资者对非财务信息没有兴趣，除了社会责任投资界外。

而今天更多的"主流"投资者对企业在 ESG 方面表现出兴趣，但他们的兴趣仅限于可持续发展报告中可用信息的相对较小的一个子集：他们想知道一个公司在会对企业创造和保存价值能力产生影响的重大问题上的业绩表现。尽管有关可持续发展报告的规定越来越多，但大体上仍然是公司的自愿行为，虽然下文讨论的最近的欧盟立法将会改变这一点。即使有法律规定，也很少具体说明应使用哪些衡量标准，报告的格式应该如何。因此，投资者和其他利益相关者难以比较公司的表现（甚至在同一行业内），也很难找出自己最感兴趣的信息。

综合报告的最新形式可追溯到 21 世纪初，但只是在过去 5 年中才受到广泛的关注。国际综合企业报告理事会 2013 年框架（IIRC，2013: 4）定义为：

企业综合报告的主要目的，是向金融资本提供者解释一个组织如何随着时间的推移而创造价值。综合报告对该组织长期创造价值的能力感兴趣的所有利益相关者，包括员工、客户、供应商、业务合作伙伴、当地社区、立法者、监管机构和政策制定者有益。

与全球报告倡议组织（GRI）同行，IIRC（从 2010 年开始）和可持续发展会计准则理事会（从 2011 年开始），是对企业综合报告的认识进行传播和推广实施的两个关键的组织。综合报告是企业完全自愿的行为，南非除外。在约翰内斯堡证券交易所上市的所有公司，都要基于"适用或解释"的要求提供企业综合报告（更全面的有关南非案例的讨论见 Eccles et al.，2015 年：第 1 章）。

除内容、受众和操作惯例外，还可以根据其功能来了解每种类型的公司报告（见表 15-2）。埃克尔斯和瑟拉芬姆（2015）认为，企业报告有两个功能：信息和转型。信息功能是指公司报告有义务向公司交易对家提供其所需的信息，以便对家就是否与公司进行交易以及在何种条件下交易，做出知情的决定。在企业报告的背景下，这些交易对家包括要求这些信息准确并且及时的股权和债务资本的提供者，以及供应商、客户、员工和监管机构等。信息功能是"单向"的，因为公司提供信息，交易对家做出决定，但不意图影响公司

表 15-2　企业报告的类型

报告种类	功　　能
财务	信息
可持续性	转型
综合	转型

的行为。相比之下，转型功能则涉及对家改变公司意图的反馈（Eccles and Serafeim，2015: 157）。

虽然信息功能没有反映交易对家的反馈，但转型功能放宽了这一假设，允许交易对家的参与和行动。交易对手收到信息并加以评估，如果他们看到可以影响到企业行为的机会，且对自己有利，并也有可能符合公司的利益，那么他们就会积极地去努力带来变化。这种积极参与的行动主义和变革过程，能够让公司转型。

转型功能是双向的：公司必须对交易对家的反馈采取开放的态度，并欢迎他们的参与。信息本身同时是目的，又是信息的功能；对于转换功能来说，这是一个必要条件，但不是充分的条件。虽然概念上这个"双向"性质与信息内容无关，但大致上，针对预设的功能不同，公司报告的类型各异。财务报告的主要应用是为投资者提供投资决策信息。在提供财务信息时，该公司并非在寻求反馈意见，除了或许验证一下业绩是否符合投资者的预期外。公司并不会从投资者那里寻求如何更好地管理公司来改善财务业绩的意见。大部分时候，投资者也并不认为这是他们扮演的角色。在投资者发言和电话会议中，他们提出问题，有时是诱导性的问题，但不会提供建议。一些投资者也可能使用财务信息来尝试使公司转型，譬如一个信奉行动主义的积极主动型投资者，通过市场在公司流通股份中占有很大的份额，然后通过将自己的代表安插到董事会，以其他方式对公司施加压力来进行改变。

目前在公司盈利指引和季度电话会议上，财务报告的做法几乎完全集中在短期财务业绩上——这是我们今天所知道的市场经济的定义特征。公司在企业城堡里做决策，报告业绩以满足企业报告的信息功能，收到的主要反馈信息是股价的涨跌。卖方分析师的季度和年度盈利预测以及相对来说对 ESG 问题的冷淡不关心，强化了当今市场经济的缺陷。

虽然财务报告是国家对所有上市公司的规定要求，但可持续发展报告则源于社会的要求，以提高公司在 ESG 问题上的立场和表现的透明度。财务信息可以视为理所当然，但对非财务信息却并非如此。那些人需要非财务信息，是为了帮助决策他们是否应当与公司进行接触，以试图改变其做法和行为。在利益相关者感兴趣的某个问题上表现不佳的公司，通常会是关注的重点。当公司对这些要求做出回应时，转型过程就开始了。然而，结果取决于参与各方的资源投入，而资源投入多少本身就体现了人们对此问题的重视程度。公司还必须考虑到不同利益相关者之间的利益可能相互冲突的事实，并权衡摆平。大多数情况下，利益相关者都是只顾及自己的问题，对其他问题视而不见，漠不关心。

可持续发展报告在为市场经济的新概念奠定基础方面发挥了重要作用，因为它明确承认：关注对社会前途攸关的 ESG 问题的利益相关者，已经越来越重要。因为其功能是转型的一种，它也使得公司开放，让利益相关者进来参与，这是任何新形式的市场经济的关键原则（参见本书第 9 章）。

企业综合报告的主要兴趣是转型，尽管有不同的起始点。可持续发展报告是"从外至内"转型的方式。综合报告更多的是"从内向外"的方法，综合报告倡导者认为，在开始时企业应该为了公司自己的健康来实行综合报告的做法。综合报告被认为是培养"综合思维"的一种方式，综合考虑影响财务业绩的六大资本（财务、制造、自然、知识、人力以及社会与关系）的重大 ESG 问题，使公司以统筹全局的方式运作。这样做的结果是成就一家管理更好的公司，能够具备更强大的能力在短期、中期和长期内创造价值，而在这样做的过程中，又给投资者提供了必要信息，让其采取更长线观点，并同时吸引更多眼光长远的投资者。这是一种"反向的行动主义"，公司在主动影响其投资者的圈子，而不是被动接受。

如何支持市场经济的改造

今天，很多人都在试图设想市场经济。所有这些思想学说都具有一定的共同特质：（1）更加重视公司带来的负面的外部影响，以及公司在做什么来进行弥补；（2）更多地关注其他利益相关者的利益和期望，特别是超大的公司，因为社会越来越多地期望它们，而不仅仅是政府为可持续发展做出贡献；（3）在满足股东和其他利益相关者的不同期望之间寻求适当的平衡；（4）机构投资者把公司可持续发展业绩考虑到投资决策中，以及（5）公司和投资者双方的长期前景。

综合报告制度支持所有这些特质。就（1）而言，"国际综合报告框架"
（见图 15-1）中的"价值创造过程"强调，企业将六大资本投入其商业模式
中，其产出结果又会影响这些资本。这些结果既有正面的也有负面的。框
架进一步指出，该公司应该解释"不同类别资本之间的相互依赖和权衡取
舍，以及其可用性、质量和企业对之的负担能力的变化，会如何影响企业
组织创造价值的能力"（IIRC，2013：17）。虽然这些框架没有具体说明如何
衡量这些资本的使用和结果，但它清楚地表明，公司应该全盘考虑所有这
些资本。碳信息披露计划、全球报告倡议组织和可持续发展会计准则理事
会等组织正在制定测评和报告标准，以便为公司提供指引。

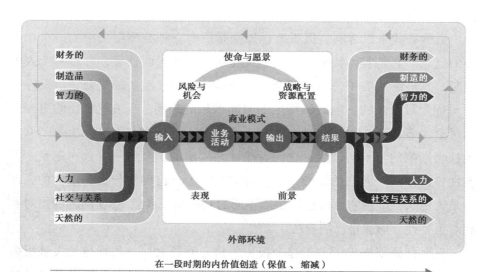

图 15-1　价值创造过程

注：版权 © 2013.12 国际综合报告理事会（IIRC）版权所有。经 IIRC 授权使用。若需使用（重
印，存储，传播及其他使用方式）本图请与 IIRC 联系 (info@theiirc.org)。

针对第（2）条，框架将"利益相关者关系"列为其七项指导原则之
一："综合报告应提供对企业组织与其关键利益相关者之间关系的性质和质
量的详情，包括企业组织如何以及在何种程度上，理解、考虑并回应其合
法需求和利益"（IIRC，2013：5）。利益相关者的参与对于了解其利益和期
望至关重要。要在利益相关者和股东之间，以及不同利益相关者之间取得
适当的平衡，需要认识到由于各种选择之间的相互依存关系，因此常常会
有权衡取舍。有了适当的参与和充分透明的原因解释，那么即使利益相关

者不同意公司的选择，也会接受其决定的合法性。

（3）的关键，即平衡股东和广泛的利益相关方之间众多的，而且经常是互相竞争的利益，是运用"信息连通性"的指导原则，"综合报告应该展示企业的全景：影响企业组织随时间推移创造价值的能力的各个因素之间的组合情况、相互关联性和依赖性"（IIRC，2013：5）。企业综合报告与"合并报告"的区别在于，前者显示了在具体时间框架中，财务和非财务业绩之间的正面与负面的关系。合并报告只是在同一文件中提供财务和非财务信息。（3）的另一个关键是"重要性"的指导原则，"综合报告应披露关于一个企业组织随时间推移对其短期、中期和长期的价值创造能力的有实质性影响事项的信息"（IIRC，2013：33）。

虽然有些难以琢磨，但重要性原则是所有三种类型报告中的一个很中心的概念。它是实体特定的，受制于受众对象和时间框架，并且基于人的判断。它最终取决于公司董事会，关于谁是公司最重要的受众，以及评估公司行为对受众的影响时所使用的时间框架的判断（有关重要性的更充分的讨论，请参见 Eccles et al.，2015：第6章）。"重要性"实际上与"有重大社会影响的"不同，尽管这两者往往是混淆的，就像一家公司制定"重要性评价体系"面临的情形一样。公司只能为自己确定什么是重要的，而不是为他人，即使它可以也应该对不同的利益相关者就 ESG 问题的绝对和相对重要性，形成自己的看法。

重要性原则提出了关于综合报告的核心问题之一：与可持续发展报告的关系。许多人错误地认为，综合报告将导致包含财务和非财务信息的单一报告，不再需要可持续发展报告了。这不对，综合报告应包含基于公司指定的重要受众和时间框架的重要信息。可持续发展报告则包含了它认为对社会（由利益相关者群体所代表）重要的非财务业绩类的公司信息，它判定为意义重大但是对公司价值创造过程（至少目前）不重要的事项。

就（4）而言，越来越多的投资者（虽然仍然是少数），正在认真努力地将 ESG 问题和公司在这些问题上的相关表现纳入自己的决策过程中。对于社会责任投资基金来说，一直如此，而现在，"主流"投资者，如大型养老基金和机构资产管理公司，也开始这样做，即使他们的视角是投资价值而不是价值观（参见本书第17章）。对"ESG 整合"感兴趣的投资者通常提出的一个意见是，他们没有从公司获取他们需要的数据。将 ESG 问题纳入决策中牵涉在另外的可持续性报告中费力寻找确定与之相关的重要信息，然后将其与公司财务报告中找到的巨量信息相结合。根据"简明扼要"的指导原则，一个完整全面的综合报告，就可以解决这个问题："综合报告包括了能充分了解企业组织战略、治理、绩效和前景的背景信息，却不会有大量不相关的成为（读者）负担的信息（IIRC，2013: 21）。"企业综合报告是公司在所有相关的财务、环境、社会和治理层面上进行业绩沟通的方式，以便于投资者也能够通盘考虑。

最后，还有就是公司和投资者长线思考的需要——一个时间框架的问题。关注的时间框架越短，股东和其他利益相关者的利益与不同类型的业绩之间的权衡就越大。如果目光较为长远，公司可以进行必要的投资来提高财务业绩和非财务的表现，但是为了达到这个要求，它们需要投资者的耐心。公司经常抱怨在迫于投资者短期盈利压力下经营，但同时又通过提供有关季度盈利目标的指导来强化这种投资态度。投资者抱怨说，公司没有提供足够的信息来让投资者放心地长期持有，同时又在热切期待公司下一个盈利发布会。在这里，"战略重点和未来方向"的指导原则正好派上用场："综合报告应该提供对企业组织战略，以及这些战略对于组织在短期、中期和长期价值创造的能力及其对资本使用与回报等详情，"包括"组织如何平衡短期、中期与长期的利益"（IIRC，2013: 16）。

概念上，虽然综合报告对经过反思的资本主义 / 市场经济中的公司报告似乎正合适，但只有在几乎所有公司都采用的情况下才能发挥这一作用。至少，所有大型、公开上市的公司都必须实行。可要使这成为现实并非轻而易举。如上所述，唯一要求发布综合报告的国家是南非，而它执行这种规定的严格程度远低于财务报告。对这种相对松懈的现状的一个解释是因为评估框架和非财务指标的衡量标准缺少共识。另一个原因是在这种新型企业报告的早期发展阶段，可以理解监管机构不愿明确规定标准。即使南非和其他国家要求将综合报告作为就像规范性的财务报告一样被强制执行，还有一个挑战就是调整统一各国的报告模式。直到不久之前，每个国家都还在用自己的一套公认会计原则（GAAP）。现在普遍使用的两个主要准则是：财务会计准则委员会（FASB）下的以规则为准的美国公认会计准则（美国 GAAP）和国际会计准则委员会（IASB）下的以原则为主的国际财务报告准则。制定一套全球性会计标准的"趋同合一"的举措的实行过程漫长又艰难，到现在也未完成。

短期内，最好让市场力量发挥作用——让投资者要求企业采取任何形式的综合报告，让公司去应对这些需求。在此期间，将进一步开展工作，来改进评估框架和非财务信息报告的标准。最终，国家必须以某种方式进行干预，以确保广泛采用。一般来说，这可能会以两种方式发生：一种方式是负责监督财务报告的监管机构可以将其规定扩大到综合报告中，在美国，该机构会是美国证券交易委员会；另一种方式是制定新的立法，如欧盟的"企业社会责任报告指令"。我们会在后面依次逐一探讨。

美国证券交易委员会和企业综合报告

依据 1933 年的《证券法》和 1934 年的《证券交易法》，美国成立了证券交易委员会，其使命是通过保护投资者，以便资本形成，维护公平、有序和有效的市场来促进公众利益。透明度是确保市场对证券正确评估和定价（公司报告的信息功能）的主要监管机制，也是 SEC 的主要意图。但也有一个小小的的转型功能，因为公司财务报告的意图是通过将公司行为披露给公众监督来引导商业行为。我们说"小小的"，是因为 SEC 的职能部门——公司报告的作用，就是为了鼓励公司取得更好的业绩表现，因为财务业绩或多或少地反映在它们的股价上。

SEC 拥有成熟的透明度标准，包括监测和执行机制。其重要性的定义与综合报告的定义一致。最近，它从重视财务信息的传统上扩大了对公司报告的要求，增加了某些选定类型的非财务信息。因此，SEC 支持在美国采用企业综合报告的制度不是完全不可能的。尽管如此，由于美国证券交易委员会认为其主要角色在信息功能方面，因此综合报告的转型方面，将取决于股东和其他利益相关者对证券交易委员会支持出台综合报告的反应，以及公司如何对股东和利益相关者参与愿望做出反应。

注册证券的披露要求载于 S-K 法规或小企业 S-B 规则。对于证券报告，必须披露以下信息：（1）根据 S-K 法规特别要求或必要的信息，以确保所要求的披露信息不会产生误导，以及（2）对投资者或股东在证券投资的决策过程中估值的准确性会产生重要影响的信息（加重点）。美国最高法院规定了证券报告中什么样的信息才是"重大信息"。如果某项事实"合理的投资者认为重要的可能性很大"，并且会认为该信息"会显著地改变所提供信息的'总体组合'"（US Supreme Court, 1988, *Basic Inc.* v. *Levinson*, emphasis added），那么该事实就是重要的。这"需要对'合理的投资人'从一组事实中得出的推论以及推论对他的重要性"做细致入微的评估。请注意，最高法院的定义不限于财务信息；如果"合理的投资者"认为定量的甚至定性的非财务信息在"信息的总体组合"中是重要的，那么也应该被披露。关于或有偶发和前瞻性的信息，最高法院要求平衡考虑"显示的事件发生概率和在公司整体运营活动中来看预期的该事件的大小程度"（US Supreme Court, 1988, emphasis added）。因此，改变社会预期可能会影响对"重要性"的评估，正如改变了的社会预期要求改造市场经济一样。显然，最高法院对"重大信息"的定义可以适用于这一点。

美国证券交易委员会已经在其"关于气候变化相关信息披露的委员会指导意见"（SEC，2010）中对特定具体类型的非财务信息提供了指引，而企业财务部在其"公司财务披露指引草案：主题 2 网络安全（SEC，2011）"中，针对现行证券法规（特别是 S-K 法规）如何可能要求披露对证券发行人或其业务部门具有重大影响的有关气候变化或网络安全事项的信息，起草了解释性指引。每条指引都讨论了按照合规来预防和减轻与气候变化与网络安全有关风险发生所带来的成本，如何可能会导致物质费用大幅增加而被纳入财务披露。下列规章中（项目 101（业务描述）、103（法律程序），303（管理层的讨论和分析），307（披露控制和程序）和 503（c）（风险因素））的描述详细说明了 SEC 可以强制证券发行人提供针对气候变化或网络安全风险或事件的解决方案的信息。"国际企业责任圆桌会议"已经要求美国证券交易委员会就人权问题发布类似的解释性指引或裁决。

很明显，根据 S-K 法规及其对"重大信息"的定义，SEC 有权为综合报告提供潜在的强有力的支持。应该是什么具体形式以及什么时候会或者应该发生什么，现在并不清楚。虽然 SEC 的使命是通过透明的公司披露来保护投资者，但也必须考虑这些披露对公司施加的成本与最终承担这些成本的投资者的获益之间的平衡。一般来说，企业界会抵制额外的信息披露，不管是正当的（不经常需要的披露，当不再需要时，也极少被剔除）还是出于自私的（因为更多的披露造成更多的责任）原因。例如，尽管美国证券交易委员会只是说"在气候变化背景下重新阅读 S-K 法规，且在信息披露时，考虑到这一点"，但仍然引起了强烈的表示反对气候变化的指导意见的负面反响。

因此，证券交易委员会不太可能会根据国际整体报告（IR）框架的基础去修改其 10-K 表（外国注册人的 20-F 表）上的信息披露指引。相反，它会根据综合报告的精神在现有监管制度内发出指引意见。例如，可以就六大资本发布指导性意见，也可以在自然资本上发表一个指导性意见，而在智力知识、人力、社会和关系资本的无形资产上再发表另一个指导意见。同样，它可以发布一个指导性声明，提醒公司"重大信息"包括非财务信息，并引用可持续发展会计准则理事会的信息披露要求作为根据，因为其标准是为 10-K 表格特别设计的。如果发生这种情况，我们认为美国将会向实施"纯粹的"综合报告的方向迈进一大步。由于对 10-K 表格（20-F 表格）的信息要求，规定是很详细的，故很少符合框架的"简洁"指导原则。但公司可以出一个非官方要求的正式文件——年度报告，即一份更加严格根据框架所做的年度综合报告。一旦公司渡过了卢比孔河[⊖]，譬如根据 SASB 的指引，将其所有重要的 ESG 问题包含在表 10-K（表 20-F）信息披露表格中，那么，将会极大地奠定年度报告转变成企业综合报告的基础。后者需要对"信息的连通性"进行更多的叙述性讨论，或许需要充实更多一点的"战略重点和未来方向"的内容。

欧盟和企业综合报告

一个替代上述依靠现有监管机构来支持建立企业综合报告制度的方案，是建立新的监管机制，甚至可以在与财务报告规则的复杂体系无关的"可持续性"领域进行立法。在某种程度上，这已经在发生。在 2013 年的"胡萝卜与大棒"联合报告中，毕马威、非洲公司治理中心、全球报告倡议组织

⊖ 在西方，"渡过卢比孔河"（Crossing the Rubicon）是一句很流行的成语，意为破釜沉舟，开弓没有回头箭。

和联合国环境规划署研究了 45 个国家的约 180 项政策。该研究报告指出，到 2013 年，72% 的政策已经成为强制性政策，对比 2010 年调查的 32 个国家的政策，强制性政策只有 62%，而 2006 年是 19 个国家的 58%（KPMG，2013 年）。

支持披露非财务信息立法最重要的例子，2014 年 10 月 22 日欧盟发布的 2014/95 法令（即企业社会责任报告的法令）。这个法令是修订了关于欧盟要求某些大型企业和集团披露非财务与企业多样化信息的 2013/34 法令（European Council，2013 年）的结果，是对 2013 年 6 月 26 日颁布的欧盟指导法令 2013/34/EU 的跟进。该法令关乎年度财务报表、综合财务报表和某些类型企业的相关报告，其中涉及公司向资源丰富国家的政府付款的报告。2014/95/EU 法令必须在 2016 年 12 月 6 日之前由成员国实施（Spiesshofer，2014a）。企业社会责任报告指令将报告要求扩大到广泛的企业和科目：要求有关公司在其管理报告中披露有关环境事项、社会和员工方面的政策、风险和成果的信息、尊重人权、反腐败和贿赂问题以及董事会的多样性。这将为投资者和其他利益相关者提供更全面的公司业绩表现（European Commission，2014）。该信息将包含在公司的年度报告中，该指令对这一立法的好处抱有很高的期望（European Commission，2014: FAQs）。

每个披露有关社会和环境事宜信息的公司，随着时间的推移将获得显著的收益，包括更好的绩效、更低的融资成本、越来越少且更小的业务干扰、与消费者和利益相关者建立更好的关系。投资者和贷款人将从更为知情和高效的投资决策过程中获益。公司以更有效和负责任的方式管理环境与社会挑战，这会使整个社会受益。

欧盟委员会（2014）认为，上述种种益处不能单纯地依靠公司的自愿报告来实现。据称只有约 10% 的（2500 家）大型欧盟公司会报告其环境和社会绩效。按照新法令，发布企业综合报告的公司将上升到 6000 家。

发布关于非财务和多样性问题的报告并不是新鲜事物。大型企业已经被要求在年度报告中包含非营利性绩效指标，例如环境和员工雇用问题的信息，以达到对公司评估所需的信息要求。新的"企业社会责任报告指令"超越了价值评估、股东和投资者信息以及财务业绩的边界。为了引导企业行为，不仅在公司或集团的 CSR 合规上，而且在供应链方面也引入尽职调查以及"了解和显示"的要求，显示了一种范式的转变（Spiesshofer，2014b）。社会责任的目标包括经济利益相关者，如股东、投资者、债权人以及民间社会和公众，使之能够监督和最终促使公司采用适当的企业报告范式与行为模式。因此，"企业社会责任报告指令"不仅具有信息功能，而且还注重于转型功能。

　　该指令的目的不仅在于对公司的风险评估和风险管理以及对价值相关因素的适当描述。它还包括避免负面的"影响"——软性指导商业行为，使之低于违法违规的阈值。报告的监管功能是"了解和表达"，即了解因果关联的负面影响，制定回避或缓解策略，并向公众和利益相关者展示。在其条例中，该指令建议成员国使所有具有"合法利益"的个人和组织遵守执行本指令。尽管该指令尚未细述，但这可能包括潜在受影响的各方或非政府组织的公民诉讼和民间执法行动——转型中公众参与过程的与生俱来的所有情况。虽然要尊重各成员国的企业社会责任指令的多样性和不同企业采用的方法不同，但该指令的另一个目的是提高欧盟各国披露的非财务信息的一致性和可比性，这就好比把圆的变成方的一样困难重重。"公司治理宣言"指令里的多元化报告，将以"自曝家丑"的形式，迫使企业将整个高管层面多元化，这也是一个特定的转型目标。

　　除了企业活动和业绩外，衡量影响力的要求还提出了另一类报告。企业活动导致了对公司外部受众产生影响的结果。股票价格是财务业绩对投资者产生影响的一个例子。影响力可能是正面的（例如，由新工作创造的社会财富）或负面的（例如，由碳排放引起的全球变暖）。与非财务业绩相比，影响通常更难评估。例如，"影响力投资"领域的人们正在努力制定措施标准，就像其他人正在努力制定非财务信息标准一样（参见本书第 17 章）。影响力的评估可以同时具有信息功能（例如，通过影响其他人对公司的决策，例如，购买股票或产品或在哪里进行工作）和转型功能（例如，当一个群体动员去聚众奖励或惩罚公司所产生的影响力）。

　　该指令的条例 7 包含有关信息"重要性"的差异化指导，允许信息报告有一定程度的尺度掌握。报告应当陈述对环境、健康、安全以及能源与用水方面的实际和可预见的影响。报告可以陈述社会和员工事务上实施必要的国际劳工组织公约，尊重工会和工人权利，社会对话以及与当地社区的对话。至于人权和反腐败问题，这份报告可能包含有关避免侵犯人权和腐败现象的资料（强调加重点）。条例 8 对有关风险强度进行分类：需要有足够的信息，确定哪些因素最有可能导致影响重大的主要风险的发生。重要性取决于负面影响的严重性和程度大小，这种限定与美国最高法院的约束条件相似。虽然报告的紧迫性有所区别，但其目的是产生影响力，因而是转型导向的。

根据该指令，成员国应允许企业报告的制作可以参照国家的、欧盟的或者国际的指引，如"联合国全球契约""联合国商业与人权指导原则"、经合组织"跨国企业指导原则"、国际标准化组织 26000 社会责任指南、全球报告倡议组织（GRI）或其他公认的国际准则，如 IIRC 国际综合报告书联合会的框架等。虽然欧盟指令中没有提到，但可持续发展会计准则理事会应该有资格名列其中，这个指令给这些标准的采用提供了机会。企业报告应当说明报告所用的指令是哪一个。由于这些准则在范围、规范、所涵盖的问题和方法上有广泛的差异，所以要实现欧盟各国报告的一致性和可比性的可能性看起来非常渺茫（Spiesshofer，2014a）。我们注意到，对于信息功能而言，可比性更重要，正如它对财务报告是很重要的理由一样。投资者想要比较公司的表现，至少在一个行业内，才能选择投资其中哪一个以及投资多少。在企业转型功能中，有效的参与可以很简单，就是根据公司目标绩效改进情况，不管它如何评估行为活动、结果或影响。

该指令受到批评，原因有很多：在报告要求的引入之前没有先制定"预期行为"的均一的实质标准。一致性和可比性难以实现，成员国有高度灵活性，因为有"选择退出"的可能性，"报告或解释"的规则方法以及报告可以基于的各种可能的指导方针来编写。涵盖整个供应链的负面"影响力"报告可能是无穷尽的，可能发生巨大的相关成本（Spiesshofer，2014a）。该指令强调，它不是关于综合报告的，但是明确承认它可能是朝着这个方向迈出的一步。

本指令侧重于环境和社会信息披露。综合报告是一个进步，是公司将财务、环境、社会和其他企业信息以全面一致的方式整合而成的。要明确指出的是，本指令不要求公司遵守综合报告的指引。委员会将非常关注综合报告概念的演化，特别是国际综合报告理事会的工作。

然而，如果决定这样做，欧盟面临的挑战之一就是澄清针对的受众是谁的问题。目前的指令是一种面向"所有人的一切事物"的指引，没有指出企业综合报告的重大问题和可持续发展报告的社会重要问题的区别。如上所述，该指令对于它所依据的重要性的基本概念是模糊不清的。然而，立法中没有什么规定阻止公司自己定义"重要性"的含义。此外，由于各指标的具体实施将由各成员国确定，因此各国可以决定建议"国际综合报告框架"作为遵循本指令的依据。我们认为这一点不大可能，至少在短期内如此，如果成员国选择其证券监管机构作为负责在本国执行指令的实体，原因与上面讨论的 SEC 情况一样。但是，如何执行实施，哪个实体负责，将由每个成员国决定，这就可能会导致各国之间的巨大差距。尽管有这些特点，但是 CSR 合规还是可能使欧盟向长期综合报告制度方面迈出重要的一步，如果某些成员国决定这样做时，也许进展更快。

结论：迈向全面实行企业综合报告制度之路

本章的结尾面临两难困境。一方面，显而易见，综合报告可以在改造市场经济的过程中发挥一个中心的甚至是关键的作用。要做到这一点，必须在制度层面上几乎普遍地施行综合报告制度才行，至少要在世界上最大的那些控制大量经济活动的公司中实行。自愿实施不太可能在一个有意义的时期内实现这一目标。因此就只有建议另一个办法，一个监管解决方案。我们对美国和欧盟的讨论清楚地表明，不大可能建立这种监管。即使能够建立，其结果也许只能成为一个表格"勾选"的合规内容，只能以极简主义的方式实现报告的信息功能，失去了对实现反思资本主义，改造市场经济的至关重要的转型功能。

那么有什么可以做的呢？首先，我们再次指出，综合报告制度不是一副灵丹妙药。许多其他事情也必须到位才行，包括综合资产管理、资产所有权、投资的法律义务、股权的代理投票、公司治理、公司股票经纪、投资咨询、财务知识和金融监管等（Waygood，2015；另见本书第9章、第12章、第16章和第17章）。所有这些都会有助于推广综合报告制度的实施应用，反过来，综合报告也可以对上述每一项工作有所贡献。在上述诸多因素中，因果关系错综复杂，没有简单的线性路径可以走通。此外，哪条路径最有希望，将会因国家而异。在某些国家中，监管部门将发挥更大的作用。在其他国家中，监管部门将可以成为市场的力量。当然，监管和市场在所有国家都是必要的。从这个角度来看，我们提出四种适用于世界各地的循序渐进的常识性建议。我们说循序渐进，是因为这些建议是在现有的监管制度上发展起来的。我们相信，一旦基础工作妥善就绪，非递增式的效果最终可以实现。

首先，企业应该努力落实框架中的理念，将可持续发展会计准则理事会的要求纳入其相关的官方信息披露文件，如10-K表格或20-F表格，以及对英国上市公司现在新要求的"战略报告"和年度报告。有句古谚"至善者，善之敌"适用于此。企业与其把综合报告看成一种结构特定的特殊报告类型，不如开始在前述具有五个特征的改造市场经济的背景下，开始实行统筹综合思维。它们应该在现有的报告做法上尽量改进适应。

其次，资产所有者，基金经理和卖方分析师应鼓励企业在与他们沟通中采用综合思维。他们自己也应该逐渐开始采用更综合的思考方式。这意味着除了有独立的"ESG团队"之外，还要让他们的行业专家就重要的ESG问题是什么以及将如何影响财务绩效给出专业意见。

再次，对于综合报告制度的实行，会计界应从单纯倡导转向在实际操作中帮助推行。这意味着审计专业人员，而不仅仅是顾问或咨询专业人员（到目前为止的主要促进力量），需要与他们的审计客户的首席执行官、首席财务官和董事会，就综合报告的实施展开积极对话。审计师还需要更好地了解投资者想要的信息，因为他们才是最终的客户。

最后，国际证券监督管理委员会（IOSCO），"汇集世界证券监管机构并被公认为是设立全球证券业标准的国际机构"，应成立一个工作组，出版一份证券委员会如何能在其现有监管制度内支持推行企业综合报告制度的报告（IOSCO，2015）。这些报告建议支持前述的三项建议，因为它们为支

持综合报告制度的实行所需的新的立法和法规的时间安排与性质，奠定了
基础。

　　企业综合报告制度的普遍实行的道路虽漫长，但却是必由之路。我们
的愿望是，到 2025 年实现这一目标。为此，我们将尽最大努力发挥自己的
作用。

参考文献

Eccles, R. G. and Serafeim, G. (2015). "Corporate and Integrated Reporting: A Functional Perspective," in S. Mohrman, J. O'Toole, and E. Lawler (eds), *Corporate Stewardship: Organizing for Sustainable Effectiveness*. Sheffield: Greenleaf Publishing.

Eccles, R. G., Krzus, M. P., and Ribot, S. (2015). *The Integrated Reporting Movement: Meaning, Momentum, Motives, and Materiality*. Hoboken, NJ: John Wiley and Sons.

European Commission (2014). *Disclosure of non-financial and diversity information by large companies and groups—Frequently asked questions*, Brussels, April 15. Available at: <http://europa.eu/rapid/press-release_MEMO-14-301_en.htm> (accessed August 25, 2015).

European Council (2013). *EU Directive 2014/95/EU of 22 October 2014 amending Directive 2013/34/EU as regards disclosure of non-financial and diversity information by certain large undertakings and groups ("CSR Reporting Directive")*, adopted by the Council of the European Union on September 29, 2014, OJ L 330, 15.11.2014, p. 1–9.

GRI (2015). "Sustainability disclosure database," Global Reporting Initiative. Available at: <http://database.globalreporting.org/search>.

International Integrated Reporting Council (IIRC) (2013). *The International <IR> Framework*. Published December, Copyright 2015.

IOSCO (2015). *IOSCO: About IOSCO*. Available at: <https://www.iosco.org/about/?subsection=about_iosco> (accessed August 25, 2015).

KPMG (2013). "Carrots and Sticks: Sustainability Reporting Policies Worldwide: Today's Best Practice, Tomorrow Trends," *Global Reporting Initiative*, Unit for Corporate Governance in Africa, pp. 1–96.

Securities and Exchange Commission (SEC) (2007). *Securities Act Rule 408 and Exchange Act Rule 12b–20*. Available at: <https://www.sec.gov/rules/final/2007/33-8876.pdf> (accessed August 25, 2015).

Securities and Exchange Commission (SEC) (2010). "Climate Change Guidance," 17 CFR PARTS 211, 231 and 241 (Release Nos. 33–9106; 34–61469; FR-82, Commission Guidance Regarding Disclosure Related to Climate Change, February 8. Available at: <https://www.sec.gov/rules/interp/2010/33-9106.pdf> (accessed August 25, 2015>.

Securities and Exchange Commission (SEC) (2011). "Cyber Security Guidance," *CF Disclosure Guidance: Topic No. 2 Cyber-Security*. Available at: <https://www.sec.gov/divisions/corpfin/guidance/cfguidance-topic2.htm> (accessed August 25, 2015).

Spiesshofer, B. (2014a). "Die neue europäische Richtlinie über die Offenlegung nicht-finanzieller Informationen—Paradigmenwechsel oder Papiertiger? [The New Euro-

finanzieller Informationen—Paradigmenwechsel oder Papiertiger? [The New European Directive on the Disclosure of Nonfinancial Information: Paradigm Shift or Paper Tiger?]," *Neue Zeitschrift für Gesellschaftsrecht* 33/2014 (A): 1281-7.

Spiesshofer, B. (2014b). "Wirtschaft und Menschenrechte—rechtliche Aspekte der Corporate Social Responsibility [Business and Human Rights—Legal Aspects of CSR]," *Neue Juristische Wochenschrift* 34/2014 (B): 2473-9.

US Supreme Court (1988). *Basic Inc. v. Levinson*. 485 U.S. 224, 238.

Waygood, S. (2015). "A Roadmap for Sustainable Capital Investments: An Aviva White Paper," *Aviva Investors*: 1-60.

第 16 章

理性期待与信托义务
通向长期思考的法律途径

爱德华·维泽尔　道格拉斯·萨罗

引论

　　我们的市场体系取得了巨大的成功，并且仍然是服务于共同利益的关键。但它的持续活力受到越来越迫切的挑战的威胁——从收入不平等到侵犯人权以及地球自然资本枯竭（OMCFG，2013）。虽然这些挑战从性质上来说可能只是社会或环境的，但它们在经济上也很重要。市场的发展取决于自然资源的持续供应以及尊重人的尊严的稳定的政治制度。在这个意义上，企业和利益相关者的利益是相互交织的（参见本书第 9 章和第 10 章）。

　　金融和企业部门调动资本、分散风险以及产生财富的能力使得它们对解决这些挑战做出重大贡献。传统上，立法机构通过税收和其他形式的立法与法规，确定了这种贡献的性质。然而，由于激励政治进程的短期动机导致政府解决长期、系统性政策问题的无能，因此这种贡献已经越来越局限。这种挑战因不断增加的相互依存和相互关联而加强，这使我们处于一个世界的趋势，在这个世界中，国内管制不再提供适当的手段来处理公共管理挑战。

　　随着公众期望和立法反应性之间的紧张关系变得更加严重，法院和独立监管机构的作用越来越大，他们使用诸如"合理性"等开放式概念，当附加到名词上，如"期望""人"或"怀疑"，以创建和修改法律标准，并建立新的通常是激进的法律途径。私人机构也发挥了作用，帮助塑造这些法律途径。如 Henderson 和 Ramanna（2015）认为，当社会缺乏强大的政治市场来解决追求自我利益的消极后果时，私人机构有责任通过在维持市场经济持续发展的条件方面发挥更积极的作用来填补由此产生的差距。

在本章中，我们关注两个法律概念——合理的期望和义务，这些概念已演变成强大的工具，利用这些概念，法院和监管机构可以要求私人公平地对待利益相关者，并考虑他们的行为对整个社会的长期影响。近年来，这些概念在范围和潜在索赔人的范围上都有所扩大，并已成为法律轨迹的先声。由于这两个概念高度灵活且适应性强，它们的扩展为私人机构创造了机会。通过主动改变他们的行为来反映这些概念所基于的原则，他们可以创建"最佳实践"，最终可以由法院和监管机构作为"合理"行为的例子。

我们观察到的更加健全的监管和法律制度的转变，植根于合理的期望和更广泛的理解，可以看作是由仅仅鼓励理性向鼓励合理性的转变（Lydenberg，2014）。哲学家约翰·罗尔斯说明了这两个概念间的区别，指出一个群体可以采取一种立场，"由于他们强大的议价地位，这种立场是完全理性的，但是这种情况是非常不合理的，甚至是离谱的"（Rawls，1971：290）。"理性"侧重于自我利益的最大化，"合理性"假定决策者参照社会中的其他人以及商定的原则和规范行事，即关注共同利益的保护和增强。

本章旨在描述我们认为是一个加速的趋势，并探讨其中的一些影响。第一部分讨论合理期望的性质，并解释该原则的主要目标：确保公平对待他人，防止破坏法律制度有效性的行为。第二部分讨论受托义务如何演变为要求金融和公司部门专业人员积极追求其受益者的长期最大利益，不仅作为经济参与者，而且作为负责任的公民。第三部分提出了一些法律方面的问题，我们预期将通过合理的期望和受托责任实现。第四部分提出了私人可以采取的积极措施，以预测和推动这些概念发展。简单的结论如下。

合理期望的性质

保护合理期望是普通法系统中许多（如果不是大多数）法律规则的中心

组织原则（Pound，1922）。标准不均衡地适用——私法通常强调期望的主观性（即特定利益相关者的期望），而公法往往更多地关注客观的"合理性"（从整个社会的角度来看）。根据定义，合理预期比现行法律内涵更广。正如加拿大最高法院在 BCE Inc.v1976 债权债券持有人（BCE，2008）中所述，该理论"超越法律意义的公平，考虑到所有利益的公平性"，以解决"不正当行为，即使实际上并不是非法"的行为，"鉴于所有公平利益，看起来超越正常性"这一原则，以解决"不法行为，即使实际上不是非法"的行为（BCE，2008：71）。依据情形及动态发展，合理期望可以被认为是法律框架——围绕其他法律框架进行修正以填补空白。这就产生了合理期望本身。

　　法院利用合理期许（下文讨论）的范围很广，这一原则还被用于实现非常一致的目标。两个目标似乎是最默契的。首先，要求强有力的公共和私人部门平等地对待他人，即诚实对待他人并避免将不必要的不成比例的成本强加于他人。其次，维护法律制度（并通过它们维护社会制度）的完整性，即通过允许参与者避免与该规范相关的义务，制裁阻碍法律、法规或社会规范的策略。

公平对待他人

　　在搜查和扣押法律中使用的"隐私的合理期望"的测试中，通过限制使用妨碍个人隐私的调查技术，以确保警察公平对待个人。它认为，如果调查技术显著地影响在个人隐私方面的社会利益，那么这种技术必须被分类为受制于宪法并由法院监督的"搜查"。这意味着警察必须尽量减少该技术使用的社会成本（例如，除非确信有合理的理由相信该技术的使用将获得犯罪的证据，否则不能使用该技术）。

　　2008 年，BCE 加拿大最高法院认为，合理期望也要求在公司法中体现"公平对待他人的义务"，它要求董事会考虑其决策对利益相关者的影响，并避免"以牺牲其他利益相关者的利益为代价不公平地最大化特定集团的利益"（BCE，2008：64）。在这里，必须考虑的利益不限于法定利益，它们包括受影响的利益相关者的经济和社会利益（BCE，2008：102）。

　　尽管关于隐私的合理期望测试考虑了整个社会的利益，公平对待他人的责任是重点关注公司利益相关者的利益。这些标准之间的实际差异可能会随着时间的推移而消失，由于法院对更大范围的企业利益相关者利益的承认（BCE，2008：39-40）。例如，如果董事会采取了损害环境的行动方案，而董事会采取另一种方案可以避免这些危害并且不对整个公司或其他利益相关者造成不必要的负担，则法院认为董事会这一行为可能违反了合理期望，应当负责赔偿。虽然有关压迫的法律规定声称要求证明存在"压迫或不公平地损害或不公平地无视保证人、债权人、董事或其他职员的利益的行为或不行为"（Canada Business Corporations Act, s. 241(2)），一个具有长期投资视野的机构投资者可能认为不必要地损害环境的公司，其行为不公平地忽视了投资者的利益。

侵权法提供了另一个例子，说明合理预期如何被用来防止对他人造成不必要的成本。在 T. J. Hooper v. Northern Barge Corp.，美国重要的侵权案件，法官勒尼德·汉德支持"合理的审慎"，要求拖船运营者携带无线电台（一种当时相对较新的技术），因为这样做已经成为几乎通用的安全实践，尽管法规并没有要求他们这样做。法院认为，照顾义务是适应新技术的概念，运营人应该衡量由于缺乏"遵守"而造成的伤害风险以及可能的伤害严重程度，与遵守一般做法以减轻这种风险有关的费用（T. J. Hooper v. Northern Barge Corp.: 740）。

除了减少对他人造成费用的强制义务外，公平待遇还要求采取诚实行为的标准。在 Bhasin v. Hrynew（简称 Bhasin，2014 年），加拿大最高法院援引商业中的"合理预期"，承认"诚实履约的一般责任"（Bhasin，2014: 92）法院很谨慎地解释说，这项义务不要求缔约方"将另一缔约方的利益放在首位"或"放弃从合同中获得的利益"（Bhasin，2014: 93）。相反，它只是要求合同一方不要"欺诈或以其他方式故意误导（对方）与合同履行直接相关的事项"（Bhasin，2014: 93）。虽然 Bhasin 被视为加拿大的一个具有里程碑意义的案件，但在美国或欧洲，Bhasin 宣布的原则几乎没有争议性，在那里诚实履行合同的义务早已得到承认（*Restatement (Second) of Contracts*, 1981: §205; Whittaker and Zimmerman, 2000）。例如，根据惠特克和齐默尔曼（2000: 25），德国民法典阻止合同当事人"无情地进行，没有适当考虑另一方的合理利益"，换句话说，合同各方当事人必须合理地而不仅仅是理性地行事。

加强社会制度的完整性

　　法院还利用合理期望策略，来解决那些参与者通过利用社会规则允许来规避义务，这些行为相应地削弱了社会制度本身的目的，进而威胁并阻挠了法律制度。举个例子霍奇金森 V. 西姆斯（简称"霍奇金森"，1994），财务顾问留给他的客户的印象是，他的建议虽然服务于客户的最大利益，却试图通过给客户寄一封冗长而复杂的免责声明来规避义务。加拿大最高法院认为，由于顾问作为特定领域的专家，例如房地产避税，在其客户寻求建议上，显示了自己的独立性，且事实上替他的客户进行了投资选择，则造成了合理的期许即顾问将以客户的最大利益行事，因此不能以信托义务声明免责（Hodgkinson，1994: 428-9，431，433-4）。法院指出，考虑到顾问征求了客户的信任，但随后通过使用免责条款避免信托义务，则可能会削弱旨在鼓励金融顾问等专业服务的信托法律。

　　总之，合理的期许，"超越法律去看什么是公平的"，强调上述行为是"错误的，即使它不是非法的"（BCE，2008），并要求个人和组织在行使公共或私人委托的权力前考虑他人的利益，尽可能减少利益相关者和整个社会的成本。这一学说也赋予法院力量来加强法律关系和完善制度，避免法律漏洞，与社会机构一起行动，制裁那些企图规避义务的行为，而这是社会关系和制度所必需的。

信托义务的本质

　　对利益相关者利益如何处理的思考，信托义务提供了第二条法律途径。

　　在普通法司法管辖区内，与日俱增的信托义务的重要性已被视为一个社会组织如何改变的响应，这些变化对控制行为在其他法律领域的有效性产生了影响。特别是，相互依存和专业化的增长，其法律后果是，在普通法司法管辖区内，监管方的传统工具可以通过合同法获得，但不再保证专业化服务得到有效供给。1983 年，弗兰克尔（1983: 802）指出，美国正在经历一个从"契约社会"，即经济独立和平等主体之间的讨价还价的价值观，转型为一个"信托社会"，即相互依存和依赖专家服务的价值观。在信托社会中，法律制度必须能提供保护，即使在没有任何实际机构的情况下，外行人可以监督他们雇用的专家的工作，并鼓励人们相信，他们所依赖的专家会将他们的利益放在心上（Frankel，1983: 802）。

信托法律旨在促进这种信任，当一方（受托人）的关系收益自由裁量权在另一方（受益人）时，在这种情况下，双方的"合理期望"，即受托人将在受益人的最大利益下行使这一权力，受托人必须在受益人的最大利益下审慎行使权力（Waitzer and Sarro，2012）。如同合理预期的概念，受托责任不是一个严格的代码，可以通过"复选框"合规。更确切地说，它们是开放式的、上下文有关联的、规定宽泛的原则，其中的内容根据具体情况而变化，并且可以随时间而变化。下面，我们讨论由信托演变而来的两个核心职责，即审慎和忠诚的义务，重点是这些职责如何适用于金融专业人员。

审慎的义务

审慎的义务描绘了审慎的进化过程，即它必须跟随我们对审慎的理解，在这个例子中，它意味着谨慎的投资者。金融危机往往是引发审慎义务内涵变革的导火索。例如，作为对 1720 年的南海泡沫崩溃的回应，英国法院通过重新定义受托人审慎义务的含义，来阻止信托投资公司投机性的投资，其中信托受益人在投资南海公司中损失惨重。他们采用"法律清单"方法，即规定"安全"投资清单，其中政府债券被认为是谨慎的，股票等其他投资被认为是轻率的（Langbein，1996: 643）。

随着时间的推移，市场环境使得这种做法不切实际。被法院认定为"安全"固定收益的投资，让投资者很容易受到通货膨胀风险的影响，另外受托人认识到，从长期来看，股市表现强于"法律列表"的投资。现代资产组合理论（MPT）提供了一个投资的新方法，投资者应该从整体来权衡投资组合的风险，而不是单独衡量每个投资。因此，让投资者在投资组合中增加一些风险投资，从而获得一些高回报是谨慎的。通过假设有效资本市场而取代以投资组合层次多样化及证券风险控制选择，作为谨慎投资的基础，MPT 使受托人寻求这样的投资政策，即承诺更少风险和更好的回报。在 20 世纪 90 年代，MPT 为基金受托人职责的标志改革提供了理论基础。这些改革重新定义了受托人的审慎义务，作为一个整体的投资组合，"谨慎地投资"是其责任，并确保提供不造成不必要的损失且具备合适的回报率的风险投资组合（Langbein，1996）。认识到作为一个整体投资组合风险分析的复杂性，这些规则也允许将投资管理的责任委托给第三方（Hawley et al.，2011）。

然而，MPT 却产生了一些不正常的后果。受托人，为寻求保护他们自己的利益，减轻他们的责任，想方设法避免短期内的"表现不佳"。他们的依据是 MPT 的部分假设，即价格总是价值的最好指导，甚至认为，那些落后于市场的人，即使是一个季度，也有可能面对未能赚取合适收益的责任。因此，他们采取了若干战术，意图帮助自己在短期内"战胜市场"，包括：（i）利用信息不对称（如内幕交易、高频交易或者"领先"他人的交易方式等），以及（ii）从事被动投资，即"买下整个市场"，保持成本降到最低限度，确保基准不弱于大盘指数。此外，为了让自己免受责任，受托人采用的第三种策略，充分利用委托规则，严重依赖一个不断扩张的顾问、经理和顾问链（Stewart and Antolin，2009）。

这些方法，虽然是"理性"的战术，但都倾向于断开从实体经济进行投资的过程（参见本书第 8 章和第 14 章）。第一个策略忽略了投资"在一定程度上必须是一个正和的游戏，否则没有人会玩"（Bernstein，2005：120-1）。第二个策略中的羊群行为和短期行为增加了市场系统性风险（IMF，2015：93）。被动投资者则认为自己是"长期"的，事实上，他们在很大程度上是投资指数挂钩资金，就是不断调整相关的指标，因此，正如扎德克等人建议，把他们视为短期投资行为中的长期投资人。放牧行为放大投机者和高频交易员离开设定市场价格而造成的波动（Hawley et al.，2011）。它侵蚀了长期价值，使得市场效率低，阻碍努力通过压低资产所有者和投资者的目标来改善公司治理（Krehmeyer Orsagh，2006）。它也忽略了投资期限较长的人获得的套利机会（Roherge et al.，2013）。这些影响已经成为整个社会关注的问题，以及关系到未来几代人的利益，因为它们创造了混乱和不平衡（Lydenberg，2014）。第三个策略增加了复杂性和维持金融生态系统的成本，在没有进一步发展受益人——培育"反向食物链，即服务提供者在顶部而客户在底部"。

现在人们普遍认为，大多数投资回报来自对市场的普遍敞口，或者是

"贝塔系数"，而不是寻求市场基准的表现策略，或"阿尔法"（Ibbotson，2010）。因此，系统性因素已经成为受托责任的关键。然而，高期望值和次优结果之间的不匹配仍然存在。其中一个可能的原因是，很多投资链中的参与者从现状中受益。积极管理基金的经理会收取高额费用，作为他们承诺帮助投资者击败市场的回报，即使他们一直未能做到（Malkiel，2013）。金融顾问和经纪人收到来自第三方的激励，他们根据短期业绩指标向客户推荐高成本的投资策略（Frankel，2010）。从某种意义上说，我们已经渐渐远离受托责任最基本的含义，即保护委托给受托人的资产。如果一个人认为保护资产是想保护他们免受通货膨胀，那么这离保护他们免受环境退化、社会或对受托人的信任的逐渐缺失还差一小步。在制定新的规范来管理金融部门、立法者、监管机构和法院时，人们越来越依赖这种更广泛的投资者"审慎"观点，认为不可避免地需要一个长期的投资方法。

忠诚的义务

忠诚的义务（以受益人的最佳利益行事）长期被认为是信托关系中的"红衣主教责任"（Miller，2011: 270），注意义务之间的冲突产生和忠诚的责任，必须解决的冲突是忠诚的义务（Laby，2004: 75）。这种责任历来被描述为狭隘的，暗示只有避免利益冲突或向受益者披露此类冲突的义务。但是它也认为，这个责任最好是广泛、积极义务，即"积极追求"受益者的最佳利益（Hanrahan，2013: 220）。忠诚义务的狭隘观点无法实现信托法律鼓励信任专业服务提供商的目标。披露已被证明是一个不完美的冲突管理工具（Gain et al.，2005），例如，显示当服务提供者披露消费者的利益冲突时，消费者可能会忽视或不能减少冲突。沙哈和勒文施泰因（2014）认为信息披露要求可能导致服务提供商为了避免利益冲突，特别是如果服务提供者的动机是为发展和维护道德行为的声誉，避免这样的冲突只是加强对金融市场信任的必要步骤，并不是一个充分条件。

监管机构和法院越来越多地注意到这些事实。例如，在郊区新城（2014），特拉华州衡平法院描述了公司董事的信托义务即"考虑其股东的利益，应慎重行事，忠诚和善意可以最大化'公司'的长期价值"。在CDX 清算信托诉讼文罗克联合一案中（2011），美国上诉法院第七巡回法官波斯纳明确表示，利益冲突的披露不会豁免公司主管在公司的最佳利益中的责任，并指出"我已被告知冲突事宜，无相关利益董事决定继续信任和依赖利益相关者，因为他们觉得，尽管有利益冲突，但是那些董事将继续忠诚地为公司服务"（CDX，2011: 219）。在 *F.R.C. v. Deloitte* 和 einollahi（2015），英国的财务顾问强调，审计师必须考虑"公共利益"的"行为[和]与正直、诚实、客观性和竞争性"（P.72）。在加拿大贝尔公司，2008年，加拿大最高法院认为，为履行对公司的忠诚义务，董事会必须反映作为经济参与者及作为"好的企业公民"的利益，这意味着不仅考虑股东和债权人的利益，而且要考虑更广泛的社会利益，包括环境（BCE，2008: 40）。

当信托投资代表客户或为客户提供建议时，他必须公平公正地对待客户，以及任何与该客户有利益关系的人。这种"公平责任"要求受托人考虑和平衡这些受益者的不同利益（Edge v. Pensions Ombudsman，1998；Restatement（Third）of Trusts，2007 §78）。因此，受托人负责管理并建议投资工具，包含几代的受益者（如固定收益养老金计划或主权财富基金）必须考虑长期影响他们的决策或建议（Richardson，2013b: 129；Withers v. Teachers' Retirement System，1978；Varity Corp. v. Howe，1996）。同样，有人建议，因为公司的永恒存在，公司董事必须考虑他们的决定对公司当前和未来利益相关者的影响，这是因为公司将依靠当前和未来几代人来维持其持续运营（Stout，2015）。这实际上是将公正性和代际平等原则引入忠诚义务中。

映射法律的轨迹

上文已经描述了给定内容的合理期望原则及受托责任的动态概念，我们将探索这些原则对于企业和金融部门的影响。特别是，我们认为，监管机构和法院增强理解私法和公众利益之间的联系将引导他们使用激励合理预期与受托人义务的原则，并以此为基础扩展可用法律保护的利益相关者的范围，包括未来代际和环境。我们强调以下说明性影响的法律轨迹：（i）有关地位和介入状态规则的扩大，使其更容易适应环境和其他团体，挑战强大的参与者对利益相关者造成的危害；（ii）与环境和其他社会问题有关的重要性扩张及公司报告要求；（iii）采用代际公平作为评估范式界定利益计划养老基金受托人是否兑现了对受益人的信托责任；及（iv）通过对企业面纱进行穿刺测试的持续演变，母公司对其子公司产生的环境和人权损害负责。

拓宽地位

合理的预期，是强有力的参与者尤其应该考虑的原则以及寻求最小化他们的决定将对别人带来的负面影响，这可能会导致法院在私法案件中继续用自己的或介入者的身份扩大利益相关者和他们代表的范围（包括代表环境和后代的团体），所以不考虑这些股份持有人利益的行为可以被识别并纠正。法院越来越认识到私法公共维度，注意到，例如，在破产程序中，下订单之前考虑破产的社会和经济后果是谨慎的，（Comstock，2014：¶38）；信托法律的根本目的是"强化社会机构和企业"的完整性，这具有显著的公共重要性（Hodgkinson，1994：422），公司董事的信托义务原则中关于"员工……消费者、政府和环境"的利益以及其他企业利益相关者的责任应提高（BCE，2008：¶40）。这些领域中私法与公众利益的联系，似乎为公共利益集团提供了一个开放的机会，来干预企业或破产案例中的环境、劳工、人权或其他社会影响。正如下面所建议的那样，养老金法律与代际公平目标之间的联系，可能也类似地为未来几代人提供了一种途径，让后代能够在养老金案件中获得地位，从而引发对几代人都有影响的问题。

重要性

我们相信，在应对不断增长的共识，即市场参与者有义务考虑并报告他们的活动在对环境和其他利益相关者产生影响的过程中，重要性和企业报告要求有关环境与其他社会问题将继续扩大（参见本书第 15 章）。信息通常被认为是"物质"，如果一个"理性投资者"认为做出投资决策过程的信息是重要的（TSC Industries v. Northway, Inc., 1976: 449; Sharbern Holding Inc. v. Vancouver Airport Centre Ltd., 2011: ¶44），那么这很难证明"理性投资者"寻求最大化长期与风险相当的回报的假设在今天的环境中就不会考虑各种环境、社会、声誉、关系、治理和其他非财务信息。越来越多的研究表明，对这些因素的考虑往往会提高企业的经济绩效（参见本书第 17 章）。

目前的监管和会计框架之间仍存在相当大的距离，并正在改变预期，形成了一种情况，即广泛的非财务信息是实质性的，但还没有被授权或持续报道。监管机构正在迎头赶上，制定披露发行对气候变化等问题以及更广泛的环境、社会和治理问题有影响的新规则和指导。例子有美国在 2010年发行证券交易委员会关于信息披露与气候变化关系的指导，激发很多股票交易所推出可持续性指数和要求或鼓励上市公司发布企业社会信息或解释为什么它们不这样做，以及欧洲议会通过的法案，它要求到 2017 年员工人数超过 500 名的上市公司发布非财务可持续性报告。私营部门自身也取得了相当大的进步。例如，大约 62 万亿美元的资产管理机构签署联合国责任投资原则，目前，标准普尔 500 和《财富》500 强中的大多数公司自愿报告它们的环境、社会和治理领域的影响（Clark and Master，2012；参见本书第 15 章）。

代际公平

计划退休基金受托人的职责将越来越多地以代际公平为框架。正如上面所提到的，我们看到了一个戏剧性的、迅速的转变，从狭隘的关注价格的短期走势转向基于合理预期的法律标准。在个人和系统层面上，前一种方法根植于对自由市场的信念以及理性的重要性（即自利）行为。与此相反，合理的假设是，决策者在社会中与他人共同行动，并达成一致的原则和规范，即更加关注共同利益的保护或加强。它还认识到，真正的财务回报取决于个人投资者的境况（例如，这些收益是否可以用来购买相同质量的医疗保健和教育，因为投资者在其他司法管辖区，或可能十年前是同一管辖区的投资者），因此，基金受托人应当关心的问题是他们的投资决策是否在客观上使受益人福利更大。在这种情况下，"公平责任"要求基金受托人考虑和平衡不同利益的当前和未来受益者，特别是，投资应在不损害后代福利的情况下服务于当前受益人的福利（Hawley et al.，2011）。

揭开公司的面纱

尽管在几乎所有的公司法中都有明确的有限责任原则，但普通法法院已经规定了揭开公司的面纱的概念，以解决人们对公司形式滥用的担忧。出于确保公司形式的目的是用来避免环境、人权或其他法律和监管制度上所施加的责任，法院将继续证明越来越愿意"揭开公司的面纱"以应对企业行为破坏了这些政权的目的，这样做违反了合理的预期或受托人的义务。尽管法院用传统的"揭开公司的面纱"的定义以回应对公司形式的滥用，但从法律上来说，这是一种"故意"或"欺诈"（Heintzman and Kain，2013: 338），最近一系列加拿大和美国的决定（e.g., Sun Capital Partners III, LP v. New England Teamsters，2013；Pension Benefit Guar. Corp. v. Asahi Tec Corp.，2013；Alcoa，2014）似乎进一步采取反避税的原则，不仅在公司创建架构的目的是破坏法律或监管制度的案例中，而且在这些结构仅仅对破坏法律制度的目的涉嫌侵犯有影响的案例中，实行个人责任。这些决定作为先例，可能会鼓励其他司法管辖区的法院和监管机构采取类似的行动，甚至扩展到它们尚未这么做的领域。对揭开公司面纱的管辖权可以被认为是一种特殊的原则，即不允许以一种破坏法律关系和行为的完整性的方式行事，这是对"合理期望"原则的回应。通过这种方式，它已经成为加速社会规范合法化并鼓励良好公民身份的工具。

积极的回应

亨德森和卡曼纳（2015）认为，公司董事受托人角色的传统观点（在法律的范围内最大化利润）可能是令人信服的，因为有强大的政治市场来检查利己主义的结果，这扭曲了市场经济的潜在条件。然而，他们认为，当政治市场"薄弱"时，私人机构有责任在维持市场经济的条件下扮演更积极的角色，即使这需要颠覆机构的短期利益。这一逻辑符合在司法和监管活动中概述的"合理预期"和受托人标准，将社会规范引入法律的大部分方面。在这一节中，我们提出了适应性机制，它可能会强化这种动态：（i）发行者和机构投资者之间的合作，以应对共同的挑战；（ii）保护后代的法律机制；（iii）调整监管以应对新兴的风险和机遇，而不仅仅是应对过去的失败；以及（iv）开发反映社会和市场需求的金融产品。通过积极主动地执行所讨论原则的开发机制，企业和金融部门可以创造出"最佳实践"，这将影响法院和监管机构如何解释合理预期与受托人职责的范围，以及这些概念背后的原则。

协作

合作对于解决威胁我们的经济和社会的挑战至关重要。在某种程度上，寻求更好的治理的联盟已经存在，特别是在"买方"方面，并且这是一个重要的角色。这些组织包括国际企业治理网络，以及地区层面的投资者领导联盟，包括欧洲的 Eumedion、英国的集体参与工作小组、美国基础机构投资者委员会、加拿大的良好治理联盟以及澳大利亚养老投资者委员会。这些组织的努力应该得到更有力的投资中介机构和发行方之间合作的增补。太多关于良好治理的对话都是站在一边的：资产所有者告诉发行方应该如何行动。很容易理解为什么管理者会做出防御性反应。其结果是，一种应该合作的关系经常被双方视为对立或敌对的。只有把双方都放在一张桌子的同一边，作为共同议程的平等伙伴，才能形成必要的信任，以促成合作的改变。从某种程度上说，这项工作已经在进行中，已经有了一些很有希望的举措，包括会议委员会对公司／投资者参与或股东董事交换，以及专注于长期项目资本的影响力（参见本书第 21 章）。

保护后代的法律机制

设计公共机构，以应对遍及我们政治体系的短期主义以及市场短期主义（OMCFG，2013），是另一个必须解决的挑战。一种模式可能是为未来的几代人建立委员或监察员，他们的任务是为那些无法在界定公共政策和监管机制斗争的过程中为自己代言的人来思考、咨询和发言。这样一位委员也可以用法律地位来挑战政府未考虑后代利益的行为（SEHN，2008 年）。我们还可以设想，在整个政府范围内进行更广泛的改革，以最小化短期的政治利益对政府计划和优先事项的影响。例如，独立的"公共价值"评级机构被提议作为一种机制，以帮助政治体系和社会评估由利益集团提出的改革提议的价值与合法性，从而为这些团体提供激励实现双赢，而不是寻租的请求（Hausmann，2015）。探索现有法律工具的使用也有其价值，例如，公共表达信托是慈善信托基金，其建立是为了深化特殊的公共目标，或者帮助整个社区。人们可以想象这样的概念，比如，将少数股权的所有权转移到私人部门，以面向未来的公共信托基金，就像今天许多聚焦于主权财富的基金（Richardson，2013a）。

反思监管

监管机构往往会陷入一个保守的、高度政治化的、对抗的过程，而不是专注于新兴问题。因此，许多受到监管的机构专注于保护自己的在职机构，使其不受监管机构的干预或避免卷入官司。其结果是恶性循环——复杂的规则孕育了复杂的系统，而对于产品设计和制度文化来说，这是一种"合法"的方法，可以将消费者置于危险之中。监管机构有许多可用的工具，可以让它们扭转这种局面，专注于新兴市场的风险，尤其是那些最脆弱的风险。"大数据"承诺向监管机构提供大量可搜索数据，这些数据可用于帮助发现危机爆发前出现的问题。最近的一项研究表明，正如流行病学家可以利用网络搜索的趋势来实时监测传染病的爆发一样，监管机构也可以利用大数据的趋势来识别新兴市场的问题（Mitts，2014）。"软法"的引入，即将反映"合理预期"的共识规范重新纳入可执行的法律标准，这为在与私营部门合作过程中出现的新兴问题制定规则提供了另一个机会（Good-man and Jinks，2004）。也许最重要的教训是，与"合理预期"一致的做法是，为了避免复杂的监管反应而倾向于简单化。对于投资者来说，考虑到套利和操纵的可能性，更简单的解决方案往往更有活力（Zingales，2015）。更简单的规则也可以减少游说成本和扭曲，并促进公共问责，因为它们更容易解释和执行。例如，处理不谨慎的投资者利用的一个简单方法就是对他们的顾问施加责任（即受托责任）。

开发符合社会需求的金融产品

金融部门有很多的机会来发展和更好地解释产品、服务和市场，市场的作用在于协助调动资金和分配风险，解决紧迫的社会需求。例如，考虑到环境、寿命和社会企业资产类别的工作（Sandor et al.，2014；OSFI，2014）。这些新的资产类别承诺利用市场动态来奖励有社会目的的企业和风险转移，惩罚有害社会的活动，并鼓励私营部门采取积极措施，将它们强加给他人的成本降到最低。加快这一进程，为金融部门和监管机构提供了共同努力的机会，以使公众认识到公共服务在创造可持续财富方面的重要作用。同样，由金融监管部门和政策制定者领导的鼓励这些产品的开发，也表明了金融监管不仅仅是保护消费者不受假冒伪劣产品及其活动的欺骗。相反，它应该是要确保更广泛的社会得到了良好的服务，消费者得到了"公平交易"。

结论

　　我们相信，法院和监管机构，将继续使用合理期望和受托责任的概念作为惩罚强大的私人参与者的威慑行动的基础，如倾向于破坏参与者赖以生存的法律制度和社会制度的完整性，或者披露未能考虑受到参与者所做决定的显著影响的人的利益。正如上面所讨论的，这一趋势改变了一场运动，从只鼓励理智的规则转向鼓励合理性的规则（Lydenberg，2014）。它还使人们认识到，市场体系已经取得了巨大的成功，并继续发挥着巨大的潜力，为公共利益服务，但只有在企业和社会部门受到社会目标的引导下，才能实现这一潜力。

　　私营部门有一个选择。它可以主动出击和协作，采取一种"合理"的方式，接受私营企业和金融服务的社会效用。或者它可以抵抗这种变化并面对不可持续状态——这种方法在短期内似乎是"理性"的（从某种程度上来说，它避免了成本与所需初始步骤的改变），但这最终将证明不合理和不理性，并将导致更高的合规和预知的机会成本，更高的处罚，降低的公众信任度，不那么有效的市场体系和潜在的从长远来看更严重的环境、社会和经济后果（WEF，2014: 23）。这是我们的企业和金融部门将会做出的回应，以帮助塑造正在形成的监管规范，或者将会有这样的规范，并最终形成一种反应性的影响方式。

致谢

　　本章选自维泽尔和萨罗（2014）以及维泽尔和萨罗（2016）的作品。作者感谢马蒂亚斯·基平和史蒂芬·艾瓦德的建议和帮助。

参考文献

Judicial Decisions and Statutes

Alcoa Inc., Securities and Exchange Commission Release No. 34–71261, 2014 WL 69457 (January 9, 2014).

BCE Inc. v. *1976 Debentureholders* ("*BCE*"), 2008 SCC 69, 2008 3 S.C.R. 560.

Bhasin v. *Hrynew*, 2014 SCC 71, [2014] 3 S.C.R. 495.

Canada Business Corporations Act, R.S.C. 1985, c. C-44.

CDX Liquidation Trust v. *Venrock Assocs.*, 2011 640 F.3d 209 (7th Cir. 2011).

Comstock Canada Ltd (Re), 2013 ONSC 4756.

Edge v. *Pensions Ombudsman*, [1998] Ch. 512, aff'd. [1999] EWCA Civ 2013, 4 All E.R. 546 (C.A.).

F.R.C. v. *Deloitte and Einollahi*, Report of the Appeal Tribunal (January 30, 2015). Available at: <https://www.frc.org.uk/Our-Work/Publications/Professional-Discipline/Report-of-the-Appeal-Tribunal-Deloitte-Touche-M-Ei.pdf>.

Hodgkinson v. *Simms*, [1994] 3 S.C.R. 377.

In re Rural Metro Corp. Stockholders Litig., 88 A.3d 54, 80 (Del. Ch. 2014).

Pension Benefit Guar. Corp. v. *Asahi Tec Corp.*, 2013 No. 10–1936 (ABJ), 2013 WL 5503191 (D.D.C. October 4, 2013).

Sharbern Holding Inc. v. *Vancouver Airport Centre Ltd*, 2011 SCC 23, [2011] 2 S.C.R. 175.

Sun Capital Partners III, LP v. *New England Teamsters and Trucking Indus. Pension Fund*, 724 F.3d 129 (1st Cir. 2013).

T. J. Hooper v. *Northern Barge Corp.*, 60 F.2d 737 (2d Cir. 1932).

TSC Industries v. *Northway, Inc.*, 426 U.S. 438 (1976).

Varity Corp. v. *Howe*, 516 U.S. 489 (1996).

Withers v. *Teachers' Retirement System of City of New York*, 447 F. Supp. 1248, 1257–78 (S.D.N.Y. 1978).

Secondary Literature

Bernstein, P. L. (2005). *Capital Ideas: The Improbable Origins of Modern Wall Street*. Hoboken, NJ: John Wiley and Sons.

Cain, D. M., Loewenstein, G., and Moore, D. A. (2005). "The Dirt on Coming Clean: Perverse Effects of Disclosing Conflicts of Interest," *Journal of Legal Studies*, 24: 1–25.

Clark, L. and Master, D. (2012). *Corporate ESG/Sustainability/Responsibility Reporting: Does It Matter?* New York: Governance and Accountability Institute, Inc.

Commission Guidance Regarding Disclosure Related to Climate Change, Securities and Exchange Commission Release No. 33-9106 (February 2, 2010).

Frankel, T. (1983). "Fiduciary Law," *California Law Review*, 71: 795–836.

Frankel, T. (2010). "Fiduciary Duties of Brokers-Advisors-Financial Planners and Money Managers," Boston University School of Law Working Paper, No. 09-36.

Goodman, R. and Jinks, D. (2004). "How to Influence States: Socialization and International Human Rights Law," *Duke Law Journal*, 51: 621–703.

Hanrahan, P. F. (2013). "The Fiduciary Idea in Financial Services Law," in J. O'Brien and G. Gilligan (eds), *Integrity, Risk and Accountability in Capital Markets: Regulating Culture*. Oxford: Hart Publishing, pp. 203–28.

Hausmann, R. (2015). "Building Agencies to Rate Public Policy," McKinsey Global Institute. Available at: <http://www.mckinsey.com/industries/public-sector/our-insights/building-agencies-to-rate-public-policy>.

Hawley, J., Johnson, K., and Waitzer, E. (2011). "Reclaiming Fiduciary Duty Balance," *Rotman Journal of International Pension Management*, 4: 1–16.

Heintzman, T. G. and Kain, B. (2013). "Through the Looking Glass: Recent Developments in Piercing the Corporate Veil," *Banking and Finance Law Review*, 28: 526–48.

Henderson, R. and Ramanna, K. (2015). "Do Managers Have a Role to Play in Sustaining the Institutions of Capitalism?" Brookings Institution Center for Effective Public Management. Available at: <http://www.brookings.edu/~/media/research/files/papers/2015/02/managers-sustainable-capitalism-henderson-ramanna/brookingsinstitutionsofcapitalismv5.pdf>.

Ibbotson, R. (2010). "The Importance of Asset Allocation," *Financial Analysts Journal*, 66: 18–20.

IMF (2015). *Global Financial Stability Report: Navigating Monetary Policy Challenges and Managing Risks*. Washington, DC: International Monetary Fund.

Krehmeyer, D. and Orsagh, M. (2006). *Breaking the Short-Term Cycle*. Charlottesville, VA: CFA Centre for Financial Market Integrity and Business Roundtable Institute for Corporate Ethics.

Laby, A. B. (2004). "Resolving Conflicts of Duty in Fiduciary Relationships," *American University Law Review*, 54: 75–149.

Langbein, J. H. (1996). "The Uniform Prudent Investor Act and the Future of Trust Investing," *Iowa Law Review*, 81: 641–69.

Lydenberg, S. (2014). "Reason, Rationality and Fiduciary Duty," *Journal of Business Ethics*, 81: 365–80.

Malkiel, B. G. (2013). "Asset Management Fees and the Growth of Finance," *Journal of Economic Perspectives*, 27: 97–108.

Miller, P. (2011). "A Theory of Fiduciary Liability," *McGill Law Journal*, 56: 235–88.

Mitts, J. (2014). "Predictive Regulation," unpublished manuscript. Available at: <http://papers.ssrn.com/sol3/papers.cfm?abstract_id=2411816>.

OMCFG (2013). *Now for the Long Term*. Oxford: Oxford Martin Commission for Future Generations.

OSFI (2014). "Longevity Insurance and Longevity Swaps," Office of the Superintendent of Financial Institutions, Policy Advisory No. 2014-002. Available at: <http://www.osfi-bsif.gc.ca/eng/docs/longins.pdf>.

Pound, R. (1922). *An Introduction to the Philosophy of Law*. New Haven, NJ: Yale University Press.

Rajan, A. (2008). *DB and DC Plans: Strengthening Their Delivery*. Tunbridge Wells: CREATE-Research.

Rawls, J. (1971). *A Theory of Justice*. Cambridge, MA: Harvard University Press.

Restatement (Second) of Contracts (1981).

Restatement (Third) of Trusts: Prudent Investor Rule (2007).

Richardson, B. J. (2013a). "Sovereign Wealth Funds and Socially Responsible Investing: An Emerging Public Fiduciary," *Global Journal of Comparative Law*, 1: 125–62.

Richardson, B. J. (2013b). *Fiduciary Law and Responsible Investing: In Nature's Trust*. London: Routledge.

Roherge, M. W., Flaherty, J. C., Jr, Almeida, R. M., Jr, and Boyd, A. L. (2013). "Lengthening the Investment Time Horizon," MFS White Paper Series.

Sah, S. and Loewenstein, G. (2014). "Nothing to Declare: Mandatory and Voluntary Disclosure Leads Advisors to Avoid Conflicts of Interest," *Psychological Science*, 25: 575–84.

Sandor, R. L., Clark, N. J., Kanakasabai, M., and Marques, R. L. (2014). *Environmental Markets: A New Asset Class*. CFA Institute Research Foundation. Available at: <http://www.cfapubs.org/doi/pdf/10.2470/rf.v2014.n1.1>.

SEHN (2008). *Models for Protecting the Environment for Future Generations*. Science and Environmental Health Network and the International Human Rights Clinic at Harvard Law School. Available at: <http://hrp.law.harvard.edu/wp-content/uploads/2013/02/Models_Future_Generations.pdf>.

Stewart, F. and Antolin, P. (2009). "Private Pensions and Policy Responses to the Financial and Economic Crisis," International Organization of Pension Supervisors Working Paper No. 8.

Stout, L. A. (2015). "The Corporation as Time Machine: Intergenerational Equity, Intergenerational Efficiency, and the Corporate Form," *Seattle University Law Review*, 38: 685–723.

Waitzer, E. J. and Sarro, D. (2012). "The Public Fiduciary: Emerging Themes in Canadian Fiduciary Law for Pension Trustees," *Canadian Bar Review*, 91: 163–209.

Waitzer, E. J. and Sarro, D. (2014). "Fiduciary Society Unleashed: The Road Ahead for the Financial Sector," *Business Lawyer*, 69: 1081–116.

Waitzer, E. J. and Sarro, D. (2016). "Protecting Reasonable Expectations: Mapping the Trajectory of the Law," *Canadian Business Law Journal*, 57: 285–313.

WEF (2014). *Global Risks Report*, 9th ed. Geneva: World Economic Forum.

Whittaker, R. and Zimmerman, S. (2000). "Good Faith in European Contract Law: Surveying the Legal Landscape," in R. Whittaker and S. Zimmerman (eds), *Good Faith in European Contract Law*. Cambridge: Cambridge University Press, pp. 7–62.

Zadek, S., Merme, M., and Samans, R. (2005). *Mainstreaming Responsible Investment*. Geneva: World Economic Forum.

Zingales, L. (2015). "Does Finance Benefit Society?" Available at: <http://faculty.chicagobooth.edu/luigi.zingales/papers/research/Finance.pdf>.

第 17 章

企业的社会责任
主动型机构投资者的角色

高顿 L. 克拉克　迈克尔·魏斯

引论

　　过去 20 年，个人与机构投资者显著增强对社会责任投资型产品的关注。据"全球可持续投资联盟"（GSIA）的调研报告称，2014 年可持续投资型产品领域的总量增加到 21.4 万亿美元（GSIA，2014）。就在本文撰写期间，联合国责任投资原则组织（United Nations Principles for Responsible Investment，简称 UN PRI）已从 1300 名签署者中募集到 590 亿美元（PRI，2015），同时顺便提及可持续的、负责任的投资，这类投资的地位变得越来越重要。过去的几年，在可持续与社会责任投资产品的领域，不仅金融机构跃跃欲试，而且学术团体也保持着浓厚的研究兴趣。许多潜在的研究所探讨的问题，集中在社会责任投资的投资回报问题上。例如，面向长远的社会责任投资产品经过一番风险调控后，能以何种方式获得更高的投资回报。

　　我们可以这样去理解社会责任型投资产品，它是指企业围绕"企业社会责任"（CSR）与"环保、社会与治理"（ESG）开展的投资产品。个人与机构投资方对社会责任型投资产品的最普遍方式，大体分为包含策略与排除策略两种。较好施行 ESG 项目的企业采取的是包含策略，而较差施行 ESG

与欠缺可持续发展的企业则抛弃该投资组合。投资者青睐社会投资型产品的潜在动机有两种：一是道德感与价值感（Derwall et al.，2011；Hong and Kacperczyk，2009）；二是经风险调控后如何获得更优的投资表现，或"超额绝对收益"[⊖]。

学术界有关 CSR 研究的重点是，企业是否应在初始阶段就构建 CSR 活动（参见本书第 9 章和第 11 章）。或者说，企业对 ESG 运营的态度，究竟是面向非财务的利益相关者开展，还是面向股东群，并以公司价值最大化为目的呢（Friedman，1970）？这是相互矛盾的立场，因为利益相关者与股东群对公司主要目标的立场本身就是相互矛盾的。本章我们认为公司主要目标是最大化股东价值（参见本书第 12 章），但同时公司不应忘记 ESG 运营，以便在服务于最重要的股东群体之余，也关注利益相关者群体的需求。其中，最重要的股东群体通常是股东或其他投资人。

在以 CSR 与 ESG 为代表的社会责任投资产品备受关注的情况下，我们如何促进企业关心相关话题呢？这些话题包括适时出现的环境管理系统、妥善应对的人权问题和工人安全劳动标准问题、高效的公司治理结构等。或者更准确地说，比如在不强制的条件下，哪些因素可促使企业避免将全部精力投到最大化股东价值之上呢？我们认为，以养老金、互惠基金、保险公司为代表的机构投资者，恰好能推进企业 CSR 与 ESG 运营接受社会监督，促使企业在特定的行业中，坚持创造出 ESG 最佳实践标准。机构投资者通过发扬"主动所有权"投资风格，能真正变成负责任的投资方，这样他们不仅会针对企业 ESG 运营艺术的现状构思其投资产品的架构，而且会形成一股 CSR 与 ESG 运营的根本动力。而 CSR 与 ESG 运营需要不断更新投资与审查策略。最后，采取"主动所有权"投资风格的投资人将能意识到企业立足长远的好处。例如，企业外部风险将能得到有效调控，投资组合的风险水平将整体降低。

本章余下章节结构如下。先简要回顾 CSR 与 ESG 相关文献，并举例说明 ESG 运营良好的企业同样能获得较高的市场表现，推动投资人支持社

⊖ Alpha，投资者在市场交易中面临着系统性风险（即贝塔或 Beta、β 风险）和非系统性风险（即阿尔法或 Alpha、α 风险），通过对系统性风险进行度量并将其分离，从而获取超额绝对收益（即阿尔法收益）的策略组合，即为阿尔法策略。——译者注

会责任投资战略。紧接着，我们就"主动所有权"问题展开讨论，并探索主流的主动所有权做法以供股东借鉴。最后，我们展望真正意义上的社会责任投资理应拥有的范式。

社会责任投资渠道的可持续性

社会责任投资研究概述

如前文所述，过去几年来，学界对社会责任投资产生浓厚的研究兴趣。关于社会责任投资详情，由于篇幅限制，在此不再赘述。因此，本节扼要总结了我们的元认知研究成果，"从股东至上到利益相关者合作"（Clark et al., 2015）。该文阐述了 ESG、CSR，并以英国九章资产管理公司开展的协作型可持续发展模式为例进行探讨。本概述旨在强调实行良好 CSR 与 ESG 运营的企业与投资人，他们将获得明显的利益。

克拉克及其同事（2015）整理了超过 200 页有关组织学、会计学、管理学、环境经济学、金融计量学和企业融资文书等的资料，开展元分析。我们查阅现有文献和行业报告，并着重从如下三方面开展论述：（i）企业融资成本；（ii）企业运营实力；（iii）公司财务实力。本研究观察到产业界与学界均缺乏对这个主题的关注，即可持续的商业实践与公司绩效和资金成本问题三者之间的关系。考虑到研究方法与研究数据测量存在差异，我们对 ESG 与 CSR 的总结如下。

- 90% 关于企业资金成本的研究发现，以更具可持续性的商业实践为特点的 ESG 运营活动能降低资金成本。
- 80% 关于企业运营实力的研究发现，可持续的商业实践与公司实力呈正相关关系。
- 80% 关于企业资金实力的研究发现，可持续的商业实践和公司股票市值呈正相关关系。

针对可持续的商业实践，整体而言，我们假定这样一个商业案例，公司借助"慈善事业"与维系良好的资金链管理，能取得良好发展。其中，良好的资金条件能保障投资人通过投资拥有良好 ESG 运营策略的企业，预见到更高的投资回报。但是投资人，特别是投资机构的投资人，如何恰如其分地保证投资标的企业遵循可持续的原则呢？接下来的章节将予以探讨。

社会责任投资实践

金融服务行业为社会责任投资铺路，帮助被投资的标的企业在 ESG 与可持续发展领域，实现前文所述的"更高的投资回报"效果。社会责任投资的两种基本形式分别为：剔除方法（exclusion approaches）和合并策略（inclution strategies）两种。

社会责任投资最基本的形式，是运用"剔除筛选"法优化投资组合。被筛选出的特定行业企业，将从投资组合名单中被剔除，因为这些公司不符合机构投资者的筛选标准和道德价值。这种方式又常被称为"基于标准的投资"。这种社会责任投资方式，唯独受到那些强调社会与道德标准的非财务参数的影响。通常而言，个人投资者的宗教信仰与机构投资的受益人扮演这方面角色。海因科尔等人（2001）和洪、卡克博齐克（2009）的研究表明，对可持续的社会责任投资采取剔除策略存在缺陷，是不利的。如果采取剔除策略的机构投资者人数足够多，这些身处投资组合名单中的企业，将出现股票市值下跌、市场看空预期上扬等。紧接着，这些企业的资金成本，将受到剔除策略带来的一系列影响。如果占大比例股份的机构投资者将这些企业从投资名单中剔除，那么剩余的机构投资股东分担的风险就会降低（Heinkel et al.，2001），进而可能诱发他们哄抬资本价格。例如，诱发他们抬高利率或过高期望股份的投资回报率。所以，机构投资者不得不意识到，从投资组合名单中剔除某些公司，有可能错失有价值的投资机会（Hong and Kacperczyk，2009）。

社会责任投资的第二种普遍应用形式，是合并策略或称"最高级"策略。投资者先从投资组合中，挑选拥有 ESG 运营财务数据的企业作为支撑。通常而言，投资者只挑选最高级的策略，从投资组合中挑选 ESG 运营得分较高的公司。但是，不同投资者对环境、社会与政府子分类的权重考虑不一，所以各家公布的投资组合方案相差很大。通过这种途径，机构投资者"筛选出"落后的企业，而事实上被放弃的企业可能拥有非常好的发展前景。这些企业也许拥有最宏伟的视角，始终聚焦于 ESG 事业的发展，而非一定要争夺行业领先地位。

在我们看来，这两种投资策略并没构成真正的社会责任投资。在ESG问题上，投资者简单剔除不符合自身道德主张的企业。这类投资方将无法改善其商业实践，因为仍有足够多的其他投资方将会进场购买被放弃者的股份。同样，机构投资者在其投资组合中忽视ESG的重要性，也将无法运用自身财力使公司发展，无法推进社会向更具可持续发展的方向前进，不能为构建"负责任的资本主义"出力。我们认为，包括养老金管理公司、保险公司在内的大型机构投资者，应该主动寻求一种不同以往的、弥补性质的社会责任投资途径，即寻求一种"主动所有权"。

金融市场的学习效应：合并策略的应用

投资者寻求"主动所有权"的另一重要原因，是它在金融市场的学习效应。本章前文曾论述了ESG项目运营效果和可持续发展标准的提升所带来的正向积极效应。特别是拥有良好的ESG运营经验的企业，能发展更好，融资成本更低。但是，CSR项目的实施结果必然不是静态的，而是动态变化的。CSR项目实施结果的动态性，是通过某时间段的单个时间节点来衡量的。当市场意识到某种特定关系存在时，这一动态性会受其影响。此时，金融市场中开始出现"学习效应"。有关学习效应的研究不计其数，大部分聚焦于ESG领域的治理（G）维度。为了给企业在社会、环保领域的贡献进行定价，我们要观察企业治理维度的学习效应，因为它将决定定价的未来发展势头。

不同企业在社会与环保领域的绩效差异大相径庭。龚帕斯等人在这一领域所做的开创性研究，是最早最具有影响力的（2003）。其研究认为，在治理良好的企业中，或在极少数在适当的地方开展反收购防御的企业中，它们原本治理较差的板块，经过风险调控，反过来辅助企业形成良好的治理和优秀的财务表现。由于这一块有较广的学术基础，因此，关于龚帕斯等人（2003）所说的这种关系能否历经足够长时间考验的探索也是非常多的。如科尔等人（2006）和贝伯查克等人（2013）在龚帕斯团队研究成果上所做的数年后续研究中发现：仅凭优秀的管理经验作为投资战略标准，已经不再能有非常规的投资回报了。他们认为，金融市场自身是有持续的学习效应的，市场参与者、研究人员和媒体越来越意识到公司治理问题的严峻性，而公司治理，能反过来将公司治理水平反映到公司股价上（Bebchuk et al.，2013）。

博格思等人（2013）从 ESG 项目的社会学维度，发现同样的研究结论。他们认为，1992~2004 年，投资拥有良好利益相关者关系的企业，经过一番风险调控后，有可能收获极高的投资回报。但 2004~2009 年（Borgers et al.，2013）好景不再，这再次说明金融市场自身的学习效应。这些学习效应的表现之一，是金融市场和学术界逐渐重视"超金融领域的资讯"。埃克尔斯等人（2001）在相关的 E（经济）、S（社会）和 G（公司治理）维度开展分析与操盘所得的巨额现金利率。

上述研究成果表明，金融市场正随后给来自 ESG 的"超金融领域的资讯"定价。最终在投资回报率问题上，这些因素开始产生抑制效应，因为市场参与者发现，只要被投资企业的 ESG 项目运营良好，就可以获得更高的投资回报。这对机构投资人是一个重要提示，在开展基于社会责任的投资策略时，可以通过行使"主动所有权"的方式开展可持续的和基于社会责任的投资，通过这种唯一的途径，扶持那些拥有良好 ESG 运营经验的被投资企业。下文将予以详细阐述。

行使"主动所有权"案例分析

前文有两处重点：其一，合理的 ESG 标准，如更具可持续性的商业实践，将有助于更好地发挥企业效益，降低企业的资本成本；其二，金融市场最终会意识到可持续商业实践的积极促进作用，使得证券价格反映出和 ESG 运营有关的"超金融领域的资讯"。所以，投资者为保障被投资方能继续从卓越的可持续商业实践中获利，将不得不采取一种全新的、基于社会责任的投资方式，即所谓的"主动所有权"。我们认为，"主动所有权"从长远来看，将成为唯一的、最符合需求的方式，来帮助投资人在金融市场获得可靠的信号，进而达成具有社会责任的、最符合自身需求的投资策略。因此，股东群体要成为真正的、具有社会责任的投资人，就不得不高调展示出他们对 ESG 和相关战略问题的强烈支持，特别是扶持好那些 ESG

运营做得不够的企业。股东通过这个方式，将能克服障碍，真正达成有价值的、具有社会责任的投资取向。

何谓"主动所有权"

上市公司股东有权行使监督职能，即股东不仅能为企业投资以帮助其运营，而且有权选举董事会成员——与（监事会、董事会）双层管理架构不同，董事会是单层架构企业最为重要的监督治理机构。而且，股东通过积极参与公司治理，能保障公司始终围绕他们的投资兴趣而运营，保障公司的价值创造始终围绕具有社会责任的、可持续的特点而运行。但是，公司治理与股东主张经常产生矛盾（Jensen and Meckling, 1976），经理层也常发生假公济私、谋取私利的行径。

股东为避免冲突矛盾，可以行使"主动所有权"，即主动监督公司，当公司方向偏离股东群的主张时，股东主动施加干预。这一点，对诸如退休金管理机构、共有基金管理机构、保险公司等在内的大型机构的投资者也适用。另外，当企业 ESG 标准不符合行业标准时，股东也是可以干预管理的。这些股东监督被投资企业的现有 ESG 政策时，深信具有社会责任的投资理念。因此对上市公司股东而言，"主动所有权"是一种富有前瞻性的股权监事制度，以上市公司年会（annual general meeting，AGM）投票权、股东议事文件归档，或以股东直接参与被投资企业的管理等形式实现。股东作为投资人，通过上述形式得以运用其经济实力主动参与公司 ESG 项目的运营。投资人通过上述可持续的商业实践，最终收获因长期价值实现而换得的利益。

机构投资者在"主动所有权"活动中扮演的角色

从理论上说，任何股东都能成为公司的"积极所有人"。但我们觉得对于大型机构投资者来说，他们更是扮演非同一般的角色，这些机构包括退休金管理机构、共有基金管理机构和保险公司。机构投资者理应主动关注公司的战略相关事务，为董事会和职业经理人建言献策，保障公司的 ESG 项目正常运转。目前能做到这一点的机构投资人很少，只在鲍尔等人（2013）、克拉克等人（即将出版）⊖、埃尔罗伊·迪姆森等人（2015）以及

⊖ 在 2016 年"即将出版"。——译者注

迈卡赫利等人（2015）的论文中出现过。作为实力最强、规模最大的投资方，机构投资者在"主动所有权"活动中处于至关重要的地位。机构所有权（特别是美国）在过去几十年内有着强劲的增长势头（Gillan and Starks，2007）。同时，在过去 50 年内，全球房地产与零售行业的股东队伍规模日益庞大，竞逐全球所有的主流资本市场（Rydqvist et al.，2011）。

但与此不同的是，这些来自房地产与零售行业的小规模投资群体，并未获得任何激励政策开展 ESG 领域的投资业务；而大机构投资者，在 ESG 领域的投资成本难以实现扭亏为盈，这部分成本原本应该和其他投资人共同分担。因此我们认为，大机构投资者从本质上而言，更有动力监督企业，他们更适合担任监事一职（Shleifer and Vishny，1986，and Burkart et al.，1997）。他们也有潜力克服"搭便车"通病[⊖]，在治理结构呈现出"所有权分离"特点的企业最容易出现这一通病（Grossman and Hart，1980）。基于上述顾虑，以退休金管理机构、保险公司为代表的大机构投资者，除了应用"剔除方法"与"合并策略"外，还应将"主动所有权"的理念作为其具有社会责任的投资框架的有机组成部分，这是非常重要的一点。活跃而积极的投资者，可以从"主动所有权"中获得更具有可持续性、社会责任性的投资收益，从而在"主流"的金融领域提升自身竞争力与信誉。

主动所有权工具

机构投资者拥有哪些特殊的所有权工具可供支配呢？在我们看来，机构投资者至少有 6 种途径转变为上市公司的活跃股东：（i）委托代理投票制；（ii）私人参与；（iii）股东会决议；（iv）媒体竞选活动；（v）集体诉讼；（vi）收回投资或"华尔街退出"[⊖]。因为这 6 种途径仅与上市公司的股东相关，所以通常又称为"股东参与上市公司事务的工具"或"股东激进主义的装备"。除此之外，业界还有类似的其他主动所有权工具存在，也就是说，同样包含与债券持有者、私人股权投资等其他类型的出资者相关的干预工

⊖ 搭便车理论首先是由美国经济学家曼柯·奥尔逊于 1965 年发表的《集体行动的逻辑：公共利益和团体理论》（*The Logic of Collective Action Public Goods and the Theory of Groups*）一书中提出的，其基本含义是不付成本而坐享他人之利。——译者注

⊖ 如果股东对公司的管理层不满可以抛售自己的股票使公司股价下跌，管理层就有可能被炒，引发不满情绪，进而退出自己在华尔街的事业。——译者注

具，因此前文有关"主动所有权工具"列表还有待完善。但本节内容以股东的主动所有权为主，从股东角度出发，探讨其在推进商业实践走向更具可持续方面的功能与效用。接下来，我们将扼要介绍这 6 种主动所有权实现途径。

　　委托代理投票制

　　每位股东在行使"主动所有权"时，最为直接的方式是：在 AGM 上行使投票权。更准确地说，股东能在被投资企业的年会上投票，针对管理与股东提议发表支持或反对意见，从而影响企业的战略方向和 ESG 项目政策。股东，特别是机构投资者履行其信托责任，通过这个手段来保证被投资公司朝着正确、合理的战略方向发展，保障 ESG 项目有序运转。对于机构投资者来说，虽然委托代理投票也是非常直接的"主动所有权"实现方式，但在推动 ESG 向前发展或提升被投资企业的经营业绩方面，其作用毕竟有限（Gillan and Starks，2000 or Bauer et al.，2010）。关于"'委托代理投票制'是否能成为高效的干预工具"这一命题的核心（至少美国如此）就是年会议案表决结果与职业经理人毫无干系。也就是说，即使议案有着半数以上投票通过的标准，职业经理人依然能拒绝执行任何类似的议案。机构投资者的状况与此相反，他们拥有"专门投反对票的阵营"来表达对公司管理层的不满。事实表明这样的阵营非常奏效，对改善公司治理结构非常有帮助（Del Guercio et al.，2008）。虽说直接干涉被投资公司的效果，没法体现在高得票率之上，但年会上的低得票率能显著表达机构投资者对管理层、公司业绩、ESG 项目效果的不满，所以我们依旧向机构投资者推荐代理人投票制。

　　私人参与

　　除"投票权"以外，私人参与是机构投资者第二重要的主动所有权实现方式。私人参与关乎投资者及其投资组合之间的直接联系或对话。这种联系或对话的实现方式包括管理层会议、实地探访、执行层的定期电话会议或就 ESG 政策撰写谏言信等。这样一来，股东与被投资企业形成紧密联系，被投资企业面向长期的战略发展方向也得到保障，ESG 项目也得以向合理的方向发展。总体来说，私人参与需要长期付出，最终才能让投资双方形成融洽的合作关系。大型投资机构之间的横向对话，以及他们与被投资者之间的对话，理应被视作一种重要的主动所有权工具。

目前，私人参与有了一定的实操经验和基础。例如，埃尔罗伊·迪姆森等人（2015）研究发现，在美国工商界，大型机构的投资者通过私人参与，推动被投资方形成超乎寻常的经营绩效，投资双方关系十分融洽。同样，鲍尔等人（2013）撰文记录道：机构投资者采用国际化的思维，主动参与到被投资企业的运营中。学者调查全球近 400 家跨国企业的投资关系，观察其英裔职业经理人在管理过程中，对企业投资方下达的如何参与自身企业运营的指令的执行程度。学者主要关注的是，在这些跨国公司中，投资方是如何干预被投资方的企业运营的？有何可视化的成果？结果发现，相比过去的无人问津，当下 ESG 项目的私人参与活动可谓热闹非凡，而且在与被投资方沟通过程中，环保与社会问题已经提上机构投资者的议程。更进一步，鲍尔等人撰文写道：机构投资者在将私人参与活动外包给专职团队时，理应避免某种"本土偏好"心理，因为那些外包团队可能是另一家机构的职业经理人，小心关系串联。特别指出，鲍尔等人（2013）提出，美国或日本企业的英裔职业经理人团队即使能帮助投资方做好管理干预工作，但那是出于裙带关系的考虑，大多数管理干预仅仅发生在英国国内，发生在英属被投资企业。因此，机构投资者在开展"私人参与活动"外包时，理应合理决策，甄选合理的管理团队。甚至我提议专门成立"具有社会责任的投资团队"，指导外包团队就被投资企业的 ESG 项目和相关战略发展问题开展咨询与指导。

综上所述，私人参与工作尽管有所不足，但却拉近了投资人与被投资人之间的距离，特别是机构投资者能参与和干预其投资对象的 ESG 项目与企业发展战略相关问题的解决。此举促进了企业强化其迈向长期发展步伐的决心，推动了 ESG 事业的发展，这无疑是一种进步。私人参与、股东会决议（下文予以探讨）、委托代理投票制等有着强烈的关联性。有时股东会决议这种形式，会挑起股东、公司、委托代理投票方三者之间的意见不合，这会耽误"私人参与"工作的成功开展（Bauer et al.，2015）。

股东会决议

在 AGM 上，除了行使委托代理投票外，股东还可在 AGM 上起草股东决议，例如，与 ESG 项目有关的决议。任意一位股东都有权起草与企业日常运营不直接相关的股东决议，包括对 ESG 标准的推崇，对企业战略相关问题的研讨等。例如，美国股市允许股民携市值 2000 美元股份，即可参与标的公司的股东会决议起草资格（Bauer et al.，2015）。公司收集草案，最后在 AGM 上投票表决。即使草案获得票数非常低，但仍是不可忽略的，能激发董事会对社会公众问题的思考，促使公司调整相关策略。但正如鲍尔等人所言（2015），因为股东和公司经过双方周旋，有些议案是被忽略或没收的，所以并非每一份议案都送往年会表决现场。通常而言，公司管理层担心某些议案有损自身管理或多费劳力，因而在年会之前，这些议案统统被审查过（Bauer et al.，2015）。股东会决议、委托代理投票制以及私人参与，关于三种主动所有权的实现方式的顺序是这样的：只有在委托代理投票制、私人干预无效的情况下，才能开展股东会决议。在决议形成过程中，投资双方免不了当面争得面红耳赤，这会影响投资双方的和谐与友谊。但我们仍推崇股东会决议的功能，它仍是推动公司 ESG 项目相关政策制定的武器，是主动所有权实现方式的一部分。

媒体宣传活动

当机构投资者就企业 ESG 项目运作失利的问题，提请公众注意时，其中一种途径就是开展媒体宣传。科尔等人（2008）与迪克等人（2008）分析了媒体宣传对改变企业行为和触发负面宣传的后果。所以值得注意的是，媒体宣传是机构投资者的一剂猛药。持有长期投资取向的投资机构，例如退休金管理机构、保险公司和许多资产组合管理公司，一开始可能会比较适合携手舆论界开展合作，以巩固自身在公司管理改革与 ESG 项目运营上的地位。但是，机构投资者理应意识到：媒体宣传对被投资企业而言，实在太过喧嚣，有损投资双方的长期合作。所以，机构投资者理应为保障双方开展建设性对话，将媒体宣传视为无奈之举，是最后一招。

集体诉讼

集体诉讼是公司 ESG 项目的重要（事后）管理机制。罗马诺（1991）和卡尔波夫等人（2005）对集体诉讼机制的研究贡献最大，他们主要研究集体诉讼在金融市场中的实际应用。其中，卡尔波夫等人（2005）探索了企业环保违规带来的市值贬损后果，预估其贬损的市值金额，基本等同于行政罚款和环保开支的总和。所以当金融市场察觉到企业违背 ESG 项目初衷后，会用市值贬损等手段表现出来。进而，企业投资人理应重视 ESG 项目的价值，促使企业及时调整 ESG 项目的方向，促使企业市值不受相关因素影响。而且，投资者在遇到企业管理团队在 ESG 项目上玩忽职守的情况时，理应拿起"集体诉讼"武器，发挥其威慑作用，预防企业在 ESG 问题上摔跤，从而造成灾难性的后果。

撤资退场或称"华尔街退出"

正如前文所述，在具有社会责任的投资手段中，最普遍的手段就是针对被投资公司的"剔除方法"或针对行业的行业退出策略。当投资者不满于被投资企业的管理层，或者不满于其 ESG 项目运营很差的现状时，"剔除方法"或撤资退场，就是表达不满的最直接方式，财经类文献称之为"华尔街退出"。整体而言，目前有关"华尔街退出"的事件对被投资公司管理层造成的影响十分有限，管理层无动于衷（Admati and Pfleiderer，2009；Edmans，2009；Edmans and Manso，2011）。帕里诺等人（2003）挖掘出"华尔街退出"的实证性证据，强调了这种"主动所有权"工具的重要性。但重要的是我们要意识到，并非所有机构投资者都会追寻这一有着最小阻力的道路。他们很简单，直接清算股份。第一，投资者也许持有股市研判"指标"，也就是说，机构投资者的投资组合是股市大盘走势的一面镜子。这需要指标的投资者对特定股票持仓后，无法售出其股份；第二，某些投资人重仓持有某只股票，很有可能瞬间开展股份清算，除非大盘能灵活消除这只股票的影响力。因此，轻易无法抛售股份的机构投资者，如果不满于 ESG 政策或管理现状，那么他们会动用不同的"主动所有权"工具来表达自己的不满。

就在本章撰写过程中[⊖]，关于是否撤离的争论仍在继续。所谓的撤离，是指机构投资者观察到被投资公司欠缺可持续能力，或者其所在行业已呈现出颓势并开始撤出资金或股份。传统而言，会考虑撤资退出的企业、行业一般为烟酒、军工等领域，可是现在，考虑退出的企业、行业扩展到矿

⊖　该时间为 2016 年。

石燃料能源领域。这是由 350.org 这样的网络兴趣小组提出来的，因为这类燃料引发严重的气候变化、污染问题，网友希望提醒大家注意。但由于撤资退出仍旧是行使"主动所有权"的一种方式，所以是否要全身而退，此事仍待探索。本章认为，任何一家将撤资退出作为其实施长期投资战略的机构投资方，无论从理论还是实操经验层面（Heinkel et al.，2001 or Hong and Kacperczyk，2009），理应意识到撤资带来的经济后果。假设相当多的机构投资方采取"剔除方法"，大范围撤资退场，那么被投资公司的资金回报压力、融资成本都会增大。实际上，投资人有可能错失利润可观的投资机会。从理论上而言，这些经济效应与"剔除方法"下的具有社会责任的投资有着紧密关联，这些在前文都已有阐述。

　　因此，我们认为完全撤资或清算将会于事无补，被投资企业在可持续发展与 ESG 项目上得不到任何改善，最后无法推动公司走向基业长青。我们要求机构投资者在走"撤资清算"这步棋之前，充分用好经济的武器，推动企业 ESG 项目的前进，尤其要考虑如何避免对未来全球气候变化产生不利影响。机构投资者可以激发民众意识，促进业界同行时刻准备着，迎接气候变化、污染、碳排放、可再生能源等领域带来的新挑战。近期有证据表明，机构投资者能不遗余力地帮助被投资的企业提升环保、社会与治理三大领域的管理水平（Bauer et al.，2015；Dimson et al.，2015；McCahery et al.，2015）。经过相当长的一段时期，此法如果仍旧于事无补，那么最后再来考虑是否撤资退场。

机构投资者支持可信的责任投资，谱写战略蓝图

　　据本章与前文阐述（Bauer et al.，2013；Viehs et al.，2013）可以看到，当前，机构投资大佬对社会责任投资战略，尚处于理论摸索阶段，同时这也是值得信赖的事情。我们认为，机构投资者的社会责任投资战略应该包含如下项目。

- 注册社会责任投资机构或网络，如"联合国责任投资原则"机构、碳信息披露计划，或"国际政府企业网络"组织。
- 根据预先设定的选举指南手册，在 AGM 期间，先进行投票权的

演练。

- 尝试股东参与战略，与被投资企业一道，就 ESG 项目或战略相关的问题以及管理层会议、现场实地参观等方式，展开心平气和的对话。我们可以向某些服务机构寻求帮助，要求它们来指导如何开展相关的协商工作，或者也可以采取内部咨询的方式。
- 导入某一股东议案制度。或者，假设委托代理投票制等一些股东参与政策，最终并未使被投资公司的现状有所改观，那么可以考虑采纳内部股东的提案。当然，此时仍有必要遵循此前双方约定的内部指引文件。
- "剔除方法"与"合并策略"兼收并蓄，但这是逼不得已的最后一招，否则此前仍得观察你客户的需求。

任何社会责任投资战略，都是借由"有组织的委托代理投票制""股东参与协商制度"等方式，做到纵横捭阖、总揽全局的。在机构投资者及其客户基础合适的条件下，"剔除方法"与撤资退场等方法，仅能在客户与受益人的支持下得以应用，而且这些方法是从事责任投资领域的最后备选方法。机构投资者这样执行，方能在社会投资领域寻得财富的源泉，获得收益。这个趋势将在尔后一两年内的金融市场上出现。

结论：责任投资的未来趋势

未来，机构投资者会参与被投资企业的 ESG 项目运营及相关战略问题，这将使得"主动所有权"成为社会责任投资的未来发展趋势。投资人要维系金融产品的长远发展，就要将可持续的商业实践转化为一种行业的规范，借此应对社会最亟待解决的问题，包括气候变化、污染、饥饿、水荒等。

作为责任投资领域的关键角色，学术界与非政府组织（诸如"联合国责任投资原则组织"（UNPRI）或"碳信息披露计划"）能将话题推向财经领域的舆论高峰，引导企业重视责任投资，促使资本市场与经济体系走向更稳健、可持续发展方向。此时重要的是，上述组织在用事实告诉人们，在维系可持续的商业实践与良好的企业 ESG 标准时，也是可以追求资金回报的。学术界进而证明了这一点（Eccles et al.，2014；Clark et al.，2015）。

当然还有一种论调认为，企业首要目标是实现利润最大化，股东就是最主要的利益相关者群体。但"利润最大化"这件事可以用可持续的方式、良好的 ESG 运营来实现，这将为那些并非主张财务的利益相关者群体，带来非财务方面的好处（Jensen，2002）。利润最大化并不意味着利益不能可持续地最大化，也并不意味着利润不能走最大化道路。长期以来，只要那些能平衡两方面矛盾的企业才能生存，其中所谓矛盾是指"最大化股东价值"和"维系可持续的商业实践"。为确保竞争力，公司将不得不持续地产生利润。其间，在机构投资者帮助企业找到两者的平衡点，以及运用建设性的"主动所有权"战略开展业务时，他们扮演了一个关键的角色。

本章并未要求机构投资者去改善这个世界，这不是本章目的。我们曾探讨过，"机构投资者不能而且也无须承担改变世界的义务"（Clark and Viehs，2014: 45）。需谨记，我们的法律与我们的客户也在扮演重要的角色。只要我们的客户、机构投资者的受益人，以及我们的法律三方共同支持可持续的商业实践，消除其"没有投资价值"的成见，才能使得金融行业最终完全走向可持续发展道路（参见本书第 14 章）。

致谢

本章的研究工作建立在已有研究的基础之上，特别感谢克拉克等人（2015），以及克拉克与魏斯（2014）对本章撰写过程的支持。

参考文献

Admati, A. R. and Pfleiderer, P. (2009). "The 'Wall Street Walk' and Shareholder Activism: Exit as a Form of Voice," *Review of Financial Studies*, 22(7): 2645–85.

Bauer, R., Braun, R., and Viehs, M. (2010). "Industry Competition, Ownership Structure and Shareholder Activism," ECCE Working Paper, Maastricht University.

Bauer, R., Clark, G. L., and Viehs, M. (2013). "The Geography of Shareholder Engagement: Evidence from a Large British Institutional Investor," Working Paper, Maastricht University and University of Oxford.

Bauer, R., Moers, F., and Viehs, M. (2015). "Who Withdraws Shareholder Proposals and Does It Matter? An Analysis of Sponsor Identity and Pay Practices," *Corporate Governance: An International* Review, 23(6): 472–88.

Bebchuk, L., Cohen, A., and Wang, C. C. Y. (2013). "Learning and the Disappearing Association between Governance and Returns," *Journal of Financial Economics*, 108: 323–48.

Borgers, A., Derwall, J., Koedijk, K., and ter Horst, J. (2013). "Stakeholder Relations and Stock Returns: On Errors in Investors' Expectations and Learning," *Journal of Empirical Finance*, 22: 159–75.

Burkhart, M., Gromb, D., and Panunzi, F. (1997). "Large Shareholders, Monitoring, and the Value of the Firm," *Quarterly Journal of Economics*, 112(3): 693–728.

Clark, G. L. and Viehs, M. (2014). "The Implications of Corporate Social Responsibility for Investors: An Overview and Evaluation of the Existing CSR Literature," Working Paper, University of Oxford.

Clark, G. L., Feiner, A., and Viehs, M. (2015). "From the Stockholder to the Stakeholder: How Sustainability Can Drive Financial Outperformance," Working Paper, University of Oxford and Arabesque Asset Management. Available at: <http://papers.ssrn.com/sol3/papers.cfm?abstract_id=2508281>.

Clark, G. L., Saito, Y., and Viehs M. (forthcoming). "Institutional Shareholder Engagement with Japanese Firms: Culture, Process, and Expectations, 2006–2012," *Annals in Social Responsibility*.

Core, J. E., Guay, W. R., and Rusticus, T. O. (2006). "Does Weak Governance Cause Weak Stock Returns? An Examination of Firm Operating Performance and Investors' Expectations," *Journal of Finance*, 61(2): 655–87.

Core, J. E., Guay, W., and Larcker, D. F. (2008). "The Power of the Pen and Executive Compensation," *Journal of Financial Economics*, 88(1): 1–25.

Del Guercio, D., Seery, L., and Woidtke, T. (2008). "Do Boards Pay Attention When Institutional Investor Activists 'Just Vote No'?" *Journal of Financial Economics*, 90(1): 84–103.

Derwall, J., Koedijk, K., and ter Horst, J. (2011). "A Tale of Values-Driven and Profit-Seeking Social Investors," *Journal of Banking and Finance*, 35(8): 2137–47.

Dimson, E., Karakas, O., and Li, X. (2015). "Active Ownership," *Review of Financial Studies*, 28(12): 3225–68.

Dyck, A., Volchkova, N., and Zingales, L. (2008). "The Corporate Governance Role of the Media: Evidence from Russia," *Journal of Finance*, 63(3): 1093–135.

Eccles, R. G., Krzus, M. P., and Serafeim, G. (2011). "Market Interest in Nonfinancial Information," *Journal of Applied Corporate Finance*, 23(4): 113–27.

Eccles, R. G., Ioannou, I., and Serafeim, G. (2014). "The Impact of Corporate Sustainability on Organizational Processes and Performance," *Management Science*, 60(11): 2835–57.

Edmans, A. (2009). "Blockholder Trading, Market Efficiency, and Managerial Myopia," *Journal of Finance*, 64(6): 2481–513.

Edmans, A. and Manso, G. (2011). "Governance through Trading and Intervention: A Theory of Multiple Blockholders," *Review of Financial Studies*, 24(7): 2395–428.

Friedman, M. (1970). "The Social Responsibility of Business Is to Increase Its Profits," *New York Times Magazine*, September 13. Available at: <http://www.colorado.edu/studentgroups/libertarians/issues/friedman-soc-resp-business.html> (accessed June 16, 2015).

Gillan, S. L. and Starks, L. T. (2000). "Corporate Governance Proposals and Shareholder Activism: The Role of Institutional Investors," *Journal of Financial Economics*, 57: 275–305.

Gillan, S. L. and Starks, L. T. (2007). "The Evolution of Shareholder Activism in the United States," *Journal of Applied Corporate Finance*, 19(1): 55–73.

Gompers, P. A., Ishii, J., and Metrick, A. (2003). "Corporate Governance and Equity Prices," *Quarterly Journal of Economics*, 118(1): 107–56.

Grossman, S. J. and Hart, O. D. (1980). "Takeover Bids, the Free-Rider Problem, and the Theory of the Corporation," *Bell Journal of Economics*, 11(1): 42–64.

GSIA (2014). *Global Sustainable Investment Review*, Global Sustainable Investment Alliance. Available at: <http://www.gsi-alliance.org/members-resources/global-sustainable-investment-review-2014/> (accessed June 24, 2015).

Heinkel, R., Kraus, A., and Zechner, J. (2001). "The Effect of Green Investment on Corporate Behavior," *Journal of Financial and Quantitative Analysis*, 36(4): 431–49.

Hong, H. and Kacperczyk, M. (2009). "The Price of Sin: The Effect of Social Norms on Markets," *Journal of Financial Economics*, 93(1): 15–36.

Jensen, M. C. (2002). "Value Maximization, Stakeholder Theory, and the Corporate Objective Function," *Business Ethics Quarterly*, 12(2): 235–56.

Jensen, M. C. and Meckling, W. H. (1976). "Theory of the Firm: Managerial Behavior, Agency Costs, and Ownership Structure," *Journal of Financial Economics*, 3(4): 305–60.

Karpoff, J. M., Lott, J. R., Jr, and Wehrly, E. W. (2005). "The Reputational Penalties for Environmental Violations: Empirical Evidence," *Journal of Law and Economics*, 48(2): 653–75.

McCahery, J. A., Sautner, Z., and Starks, L. T. (2015). "Behind the Scenes: The Corporate Governance Preferences of Institutional Investors," Working Paper, Tilburg University, University of Amsterdam and University of Texas.

Parrino, R., Sias, R. W., and Starks, L. T. (2003). "Voting with Their Feet: Institutional Ownership Changes around Forced CEO Turnover," *Journal of Financial Economics*, 68(1): 3–46.

PRI (2015). *About the PRI Initiative*. Principles for Responsible Investment. Available at: http://www.unpri.org/about-pri/about-pri/ (accessed July 6, 2015).

Romano, R. (1991). "The Shareholder Suit: Litigation without Foundation," *Journal of Law, Economics, and Organization*, 7(1): 55–87.

Rydqvist, K., Spizman, J., and Strebulaev, I. (2011). "The Evolution of Aggregate Stock Ownership," CFS Working Paper, University of Frankfurt.

Shleifer, A. and Vishny, R. W. (1986). "Large Shareholders and Corporate Control," *Journal of Political Economy*, 94(3): 461–88.

Viehs, M., Hummels, H., and Bauer, R. (2013). "Shareholder Engagement: An Alternative Way to Invest Responsibly," ECCE Research Paper, commissioned by Kempen Capital Management. Available at: <http://www.kempen.nl/uploadedFiles/Kempen/01_Asset_Management/Producten_en_diensten/VerantwoordBeleggen/Research%20paper%20ECCE.pdf> (accessed June 24, 2015).

第 18 章

打造内功的长久之计

领导力、战略和执行的合力归一

布鲁斯·辛普森　蒂夫尼·沃格尔

引论

从 17 世纪第一家股份公司到 18 世纪保险市场的诞生，到 19 世纪证券交易所规则的形成，显然，几个世纪以来，市场经济已经重建改造了很多次（参见本书第 1 章）。这个发展过程到今天依然在继续，本书的许多章节也进行了探讨。在本章中，我们认为商业长期可持续性源自其内部的变化。因此，我们将注意力转向内部组织转型，因为我们认为 21 世纪最大和最重要的飞跃之一，将是企业注意力转为重视从长计议的发展战略。

长期以来，实践企业社会责任（CSR）一直是用于促使企业负责地参与社会的途径，被视为企业长久大计的出发点。然而，对于企业组织来说，从注重长期效益的角度来制定战略和规划运营则相对较新，因为大多数 CEO 都持续不断地面临来自市场、股东和董事会要求达到短期业绩目标的压力（参见本书第 2 章和第 12 章）。落实企业社会责任已经成为实现长期投资价值和企业长远发展的重要依据。如果做到这一点，就可以在一个组织的上下左右及其供应商和客户的方方面面，以企业社会责任为桥梁，实现从愿景到战略到执行的成功落地。除了经济成功之外，企业社会责任还使得利益相关者能够获得环境和社会效益，从而为企业的三大终极目标带来价值回报。

本章强调了制定对路的长久之计的重要性，因为现在重建企业社会责任的需要比以往任何时候都更加迫切。借鉴外部和麦肯锡公司的研究，结合对自己经验的反思，我们在本章的讨论包含了四个部分。首先，我们设定了企业社会责任的背景，无可辩驳地论述了变革的必要性。其次，我们从组织角度分析了这一变革，并阐明了从长计议对提升股东和利益相关者价值的好处。再次，在本章的主要部分，我们检视了"典型"的企业社会责任各种模式，并根据一系列公司案例的研究结果，指出只有将领导的远见卓识、深思熟虑的战略和精准执行形成"三位一体"，协同运筹落实，才可能确保长期变革转型的成功。最后，我们总结了市场经济长期以来的经验教训，并指明了向前发展道路——一个新的企业发展前沿，作为通向进步和可持续变革的钥匙。

变革的压力

今天，希望通过迈克尔·波特和马克·克莱默阐述的"共有价值"（Porter and Kramer，2011），以及伊恩·戴维斯的"社会契约"（Davis，2005）来实现企业长远的三重终极目标的需求从未如此迫切。但要实现目标的靶子却不断升高，比以往任何时候都快，源自以下四大力量。

首先，股东和利益相关者的期望已经达到前所未有的高度，因为市场经济难以跟上全球经济快速变化的步伐。今天，最大的全球力量之一，就是新兴市场的崛起。到2030年，亚洲和非洲30多亿人口将进入中产阶级，创造出规模之大、史无前例的新的消费者群体。因此，不断加剧的资源紧张局面将是一个重大的挑战，如何克服诸如食品和水等关键资源的需求与供应之间的差距，是对人类聪明才智限度的测试。麦肯锡研究报告估计，在20年之内，水的需求将超过供应的40%（Addams et al.，2009）。这些资源短缺将产生深远的政治和社会影响，并很可能加剧用户之间的紧张竞争关系和冲突。

人口老龄化，给市场经济带来了新的压力，因为社会将不得不花更多的金钱在医疗保健和社会保障上。收入不平等也有所增加，且差距在不断扩大。1970 年，经济合作与发展组织国家里收入最高的 1% 的人口约占国家总收入的 7%。到 2009 年，这一群体的收入所占份额翻了一番，达到了 14%。同时，最低收入的 10% 人口其收入从总收入的 4% 下滑到 3%（OECD，2014）。

当我们考虑到这些外部压力——上升的中产阶级人数、不断加剧的资源紧张局面、人口老龄化和不平等现象的增加的时候，很容易将政府置于应对这些挑战行动计划的中心。然而，随着政治压力加剧，公共部门能够提供必要的资源并建成合适机制的努力空间毕竟有限。现在，在寻找长久大计上，企业应该分担责任。社会期望公司提供比短期回报更多的要求也在增加（参见本书第 9 章）。

其次，由于现在技术变革和沟通的高速度，因此透明度比以往任何时候都要高，这就提高了对企业参与社会的要求。在过去几十年中，管理和全球治理的应对努力，一直跟不上技术创新的日新月异和复杂性的增长。技术的巨大发展创造了前所未有的全球相互关联性水平，虽然给努力超越竞争对手的企业带来巨大收益，但也为之带来了巨大的风险（Goldin and Vogel，2010；Goldin and Mariathasan，2014）。在这种企业生态系统中，不确定性和复杂性日益增长，公司寿命不断缩短，这就并不令人惊讶：标准普尔指数公司的平均寿命在 1930 年为 90 年，而今天平均是 18 岁——自然不利于做长远思考（Innosight，2012）。

我们的通信技术的转型升级也带来了前所未有的透明度，公司发现自己越来越多的时候是在全球媒体的显微镜下活动。个人和非政府组织现在可以实时观察几乎所有的企业行为，并且几乎可以零成本快速进行全球性的活动（Browne and Nuttall，2013）。任何可以看到的管理失误都会在全球范围内受到广泛监控和报道。最近有一些详细报道的例子表明，一旦公司被怀疑反企业社会责任成为传闻，甚至在全部事实都没弄清楚之前，公司股价就已经急剧下降。同时，"好事不出门，坏事传千里"。公司不会因为有关社会责任正面的行为而获得充分肯定和媒体报道。例如，虽然一家矿业公司在其运营的发展中国家为社区做了数不胜数的高影响力好善举，可在人权、腐败和环境破坏等方面仍然是媒体报道负面新闻的主要围猎目标之一。尽管它比其竞争对手在企业社会责任上投入更多，却未能上榜加拿大采掘业"对社会负责"公司 50 强（Corporate Knights，2015）。

　　随着公司开始关注更广泛的利益相关者社群，许多企业已经成功地与非政府组织进行联合品牌战略，以加速公众认知的转变（参见本书第 9 章）。在某一段时间，加拿大铝业集团（Alcan）是唯一参与"美国气候行动"伙伴关系和"联合国全球契约"的加拿大公司。然而，与合适的 NGO 建立成功的伙伴关系变得更加困难。透明度的提高意味着双方现在都沉默无声了：NGO 担心被不合适的公司伙伴连累，而公司若与不合适的 NGO 合作，则弊大于利。企业和 NGO 共同面临的挑战是确保这种伙伴关系不仅只是公关活动，而且是更深层次组织变革的反映。鉴于利害关系重大，企业需要找出一种重构方法，把企业透明度升高将这一劣势转变为优势。

　　再次，虽然当下企业的透明度有所提高，但对企业的信任却正在下降。随着越来越多的传统商业和经济模式对社会来说开始衰败，社会对商业的信任（特别在西方）已经急剧下降，现在处于灾难性的低谷。1966 年，盖洛普对美国公众进行了民意调查，企业公信力是 55%。到 2012 年，这一信心指数跳水到 21%，尤其是金融危机后加速下降（Gallup，2015）。相反，在亚洲的很多地方，由于政府干预和刺激经济发展，以及占经济比例较多的从长计议的家族企业的存在，因此情况更有利于长远规划（参见本书第 4 章）。有趣的是，也许并非巧合，在亚洲，对商业的信任度有所增加，在一些国家高达 65%（Edelman，2014）。简言之，如果要确保未来的长期繁荣，西方的企业需要重建它们和公众之间的信任（参见本书第 2 章）。正如爱德曼国际公关公司（Edelman）的总裁兼首席执行官理查德·爱德曼（Richard Edelman）写道："信任不再是通过量化评价指标（如公司利润）来获得，而是通过公司或国家以其行为展现的价值观来赢取的。"（Edelman，2014: 12）

　　最后，人才差距正在扩大，而下一代寻求具有更广泛使命和人生意义的职业生涯（参见本书第 7 章）。随着人口结构的变化，人口老龄化社会的到来，工作的人与不工作的人的比例正在下降，几近失衡。例如，在亚洲，2000 年每个退休人员对应 10 名工作的人。到 2050 年，该比例将下降到 3 名退休人员对 10 个工作的人（OECD，2011）。人才供求差距日益扩大，争夺人才和生产率的"战争"比以往任何时候都更加严峻。与此同时，千禧一代对雇主有新的期望：他们更加易变、不太忠诚，并且在职业生涯中寻求使命和人生意义。过去，一个公司的员工平均受雇时间至少为10年。今天，在美国这一数字已经下降到大约4年（Bureau of Labor Statistics，2013）。对于这一代人来说，终身就业能力比终身就业更重要。

公司将怎样吸引最好的最有才华的人，并且留住他们？梅斯特尔和威尔列德（2010: 69）认为：

千禧一代认为工作是生活中重要的一部分，而不是一种需要被平衡的独立活动。因此，他们非常重视找到一个从中可以获得自我实现的工作。他们想在工作中有机会结识新朋友，学习新技能，并找到更宏大的意义。据我们调查发现，工作的意义是工作满意度的一个重要因素，这代人是自20世纪60年代以来最具有社会意识的一代人。

最近有个调查显示，千禧一代对商业的角色和意义的看法在变化。36%的人觉得商业的目的是改善社会，而75%的人觉得企业只是关注自己的业务经营，而不帮助改进社会（Deloitte，2015）。这些调查结果发出了一个信号，即企业界应该有一个范式的变革，来提高社会责任感和参与度。"给孩子自由"（FTC）是一家成长迅速的NGO，在加拿大的5000所学校中的在校青少年及其家人中发起的活动，推动新一轮的社会参与，而且很快就会发展到北美的25 000所学校。FTC鼓励、评价并且表彰参与者的社会活动，84%的FTC校友知道他们能够给社会以"正能量"（Mission Measurement，2014），并且这些校友能够"发动其他人解决社会问题"的可能性是非FTC青年的3.9倍。这个参与的人群更期望其雇主会对社会产生正面影响，而且他们从自己认为对社会问题有投入的公司购买产品的可能性是其他人的2.4倍（Mission Measurement，2014）。

在今天的世界里，社会的期望更高、更紧迫，透明度之高前所未有，企业公信力是历史最低水平，人才寻求更有意义的职业生涯，所有这些意味着什么？无所作为已经行不通了，公司正确行事比以往任何时候愈加重要。虽然犯错的成本比以往更大，但做对了的潜在好处也在增加。承担起社会责任迅速成为企业必备，如果企业巧妙地将其纳入使命和战略的核心部分，就可以带来巨大的价值。我们已经不能够按照米尔顿·弗里德曼（Milton Friedman）"在商言商"的老话（Friedman，1970）来营商；看看过去十年呈指数级增长的企业社会责任报告就知道了。1999年，不到500家公司发表过CSR报告。到了2010年，近3500家公司测量自己的环境足迹，并制定了相关环保目标（Bonner and Friedman，2012）。这两位作者还研究了企业社会责任现在如何扩展到包括环境、社会、治理、健康、多样性、员工和安全问题——"几乎任何关乎影响公司运作和声誉的问题与忧虑"。

从长计议的好处

坚守长线战略，以多种方式推动股东和利益相关者的利益。

- 避免企业运营和声誉出现风险与危机：辛普森（2007）说，"一家把社会责任纳入战略的公司是给自己开发了一个预警系统"。该系统虽然不一定能阻止陷阱的发生，但可以在遇到挑战时，帮助管理层更快速、更富创造性地做出更灵活的对策。我们在本章后面会探讨一些案例。但是我们也认识到，一个只看经济效益的方法，虽然有其价值，但亦有其局限性，并没有深入到长期战略的根基内部（另见本书第12章）。

- 推出新的商业模式参考，促进竞争优势和商业利益：这种形式的股东价值创造"将社会和政治维度视为不仅仅是风险（控制损坏程度的环节）而且也是机会"。发展以长期战略为核心的新商业模式，需要组织去"浏览检视新兴趋势的地平线，并将对于新趋势的回应反馈纳入整个体系中，以确保企业对策是连贯的而不是零打碎敲的"（Bonini et al.，2006：21）。例如，惠普所提出一个新的主张，即"把意义置于战略的核心"，在连接客户需求与人力、经济和环境影响的同时，激发公司思考寻找超越渐进式改善的创新式解决方案（Hewlett-Packard，2014）。

- 吸引、激励和留住最优秀的员工：传统的重视绩效的制度已经不足以吸引和留住最优秀的员工。在争夺人才的大战中，企业组织对社会责任的承诺，对于吸引而且留住最好、最聪明的员工来说，变得越来越重要。最好的组织当有大胆的使命、明确的战略和专注的执行力，表现在三个层面上：（i）令员工信服的企业使命和意义——德商（MQ）和超越企业绩效目标之上的社会影响；（ii）情商（EQ），即明确提供"传、帮、带"的公司行为和团队规范，并且鼓励所有员工发表看法、发挥影响，以及"尽其所能"的信任和协作的开放氛围；以及（iii）智商（IQ），即企业有明确的战略和战术目标，向员工精准展示如何针对上述更广泛的企业目标以及传统绩效目标，将目标和使命融合一体，形成可测评的要点的执行工作程序，从而实现价值。

在所有这些方面下功夫的企业鼓励员工不仅给组织带来对工作的律己和严谨的态度，还有很多其他的东西，如员工选择带来自己的创造力、协作精神和主动性，这些都会提高生产率和对公司忠诚度。麦肯锡的研究指出，员工激励、开放性、环境和价值观等指标排名在前 25% 的企业，其高出其行业利润率（按税息折旧及摊销前利润（EBITDA））可能性是最低 25% 的 1.8 倍（De Smet et al.，2007）。研究还发现，在工作中找到人生意义和价值，对个人的整体生活满意度影响最大。实际上，其影响力比组成重心平衡式领导力的其他核心要素，即建立关系、积极心态、积极参与、管理精力等重要 5 倍多（Barsh and De Smet，2009；McKinsey，2010a）。

合益集团（Hay Group）的研究表明，高度敬业的员工比不专心工作的员工表现超过平均预期的可能性要高出 50%。员工高度敬业的公司在各方面都胜过那些员工态度特别松散的公司：员工保持率超过 54%，客户满意度超过 89%，而销售额增长上超出 400%（Goffee and Jones，2013）。为了留住员工，企业需要更好地管理其业务目标，并加大其对社会和环境的承诺。这样做，社区受益，企业同时也获得了员工认真努力工作的回报，因为投身于有深刻意义的事业，高度激发了他们的积极性。更重要的是，将这些对社会和环境的承诺与企业组织的目标及价值观连为一体。

由于关心员工而被评为"世界上最开心的公司"——好市多（Costco），

认为"从长远来看，员工的利益就是公司利益的镜像"。好市多概括的商业逻辑令人信服：向员工支付高于行业标准的工资，可以取得比业内同行更好的业绩：更少的员工流失率，更高的生产率，更好的客户服务水平，最终的效果是提高了利润（Sisodia et al.，2014）。西南航空公司提高利益相关者的参与度的办法是通过举办年度多元化峰会：高层管理人员、人力资源从业者、员工和社区领导人一起开会交流讨论包容各种不同的观点。西南航空公司的目的是为员工与社区创造一个真实和温馨的环境，从而促进业务绩效和员工满意度的提高、创新以及社区参与（Southwest Investor Relations，2013）。

《有爱的企业：激情和意义如何使世界级公司获利》（*Firms of Endearment: How World-Class Companies Profit from Passion and Purpose*；isodia et al.，2014）这本书从头到尾的案例研究，都在强调企业的社会责任不仅是为了提高股东价值和激发创新，而且是也让所有利益相关者，包括当地社区、政府和社会组织等各方利益均沾。然而，向长线主义转型的变革，其商业逻辑到底有多强大呢？实证研究表明企业从纯粹利润驱动型转变成意义驱动型（转变中）所创造出来的共同价值是非常大的。公司在环境、社会和治理上的实践的好坏与以市场为基础的超常绩效呈正相关，即对应更好的股本回报、现金流和红利增长（Deutsche Bank，2012；Hermes，2014；参见本书第17章）。例如，GMI评级研究表明，截至2012年8月31日之前的10年期间，在一个投资组合中，会计和治理风险评级表现名列前10%的公司，其业绩比排名最差的10%的公司要超出54%。无独有偶，《人见人爱的企业》（*Firms of Endearment*）一书中强调这一点：在一项为期15年（1998～2013年）的纵向研究中，采用所有利益相关者利益均沾模式而不是最大化股东利益模式运行的企业，其业绩超过了标准普尔500指数的14倍，比名列"良好—优秀"的公司表现好6倍（Sisodia et al.，2014）。

这也是麦肯锡的发现：在很多情况下，对社会有好处的东西，对企业也有好处。我们帮客户做的很多咨询工作，揭示了企业利润和组织绩效之间的密切联系（De Smet et al.，2007），同时也明确指出了企业组织的健康是长期竞争优势的关键（Keller and Price，2011a；McKinsey，2010b）。一项麦肯锡在2010年的调查显示，致力于解决新兴市场社会问题的公司会促进其增加利润和社会影响力。调查中的绝大多数公司认为，发展中市场的宏观经济增长是其业务战略的关键，超过 2/3 的公司正在通过教育（目前参与的有 22%），或者私营企业的发展（15%），抑或技术进步（16%）等来参与宏观增长。既然注重长远考虑如此重要，那么做好从长计议的关键又是什么呢？

从长计议需要"三位一体"：领导力、战略和执行

为了在市场经济中长期蓬勃地发展，一家公司要确保三个关键要素必须到位：目光远大、激发变革的领导力，酝酿变革的长期策略，然后最重要的是精准完美的执行。那么一个问题自然浮现出来：当三个要素不到位时会发生什么？我们认为，这时企业组织会受到困扰，徒劳无功，具体情况归纳为三个典型的失灵模式：不能充分实现其经济利益、确保利益相关者的认可和让其努力实至名归。只有当领导力、战略和执行三位一体同步时，从长计议的好处才会充分显现，产生重大的影响（见图 18-1）。

图 18-1　典型 CSR 模式：跨越领导、战略和执行的三位一体

"心血来潮"式的 CSR 模式

领导者和高管团队的协调一致，对于企业组织的长久兴盛至关重要。

"要公司重新认识自己并重新定位，那么领导者就必须孜孜不倦地不断地对内对外宣传推广自己的想法和愿景"（Browne and Nuttall，2013）。但是，即使有了致力于发展变革的领导者的支持，企业社会责任还是可能无法实现其核心目标。事实上，领导层往往可以略过对长期变革所需的战略规划过程，直接跳到执行模式。其一般后果是产生小规模的短期解决方案，通常反映了经典的慈善活动里"心血来潮"的特点。在这里，善意的领导人设定了愿景，但正如迈克尔·波特和马克·克莱默很到位的总结所言："互不关联的企业社会责任和慈善活动大杂烩与公司的战略脱节，既不会产生任何有意义的社会影响，也不能强化公司的长期竞争力。"（Porter and Kramer，2006）在这些情况下，我们目睹了传统的企业社会责任的碌碌无为，虽然有关投资不断增加，但是种种 CSR 举措并未产生真正的效果，原因就是在战略规划过程中存在下面两个基本缺陷。

首先，公司企业社会责任的实践专业性不够强，因而导致在许多情况下出现集中化的企业社会责任活动的效果，最好地说也就是不清不楚，对调查问卷关于实施 CSR 方案对"股东价值"影响的评价，9% 的企业社会责任专业人员的回复是"没有"，53% 回复是"不确定"（Riddleberger and Hittner，2009）。这是因为公司对 CSR 的资源或能力不太关注，CSR 功能集中在总部，而不是将其嵌入业务部门战略规划中。其结果就可能是缺乏业务部门的充分支持、当地文化的配合以及利益相关者的有效参与，而这三者的配合支持，对于 CSR 工作内容的执行实现来说，至关重要。企业社会责任的集中化，往往造成工作重点放在更加表面化的"作秀"上，如发表汗牛充栋的企业社会责任报告，或减轻媒体曝光丑闻的努力等。

其次，一些公司已经将重点放在与合作伙伴做短期的、流于形式的合作参与模式上。这方面的例子处处可见，出发点良好的高管行政人员对某种名目或主题心血来潮，这些却与企业运营的基本经济逻辑毫无瓜葛。通常情况是，在与非政府组织的典型合作伙伴关系上，公司领导者让企业支持 NGO 组织宣传活动，以提高社会对某项慈善事业的认识，参与对基金会的慈善捐助，或致力于社区／环境方面的努力，为员工参与当地教育项目提供财务支持等。例如，为了保护矿产价值并得到其在当地国家经营的许可证，许多矿业公司专注于社区改善措施。虽然这些计划对当地社区非常有益，但由于这些计划并没有深入到业务中（例如，融入变化中的供应和分销链里），很容易受到高管人士的一时心血来潮的干扰。这些 CSR 项目很难像长期战略那样可以维持下去，一旦遇到项目影响力下降，名头过气或管理层变动，CSR 的活动可能就会消失。

局部的出色

企业组织的"局部的出色"与"心血来潮"式不同。在这里，我们通常会看到来自基层的极好的想法，但这些想法很少会扩散到全局或者纳入整体，以及传播到企业的其他部分。在重工业、制造业和资源型企业中，一项工作往往被划分成条块，且在企业组织的内外都常常遭到忽视。一般来说，要做运营的变革，很自然的办法是从基层开始自下而上来推行，而且这些变革决策的尺度微小，例如，为提高生产率，一线工作人员所实施的提高能源效率的流程。

局部的出色，长远来说，可能会成为巨大商机——如果有深具远见的领导者将其上升到战略优势层面。比如，我们发现在制造业中，在整个企业范围内推行能源效率转型的办法，总体可以节省 10%～12% 的能源，所有这些一般都可以在 18 个月内实现，并且投资回报期低于两年。在此之上还可能再取得额外的 5% 的节约，所需投资回报期是 2～5 年（McKinsey，2013）。但是，由于缺乏最高层领导来推动变革，这些举措往往没有管理的牵引而获得跟进。杜克能源公司已退休的基思·特伦特（Keith Trent）强调说，"不管是首席执行官或其上级领导，其最大的工作是为公司创造这个愿景"。如果没有愿意承担重大个人风险的合适的领导者，团结其他人协调推进，那么安于现状的现任者可能就会抵制领导者的要求，压制广泛的组织变革的机会（Browne and Nuttall，2013）。

除了从小打小闹中获取次优的经济效益外，其实局部出色的投资回报名声也不佳。比如分析一家全球矿业公司的情况，结果显示随着该企业社会责任支出的增加，其负面媒体报道的数量反而上升了，也就是说，它的 CSR 风险与回报的总体设置偏向了错误的一边。靠局部卓越做 CSR 的缺陷在于，即使做出了成绩也很少获得利益相关者的广泛赞誉，而任何一点错误就会被传得沸沸扬扬。公司应该另辟蹊径，利用数字化通信来改善透明度，并展示来自基层的值得推广的 CSR 举措。如前所述，千禧一代喜欢看到可衡量的社会影响，哪怕是在微观层面上。现代科技可以帮助企业与利益相关者分享这些成果。研科（Telus）⊖与"给孩子自由"（FTC）合作建立了一个免费的、泛目的的应用程序（We365），来创建用户个人资料，并且连接其他志同道合的变革者。FTC 的"追踪你的影响"应用程序是一个数字平台，给某个消费者购买行为标上所带来独特的社会影响。另外，FTC 同时测量企业合作伙伴开展的社会项目的效益。加拿大皇家银行（RBC）与 FTC 一起做的"我们创造变革"分币运动，通过 55 000 人到访银行实体网点的活动，共收集了 1.4 亿个分币，成果是让 56 000 人得到了终身洁净水供应。而且，与对照组相比，FTC 会员相信 RBC 是一家创新型公司的可能性是其他人的两倍，将 RBC 推荐给其他人的可能性高出 1.5 倍，考虑使用 RBC 产品 / 服务的频率是 1.7 倍（RBC，2013）。

　　肯定地说，局部出色这一招不是驱动长期变革的灵丹妙药，但是通过适当的管理和领导，它们可以变成提供高回报、实现规模化甚至可能变革组织的手段。改善局部出色影响效果的测算方法，更可以提高其受欢迎程度、信誉和可持续性。

跟进不力

　　公司在执行中问题发生的频率最高，企业社会责任这一块也不例外。在这第三种失灵模式中，领导者为组织制定了令人信服的愿景，并采取后续步骤将这一愿景纳入战略规划过程。然而，这些重要事项却没有配套的运营计划来确保其持续的贯彻执行。随着期望值的提高和透明度的上升，这种失败可能特别损害企业的声誉和利益相关者的信任度。

　　为了保持对结果的关注，公司应该设定指标和目标体系来衡量进展，并将激励与其业绩成效联系起来。但在管理运营结果和人员绩效管理方面，企业往往被路易斯·洛温斯坦（Louis Lowenstein）所说的"先有测评，才有管理"的愿望如何实现难住了。尽管最近在大数据分析技术上取得了成就，但显然缺乏数据汇总和分析，从而帮助管理层做出正确的决策。事实上，IBM 的研究表明，70% 的公司收集数据不够频繁，因而不能做出有效

　　⊖　它是加拿大一家以电讯服务为主体的公司。

的战略决策，从而解决八大类别的低效问题，包括二氧化碳、垃圾和劳工标准等（Riddleberger and Hittner，2009）。

这方面的其他批评围绕在那些鼓励企业采取长线做法的全球框架机制上。例如，联合国全球契约和联合国全球契约 CEO 水资源纲领，虽然建功于强烈愿望和原则体系，但被广泛批评"过于灵活和模糊"，未能对签署者施加足够压力，使其原则转化为实际操作和可衡量的变化（Hoessle，2014: 34）。例如，受到赞扬的联合国责任投资原则组织（PRI），是因为定义了"负责任投资的意识形态"，并能使之合法，但是他们面临的如何使得该方法在主流金融市场上具有可操作性和可实施性的挑战也是有目共睹的（Gray，2009）。当组织无法执行其企业社会责任的战略重点时，我们通常会看到诸如"漂绿"或"亮闪闪的 CSR 手册"之类（暗含讥讽）的说辞出现。因此对企业来说，在透明度、问责制和战略计划运作执行的报告上确保适当力度，尤为重要。

在这方面，CEO 的领导力也要发挥作用，其角色应该是确保在运营执行中反映共同的价值和长线思维。设计思维中的一个重要的提醒是，为每个人去做的设计最终往往会成为一个对谁都没用的设计。企业战略亦是如此，如果为了追求满足所有利益相关者，结果往往导致进展缓慢和运营的过度分析（而造成瘫痪）。

影响不过一代人

我们讨论的最后的失灵模式最接近于探试企业新前沿之路：将长远的战略重点深化到战略规划过程和执行操作中，实现目标。在大多数情况下，这种转型变革会是最初领导者的要求和大胆的愿景。然而，研究显示，70% 的转型工作长期来看都是失败的，那么我们如何确保这种组织转型的不可逆转性（Keller and Price，2011b）？许多时候，这成了人才问题：一个企业组织如何在关键的领导更替交接中保持势头，以维持公司内的长期转型？再者，领导层如何超越本企业组织，带领行业的转变，试探企业新前沿的边界？

跨越多代领导人的影响受到限制的原因之一来源于董事会的传统但不完善的公司架构。董事会的任务应该投入于组织的长期战略，并且眼光应比 CEO 更长远（参见本书第 19 章和第 21 章）。首席执行官和董事会之间应该存在建设性的张力，首席执行官的短期职责应该受到董事会更为长期与多样化的管理和战略重点的挑战。然而，许多董事会目前面临独特的结构性挑战，决策多受制于短期股东回报，而厌恶风险却爱惜羽毛的董事会成员则愿意做出维持现状决定。

　　未来的企业结构和管理层次应该进化发展，以反映当今领导者的重要性。下一代领导者将需要思考，企业如何超越任何一个人的局限，将领导力融入组织的文化和价值观中，以确保转型的持续性。

三位一体的长远效益

　　据说公司是自己善行的牺牲品。所做的善事越是屡见不鲜或者要求实际的，则公司的得分就越少。如果一个企业仅仅只是遵守国际劳工或环境标准，那是远远不够的，因为过去十年间以社会责任为导向，已成为一个全球品牌的必要条件。相反，公司必须展现它是处于变革的前沿（Martin，2002）。那么哪些公司是站在变革的前沿，在有远见的领导力、战略和执行上为长远发展真正做到位了的呢？

　　"2015 全球扫描 / 可持续能力的领导者"的问卷调查，向对 80 个国家的 800 多个有影响力的思想领袖就可持续发展发出了问卷。结果显示，联合利华是企业可持续发展连续五年保持排名第一的龙头企业（见图 18-2）。即使跨越各个地区，领先企业中也有一些重合的（见图 18-3），但其中仍有几个我们可以确定是通过三位一体达到长远发展效益的典型。联合利华是一个棕地企业转型的杰出案例（参见本书第 2 章），而巴塔哥尼亚则是绿地企业转型的例子。

　　金宝汤公司的总裁兼首席执行官丹尼斯·莫里森（Denise Morrison）说过，"你要么带领变革，要么成为变革的牺牲品"（Wang，2013）。在所有表现最好的一类组织中，领导层都强调前者，即对企业变革要有新鲜大胆的愿景。联合利华的首席执行官保罗·波尔曼（Paul Polman）从一开始的言辞就显示出一个领导者的远见卓识，"我们很快就认识到，要企业兴旺发达，基业长青，必须自问：其实我们要给予社会什么，才可以让其变得更好呢？我们对公司内部明确态度：这就是我们的商业模式，从顶层开始做起"（Browne and Nuttall，2013）。2004 年，巴塔哥尼亚（Patagonia）的创始人伊冯·乔伊纳德（Yvon Chouinard）开始了"不要买这件 T 恤"的活动，且多年后又跟进了，2011 年黑色星期五，他们的广告是"不要买这件夹克"。乔伊纳德做出了有意识的决定，让客户在购买之前先考虑，从而鼓励负责任的经济。经过精心挑选，乔伊纳德还任命了合适的 CEO 来落实他对巴塔哥尼亚的具体愿景，确保不会成为"影响不过一代人"的例子（Patagonia，2014）。

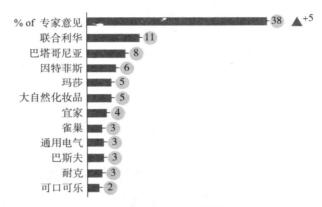

图 18-2　企业社会责任的领先公司

资料来源：GlobeScan/SustainAbility Survey, 2015: 13. Reproduced with permission.

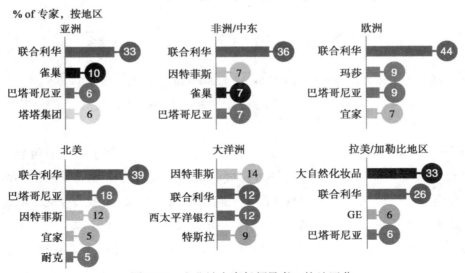

图 18-3　企业社会责任领导者，按地区分

资料来源：GlobeScan/SustainAbility Survey, 2015: 14. Reproduced with permission.

采用历史的透镜看领导力，也可以揭示出长期战略规划的一些重要变迁。十几年前，战略经常遵循的是"不为害"的预防原则，风险管理是主导框架。过去，"富于远见的商业实践与持久的社会理想之间的协同在很大程度上是含蓄默契的"（Simpson，2007）。今天企业面临复杂的挑战需要更强大、更深入、更明确的社会契约。现在，战略的重点是将变革深入融合到商业实践中，领先的企业通过其业务在上游或下游发挥影响力。因此，我们看到在1997年占据中心舞台的领先者（如采掘业和化工业）逐步转移到了其他产业，到2015年，舞台中心的典型产业变成了消费品食品和零售行业（见图18-4）。

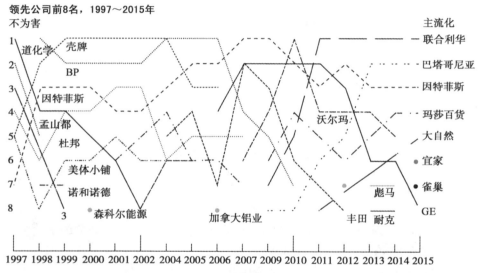

图 18-4　1997 年以来的领先者位置变化一览
资料来源：全球扫描（2014），经许可重印。

然而，巴塔哥尼亚可以被视为绿地企业转型的一个例子。开业伊始，创始人伊冯·乔伊纳德就将可持续发展和秉德经商作为企业文化的核心，所以企业所采取的战略决策始终源于一贯的使命和愿景："做最好的产品，尽量不为害，通过业务本身来探寻和实施解决环境危机的方案。"（Patagonia，2015）早在1986年，乔伊纳德就投入了可持续发展工作，自行设立了"地球税"，即把1%的销售额和10%的利润捐赠给环保组织。在20世纪90年代初，由于员工健康问题，因此企业决定转用有机棉花，并最终对巴塔哥尼亚的供应链进行了全面的考察——消费后回收（PCR）方案决定使用塑料瓶来为公司的大部分产品制作面料。巴塔哥尼亚在企业前沿不断创新的能力带来了明确的战略效益。虽然身处的行业常见员工流失率接近44%，但巴塔哥尼亚只有 25% 的员工流失率（Patagonia，2014）。由于其可持续发展计划，因此巴塔哥尼亚一年的免费媒体报道的价值估计在 500 万至 700 万美元之间（Patagonia，1999）。

最后，如前所述，这些企业组织的表率作用不仅表现在领导力和战略思考方面，而且也在运营执行方面。联合利华的"可持续生活计划"阐述了具体行动方案，对可持续发展成功的相关测算方法——7 个指标系列的大约 60 个目标，包括总用水量和温室气体排放量，以及执行计划。联合利华每年仍然以 4.3% 的速度增长，超出市场水平。它还报告了对比 2008 年，其二氧化碳排放量减少了 40%，用水量减少了 65%，总体垃圾废料减少了73%（Roos，2010），尽管年报产量有大幅增长。自 2008 年以来，联合利华的零废物填埋设施为公司节省了 2 亿美元，节能收益又再增加 1.5 亿美元（Unilever，2013）。

巴塔哥尼亚则从一开始就公开地报告了其社会影响：最初转用有机棉花导致了棉花成本上升 15%～40%，公司报告说将 20% 的上升成本传递给顾客。尽管产品涨价，巴塔哥尼亚的销售额却增长了 25%（Patagonia，2014）。它还在密切关注其社会责任行动的影响：报告中说，公司解救了8600 万个塑料瓶进入垃圾填埋场的命运，而迄今为止使用 PCR 代替原始材料所节省的石油量足以为与亚特兰大规模相当的城市提供一年的电力。此外，公司每年仍然贡献 1% 的销售额或 10% 的利润（二中取大）给环保项目，2014 年，金额总计达 6100 万美元。

当然，我们本可以在本章中介绍很多其他的情况。宜家近来宣布了其"人与地球正能量战略"，在可持续发展上取得很大的进步，被许多 CSR 行业专家看好，称其是下一个联合利华（IKEA，2014）。玛莎百货（M&S）的可持续发展战略（"由于不能有 B 计划"的 A 计划）由于它不仅以其创新和涵盖面广的方法（超过 180 项承诺），而且还诚实地宣布其计划和成就及其缺点，因而已经受到企业社会责任专家的认可（Marks and Spencer，2015）。玛莎百货将企业社会责任指标全面纳入各分店层面的关键绩效指标中，并将 A 计划的理念贯穿于各级员工的日常工作中。

在所有这些例子中——联合利华、巴塔哥尼亚、宜家、玛莎百货，以及许多为其他行业做出表率的企业，都清晰地表明要取得长期的发展效益，必须三位合于一体，即需要能服众的领导力，包含最新业务实践的企业长期战略，以及追求卓越运营目标的负责落实的执行计划，三者环环相扣，方能大见成效。

探索企业新前沿：从长计议市场经济的鉴戒

探索新公司前沿道路的开拓者，可以教给我们一些有益长远的训诫。确实，虽然市场经济的问题似乎令人望而生畏，但可以通过采取改进领导力、战略和执行的一系列行动来解决。

领导力

从顶层推动长期变革，并奖励考虑长远发展的积极参与者。变革始于力求改变现状的领导者，他们在企业全局上清晰坚定地表达自己的愿景蓝图。鉴于需要大胆奋进的领导力，领导者的选择对企业的成功至关重要。此外，领导者一旦到位，就应该建立激励和奖励制度，以确保决策重点转向关注长远发展。敢于担当的领导者就有机会把薪资待遇和表现评估与季度盈利指标脱钩，从而转换到从长计议的指标体系中。

重新定位，重新设计和布局董事会的治理格局，使之成为长远效益的积极管理策略和守护者。执行领导层不能单独来实施一个大胆的愿景，它需要董事会的支持和推动才能做更长远的考虑。董事会层面还需要结构性的变化来调整激励措施，使其从风险规避、短期决策转向长期战略规划。董事会成员也应该投入更多的时间来发挥其作用，并且相应地增加对组织战略的时间承诺。

战略

将长期战略纳入核心业务。典型的企业社会责任部门需要拆散和分散到各个业务领域，以确保 CSR 战略讨论与业务相关，可以行动，并足够的长期化。还需要经常将长期战略对照该组织的最初使命和愿景进行反思检讨，以确定与其核心价值观保持一致。

从面向股东转为利益相关者参与。如果我们不为所有利益相关者（包括地方社区、政府和社会组织）创造利益，股东价值的提高就难以持久。说到底，一个企业其实需要社区的首肯来进行业务，只有当企业的运营有利于社区时，它才能得到其认可。企业需要与适当的利益相关方进行积极对话，并将其纳入战略规划过程中。

执行

制定明确的指标体系和目标来管理你所测评的东西。组织必须采取"先有测评，才有管理"的思维方式，并为组织健康发展和绩效表现设定大胆的目标。这些指标是在组织内部和外部建立信任的第一步，并且还向利益相关者发出信号，表明该组织已建立问责，在实际运营中操作执行，以实现愿景。

将透明度转化为成功的支柱，重建信任——向下沟通，向上沟通，对外沟通。一旦组织与正确的长期目标和指标体系达成一致，就需要在整个组织中进行层层传达。一线的员工应该清楚了解组织的目标，以及为什么要求他们改变／用不同的方式作业。此外，还应进行结构性改变来加强问责制，包括将组织的期望纳入职务说明和绩效管理流程。

除了通过组织向下沟通外，领导层还必须以不同的方式与董事会层面沟通。需要对董事会成员提出更多要求，更开放地让其分忧企业所面临的挑战。董事会成员应该更多地作为思想伙伴参与到企业的深谋远虑中。这就需要对机构投资者进行再教育，以改善投资者与企业的对话。有一些重要的公司正在采取行动，改善与投资者在长期企业战略方面的沟通。最后，对外沟通是重建公众意识、信任和品牌忠诚度的最后一个关键支柱。

总之，面对市场经济的巨大挑战，如果我们不开始考虑并积极解决这些问题，情况就只会变得更糟。我们沉浸其中的"赌博文化"，有时对立竿见影的成果投下了太多的赌注，但是随着世界变得更加透明、相互依存、节奏变得更快，这些眼前盈利的获得让更多的人付出了更大的代价。现在是履行对子孙后代和整个社会的承诺的时候了，打开我们的视野，风物长宜放眼量。这种变革必须根植于许多行业、机构、地域。最重要的是，我们必须保持信念，通过坚定不移的愿景目标、明智的策略、精准的执行以及不懈努力的乐观精神和对变革的开放心态，从长计议的好处就能实现。

参考文献

Addams, L., Boccaletti, G., Kerlin, M., and Stuchtey, M (2009). *Charting Our Water Future*. 2030 Water Resources Group. Available at: <http://www.mckinsey.com/client_service/sustainability/latest_thinking/charting_our_water_future> (accessed March 4, 2015).

Barsh, J. and De Smet, A. (2009). "Centered Leadership through Crisis: McKinsey Survey Results." Available at: <http://www.mckinsey.com/insights/leading_in_the_21st_century/centered_leadership_through_the_crisis_mckinsey_survey_results> (accessed February 20, 2015).

Bonini, S. M. J., Mendonca, L. T., and Oppenheim, J. M. (2006). "When Social Issues Become Strategic," *McKinsey Quarterly*, 2: 20–31. Available at: <http://www.beitberl.ac.il/centers/iserc/articles/documents/when%20social%20issues%20become%20startegic.pdf> (accessed March 23, 2015).

Bonner, J. and Friedman, A. (2012). "Corporate Social Responsibility: Who's Responsible? Finding an Organizational Home for an Increasingly Critical Function," unpublished paper, New York University. Available at: <http://www.prsa.org/intelligence/partnerresearch/partners/nyu_scps/corporatesocialresponsibility.pdf> (accessed March 19, 2015).

Browne, J. and Nuttall, R. (2013). "Beyond Corporate Social Responsibility: Integrated External Engagement," McKinsey & Company, March. Available at: <http://www.mckinsey.com/insights/strategy/beyond_corporate_social_responsibility_integrated_external_engagement> (accessed March 22, 2015).

Bureau of Labor Statistics (2013). "Spotlight on Statistics: Tenure." Available at: <http://www.bls.gov/spotlight/2013/tenure/> (accessed July 12, 2015).

Corporate Knights (2015). "2015 Best 50 Results," *Corporate Knights Magazine*, Summer. Available at: <http://www.corporateknights.com/reports/best-50/2015-best-50-results-14333042/> (accessed July 10, 2015).

Davis, I. (2005). "The Biggest Contract," *Economist*, May 26. Available at: <http://www.economist.com/node/4008642> (accessed March 8, 2015).

De Smet, A., Loch, M., and Schaninge, B. (2007). "The Link between Profits and Organizational Performance," *McKinsey Quarterly*. Available at: <https://solutions.mckinsey.com/catalog/media/TheLinkBetweenProfitsAndOrganizationalPerformance.pdf> (accessed March 12, 2015).

Deloitte (2015). "The Deloitte Millennial Survey." Available at: <http://www2.deloitte.com/content/dam/Deloitte/global/Documents/About-Deloitte/gx-wef-2015-millennial-survey-executivesummary.pdf> (accessed November 2, 2015).

Deutsche Bank (2012). "Sustainable Investing: Establishing Long-Term Value and Performance." Available at: <https://institutional.deutscheawm.com/content/_media/Sustainable_Investing_2012.pdf> (accessed March 5, 2015).

Edelman, R. (2014). "Restoring Trust in an Era of Change," in Focusing Capital on the Long Term (ed.), *Perspectives on the Long Term*, Canada Pension Plan Investment Board and McKinsey & Company, pp. 12–15. Available at: <http://www.fclt.org/en/ourthinking/perspectives.html> (accessed February 5, 2016).

Friedman, M. (1970). "A Friedman Doctrine: The Social Responsibility of Business Is to Increase Its Profits," *New York Times*, September 13.

Gallup (2015). "Confidence in Institutions." Available at: <http://www.gallup.com/poll/1597/confidence-institutions.aspx> (accessed July 12, 2015).

GlobeScan (2014). "Unilever Maintains Sustainability Leadership Amid Change." Available at <http://www.globescan.com/news-and-analysis/blog/entry/unilever-maintains-sustainability-leadership-amid-change.html> (accessed June 12, 2015).

GlobeScan/SustainAbility (2015). "The 2015 Sustainability Leaders: A GlobeScan/SustainAbility Survey," May. Available at: <http://www.globescan.com/component/edocman/?view=document&id=179&Itemid=591> (accessed June 12, 2015).

Goffee, R. and Jones, G. (2013). "*Creating the Best Workplace on Earth*." Available at: <https://hbr.org/2013/05/creating-the-best-workplace-on-earth> (accessed June 10, 2015).

Goldin, I. and Mariathasan, M. (2014). *The Butterfly Defect: How Globalization Creates Systemic Risks, and What to Do about It*. Princeton, NJ: Princeton University Press.

Goldin, I. and Vogel, T. (2010). "Global Governance and Systemic Risk in the 21st Century: Lessons from the Financial Crisis," *Global Policy*, 1(1): 4–15.

Gray, T. (2009). "Investing for the Environment? The Limits of the UN Principles of Responsible Investment," University of Oxford. Available at SSRN: <http://dx.doi.org/10.2139/ssrn.1416123> (accessed February 5, 2016).

Hermes Global Equities (2014). "ESG Investing: Does It Just Make You Feel Good, or Is It Actually Good for Your Portfolio?" Available at: <https://www.governance.co.uk/resources/item/667-esg-investing-does-it-make-you-feel-good-or-is-it-actually-good-for-your-portfolio> (accessed March 23, 2015).

Hewlett-Packard (2014). "HP 2014 Living Progress Report." Available at: <http://h20195.www2.hp.com/V2/GetPDF.aspx/c04152740.pdf> (accessed July 25, 2015).

Hoessle, U. (2014). "The Contribution of the UN Global Compact towards the Compliance of International Regimes: A Comparative Study of Businesses from the USA, Mozambique, United Arab Emirates and Germany," *Journal of Corporate Citizenship*, 53: 27–60.

IKEA (2014). "IKEA Sustainability Report." Available at: <http://www.ikea.com/ms/en_US/pdf/sustainability_report/sustainability_report_2014.pdf> (accessed March 22, 2015).

Innosight (2012). "Creative Destruction Whips through Corporate America." Available at: <http://www.innosight.com/innovation-resources/strategy-innovation/upload/creative-destruction-whips-through-corporate-america_final2015.pdf> (accessed August 10, 2015).

Keller, S. and Price, C. (2011a). "Organizational Health: The Ultimate Competitive Advantage." Availabe at: <http://www.mckinsey.com/insights/organization/organizational_health_the_ultimate_competitive_advantage> (accessed March 23, 2015).

Keller, S. and Price, C. (2011b). *Beyond Performance: How Great Organizations Build Ultimate Competitive Advantage*. Hoboken, NJ: Wiley.

McKinsey (2010a). "The Value of Centered Leadership: McKinsey Global Survey Results." Available at: <http://www.mckinsey.com/insights/leading_in_the_21st_century/the_value_of_centered_leadership_mckinsey_global_survey_results> (accessed February 20, 2015).

McKinsey (2010b). "Rethinking How Companies Address Social Issues: McKinsey Global Survey Results." Available at: <http://www.mckinsey.com/insights/winning_in_emerging_markets/rethinking_how_companies_address_social_issues_mckinsey_global_survey_results> (accessed March 14, 2015).

McKinsey (2013). "Sustainability and Resource Productivity Cases: Part 2: Green Operations," internal McKinsey Green Operations Practice (accessed on March 12, 2015).

Marks & Spencer (2015). "Marks and Spencer's 2015 Plan A Report." Available at: <http://planareport.marksandspencer.com/> (accessed March 22, 2015).

Martin, R. (2002). "The Virtue Matrix: Calculating the Return on Corporate Responsibility," *Harvard Business Review*, March. Available at: <https://hbr.org/2002/03/the-virtue-matrix-calculating-the-return-on-corporate-responsibility> (accessed March 20, 2015).

Meister, J. C. and Willyerd, K. (2010). "Mentoring Millenials," *Harvard Business Review*, 88(5): 68–72.

Mission Measurement (2014). "FTC Social Impact Study Fact Pack," copy provided by Free the Children. Used with permission.

OECD (2011). "Sizing up the Challenge Ahead: Future Demographic Trends and Long-Term Care Costs." Available at: <http://www.oecd.org/els/health-systems/47884543.pdf> (accessed August 20, 2015).

OECD (2014). "Income Inequality Update." Available at: <http://www.oecd.org/els/soc/OECD2014-Income-Inequality-Update.pdf> (accessed August 20, 2015).

Patagonia (1999). "Patagonia: First Ascents: Finding the Way towards Quality of Life and Work." Available at: <http://www.greenleaf-publishing.com/content//pdfs/pata.pdf?productid=2130> (accessed March 19, 2015).

Patagonia (2014). "Patagonia: A Sustainable Outlook on Business." Available at: <https://danielsethics.mgt.unm.edu/pdf/patagonia.pdf> (accessed March 19, 2015).

Patagonia (2015). "Patagonia's Mission Statement." Available at <http://www.patagonia.com/us/patagonia.go?assetid=2047> (accessed March 20, 2015).

Porter, M. and Kramer, M. (2006). "Strategy and Society: The Link between Competitive Advantage and Corporate Social Responsibility," *Harvard Business Review*, 84: 78–92.

Porter, M. and Kramer, M. (2011). "Creating Shared Value," *Harvard Business Review*, 89(2): 62–77.

RBC (2013). "Free the Children/RBC 'We Create Change' Penny Drive." Available at: <http://www.rbc.com/newsroom/news/2013/20130627-wcc-closing.html> (accessed March 12, 2015).

Riddleberger, E. and Hittner, J. (2009). "Leading a Sustainable Enterprise: Leveraging Insight and Information to Act." Available at: <http://www-01.ibm.com/common/ssi/cgi-bin/ssialias?infotype=PM&subtype=XB&appname=GBSE_GB_TI_USEN&htmlfid=GBE03226USEN&attachment=GBE03226USEN.PDF> (accessed March 21, 2015).

Roos, G. (2010). "Unilever to Cut Environmental Impact of Products by 50%." Available at: <http://www.environmentalleader.com/2010/11/15/unilever-sets-aggressive-environmental-goals/> (accessed March 12, 2015).

Simpson, B. (2007). "Elevating Our Vision of Social Responsibility," *Corporate Social Responsibility Review*, Autumn: 7–10. Available at: <http://www.globescan.com/pdf/CSRReviewAutumn07.pdf> (accessed March 10, 2015).

Sisodia, R., Wolfe, D., and Sheth, J. (2014). *Firms of Endearment: How World-Class Companies Profit from Passion and Purpose.* Upper Saddle River, NJ: Pearson Education.

Southwest Investor Relations (2013). "Southwest Airlines Announces Speaker Lineup for Fourth Annual Award-Winning Diversity Summit on August 1." Available at: <http://southwest.investorroom.com/2013-07-10-Southwest-Airlines-Announces-Speaker-Lineup-For-Fourth-Annual-Award-Winning-Diversity-Summit-On-August-1> (accessed March 31, 2015).

Unilever (2013). "Unilever Sustainable Living Plan 2013: Marking Progress Driving Change." Available at: <http://www.unilever.com.au/Images/ANZ%20USLP%203rd%20Year%20Update_tcm72-389984.pdf> (accessed November 2, 2015).

Wang, U. (2013). "Campbell Soup CEO: 'You Can Lead the Change or Be the Victim of the Change,'" *Guardian*, October 25. Available at: <http://www.theguardian.com/sustainable-business/campbell-soup-ceo-business-social-responsibility> (accessed July 10, 2015).

第 19 章

资源开发的新思维

以价值观为本的方法

理查德 A. 罗斯　　D. 埃莉诺·韦斯特尼

引言：期望与诉求的多样化

　　矿业产品对 21 世纪的日常生活至关重要。无论是不厌其烦地把你从沉睡中叫醒的闹钟，为你的机体送上唤醒冲剂的咖啡机，把你送到日常活动场所的汽车、公共汽车或火车，为你工作、学习或玩耍提供空间的建筑物，还是让你连通世界的电脑和手机等，最初的原料都来源于金属和矿物的开采。有一句话说，"如果它不是长出来的，就是挖出来的"，如果没有生产和收获农作物的钢铁机器，那我们连吃的食物也不可能有。虽然木椅子是由我们森林里生长的树木制成的，但没有金属工具来切割制作也不行。

　　然而，打开当地报纸的页面或浏览互联网，你将看到采矿开发项目是全球范围的社区、政府和非政府组织的重要关注对象，甚至是它们的对立面（Ernst and Young，2014）。这些对矿业开发的反应，不仅仅限于开发地所处国家的地理或经济发展阶段，矿业发展很可能遭遇反对的情况在美国、秘鲁或美拉尼西亚都会发生（Bebbington and Bury，2013；Horowitz，2010；Wilshire et al.，2008）。数十亿美元的采矿开发项目，例如，跨越阿根廷—智利边界的帕斯卡喇嘛等项目，由于开矿令当地人担忧和反对，因此经历了漫长的拖延或被无限推迟（Nolen，2014）。即使在加拿大这个拥有丰富的采矿历史的国家，在很多矿业项目上，也出现了同样的担忧和反对声，例如，安大略省北部的"环太平洋火山带"等开矿项目（Talaga，2013）。

社会对金属和矿物的需求与其对开矿的抵制之间的这种矛盾，起因于采矿业，包括公共、私营和政府控制的矿业公司及其利益相关者，包括社区、政府、非政府组织之间的诉求和期望的分歧：（a）社会对矿业的环境影响的接受程度，以及（b）矿业财富的公平分配。环境影响和财富分配，不仅是矿业公司与利益相关者打交道时起争议的问题；从更普遍意义上说，这两者也是追求更负责任、顾及长远发展的市场经济的重要驱动力。因此，矿业公司面临的挑战，即要用新思维方式去寻求与利益相关者的共同点，这不仅仅与矿业这个极为重要的行业相关，也关乎更广泛地寻求市场经济的企业新模式的课题。

本章首先讨论了矿业公司在建设和经营矿山中，所必须处理的利益相关者的多样性和复杂性，然后更仔细地研究与利益相关者在可接受的环境影响和财富分配问题上达成共识的挑战。这两个问题不能通过科学或经济公式客观地解决，因为它们远远超出了利益和权衡的问题。正如我们所说，只能通过理解和接受与企业项目利益相关的各方（包括矿业企业、个人、社区、组织、国家、股东和其他投资者等）中间存在着多种多样的基本价值观，才能找到解决办法。因此，他们需要一种新方法来思考利益相关者立场观点多样性的根源，以及矿业公司与其利益相关者之间的新型对话。本章结尾处讨论了领导力和管理变革，以有助于矿业公司更有效地与利益相关者进行合作。

建设和经营矿山的挑战

矿山和矿业公司的利益相关者

矿址是矿业公司与利益相关者互动的关键，因为每个矿址的利益相关者是不同的。显然，矿山是位于地下矿产资源的所在地。该场址可能位于农业用地，或靠近城镇和乡村，或在偏僻地区，远离矿山建设和经营所需的运输和能源基础设施。矿业公司长期以来一直专注于有效开发矿藏的技术挑战，但现在越来越多的时候，成功取决于它们与矿藏相关方（靠近矿藏的人，那些在土地上有权益的人（不一定住在靠近现场），那些生计会受到开矿影响的人以及对资源开发具有管辖权的不同级别的政府）的关系。矿业公司通常将当地社区和政府称为当地利益相关者，其关注点是某个矿山，而不是整个公司。

研究采矿对社区影响的人类学家已经将这些群体（地方社区和各级政府）与矿业公司一起确定为矿山的核心利益相关者（Ballard and Banks，2003）。矿业公司作为矿山利益相关者的这一认定，强调了每个矿山相当于一个业务单位，即在企业组织中具有较高责任级别和资源控制能力，并且它的决策会影响其业绩的一个子单位（Strikwerda and Stoelhorst，2009）。因此，公司总部可以被视为矿山的重要内部利益相关者。除矿业公司和当地核心利益相关者外，矿山还面临越来越多的附属利益相关者，特别是非政府组织，它们因为与一个或多个核心利益相关者的关系而变成关联方（Ballard and Banks，2003）。附属利益相关者更有可能寻求与整个公司的互动，而不是与个别的矿山。他们值得关注，但对于矿业公司来说，矿山的成功开发和运营更依赖于当地的核心利益相关者。

每个矿山的当地核心利益相关者都各有不同，不仅在于他们的身份，还在于他们的利益、期望和价值观的不同。芬兰的一个矿山的利益相关者和其对矿山的观点，与赞比亚、不列颠哥伦比亚省和魁北克北部的都有所不同。因此，矿山分布在几处的采矿公司在各处都拥有不同的本地核心利益相关者，而每个种类的利益相关者也可以包含显著的多样性。例如，国家有多个层次的管理（地方、省、国家），在各级机关通常有多个对矿山不同方面管辖的部门，个中区别很大：财政部的观点往往与负责劳工或环境部门的不同（Poulton et al.，2013）。各个社群对于矿山的发展往往是分歧的（Campbell and Roberts，2010），甚至在谁应该算作社区成员一分子这个问题上的意见也不同。确实，正如巴拉德（Ballard）和班克斯（banks）（2003）所指出的那样，一个采矿项目可以创造或定义一个社区，其包含的各个社会群体互相之间以前很少有关系，甚至没有联系。在围绕采矿项目的社区动态中，人类学家发现了一个了解当地社会的丰富多彩的研究场所。

由于矿业公司试图了解立场观点多样化的利益相关者，并与之合作，那么他们还必须把财务方面的利益相关者（新旧市场经济制度的中流砥柱）考虑在内，他们关注整个公司，而不仅仅是其中一个矿山。矿产资源的不可流动性决定了谁是当地的利益相关者，而矿业企业的高风险性质则决定了财务方面的利益相关者的诉求与期望值。这种风险来自资源勘探和矿山开发的长期性和不确定性，以及采矿产品的价格波动性。

鉴于从矿产投资投入的第一块美元到收回第一块美元回报的时间周期不确定，采矿业的风险回报计算特别具有挑战性。从众多有前景的矿产资源中找到矿藏储量的可能性非常低：数量众多的研究表明，1000 个潜在勘探场址中只有 1 个最终会成为一个生产性矿山（MacDonald，2002: 42）。这种高风险塑造了行业结构。"矿业公司"一词实际上涵盖了两种不同类型的公司：那些探索和发掘矿床的公司，以及那些建造和经营矿山的公司。前者通常被称为"小字辈"——通常很小，而且很少最终能在发现地开发一个矿山（MacDonald，2002）。小字辈们常常将自己在未开发资源或矿藏储备中的权益出售给有能力建设和经营采矿的更有实力的公司。从历史上来说，小字辈与当地利益相关者的交集，远比那些承担起更大的开发活动，之后建设和运营矿山的公司要少得多。但是，现在即使这些"小字辈"们也意识到与当地利益相关者建立良好关系的重要性，因为这可能对后续的发展产生重大影响（Matten，2013）。这些小字辈的公司在采矿业中进行了大部分勘探，吸引高风险的财务利益相关者；他们被描述为一个通风井，把相当于"风险投资"的资金汇集到勘探采掘行业中（MacDonald，2002）。

不过，矿山运营公司的财务利益相关者也承担了高风险。即使发现了矿藏，但是储量位于某处地表下面，即使采用了当今最先进的技术，这依然严重限制了地质学家识别和界定矿物前景的能力。这个识别评估过程必须逐步和分阶段进行。收集足够的数据以形成对矿藏储量的数量、等级和分布的评估，需要钻探有前景的矿井并提取矿化的核心样品。这需要一个重大的投资，却不能确保成功。一旦确定了储量的范围，矿藏的开发也是一个漫长的过程，随着对环境和社会影响评估的要求越来越高，加上与当地利益相关者的咨询磋商变得越来越艰难，这一过程变得越来越长。大多数利益相关者和公众以及本章所指的采矿业就是这类开发和经营矿山的公司。

况且，矿山是递耗资产。虽然矿山的寿命测算是以数十年为计的，但随着每盎司黄金或一磅铜的提取，储量都一直在减少。财务利益相关者投资一个公司，其价值取决于其储量，因此，矿业公司必须寻求储量替换。采矿成为高风险行业的第二个主要因素——商品价格的波动，使这种替换过程而变得很复杂。矿业公司不能为它们的产品设定价格。市场决定了商品的价格，采矿业的公司是价格的被接受者。如果金属价格保持不变，这会使决策投资新建储备更为容易。然而，商品价格具有波动性和周期性，受到"繁荣–萧条"来回震荡的影响，因此近年来金属的价格尤其难以预测（Jacks，2013）。因此，可以理解财务利益相关者对回报的期望很高。他们经常要忍受一般化的（如果不是负的）回报，长时间等待金属价格反弹。经常在很短的时间区间内，当金属价格冲顶的时候，才赚取较好的回报。

寻求各种各样的应对利益相关者期望的方法，并保持个别矿山和整个公司的一致，都是很艰难的挑战。在采矿业特别突出的两个问题——环境影响和财富分配的背景下，挑战尤其严峻。

采矿对环境可接受的影响

无论怎样小心谨慎，金属和矿物质的开采不可能不会对空气、水和土地产生一定的影响。采矿过程中使用的重型设备会产生影响空气质量的温室气体和粉尘。建造用于储存采矿残留废物的废弃石渣倾倒处和尾矿蓄水池，有可能产生对水质和土地很大的负面影响。这些对空气、水和土地的影响也会对矿山内甚至更广泛地域的物种生物多样性产生影响。在过去 20 年中，开采和加工低档矿石，包括露天采矿技术的进步，增加了采矿作业对潜在环境的影响，诸如尾矿量的增加，以及比地下矿山大得多的景观巨变（Poulton et al.，2013）。

即便如此，在过去十年中，采矿业的环保措施的标准还是有所改善，而且还得到了批评者的承认（Hart and Coumans，2013）。矿业公司非常了解其活动产生的环境影响，并采取措施，在当前技术和财务条件所允许的最大限度内减轻这些影响。然而，尽管环境绩效有所进步，但不同的采矿作业，其产生的环境影响差别很大。部分是由于过去采矿作业法造成的环境影响的遗产，例如，在美国，156 个废弃的矿场是污染源，成为联邦政府清理的目标，估计费用为 150 亿美元（Kirsch，2014）。现在运营中的许多矿山，以及被以前矿主遗弃的矿山，都是在不如当今那么严格的环境标准下建成的。在许多情况下，数十年采矿后的环境影响的修复将是极其昂贵的。一个例子，巴布亚新几内亚的 Ok Tedi 矿，自从 1984 年矿山开始运作以来，数亿吨的废石和尾矿渣已经排入了当地的弗莱河中（Tinguay，2007）。这种废料广为分散地倾倒在弗莱河上下游整个长达 1000 千米的水域，范围之大，无可修复（Kirsch，2014）。据估计，如果靠自然除污功能，那么这条河流系统需要 200 多年的时间，才能恢复到开矿前的状态。

历史遗留的问题矿山并不是对采矿业声誉的唯一挑战。现在改进后的环境标准仍然没有得到一致的遵照执行。没有采用许多采矿业认可的更严格的环保措施的采矿作业的例子太多了。此外，近年来，对当地核心利益相关者的关注焦点及其数量和多样性都有所扩大，越来越多地认识到采矿的潜在影响，不仅是在当地矿场，而且在更大范围的流域生态学上。尾矿坝崩溃，如 2014 年在不列颠哥伦比亚省波利山（Mount Polley），所带来的广泛影响，已经引起了距离矿场相当远的社区的注意，他们也将自己视为矿山的利益相关者。此外，近几十年来，随着对水资源的关注，加工低档次矿石对水资源需求的日益增长，也使当地利益相关者担心采矿对更广的区域生态供水的影响（Poulton et al.，2013；Li，2015）。

当地利益相关者越来越多地开始与一家矿业公司展开互动，对公司是否能够满足其期望，并充分减轻其运营的环境风险持怀疑态度。对矿业冲突的研究表明，当地的核心利益相关者通常认为矿业公司不了解他们的观点，因此无法充分回应他们的担忧（Horowitz，2010；Kemp and Owen，2013）。地方对于环境影响的焦虑常常被轻描淡写的笼统保证敷衍了事，达成协议了就好（Velásquez，2012: 236），或者是一堆非常详细烦琐的技术规格，使当地利益相关者认为自己被排斥于任何性质的对话之外（Poulton et al.，2013: 365）。两种处理办法都没有了解和尊重当地利益相关者的观点——其实他们试图在开矿的潜在经济和社会利益，与可能关乎未来几十年他们和子孙后代的生活质量的环境影响之间找平衡点。当地利益相关者会根据这些互动，来判断矿业公司的道德水准和可靠性，正如一个案例研究所指出的，"信任不仅仅取决于信托人或受托人内在的素质，也取决于当事方之间的相互评价和相互作用"（Velásquez，2012：617）。

另一方面，矿业公司必须向其财务利益相关者保证，遵循"同类最佳"（环保法规）的标准所需的投资，比根据仅仅合乎当地法规但不能被当地社区接受的环保规定来投资，会带来更大财务效益。调整并展示价值观的过程，会要求采矿公司按照超出当地环境立法的标准来作业，特别是在当地法规低于发达国家更先进标准的情况下。机构股东和金融机构对道德投资的价值越来越大，增加了矿场开始运营后与当地利益相关者冲突可能产生的潜在成本，可以帮助公司将其财务利益相关者与当地的核心利益相关者保持一致。

在某些情况下，当地核心利益相关者的观点可能是完全不接受采矿开发项目对环境的影响，根本不计成果的考虑。在这些情况下，矿业公司及其利益相关者必须接受双方价值观的可能不一致的现实，因此几乎不可能开发某些潜力矿产项目。鉴于该公司目前的废物处理计划（Canada Newswire，2014）遭到当地的原住民的反对，并且加拿大环境部评估认为开矿的环境影响将非常不利，因此不列颠哥伦比亚省的新繁荣矿山的开发事实上已停止。在这种情况下，有关各方期望的分歧貌似太大，难以克服。

矿业财富的公平分配

一些加拿大最受尊敬的慈善家，包括西摩·舒立克、皮埃尔·拉森德和罗伯特·麦克尤恩，通过采矿积累了财富。然而，由于当今的财富集中，以及在社会内部和跨越各个社会群体间存在差距，因此焦虑不安的声音越来越响，这些个人的慷慨行为所起的安抚作用十分有限。在资本主义经济制度下，财富分配越来越成为一个既是价值观矛盾，也是各方经济价值冲突的问题。

财富分配问题对采矿业来说尤为突出，部分原因在于利益相关者之间的观点存在巨大分歧。出于本章的目的，我们定义：财富不仅包括财务回报，还包括从矿产开采中产生的社会效益，如就业、培训、社区发展和基础设施建设。矿业开发从土地上的不可再生资源中获得财富，因此许多国家都觉得理应所有的公民，而不仅仅是地方社区，都能从所产生的财富中受益，但问题是他们应该受益多少？比如，在矿山开始生产经营之前就长期地提供了大量投资的财务利益相关者，对该矿业运营中得到的财富如何分配的看法，与地方和国家政府持有的财富应该如何分配的立场观点，很可能会有不同。对于一个地方矿山创造的财富如何公平地分配，地方和社区往往又与国家中央政府持有不同的观点。在贫穷和欠发达国家，因为采矿开发一直是外国直接投资的主要来源，所以这些国家中，各方立场观点的分歧往往特别严重。

矿业繁荣与萧条周期中的上涨行情，加剧了利益相关者对财富分配的分歧。最近的一次，21 世纪初商品价格的大幅上涨，大大增加了矿业公司的利润积累。铜价（代表许多金属价格表现的指标）从 1999 年的每磅[⊖] 0.65 美元的低点上升到 2011 年的每磅 4.60 美元，这个升幅转化为财务利益相关者财富的显著增长。以因美特矿业公司为例，在此期间其股价从每股 1.60 美元的低点上涨到每股超过 110 美元。虽然还有其他因素也有助于股价上涨，但铜价上涨并非一个无足轻重的因素。

许多政府在这一时期眼看矿业产生的财富大幅增加，感觉到了它们脚下的这些不可再生的资源所带来的财富自己并没有充分地分享到。尽管 21 世纪初的商品繁荣景象最近冷却下来了，但许多国家已经改变或正在考虑改变其税收和特许开采收费的法规，以确保采矿业产生的财富得到更公平的分配。这些国家，如秘鲁、阿根廷、赞比亚和澳大利亚，都有大量的采矿投资，他们的政府正在试图寻找适当的平衡点，使国家在分享开矿财富的同时，还继续鼓励未来的投资。举一个例子，2014 年年底赞比亚政府颁布新规，要收取 30% 特许采矿权费。巴里克黄金公司（Barrick Gold）对此的回应，是宣布将停止在卢姆瓦那铜矿的运营。当政府将特许采矿权收费降低到 9% 时，巴里克黄金公司则撤销了其停产的决定（Hill，2015）。

还有一个挑战是，在一个国家内部如何共享矿山开发的经济利益。面对金属价格的大幅上涨，矿区社会并不盲目，且感到从资源开发产生的他们应得到的那份财富，可能并未累积并进入当地经济循环中。例如，蒙古国最近进行了大量的采矿开发。据世界银行统计，蒙古国人均国内生产总值从 2010 年的 2650 美元增长到 2013 年的 4418 美元。激增的财富如何在相关矿业公司、当地社区和蒙古国人民之间公平地分配，正在引发各种

⊖　1 磅＝0.454 千克。

挑战，尤其是当地在处理公平分配财富的正式程序制度方面几乎没有建树（Osborne et al.，2015）。

一些发达国家，如加拿大，已经通过制定"影响和收益协议"（IBA）的机制来解决公平分享财富的问题。新的采矿开发使用了这些协议，使矿业公司与当地社区之间的财富分配正规化。然而，IBA 并不是法律要求的。即使 IBA 在被用，该协议也被批评不够透明，也不直接与环境评估过程相关（Poulton et al.，2013）。通常，当地社区必须完全靠矿业公司根据其普通法义务与他们协商。法律上的含糊不清，使得矿业公司或其核心利益相关者不容易找到一种弥合双方预期差距的机制。

有时，地方核心利益相关者的心理预期是，他们无法预见矿产开发中财富的公平分配。当矿山开发具有重大的环境影响风险时，这一点尤其容易理解。虽然这样的项目可以创造大量的就业，以及带来其他经济利益，但许多本地核心利益相关者并不总是这样认为的，甚至根本就与其现实利益无关。关于如何在环境影响和财富分配之间找到平衡，有一个意味深长的例子，就是必和必拓公司（BHP）与巴布亚新几内亚政府在 2002 年关于 Ok Tedi 矿的安排。必和必拓公司把 Ok Tedi 矿的 52% 的股权移交给一个公司，该公司的根本任务就是支持巴布亚新几内亚的可持续发展。必和必拓公司的动机是为了减轻与 Ok Tedi 矿相关的潜在环境责任，确保巴布亚新几内亚，特别是那些矿山所在的西部省份，受益于矿山创造的财富。这些协议已经生效执行十多年了。可是，巴布亚新几内亚的执政党最近换了，这些协议已被取消。同样的问题又回来了：这个矿山的财富如何得到公平的分配，特别是西部省份那些受矿山环境影响最大的社区。这里，政府的价值观和心理预期已经变了，曾经权衡环境影响和财富分配之后做出的决定与安排，现在又成了有待解决的问题。

采矿业的回应

对当地核心利益相关者日益增长的权力，以及他们对未来矿业开发的影响力，采矿业已经认识到有必要做出反应。随着社交媒体的到来，越来越多的附加利益相关者（如非政府组织）的涌现，他们的权力得到了加强，

NGO 为当地核心利益相关者（如社区团体、地方政府和国家监管机构，甚至在世界上最贫穷和最孤立地区的社群）提供信息和支持。企业主要的回应是，制定解决当地利益相关者有关事项的框架和标准。

从 1993 年的怀特霍斯采矿倡议协定（WMI）开始，加拿大采矿业一直是这些发展的引领者。在加拿大采矿协会（MAC）的领导下，WMI 是一个制定可持续采矿战略和政策的创新办法，把多方利益相关者（采矿业、劳工、联邦和省采矿管理部门、原住民社区和环保运动等群体）的领导人聚集在一起讨论磋商（McAllister and Alexander，1997）。WMI 关注涉及面很广的资源管理与合作问题，涵盖国家和省级层面上的政策、监管法规以及关键行业利益相关者的流程等，它成为其他国家类似的多方利益相关者倡议协定的典范（Fitzpatrick et al.，2011）。

为了回应对全球采矿业持续不断的批评，以及非政府组织要求世界银行、国际金融公司和欧洲复兴开发银行等金融机构停止为采矿业项目提供融资的压力，一群采矿业集团高管于 1999 年在达沃斯会晤，并启动了全球矿业倡议（GMI），以评估和指导采矿业的可持续发展实践。这一进程导致了 2001 年国际矿业矿业组织（ICMM）的成立，一年后在多伦多举行的全球会议上，制定了"多伦多宣言"，承诺成员公司继续开展 GMI，并继续制定可持续发展行业报告标准。自推出以来，这些全球报告倡议组织（GRI）的标准已经更新了两次，并被广泛应用于采矿公司发布的可持续发展 / 企业社会责任报告（Fonseca et al.，2013；参见本书第 15 章）。

MAC 是 ICMM 的准成员，但已经推出了自己的倡议计划，称为"走向可持续采矿"（TSM），并受到广泛赞誉。该计划成立于 2004 年，为成员公司提供了一系列工具来推动绩效表现，并确保公司更加负责任地管理采矿业务。与 GRI 集中在公司层面的指标体系不同的是，TSM 计划还涉及矿山层面的业绩，包括与原住民和社区外联、能源和温室气体排放、尾矿管理、生物多样性保护、健康和安全、危机管理和矿井关闭等（Fitzpatrick et al.，2011）。TSM 不仅为行业提供管理工具，而且还需要定期披露和独立验证公司的进展情况。现在已有 38 个采矿公司是 MAC 的正式成员，其条件就是必须符合 TSM 的要求。

对 GRI 和 TSM 倡议的标准，可以提出两点批评。一是非政府组织经常指出的，遵守倡议标准是自愿的行为，公司可以退出这个倡议计划。二是同时具有 ICMM 和 MAC 的会员资格的企业仅占世界矿业公司的一小部分。ICMM 目前将 23 家采矿公司列为成员，MAC 有 38 个成员。多伦多证券交易所拥有 1600 多家上市矿业公司。即使我们不把初级勘探公司算在期望采纳 TSM 标准名单中，其他大多数矿业公司也还是缺乏 TSM 的引领。此外，MAC 目前要求其成员公司在加拿大的业务中实施 TSM 标准，而加拿大境外运营的成员企业不需要在其国际矿山遵守 TSM 标准，虽然 TSM 标准同样适用于任何其他国家的任何一个采矿业务。尽管有些公司自愿这样做，但毕竟是少数例外。

这并不意味着非 MAC 成员的加拿大矿业公司就会无视利益相关者的期望，或者没有自己可持续性发展的相关计划。加拿大的许多矿业公司都在一定程度上许下承诺，改善对环境的影响，并解决当地的核心利益相关者关心的问题。即使如此，对加拿大的采矿业是否认真对待他们的期望和要求，利益相关者心存疑惑也是可以理解的。因为若是在加拿大都无法获得广泛支持来实施同一套社会责任绩效标准，那更不用说全球范围内实施了。

关于其财务利益相关者的期望，采矿业一直是被动地对其顾虑做出反应，而不是主动地建立共同看法和期望。在金属价格周期的顶部时，融资容易，矿业公司蜂拥而入，进到股票和债券市场进行融资。它们利用这些资金收购新资源，或开发现有资源，以满足财务利益相关者在金属价格周期阶段的增长预期。当金属价格周期反转时，采矿业的反应是注销上述投资，裁员，减少勘探投资，推迟开发项目，并减少与可持续发展相关的举措。迄今为止，采矿行业尚未能够找到一个更为可持续性的商业模式，并在金属价格周期循环中更有效地管理自己的业务。

财务利益相关者不懂得可持续发展在其对矿业投资决策中的作用，对此采矿业也是反应缓慢。当听到消息说，由于当地的核心利益相关者的反对意见，某个矿业项目的价值受到严重侵蚀时，许多投资者就必须决定是继续持有还是沽售现有投资。沟通与了解有关公平分享财富及环境影响的风险和机会，对采矿业及其财务利益相关者而言都是一个挑战。

如果采矿业要与当地的核心利益相关者解决期望分歧，并从财务利益相关者那里获得融资，就必须从被动反应的状态转为占据引领的位置。如果采矿业的回应方式只是单纯地做出反应，那么它将总是跟在本地和财务利益相关者期望的后面，甚至会远远落后。现在业内每家公司都应该看到，对于所有利益相关者来说，由于各方期望的不一致会造成很多财富被摧毁。当地核心利益相关者在明确地告诉采矿业，在公平分配矿业产生的财富与其对环境的影响之间，必须达成更好的平衡。财务利益相关者在明确地告诉采矿业，如果不能获得更大的保证，与当地利益相关者的冲突不会使他们的回报面临风险，那么他们就不能继续做出重要的前期资本承诺。

显然，目前金属和矿产开采的商业模式不能奏效。为了满足社会的需求，只有转变全行业的方法才能成功地找到可持续发展的商业模式。我们需要一种资源开发的新思维。

新思维

如弗里曼等人（2004: 364）指出，"利益相关者理论的前提假设，就是要明确：价值观必须是营商的有机组成部分"（参见本书第 10 章）。要缩小矿业公司利益相关者的观点和价值观之间的分歧，就要求公司的战略和行动是基于"尊重"的核心价值。这意味着尊重地球和环境，尊重社会和社区的基本需要以及对产业获得的资源开采权价值的尊重。这也意味着尊重每个核心利益相关者的观点，包括每个矿山的当地核心利益相关者和公司的财务利益相关者。"尊重"这一价值观是建立矿业界合作伙伴关系模式的基础，认识到所有利益相关者都享有既得利益，大家可以从采矿开发中创造并分享财富，而最终也都会受到矿业环境影响的波及。

这种新思维将确保矿业公司及其当地核心利益相关者，在矿业项目的负责任开发，特别是在其环境影响、项目价值最大化和所有财富分配公平性等方面的协议达成之前，不会启动任何新的开矿作业。这些协议将是财务利益相关者提供融资的一个先决条件，矿业公司必须向利益相关者明确解释，如果没有这种协议在先就匆匆进入开发作业，会引发损毁矿业价值的风险，不能接受。未能取得其核心利益相关者接受开采的某种保证之前，采矿行业不会再为矿山开发投入大量资金。这些协议对矿业公司及其利益相关者的承诺有长期约束作用，同时也将要求各方对项目进行投入。这可以是财务投资，也可以是在技术、人力资本、产业供应链的贡献、地方商业的开发、基础设施和矿产储量等方面的投入。

这种新思维将要求，任何采矿项目的规划，都将始于矿山生命周期结束的时间点上。矿业可持续性的终点是指当矿井关闭，最后一盎司⊖的金属被提取之后的生命周期结束时。矿山的遗产不仅包括矿石开采的环境影响，而且还包括技能可以转移应用到其他工作的从业人员的人力资本，以及已经通过税收和特许开采费进入政府财政收入的开矿财富。此外，遗产还包括支付给股东的红利又再次对新矿业企业的投资、矿业公司将获得的销售收入用于开发新矿、提高技术水平和改善可持续采矿技术等方面的投资。要实行这种新思维，就必须要设立对所有人都透明的长期目标，而且在矿山的生命周期过程中进行跟踪和报告。然后，所有利益相关者才可以分享与其投入相称的矿山产出价值。当地的核心利益相关者则要同意项目价值分配的流程，并认可采矿公司为满足其财务利益相关者期望所要求的回报。这种价值分配要反映金属价格周期的实际情况，以求在兴旺期分享财富回报，衰退期则可韬光养晦。因此，这种新思维将为每个人创造最大的价值，同时大大降低每个人的风险。

这种新思维带来的影响对于矿业公司、其地方和财务利益相关者以及整个社会都很重要。其中一个后果，就是新矿开发速度会放慢，因为需要时间去了解清楚所有利益相关者的期望，并需建立基于共同价值观的共识。还有一个后果就是，某些采矿项目不会实施，因为所有利益相关者的预期并不是总能得到满足。这样一来，最有可能的结果是导致金属价格上涨。而金属价格的上涨会反映产品的全部成本。因此，减轻环境影响和获得各个地方核心利益相关者支持的成本，将更为合理地由社会来承担。

这种新思维也可能改变行业结构，使资源很少的小型矿业公司更难以参与未来的增长。要得到公平的营商结果，企业需要管理的深度，能够有充裕的资源补充储备，并有财力和时间为所有利益相关者取得长期价值创造的结果。如果无法得到所有利益相关者的支持，矿业公司必须有能力放弃开发项目。即使是行内的小规模勘探公司也发现，如果在营商过程中投

⊖　1 盎司＝28.349 5 克。

入时间和精力与当地利益相关者建立积极的关系，那么他们也可以为自己的勘探发现获取更好的价格（Matten，2013）。

最后，这种新思维的实现，要求来自矿业公司、采矿业和利益相关者各方的相当程度的领导力的引领，以及在过去采矿业一直难以实现的新一层的多边合作的支持。虽然在满足利益相关者的期望方面，采矿业已经取得了长足的进步，但是今天，采矿业有机会率先采用这种新思维，超越这些期望，达到新的可持续发展高度。

迈向新思维

明确表述以尊重为核心的价值观只是产生负责任的矿业公司的第一步。由于矿山和公司总部之间存在巨大的地理距离，以及各个矿山地区之间差异显著，因此要确保每个矿场的行为始终遵循公司的核心价值观，是一个重大挑战，只能由 CEO、高级管理团队和董事会一道用新的领导方式来应对。公司的目标是为所有利益相关者创造价值，在公司内部以及与外部利益相关者的交涉中必须相互尊重，必须秉承这样的基本共同信念来共同努力，建立相应的制度、流程和公司文化。公司文化，不仅仅是通过领导者的所说，更是通过其所作所为和所重视的东西，以及所采用的制度和流程来塑造成型的（Schein，2010）。

公司的高管必须花时间在矿场，与当地的矿山管理团队和员工以及当地核心利益相关者进行互动，在这些互动中表现出尊重的价值观。当地矿业人员承担了与地方社区建立关系和开发工作，通过聆听他们的意见，公司高层可以让他们在有关当地矿山的决策上发出更大的声音。通过实施绩效考核，公司领导可以确保地方高管团队能够理解，在传统的产出评价和环境与社会责任绩效考评之间取得平衡的必要性。负责矿业公司治理的董事会必须要理解这些管理行为，并加以推进。根据加拿大的公司法，董事会有责任以公司的最佳利益行事。对这一责任的传统解释似乎主要侧重于以股东的最大利益行事。然而，在当今世界，矿业公司创造价值的能力，取决于其与当地核心利益相关者的互动程度，它不亚于其财务利益相关者的重要性。董事会要改变观念，确保其治理过程考虑到所有利益相关者的所有观点，从而真正履行其对公司的职责。

虽然实现这种新思维的过程需要很多年，但为了展现领先一步的魄力和进展，董事会现在就可以实施一些的具体步骤，包括以下内容。

- 为确保了解当地核心相关者和财务利益相关者的价值观与期望，董事会可以离开会议室，到公司运营所在的社区开会。董事会可以每年在报告中汇报与利益相关者进行互动的次数和性质，以表明他们正在寻求了解所有利益相关者的价值观和心理预期。

- 董事会可以表述让公司成功的核心价值观，并说明这些价值观如何转化为公司战略和执行计划，包括对环境影响、公平分享财富以及其他核心营运和财务绩效等的简洁明了的期望目标。

- 董事会可以批准为其高级管理人员制定的在其可控范围内能够实现的任务以及清晰的绩效指标，重点明确是为所有利益相关者创造财富。这些任务将被纳入五年计划，在报告中公开披露期间追踪进展情况的具体步骤。

- 董事会可以通过提供五年任期合同，来确保他们的高管人员有足够的时间来执行五年计划。董事会将认可批准高级管理人员的建议，并要求高管对其工作结果负责。

- 董事会可以改变其高管的薪酬办法，将酬劳权重倾向于任期合同的后期。这种酬劳将与五年计划挂钩，基于在高管可控范围的任务表现，其中包括环境、社会和其他可持续性相关因素（如财务和运营绩效等）。

- 对新的采矿项目，公司和当地核心相关利益者之间须达成协议，明确阐述他们如何充分考虑有关环境影响和公平分享财富的心理预期，并执行，董事会才能批准开发。

即使各自取得了进展，但也不能仅仅依赖于这些矿业公司及其董事会的独善其身。为了支持可持续发展成果，整个采矿业必须朝着更加一致的标准和管理体系迈进。一些领先的矿业公司已经组织了颇受尊敬的行业协会（如 MAC）。矿业公司及其协会可以游说金融监管机构，鼓励它们建立证据，表明矿业公司是遵守了国际公认的可持续发展标准的，也是作为进

行股权和债券市场融资的先决条件。由于其投资往往较为长期，因此机构
投资者可以发挥作用，至少与一些个人股东相比是如此。并且他们具有很
大的影响力，在可持续发展有关的风险和机会方面，可以帮助促进矿业公
司披露得更加清晰明确（参见本书第 17 章）。

　　最后，采矿业和所有利益相关者，应当支持教育、吸引和保留那些相
信衡量成功的关键是实现价值观的人才，来担任下一代的矿业领导人。商
业、采矿和地质学、环境管理、社会发展学科和政治科学课等课程一起可
以提供综合的课程，来帮助我们年轻的未来领导人在入职前的学校学习中，
就进行上述这些对话。毕业后，他们可以在职业生涯中继续进行这些讨论，
并继续努力发展这种新思维，使其成为一套为所有人接受的标准和做法。
在可预见的未来，社会的生存将继续有赖于金属和矿物。矿业的角色不仅
是提供这些产品，还可以为所有利益相关者创造大量的财富，并对环境负
起管理责任。

参考文献

Ballard, C. and Banks, G. (2003). "Resource Wars: The Anthropology of Mining," *Annual Review of Anthropology*, 32: 287–313.

Bebbington, A. and Bury, J. (eds) (2013). *Subterranean Struggles: New Dynamics of Mining, Oil, and Gas in Latin America*. Austin: University of Texas Press.

Campbell, G. and Roberts, M. (2010). "Permitting a New Mine: Insights from the Community Debate," *Resource Policy*, 35: 210–17.

Canada Newswire (2014). *New Prosperity Gold-Copper Mine Project: Environmental Assessment Decision*, February 26. Available at: <http://search.proquest.com.ezproxy.library.yorku.ca/docview/1502041188?accountid=15182> (accessed July 23, 2015).

Ernst and Young (2014). *Business Risks Facing Mining and Metals 2014–15*. Available at: <http://www.ey.com/Publication/vwLUAssets/EY-business-risks-in-mining-and-metals-2015-2016/$File/EY-business-risks-in-mining-and-metals-2015-2016.pdf> (accessed July 22, 2015).

Fitzpatrick, P., Fonseca, A., and McAllistair, M. L. (2011). "From the Whitehorse Mining Initiative towards Sustainable Mining: Lessons Learned," *Journal of Cleaner Production*, 19: 376–84.

Fonseca, A., McAllister, M. L., and Fitzpatrick, P. (2013). "Measuring What? A Comparative Anatomy of Five Mining Sustainability Frameworks," *Minerals Engineering*, 46/47: 180–6.

Freeman, R. E., Wicks, A. C., and Parmar, B. (2004). "Stakeholder Theory and 'the Corporate Objective Revisited,'" *Organization Science*, 15(3): 364–9.

Hart, R. and Coumans, C. (2013). *Evolving Standards and Expectations for Responsible Mining, a Civil Society Perspective*. Paper presented at the 2013 World Mining Congress, Montreal (August 11–15, 2013), Canadian Institute for Mining, Metallurgy, and Petroleum. Available at: <http://www.cbern.ca/kr/One.aspx?objectId=19522326&contextId=677979&lastCat=10539789> (accessed July 20, 2015).

Hill, M. (2015). "Barrick Rescinds Plan to Halt Operations at Lumwana Mine, Zambia Says," *Globe and Mail*, 23 April. Available at: <http://www.theglobeandmail.com/report-on-business/industry-news/energy-and-resources/barrick-rescinds-plan-to-halt-operations-at-lumwana-mine-zambia-says/article24072670/> (accessed August 2, 2015).

Horowitz, L. S. (2010). "'Twenty Years Is Yesterday': Science, Multinational Mining, and the Political Ecology of Trust in New Caledonia," *Geoforum*, 41: 617–26.

Jacks, D. S. (2013). *From Boom to Bust: A Typology of Real Commodity Prices in the Long Run*. National Bureau of Economic Research, w18874.

Kemp, D. and Owen, J. R. (2013). "Community Relations and Mining: Core to Business but Not 'Core Business,'" *Resources Policy*, 38: 523–31.

Kirsch, S. (2014). *Mining Capitalism: The Relationship between Corporations and Their Critics*. Oakland, CA: University of California Press.

Li, F. (2015). *Unearthing Conflict: Corporate Mining, Activism, and Expertise in Peru*. Durham, NC: Duke University Press.

McAllister, M. L. and Alexander, C. J. (1997). *A Stake in the Ground: Redefining the Canadian Mining Industry*. Vancouver: University of British Columbia Press.

MacDonald, A. (2002). *Industry in Transition: A Profile of the North American Mining Sector*. Winnipeg: International Institute for Sustainable Development.

Matten, D. (2013). *Corporate Social Responsibility in Junior Mining Companies*, Impakt Consulting White Paper Series. Available at: <http://www.dirkmatten.com/Papers/HL/Impakt%20Schulich%20WP%202013.pdf> (accessed August 2, 2015).

Nolen, S. (2014). "High and Dry," *Report on Business Magazine*, April: 42–51. Available at: <http://www.theglobeandmail.com/report-on-business/rob-magazine/high-and-dry/article18134225/> (accessed July 31, 2015).

Osborne, D., Cane, I., Cousins, M., and Chuluunbaatar, E. (2015). *Integrated Report: An Integrated Analysis of Economic, Political and Social Issues that Support or Hinder Growth and Poverty Reduction in Mongolia*. Available at: <http://dfat.gov.au/about-us/publications/Documents/mongolia-economic-political-social-analysis-report.pdf> (accessed September 5, 2015).

Poulton, M. M., Jagers, S. C., Linde, S., Van Zyl, D., Danielson, L. J., and Matti, S. (2013). "State of the World's Nonfuel Mineral Resources: Supply, Demand, and Socio-Institutional Fundamentals," *Annual Review of Environment and Resources*, 38: 345–71.

Schein, E. H. (2010). *Organizational Culture and Leadership*, 4th ed. San Francisco, CA: Jossey-Bass.

Strikwerda, S. and J. W. Stoelhorst. (2009). "The Emergence and Evolution of the Multidimensional Organization," *California Management Review*, 51(4): 11–31.

Talaga, T. (2013). "American Mining Giant Pulls out of Ring of Fire," *Toronto Star*, November 22.

Tinguay, A. (2007). "The Ok Tedi Mine, Papua New Guinea: A Summary of Environmental and Health Issues," unpublished report sponsored by Ok Tedi Mining Ltd.

Velásquez, T. A. (2012). "The Science of Corporate Social Responsibility: Contamination and Conflict in a Mining Project in the Southern Ecuadorian Andes," *Resources Policy*, 37: 233–40.

Wilshire, H. G., Nielson, J. E., and Hazlett, R. W. (2008). *The American West at Risk: Science, Myths, and Politics of Land Abuse*. New York: Oxford University Press.

第 20 章

回归市场经济的承诺
美国青年劳动力市场的机遇

肖恩·博恩　杰拉尔德·切塔维安

引论

　　现代市场经济最明显的一个失败，就是无力为许多年轻人创造经济机会，现在 15～24 岁的失业人员在全世界已经有 7300 万之多。据国际劳工组织预测，全球青年失业人数估计在 2018 年将接近 13%，且区域差异较大（ILO，2015），全球青年人口的 90% 居住在发展中国家，稳定、优质的就业机会特别稀缺。事实上，在一些国家，多达 2/3 的青年人既没工作又没上学（ILO，2013），青年失业率最高的是中东和北非。即使在发达经济区的欧盟，本来找到一份安定的工作是多少代人的正常期许，但现在的趋势也显示求职人员的数量在扩大，青年中兼职和临时就业的比例在大量增加。

　　全球青年就业危机是两个维度的供需不匹配。一方面，教育和培训方面的缺陷使得太多的青年缺乏雇主要求的技能，对雇主和雇员双方来说代价都很高。另一方面，当劳动力需求疲软时，青年人只能间歇性地就业（如果有班可上的话），或者对任职岗位来说，他们资历过高，大材小用，也是一种不匹配的情形。青年人不能尽其才，这不仅削弱了一个国家的经济增长，也让教育程度最低的青年深受其害。青年劳动力市场中的这些不匹配形式形成了我们所谓的"机会分化"，对许多国家有严重的影响。在世界很多地区，受影响的青年人口处于"三无"（NEET）状态：无教育、无就业、无培训。在美国，历史上这部分人口被描述为"游离态青年"。但我们偏向于"机会青年"的说法，因为虽然这些青年人目前可能没有为国家经济增长和生产力发展做出贡献，但是他们具有为职场、社区与家庭等带来技能和领导力的巨大潜力，被视为经济力量——这样从消极负面转向积极正面，使用具有富有力量的称呼语，正体现了我们试图促进观念变革的核心原则。

除了青年人的游离状态明显影响经济和人力成本之外，如果下一代相当一部分人对现有社会经济和政治制度的前景心惊胆战或愤世嫉俗，这对资本主义制度本身而言会有十分严重的后果。其他的危害中，还有灰心失望的年轻人容易受到某种意识形态的蛊惑，似乎愿意放弃某些自由，以换取更多经济实惠。这类的幻灭感已经在一系列事件中表现出来了：希腊和西班牙最近的反紧缩运动，阿拉伯之春的政治动荡，巴黎的青年骚乱以及对美国收入不平等日益增长的忧虑（Hoffman and Jamal，2012）。

虽然机会的分化现象全球都存在，但需要对各国国情深入了解，干预才能奏效。故本章讨论的是美国的具体情况，后面会做详细介绍。本章的主要内容：首先，我们总结了自己在创建和领导的"一年进阶"（Year Up）计划的亲身经验。这是针对美国青年人的为期一年的教育和培训计划。帮助发掘机会青年这个潜伏的而又强大的国家资源——开发这块资源不仅对国家的长期增长与繁荣至关重要，也是为了回归资本主义 / 市场经济制度对当代和子孙后代的承诺。根据这些经验，我们为企业确定了三个关键角色，后面的部分便是更详细地介绍：（i）把关于劳动力市场需求信息告知于教育和培训体系；（ii）转变传统教育和培训的途径；（iii）改变私营部门的人力资源管理的理念和行为。最后的结论部分，我们简短讨论了美国的做法如何可能启发别处的决策者。

机会分化现象及其对美国的影响

事实上，美国 16～24 岁的青年中，有 1/7 的人既没上学也没工作，这种处境，对于那些身陷其中的个人来说，是被碾压粉碎的现实——造成日常生活被剥夺、心理伤害和瑕疵斑驳的就业史（Measure of America，2015）。即使是我们中最铁石心肠的人，也会心有戚戚，哪怕不是出于同情心，也会是出于经济上的焦虑。据估计，失学失业的年轻成年人每年给美国纳税人带来的损失高达 930 亿美元，包括税收的损失和社会服务负担的增加（Belfield et al.，2012）。然而，比这些社会成本更重要的是，机会青年代表着巨大的未充分利用的资源，如果我们要在全球经济中兴旺发达，那么国家就不能挥霍这一宝贵资源。

在美国，我们不能忽视这一大群游离于社会外的青年。荒谬的是，他们与越来越多招不到人的"中等技能"岗位竟然同时存在，而这些职位所需要的教育程度虽比高中毕业要高，但不一定是大学学历。事实上，"中等技能"工作占美国工作岗位的多数（54%），但国内只有 44% 的工人所接受的培训能达到中等技能水平，由此造成劳动力市场的巨大缺口（National Skills Coalition，2014）。在许诺最高的养家糊口工资的行业中，已经有很多雇主已经十分习惯经营现代企业所需的关键岗位员工稀缺这一现实。这些企业的工作岗位难以填满，并面临种种问题：员工流失率高，员工之间的专业和企业知识传递也越来越少，加班增多以及其他竞争劣势等。确实，技能差距越来越大，迫使雇主不得不花更多钱来培训员工。2014 年培训费用增加了 15%（Bersin，2014）。除了这些劳动力市场失灵的经济成本外，社会成本也很沉重。最近对美国收入差距不断增长的焦虑，凸显了邮政编码（居住地段）往往是决定了命运的现象（Chetty et al.，2015）。目前，低收入家庭中只有 6% 的儿童会成为高收入者（Measure of America，2015）。而且我们知道，贫困对有色人种和妇女的影响是不成比例的，还限制了他们的受教育的机会（National Center for Law and Economic Justice，2013）。这是对"美国梦"声称的"每个公民都有平等的机会，通过辛勤工作和积极努力去实现兴旺发达"信念的直接挑战。

美国的机会分化，在很大程度上，源于我们的教育和培训体系既不符合雇主也不适应工人的需要。"体系"一词，是对于美国教育和劳动力培训拼拼凑凑现状的粗略描述，其实并不准确。这些"体系"包括公立和私立小学（即从幼儿园到 8 年级）、中学（即 9～12 年级）、两年制公立和私立学院与四年制大学，以及大批非营利性的工作资质和职业培训机构与许多私营的培训中介机构。所有这些组织都旨在培养就业者，但它们之间，以及它们与雇主之间，很少或就根本没有互相协调。美国培养体系的一个根本不足之处在于，它们与雇主的需求没有很好地对接。究其原因，至少在一定程度上，可能是因为政府作为第三方买单人，支付了最大比例的总培养费用：2015 年，联邦/州/地方教育支出总额是 9.23 亿美元（Chantrill，2015）。此外，虽然私营机构雇员培训支出超过公共支出——分别是 1000 亿美元与 34 亿美元，但这些私营机构的培训投资，一般侧重于对在职高层雇员的培训，而不是增加初级和中等技能工人的供给（Lennon，2015）。

尽管美国的教育制度不够完善，然而以往中学之上的学历和资历还是具有实际的经济价值，特别对于低收入者而言（Leonhardt，2015）。事实上，有一些高等教育背景，即使没有学位，还是会给终生收入增加平均大约 25 万美元，而一个学士学位一般给终生收入增加 280 万美元左右（Carnevale et al.，2011）。但是目前美国的高等教育毕业率非常差，在公立四年制大学就学的学生中，入学后六年内毕业的只有 58%，两年公立大学毕业率平均仅为 19%（Chronicle for Higher Education，2013）。

具有讽刺意味的是，就在低收入的有色男性与女性大都集体奋斗提高自身的教育程度和经济状况的时候，最近的研究竟然也肯定了劳动力多样性的竞争优势：性别和种族的跨度最大、种族最多元化的公司更有可能获得高于行业平均水平的财务回报。多样性"可能是一个颇具竞争力的一个差异化手段，相信随着时间的推移，多样性公司的市场份额会增加"（Hunt et al.，2015）。同样重要的是，要认识到"少数族裔"的人口将很快成为美国的大多数，所以这并不只是一个无关紧要的边缘性问题。人口趋势本身就是有力理由，促使我们加倍投资培养机会青年，以满足人力资本需求。

至少在 20 世纪 80 年代初，"国家处于风险之中"的报告发布之后（National Commission on Excellence in Education，1983），美国企业就参与到教育体系中了，但是鉴于目前劳动力市场失衡的情况，大多数雇主的参与度需要更加深入。为了招募、聘用、培养和提升人力资本，推动国家经济发展迈向健康发展的未来，私营部门需要把"供应链管理"技术引入国内中等技术工人的培养中。通过在"一年进阶"中的工作，我们已经看到，透过关注机会青年的尚未开发的潜力，美国企业可以改善目前这种合格员工供应不足的局面。

调动机会青年积极性，释放潜在动能的建议

背景：我们在"一年进阶"的经验

　　我们的组织"一年进阶"，诞生于这样一种信念：有才华、有抱负的年轻成年人应该得到支持、培训和取得成功的机会，而我们国家需要更好地利用其所有的人力资本。"一年进阶"为年龄在18～24岁的城市年轻人（有高中毕业证书或普通教育发展资格证书，但已经离校或无业）提供为期一年的强化课程。自从2000年在波士顿成立以来，"一年进阶"课程已经成为全美18个地方的250多家公司首选的劳动力培训解决方案。

　　"一年进阶"的学生在课堂上花费6个月时间学习技术和专业技能，然后再花6个月时间在信息技术和财务运营等高增长行业的雇主处实习，应用这些技能。学生获得大学学分和可累计的资格证书学分以及每周津贴。在这个"期望高、扶助大"的课程计划中，学生自始至终得到我们的咨询顾问、业务导师、专职社会服务人员和社区合作伙伴的强大网络的支持扶助。几乎所有"一年进阶"的学生都是低收入背景，95%是有色人种的青年男女。"一年进阶"计划的资金来自雇主资助、私人慈善支持、个人捐款，迄今为止还有一小部分来自政府财政的经费和合同的贡献。

　　与美国普通高中和大学的平均毕业率形成鲜明对比的是，"一年进阶"一直可以保留有75%的学生在校学习，而毕业后85%以上的校友在4个月内能够就业或继续深造。直接进入职场的人平均每小时赚取18美元（或每年36 000美元），是目前联邦最低工资的两倍。在雇主参与上，"一年进阶"也保持了无对手的最高纪录：我们的企业合作伙伴在为"一年进阶"学生提供的岗位实习期间，发给每人的平均工资是25 000美元，这也充分说明在此合作伙伴关系中，雇主获得了投资回报率。这些雇主学到的是，通过适当的培训和扶持，以前的游离青年可以变成重要的营商资本，并成

为无数入门和就业岗位的一个可行的人才储备来源。

虽然"一年进阶"只是众多的"中介"人才供应商之一，它在两个重要方面与众不同。首先，与许多劳动力培养计划不同，"一年进阶"的模式既受雇主的需要驱动，又靠雇主的需求来维持，从以市场需要的技能为导向来制定核心课程，到公司承包学生实习来使计划可以持续运营，相辅相成。"一年进阶"计划的出色成果，来自紧贴雇主需求，以及结合根据研究来设计的课程和强大的业务负责制的实践。其次，"一年进阶"与大多数劳动力培训计划不同之处在于，它有一个特设的"制度变革"的议程，力求将影响力扩大到直接服务之外。具体来说，"一年进阶"的计划用了一系列办法，来发挥我们的专长：诸如改变公众对城市年轻人的看法，从社会包袱转变为经济资源；改变雇主在招聘人才方面的做法；影响公共政策以支持为青年带来薪资增长的创新途径等。我们相信，根据自身经验领悟到的这些见解，可以帮助推动更广泛的变革，使企业能够在缩小机会差距和利用机会青年这一国家资源方面发挥关键作用。

改善有关劳动力市场需求的信息

信息的不完善大概是劳动力市场失灵的最大原因，特别是关于招聘岗位的现有信息和这些岗位的要求。美国的中等教育和高等教育体系与现代雇主的需求脱节很严重。令人遗憾的是，许多劳动力培养计划也没有很好地顺应当前的行业趋势，而大多数个人求职者也不了解内情（Holzer，2011）。尽管高等学历会增加工资水平，但所接受的技能教育与对劳动力培养的要求之间的关联是如此之弱，以至于目前大多数人无法相信，拿到学位就必然会找到工作（Accenture，Burning Glass Technologies，and Harvard Business School，2014）。除了与传统的四年制大学有联系之外，许多大型雇主不参与劳动力培养过程，即使到大学招聘，也只是有限地接触比例很小的一部分人才。雇主应与各种第三方合作伙伴或"中介"（学校、非营利性组织、工会、私营机构的培训师等）合作，在劳动力市场失灵的根源上着手，向他们通报劳动力市场需求，改变信息无效的状况。

作为减少信息偏差的第一步，雇主需要设法更及时地提供清晰的有关岗位所需能力的信息。大数据提供了新的更有效的信息获取方式，所有信息不仅可以与学校和培训实体，而且还可以与学生、家长和工作人员一道进行汇总并共享（Altstadt，2011）。例如，"一年进阶"计划最近与领英合作，根据地理位置来了解就业趋势。调查发现中有分析显示，湾区（Bay Area）对网络安全技术人员的需求大大超过了供应量。这个信息，给"一年进阶"在这个区域指明了一个全新的培训重点方向，使我们确保学员所接受的课程是针对市场急需的工作和职业路径的培训。通过访问在线工作岗位数据库和人口统计数据，在了解当前和未来的就业趋势方面，教育工作者和培训专业人员可以更具战略眼光，并根据发现的信息来制定课程。诸如领英、凸透镜（Burning Glass）等其他公司的业务主要是分享它们在数据挖掘和分析方面的专业知识，为教育和培训机构，特别是为专门针对劳动力培养的、给1100多万学生提供服务的社区学院，提供更好的信息。

　　第二个信息改进方向在于，雇主要阐明那些使人在工作岗位上成功的特殊优势的重要性。虽然其中一些是技术技能，但还有许多是所谓的"软技能"，传统上来说这些技能学校不强调，或者在成就测试和成绩中彰显不出来，但对于干好工作却至关重要（Heckman and Kautz，2012）。沟通技巧、团队合作的能力、道德操守、时间管理以及对多元化的了解和欣赏是雇主重视的重要技能（Carnevale and Smith，2013）。美国21世纪学习合作组织等已经开始对话，但要推广对后工业时代的工作岗位至关重要的技能，还有更多的事要做。雇主需要确保教育和培训体系重视这些重要能力，以"客户"的心态来做招聘，明确表达所寻求的技能和对应的回报奖励。

转变教育和培训的途径

　　雇主可以在缩小机会分化方面发挥积极作用的第二种方式，是改变传统教育和培训途径，帮助学生取得面向市场的高等教育资格。虽然高中毕业率在过去50年里有所增加，而且最近达到了历史新高，但全美青年的25%，以及美国少数民族青年的40%仍然没有完成中学学业（Balfanz et al.，2012；US Department of Education，2015）。鉴于对中等技能和高级技能的需求不断增长，高中毕业率的提高虽然重要，但除非我们能够把它与中等技能工作所需的更多的高等教育和培训结合起来，否则这个胜利也只是徒有其名。

雇主可以改变传统途径的一个关键方式，是通过与初中和高中学校合作，给青少年更多"以工作为导向"的学习经验，培养职业意识，提供对工作岗位的感性认识和体验。在工作场所学习是学习并应用技术及软技能最有效方式之一（Symonds et al.，2011）。高中和早期大学合一是一个与雇主合作的更加精彩的方式，即将严谨的课程作业与就业导向的学习相结合。这些创新的方法正在展现学生（特别是对于低收入和少数民族学生）成绩的提高，以及对雇主的好处。

IBM 与纽约市教育署和纽约市立大学的合作伙伴关系，被称为"高中和早期大学合一"的 P-TECH 技术路径，就是这种方法的一个很好的例子（参见本书第 7 章）。在 P-TECH 的模式中，来源多样未经筛选的学生，从 9 年级开始入学，6 年后毕业，取得高中文凭和应用科学副学士学位。这个合作伙伴关系很深入、层面多。高中技术教师给大学教授发邮件联系，IBM 的人力资源专业人员把招聘趋势告知教师。除了积极参与课程设计和学生辅导外，IBM 还保证给有资格的 P-TECH 毕业生招聘面试的机会。目前，P-TECH 模式在美国的 27 所学校施行。

ROXMAPP 是罗克斯伯里社区学院、麦迪逊公园高中和马萨诸塞州的几家当地雇主之间的合作伙伴，是为学生提供六年制职业培养路径的又一个更新的有前途的项目。该项目让高中生获得大学学分，完成副学士学位或非学分的行业资格证书，并获得诸如岗位旁观、实地访问、实习、模拟工作面试和有薪暑期实习等实际经验。像摩根大通、星巴克、花旗银行、埃森哲、微软和美国银行等雇主都做出了很多投入，创造新的途径，帮助低收入青年和其他弱势群体提高就业能力。这些雇主主导的举措包括：创业培训、职业导师传带、暑期工、青年公民参与机会以及跨行业集会，以制定战略来加强和扩大最有效的创新就业途径。

随着对现有劳动力培养存在缺陷的认识的深入，大家都更明白，学历证书并不能保证学生会掌握能够在工作岗位做出有效贡献所需的技能和知识。另一个被看好的加强技能的劳动力供应的方法，是从"课堂上课时间"和累积学分的教学模式转向基于工作能力的教学与评估。虽然基于能力的教学与评估领域仍然处于初级发展阶段，但其基本原理已有广泛共识：学习进度应按照每个学生所表现出来的掌握程度和内容知识做个人化的设定，而不是按照课堂进度跟着教师走；学生可以得到适合自己的辅导，以确保知识技能的掌握（Le et al.，2014）。为了助力这个注重工作能力培养的运动，雇主需要积极参与其中，以确保相关的技能（如技术、解决问题和人际关系等方面的能力）得到足够重视。例如，谷歌指出，他们正在寻找不仅有思考和领导能力的候选人，而且"特别针对工程师的求职者，我们将测试你的编码技能和技术专长领域"。

值得澄清的是，把重点放在能力上不应该被误认为学生应放弃那些可以接触到的文学、历史、艺术、科学等方面的广泛的基础教育。如法里德·扎卡利亚（2015）所言，接受艺术和科学的熏陶，会塑造出我们需要的有灵活性、创造性并有道德感的解决问题的人才。

美国的日常制造业的工作会继续被自动化或外包，具体的职业知识往往在几年之内就会过时。工程师是一个伟大的职业，但你还需要有关键的增值技能，那就是创造力、触类旁通的发散式思维、设计、沟通、讲故事的能力，以及更为重要的是继续学习和享受学习的能力，这些正是通才教育的馈赠。

然而，注重能力培养法的关键在于，学生不必与其年龄组别步调一致，或者以教师设定的"平均"速度，本质上来说，甚至都不用在教室内进行学习。更准确地说，他们需要通过使自己能够沉浸其中，并赋予科目实际意义的方法来学习。

改变雇主的态度和实务操作

尽管经济理论假设"理性行为者"，但是在过去20年的大脑科学和行为经济学中的新发现，更不用提及对隐含偏见的研究结果，告诉我们，招聘的决策并不总是从逻辑或理性的立场做出的（Banaji and Greenwald，2013；Kahneman，2011）。最终，重要的是雇主必须采取行动，改变自己在招聘、培训和人力资源培养的操作性实务。鉴于人口发展的趋势，除非美国的雇主开始采取不同的行动，否则他们根本无法解决"中等技能"工人严重短缺的问题，而且还会面临严峻的经济后果。只是给教育和培训体系（即"供应商"）提供忠告要他们做出改变（甚至予以协助）是不够的，企业必须改变自己过时的"供应管理"的做法，这也不仅仅是为了机会青年。我们的人力资本机制在重新培训所需员工（无论什么年龄）的效果并不好，在如何合理使用那些不想全职工作的人才上，也不够灵活机动。如果生活在两倍于贫困线水准以下的 1.52 亿美国人能够就业，并且其工资能够达到养家糊口的水平，那么我们大家都会更好。要达到这个目标，就需要更多的雇主改变目前的招聘、培训和人力资源培养的惯用做法。

把学士学位作为最低要求这一点，就很能说明问题，同时也对改进过时的做法提供了一个可能的解决办法。许多雇主在广告中要求学士学位作为入门级职位的最低要求。然而，本科学位这一要求自动排除了 25 岁以上 82% 的非裔美国人，87% 的拉丁美洲人，极大地缩小了人才资源池规模，也剥夺了这部分人口就业的机会，并掩盖了他们可能给雇主带来的实质性能力（Ogunwole et al., 2012）。经过调查，一些雇主了解到，有高中毕业文凭的人员，接受了少量的额外培训，或者拿了面向市场的资格证书，就可以干许多工作。雇主可以取消或修改最低学位的要求，而配之以"注重能力"的技能评估，就可能给许多教育程度过低但能力很强的低收入的有色种族人士带来就业机会。

雇主定义和评价优点的方式往往有利于家庭经济条件优裕的求职者的倾向，这体现在招聘过程的每一步（Rivera，2015）。简历的筛选惯例，是另一个需要重新审视的环节。无论是因为人力资源专业人员自己的教育和培养背景带来的无意识偏见，还是以某种学位或其他条件作为筛选指标而编写的软件算法，传统的筛选系统往往存在内置偏好，轻率地缩小了候选人才池。为了克服这样的一些体制性的偏见，"一年进阶"已经与雇主合作，创建了首个以用人单位为重点的全国公共服务公告（PSA）的宣传活动："生活大学毕业生"（GoL）。于 2014 年秋天推出的 GoL 活动，对社会展示了不拥有非标准简历的年轻人给那些有远见的雇主带来独特的才华、决心、韧性和忠诚度等特质。该宣传活动包括电视、印刷和户外广告、广播节目、数字和移动标语，以及鼓励雇主采取行动的网站：GradsofLife.org，目标是影响公众的态度和行为，与吸烟、座位安全带和醉酒驾驶的 PSA 宣传活动一样。

雇主可以检讨和改变其以往做法的另一个机会，是职业发展。在低工资工人身上做职业发展投资，通常被认为很傻，因为他们很有可能离职，带着提高了的技能为其他雇主工作。最近，一小批（但数量在不断增加的）美国的雇主，对刚入职和中级职位人员的招聘，正在试着摒弃"采购供应"的方式，而转向"人才招揽与培养"的方式，并将其应用于全体员工，而不仅仅是针对传统上的管理高层。2014 年，星巴克创立了一个计划，规定全公司 135 000 个员工中的任何一位每周工作超过 20 小时的人，如果在亚利桑那州立大学的网上课程获得学士学位，公司就会报销其 100% 的学费。该计划可谓不同寻常，因为星巴克不是想通过提高员工（比如咖啡师）的技能来提升其公司的业绩，而是想鼓励他们提升各自的人生机会，就像宣传广告上所说的那样，帮助他们"实现美国梦"。大学肄业，是个人职业发展机会最大的障碍之一，也是雇主所面对的技能不足的原因之一。星巴克的首席执行官霍华德·舒尔茨和亚利桑那州立大学校长迈克尔·克罗携手合作，就是要克服低收入学生的低得可怜的大学生毕业率。

还有一个在入门级和低技能员工身上投资的例子，是一家领先的电线制造商——位于佐治亚州卡罗尔县的南方电线公司（简称南方电线）。在 20 世纪 80 年代，由于认识到对技能更高的工人的需求会不断增长，南方电线公司只招收高中毕业生。到了 21 世纪，公司越来越担心企业周围社区的高中生毕业率，以及毕业生的技能和受培养的程度不足。为了确保能找到所需的劳动力，南方电线从 2007 年开始，通过与学校系统合作，开发了一个人才项目计划，寻求以"垂直整合"的方式来实现人才的供应。通过"12年终生受益"计划，在其厂内的专门设施中，南方电线为学生提供了混合课堂学习和工作场所培训相结合的机会，同时给青年人提供教育、薪水以及重要的工作和生活技能。"12 年终生受益"并不是职业或技术培训计划，而是让学生不但能够按时毕业获得正规的高中文凭，同时还使公司能够招聘到合格的员工。虽然该项目开始设立时并不以赚钱为目的，但在短短三个月的时间里，该计划就达到损益平衡，在第 6 年就给公司实现了 170 万美元的收入（Rivkin and Lee，2013）。

星巴克和南方电线公司都了解，投资于不受以往培养方式欢迎的个人，其实对企业短期和长期的利益都有好处。正如星巴克网站宣称的那样："支持我们的合作伙伴（员工）的志向和抱负，就是星巴克最好的投资。"投资于"受教育不足的人群"，不仅仅是这些雇主的企业社会责任或慈善事业。他们知道，他们的财富与他们所在社区的福祉和员工的生活前景密不可分。他们的愿景与传奇人物亨利·福特的著名愿景一致—— 福特给其工厂工人支付足够丰厚的工资，让他们也成为自己的顾客。

结论：一起努力，回归市场经济的承诺

许多经济发展层次很不一样的国家，如沙特阿拉伯、智利、巴西、卢旺达和肯尼亚等，已经与"一年进阶"计划取得联系，了解我们的工作，并想把我们的课程植入它们各自的经济文化社会背景中。它们与我们的共识是，给青年提供机会，给雇主提供人才，不仅仅是公共部门的问题，也是私营部门能够自己解决的问题。无论在哪里，非常重要的是将企业、政府以及非政府组织的力量拧成一股绳，提高改善教育和培训的缺陷与不足，防止劳动力市场的错配，减轻年轻人从学校到工作过渡的困难，并更新观念和行为，挖掘机会青年的潜力，让他们成为有用之才。

随着美国社会越来越了解这个问题对我们整体经济利益的重要性，社会上的各个方面和多个部门都已经行动起来，开始合作解决机会分化的问题。商业圆桌会议、美国商会、全国州长理事会、美国市长会议以及人力资源管理协会等，这里所列的只是少数几个参与者。它们开始呼吁和积极倡导企业从它们其自身的利益出发，转变机会给那些被现有劳动力队伍遗漏的年轻人。

若受到两党支持，好的公共政策也可以鼓励私人对劳动力培养的投资。例如，在 2009 年通过的工作机会税收抵免政策中，增加了对"失业离校青年"的临时类别——虽然该政策在私营部门还没来得及广泛利用之前就已经过期。两党国会议员都支持强力的税收抵免政策，鼓励雇主实行学徒制。一个可以扩大的新的就业途径——税收抵免，有益于企业和公众。况且由于存在游离状态的青年对社会来说成本高昂，税收减免开支实际上可以看

作是这个社会成本支出。州与联邦政府也应该制定一致的优惠政策，来配合企业留住和培养人才。这可以包括为公司制定税收优惠政策，以帮助其员工继续深造，以期对员工的长期收入产生重大影响。

同样，为了促进发展更多的与企业需求密切相关的人才培养途径，国会应考虑设立竞争性的资助项目，以创造实习机会，扶助学徒制和职业导师辅导计划。全国劳动力解决方案基金会（一个由领先的慈善基金会组成的合作伙伴关系）、波音公司以及联邦社会创新基金，为多产业部门的人力资源创新提供了良好的模式。同样地，技能行（Skillworks）是马萨诸塞州实施的一项多年期计划，汇聚慈善基金会、政府、社区组织和雇主一道，来达成帮助低收入人士就业养家和企业找到熟练工人的双重目标。

虽然这些具体建议措施只适用于美国的国情，但它们体现了一个十分重要的思想重构，即不仅是要让缺乏机会的青年得益，而且还要让资本主义／市场经济制度的整体从因为年轻人缺乏经济机遇所带来的潜在危险中解脱出来，并存续下去。雇主、政府和其他机构必须共同努力，调整改革教育制度、招聘和人才培养的方法和手段，发掘开启我们所需的应对21世纪全球经济挑战的资源和财富。我们将以对青年永恒谦卑的承诺，努力克服机遇分化现象，来建立共同繁盛的未来。

致谢

作者要感谢"一年进阶"计划的数千名非常特别的学生和校友，多年来有幸从他们身上学到很多，也非常感谢同仁萨万·科德里亚，芒加迪，埃利丝·罗森布拉姆和卡提·史密斯的奉献精神和远见卓识，他们不但帮助本章的思路形成，而且对通篇写作更是贡献良多。最后，非常感谢 Kim Bohen 帮助作者把学习的过程形成文字。

参考文献

Accenture, Burning Glass Technologies, and Harvard Business School (2014). *Bridge the Gap: Rebuilding America's Middle Skills*. Available at: <http://www.hbs.edu/competitiveness/Documents/bridge-the-gap.pdf>.

Altstadt, D. (2011). *Aligning Community Colleges to Their Local Labor Markets: The Emerging Role of Online Job Ads for Providing Real-Time Intelligence about Occupations and Skills in Demand.* Washington, DC: Jobs for the Future.

Balfanz, R., Bridgeland, J., Bruce, M., and Fox, J. F. (2012). *Building a Grad Nation: Progress and Challenge in Ending the High School Dropout Epidemic.* Washington, DC: Civic Enterprises.

Banaji, M. and Greenwald, A. (2013). *Blindspot: Hidden Biases of Good People.* New York: Delacorte Press.

Belfield, C., Levin, H., and Rosen, R. (2012). *The Economic Value of Opportunity Youth.* Washington, DC: Civic Enterprises.

Bersin, J. (2014). "Spending on Corporate Training Soars: Employee Capabilities Now a Priority," *Forbes*, February 4. Available at: <http://www.forbes.com/sites/joshbersin/2014/02/04/the-recovery-arrives-corporate-training-spend-skyrockets/>.

Carnevale, A. and Smith, N. (2013). "Workplace Basics: The Skills Employees Need and Employers Want," *Human Resource Development International*, 16(5): 491–501.

Carnevale, A., Rose, S., and Cheah, B. (2011). *The College Payoff: Education, Occupations, Lifetime Earnings.* Washington, DC: Georgetown University Center on Education and the Workforce.

Chantrill, C. (2015). *Government Spending Details.* Available at: <http://www.usgovernmentspending.com/year_spending_2015USbn_16bs2n_2024#usgs302>.

Chetty, R., Hendren, N., and Katz, L. (2015). "The Effects of Exposure to Better Neighborhoods on Children: New Evidence from the Moving to Opportunity Experiment," National Bureau of Economic Research, Working Paper, No. w21156. Available at: <http://www.nber.org/papers/w21156.pdf>.

Chronicle for Higher Education (2013). *College Completion.* Available at: <http://collegecompletion.chronicle.com>.

Heckman, J. and Kautz, T. (2012). "Hard Evidence on Soft Skills," *Labour Economics*, 19(4): 451–64.

Hoffman, M. and Jamal, A. (2012). "The Youth and the Arab Spring: Cohort Differences and Similarities," *Middle East Law and Governance*, 4(1): 168–88.

Holzer, H. (2011). *Raising Job Quality and Skills for American Workers: Creating More Effective Education and Workforce Development Systems in the States.* Washington, DC: Brookings Institute.

Hunt, V., Layton, D., and Prince, S. (2015). "Why Diversity Matters," *McKinsey & Company*, January. Available at: <http://www.mckinsey.com/insights/organization/why_diversity_matters>.

ILO (2013). *Global Employment Trends of Youth 2013: A Generation at Risk.* Geneva: International Labour Organization.

ILO (2015). *Youth Unemployment.* Geneva: International Labour Organization. Available at: <http://www.ilo.org/global/topics/youth-employment/lang–en/index.htm>.

Kahneman, D. (2011). *Thinking, Fast and Slow.* London: Macmillan.

Le, C., Wolfe, R., and Steinberg, A. (2014). *The Past and the Promise: Today's Competency Education Movement.* Washington, DC: Jobs for the Future.

Lennon, C. (2015). "Private and Public Investment in Training Is Needed," *New York Times*, March 19. Available at: <http://www.nytimes.com/roomfordebate/2015/03/19/who-should-pay-for-workers-training/private-and-public-investment-in-training-is-needed>.

Leonhardt, D. (2015). "College for the Masses," *New York Times*, April 24. Available at: <http://www.nytimes.com/2015/04/26/upshot/college-for-the-masses.html>.

Measure of America (2015). *The Opportunity Index 2015.* Available at: <http://www.measureofamerica.org/opportunity-index/>.

National Center for Law and Economic Justice (2013). *Poverty in the United States: A Snapshot.* Available at: <http://www.nclej.org/poverty-in-the-us.php>.

National Commission on Excellence in Education (1983). *A Nation at Risk: The*

Imperative for Educational Reform. Washington, DC: US Department of Education.

National Skills Coalition (2014). *United States' Forgotten Middle: State-by-State Snapshots.* Available at: <http://www.nationalskillscoalition.org/resources/publications/file/middle-skill-fact-sheets-2014/NSC-United-States-MiddleSkillFS-2014.pdf>.

Ogunwole, S., Drewery, M., and Rios-Vargas, M. (2012). *The Population with a Bachelor's Degree or Higher by Race and Hispanic Origin: 2006–2010.* Washington, DC: US Census Bureau.

Rivera, L. A. (2015). *Pedigree: How Elite Students Get Elite Jobs.* Princeton, NJ: Princeton University Press.

Rivkin, J. and Lee, R. (2013). *Southwire and 12 for Life: Scaling Up? (A).* HBS case no.714-434. Boston, MA: Harvard Business School Publishing.

Symonds, W., Schwartz, R., and Ferguson, R. (2011). *Pathways to Prosperity: Meeting the Challenge of Preparing Young Americans for the 21st Century.* Report prepared for the Harvard University Graduate School of Education, Cambridge, MA.

US Department of Education (2015). *U.S. High School Graduation Rate Hits New Record High.* Available at: <http://www.ed.gov/news/press-releases/us-high-school-graduation-rate-hits-new-record-high>.

Zakaria, F. (2015). *In Defense of a Liberal Education.* New York: Norton.

第 21 章

结论

反思资本主义

戴索·霍维斯　鲍达民

引论

　　与一些悲观的预测相反，资本主义的太阳并没有落山：市场经济会生存下去。无论其批评者如何说，无论其固有的局限性或缺陷是哪些，市场经济一直是一个非常成功的技术创新和财富创造的引擎，提高了全球数十亿人的生活质量。并在未来几十年中会继续成为经济增长和繁荣的源泉。然而，尽管如此，资本主义也并非没有遭遇挑战——特别是自 2008 年经济崩溃以来和经济大萧条（20 世纪 30 年代）开始的时候。高杠杆次级房屋贷款和金融机构缺乏足够的监管所引发的系统崩溃，给资本主义造成了特别坏的影响。

　　金融危机的后果之一是，许多发达国家的公众对市场经济的信任已经下降到历史最低点（参见本书第 2 章）。公众信任度不断下降的原因之一，就是企业与社会之间的联系松散了。过去 30 年来，企业和商业领袖逐渐转向越来愈孤立、狭隘和短视的市场经济观念——一个建立在股东利益优先于所有其他利益相关者（包括社会在内）利益的基础上的制度模式，其商业运营的首要任务成了提供季度业绩。这种趋势对企业和社会均已经造成损害（见本书第 10 章）。公信力被侵蚀的另一个原因是收入的差距在缓慢而又持续地上升。经济合作与发展组织（OECD，简称经合组织）资料表明，过去 30 年来，大多数经合组织国家的贫富差距已经扩大（OECD，2011: 1；see also Piketty，2014；OECD，2015）。由于收入的不平等而引起的公众不信任和敌意，在几年前出现的"占领华尔街"运动时就已达到了沸点（参见本书第 13 章）。

　　如果资本主义迷了路，那么应该朝哪个方向前行呢？本章提出了如何再造市场经济的具体建议：如何既在宏观层面上将国家财富和福祉最大化，又在微观层面使企业的长期价值最大化。接下来，我们将首先概述了在市场经济实践中原有并持续存在的各种非常不同模式，后来，这些模式差异越来越明显。随后，通过比较不同国家的情况，我们来认定那些在经济效益和社会福祉方面有前途的模式——也许并不令人惊讶的是，这些模式的特点正是关注更为广泛的利益相关者。至于微观层面，我们认为高管、资产管理人员和董事会必须重新聚焦到长期的价值创造上。最后，我们强调，要实现市场经济的再造，需要包括政府在内的许多方面通力合作，而其中企业和投资者应担当特别积极的具有催化剂的角色。

在市场经济形式的时空变化中，寻找启示

　　不同形式的经济模式都可能被当作市场经济，只要在制度上以私有产权为主，激励和奖励机制主要针对个人，并且大部分的交易通过市场进行。但是在 20 世纪的大部分时间里，这些反差被资本主义与共产主义（即自由企业和计划经济）之间更为根本的对立掩盖了。只有当计划经济失灵时，市场经济中不同模式之间的差异才彰显出来。

　　最先强调这些差异的人之一，是法国经济学家和商人米歇尔·阿尔伯特，他写了一本名为《资本主义对资本主义》的书，最初于 1991 年以法语出版（Albert，1993）。阿尔伯特区分了两种资本主义模式。一种，他称之为"莱茵资本主义"，因为它的主要例子所在地位于莱茵河畔，如瑞士、德国和荷兰。此外还应该包括北欧国家，即丹麦、芬兰、挪威和瑞典，日本也勉强可以被归类于这个小组。这种类型的资本主义——有些被称为"利益相关者"模式，以长远规划为特征，即在储蓄和投资方面、管理层、劳

工和其他利益相关者之间的合作关系，以及更多的税收再分配制度。与之相对的另一种，则被阿尔伯特称为"新美国资本主义"，有时称之为"股东模式"，在美国和英国很普遍。这种模式的特点是强烈地以股东第一为导向，劳动合同更有弹性，而社会安全保障系统较弱。

阿尔伯特不同模式的提法引发了许多学术论述，最终状况是有关国家集团的分组大致相同，而对其特点的区分也都很相似。例如，英国社会学家罗纳德·道尔将福利资本主义和股市资本主义的对比分析。他描绘德国和日本所体现的前者受到来自后者（即"盎格鲁－撒克逊国家"）模式日益普及的威胁（Dore，2000）。最有影响的可能是政治经济学家彼得·霍尔和大卫·索斯凯斯在他们出版的书《市场经济的不同形式》中介绍的所谓"自由经济"和"调和的市场经济体"之间的区别，这里美国和英国的资本主义再次成为前者的主要例子，而德国和北欧国家作为后者的例子（Hall and Soskice，2001）。在所确认的许多模式的差异中，他们认为前者的收入差距较大，而后者的所有利益相关者之间的相互合作关系更为密切。

为什么这个区分这么重要？那是因为不同的存在就意味着选择，就意味着我们不受单一市场经济模式的约束。可以选择不同的市场经济模式固然很重要，但也必须看到国家以及企业在多大程度上是被锁定在了其特定模式中，或换句话说，它们是否可以改变？在国家和企业做出变革的能力上，历史提供了明确而积极的答案。

阿尔伯特（1993）把股东模式称为新美国模式并非偶然。这种模式仅仅在20世纪70年代初才成为美国和英国的首选模式，随后在数十年里，蔓延到世界各地（Davis，2013）。尽管今天很难想象，但直到这之前，美国模式更类似于利益相关者模式，其来源可以回溯到20世纪30年代，富兰克林·罗斯福总统为应对大萧条在"新政"下引进的改革。不广为人知的是，这种美国模式也影响到了德国和日本在二战失败后的发展，对于它们引入如德国人称之为"社会市场经济"的模式，以及对随后两国的经济繁荣均有帮助（Kudo et al.，2004）。

所以，在最近的经济衰退之后，国家没有理由不重新审视和修正它们的市场经济模式。以下将扼要叙述这样一个改革模式在宏观和微观层面上应该是什么样的，并提出如何实现的建议。

建立既包容又具竞争力的市场经济模式

坚持利益相关者导向，加强企业绩效和社会福利

第一步，我们可以从宏观经济层面开始，评估各个国家经济的表现。而我们所发现的是，采用更包容的利益相关者模式的市场经济国家，在整体经济表现的各种衡量指标上排名更高，尤其是在考虑到广泛的国家福祉和可持续性的背景下。

最新的证据表明，在特定市场经济模式中植入长期观点和利益相关者导向的战略，与竞争力的增强有着清晰的令人瞩目的相关性。换句话说，采用一个包容性的以利益相关者为导向的市场经济模式，会使得国家更有竞争力。例如，从 2010 年 11 月至 2014 年（WEF，2015）的 5 年间，瑞士、芬兰、瑞典和德国，这几个都被视为所谓的利益相关者示范国家，在世界经济论坛的全球竞争力报告中名列全球前六。毫不奇怪的是，这些国家在诸如创新等子类别方面也做得很好，部分原因是目光长远的投资期限。例如，瑞典经常在世界顶级创新者中名列前茅，在彭博评选排名的"世界上最具创新力的国家"中排名第二（2014 年），在康奈尔大学、INSEAD和世界知识产权组织联合评选的 2015 全球创新指数中名列第三（Cornell University，INSEAD，and WIPO，2015）。

美国已经是并将继续成为世界领先的创新者，创造了推动数字革命的许多进步，并在云技术、新一代基因组学和先进材料等广泛领域形成突破。然而，最近的一些研究表明，美国可能正在逐渐失去了优势。例如，斯坦福经济政策研究所发表的一篇讨论文章，研究了企业短期行为对宏观经济影响，认为美国许多最大的上市公司对季度收益的高度关注，可能会减少研发支出，从而削弱美国的增长（Terry，2015: 35）。

特别是北欧国家（瑞典、挪威、芬兰和丹麦）近年来都在全球竞争力排名中名列前茅，这促使许多国家在问一个问题：其他的自由经济国家是否应该更多地采用北欧特点的市场经济方法——通常包括低企业税率和有效的公共支出，并配套创新政策，允许私营公司提供公共服务等。在描述"将市场机制'注入'福利国家以增强其表现时"《经济学人》（2013）对其

成就如此推崇，甚至竟然将"维京资本主义"视为市场经济的"下一个超级模式"。同时它（和我们）也指出，北欧国家在广泛的涵盖生产率、竞争力、创新和经商容易程度等经济指标，以及从腐败程度到人口发展等社会指标方面，均表现得出类拔萃。

这些以利益相关者为导向的国家在可持续发展方面也表现得非常好。因此，最近对可持续治理的调查（其中包括广泛的经济、社会和环境指标），发现北欧国家与瑞士、德国一道，在提高公民生活质量上，是"可持续发展政策的成果获得最大成功的国家"（Bertelsmann Stiftung，2015：3）。此外，增长率相似但市场经济模式不同的国家，在其公民生活质量上提高的程度也有差异。例如，美国和德国的增长率相似，但是以利益相关者为导向的德国，在改善国家福利方面表现得更好（Beal et al.，2015：10）。

减少收入和教育不平等

正如我们前面提到的那样，收入不平等一直是市场经济公信力遭受打击的主要原因之一。然而，收入差距的问题可能更为广泛深远。越来越多的研究表明，收入不平等在遵循利益相关者模式的国家，情况会好一些，但实际上这种不平等很可能阻碍了经济增长和竞争力发展。因此，要再造市场经济，减少收入不平等应当成为一个重要的目标。

国际货币基金组织在 2015 年 6 月发布的报告，证实了收入差距显著与低增长之间的相关性。报告发现，"如果前 20% 的人（即富人）的收入比例增加，那么中期来说 GDP 的增长实际会下降，表明富人收入增加的渗漏效应没有显现出来，经济效益并未蔓延到全社会"。报告还发现，相反，"20% 收入最低的人（即穷人）的收入比例增加，与 GDP 增长率正相关"（Dabla-Norris et al, 2015：4；OECD, 2015）。世界银行数据表明（2015），全球竞争力最高的国家（包括挪威、丹麦、瑞典、芬兰和冰岛），也是收入差距最小的国家，这结果也许真的不足为奇。2014 年经合组织的收入分配数据库显示了几乎相同的结果，北欧国家在经合组织成员中，收入差距最小（OECD，2014a）。因此，我们可以得出结论，那些收入差异最小而又有强大稳定的中产阶级的国家，其经济表现倾向于比收入差距大的国家要更好。

收入差距在美国尤为明显，在经合组织最近对工业化国家收入差距的调查中，美国的名次接近垫底（OECD，2014b: 1）。根据《纽约时报》的分析，35 年前，处于收入分配中最低 20% 的群组里的美国家庭收入超过了瑞典、挪威或芬兰的同一群体。今天，情况倒转过来了（Leonhardt and Quealy，2014）。最富有的美国人与最低收入阶层之间日益扩大的差距受到许多因素的驱动，包括教育不平等。《纽约时报》分析的作者发现，"在过去 30 年里，美国人教育程度的提升速度远远低于许多其他工业化国家，使得美国经济要维持在发达国家中高技能、高薪工作的份额更加困难"（Leonhardt and Quealy，2014 年；参见本书第 20 章）。2014 年，经合组织发表了一份报告，表明美国在教育平等方面落后于其他发达经济体，而这又是导致了收入不平等的部分原因（Porter，2014）。这里美国与瑞典的比较再次很有启发性：在过去 30 年里大幅增长的大学毕业生比例，可能是瑞典取得不仅收入差距比美国低，而且人均增长率高于美国的成绩的原因之一（Leonhardt and Quealy，2014）。

虽然有些人认为收入差距和教育不平等主要是政治或社会经济问题，但企业仍然可以采取具体步骤来解决收入差距的矛盾。在本章的后半部分，我们会展示如何让投资者和董事会成员拥有产权所有者的心态，从而使公司走上创造价值长期发展的道路。为员工实现共享企业股权，不仅可以缓解收入差距扩大的问题，而且还可以为提高公司的生产力和长期竞争力创造一个强有力的机制。

开放包容，提高生活质量

还有另一个有趣的相关性，就是那些实行更包容更注重利益相关者模式的国家，其公民享受生活品质（以教育、卫生、住房、安全以及工作和生活比例平衡等有形的指标来衡量）也更高。

以瑞士为例。它在 2015-16 世界经济论坛的"全球竞争力报告"（WEF，2015）中排名第一。而按照经合组织 2014 年"更好生活的指数"（OECD，2014c）衡量，该国在生活质量方面表现也非常好。另一项研究是由联合国下属的"可持续发展对策网络"发布的世界幸福排名报告所披露的，它表明了社会福利与幸福感之间的相关性。报告发现社会福利和幸福的度量指标通常是一致的，换言之，体验了可持续和更包容社会的经济增长的公民，多半也是最幸福的（Beal et al., 2015: 27）。

因此，这些实质性的证据表明，拥有更广泛的利益相关者的资本主义模式，可以让社会和商业两方面都受益，而这种优势是共生的，并形成良性循环：更具全球竞争力的企业可以创造更大的财富，当一部分财富重新投入人类的发展和社会福利中时，员工的生产率和创造力会提高。

着眼长期效益，重整公司基准

前面我们回顾了在宏观经济层面改造市场经济的一些问题。那么，企业本身的层面需要什么样的变革？需要先从根本上重新梳理建构我们的治理、管理和领导企业的方式，企业领导者必须认识到，为利益相关者（而不仅仅是股东）服务，对于公司价值的最大化至关重要。为了实现这一目标，第一，企业领导者要摆脱短线思维的强制症，并开始着眼于公司的长期业绩和健康来进行管理。第二，投资者和董事会需要有主人翁态度，像企业的主人一样行事。第三，我们需要创建新的管理工具和指标，把重建市场经济模式作为企业行为的导向。

整合长线思维与利益相关者导向

那么企业领导人如何把自己从根深蒂固的短线思维中拔出来，转向长线思维长期管理呢？其实，促使管理层和董事会偏向短线聚焦的驱动因素各不相同，但往往相互关联。对于高管来说，这些驱动因素包括薪酬结构、职位任期越来越短、对自己任后声名遗产的看法以及经营上必须达到的季度目标等。对于董事会成员来说，影响短线思维的因素包括担心其法律责任的履行不周，这种担心经常将董事变成某种意义上的"合规警察"，而不是专注于公司所有者的长期利益。因此，对短期业绩的不懈关注（相当于现代企业的季度心跳律动）转移了高管和董事会的对企业组织长期健康的视线，也削弱了机构投资者希望实现的长期价值。长线思考对于长期成功至关重要，必须是企业组织的新口头禅。

另外，公司需要将对利益相关者的管理纳入所有决策。首先，高管必须明白，照顾所有的利益相关者对于照顾股东利益至关重要，并且对于长期企业价值的最大化来说，必不可少。然而，由于短期的压力，因此欲优先考虑复杂的平衡利益相关者各方利益的工作很难进行。这些压力也经常使得股东关切的问题压倒了其他利益相关者的利益所在。但是最终企业需要意识到，股东和利益相关者的问题不是非此即彼的对立面。

树立主人翁心态

　　大多数大型上市公司的所有权非常分散。因此，CEO 往往最终倾听的是以交易为导向的投资者的声音，但他们往往是对公司长期健康和成功最不关心的人。好几项研究，包括 2004 年国家经济研究局的一项研究发现，当股东随时准备因为股价的少许变动就售出股票时，公司的管理往往短视，结果造成因为担心近期股价下跌而放弃投资会有长期盈利的项目（Graham et al., 2004: 4）。但是，一项业务的成功从立项、巩固和成长需要时间——投资者需要给予公司喘息和运力的空间。例如，我们从道琼斯可持续发展指数的多年数据中可以看出，注重长线发展和利益相关者导向强的公司，平均来说在中长期创造的股东价值更大（参见本书第17 章）。

　　分散的所有权固然可能是短线管理的一个原因。但是情况也可以相反，即如果大型机构投资者（如养老基金、保险公司和理财基金）采取更为积极主动的股东模式，把注重长效的思维根植到企业经营中，也不失为一个办法。这些资金庞大的基金通常为长期客户投资，投资时间期限以几十年而不是几个月计算，因此给他们一种关注资本长期回报的内置性的授权。

　　除投资者外，董事会也需要更像主人翁那样，去担当长期价值创造的推动者。然而，为了实现这一变革，董事会成员必须花更多时间演绎其角色，更多地参与公司业务，更多地与管理层进行互动，并与管理层合作共同制定和实施长期战略。董事会还需要给高级管理团队提供所需的时间和空间，来打造长期价值，而不是增加现有的压力以最大限度地实现短期利益。在麦肯锡公司和加拿大养老金计划投资委员会进行的 2013 年全球高管行业调查中，董事会是最受诟病的短期压力来源（Barton and Wiseman, 2014）。

创建新的管理工具和指标

为了向注重长期发展的更加包容的市场经济模式转型的成功，我们还需要做些什么？世代投资管理有限责任公司，一家位于伦敦的专注长线回报的投资公司，建议采用几种常识性的做法来帮助确保长期的价值创造（Generation Investment Management，2012）。其建议的做法包括以下几点：制定法令，规定企业需要提交环境、社会和财务绩效的综合报告（参见本书第 15 章）；终止发布季度盈利指导的做法；把公司长期绩效与资产管理人和企业高管的薪酬结构挂钩；鼓励创新，如设立基于投资忠诚度的证券类别，促进长线投资——其逻辑前提是短期资本伴生短线的管理思维。例如，欧莱雅为注册股东提供忠诚奖励，为持有注册股份至少两年的所有股东另加 10% 的股息。

其中一项建议的重点，是终止发布季度盈利指引的做法，鼓励投资者放远投资视野。联合利华、默克、通用电气、AT&T 和可口可乐等公司都走了这一步，而一些较新的公司，如谷歌，从一开始就没有提供季度盈利指导。也有公司采取了不同的做法，如 IBM 制定了五年路线图，这样长期投资者可以看到公司在更长时间轴上的增长前景。无论哪种方法，不发布季度盈利指导的势头已经起来了，形成增长的趋势。全国投资者关系研究所最近对其成员的调查显示，提供盈利指导的公司，其百分比从 2009 年的 85% 下降到 2012 年的 76%（Karageorgiou and Serafeim，2014: 10）。此外，在英国经营的上市公司的法规近期经过了全面彻底的修改，放宽了公司报告的要求。

公司还需要开始采用更广泛的一套绩效指标，或者说大局观，以帮助它们取得长期的成功。这些标准可以包括企业内部人才的多寡和质量高低，以及公司的创新速度或专利储备，还有公司的环保足迹等衡量指标。其他工具可以包括用于在所有主要利益相关者（而不仅仅是选择的一些投资者或客户之类）中的测评企业声誉的正式机制。最后，企业需要更加重视环境、社会和企业治理的考评指标，因为这些指标本身的目的就是要把管理层的注意力集中在长期绩效上。

最后，我们需要考虑资产管理者的薪酬结构。在通常情况下，基金经理的薪酬与超出每年股票市场标杆的业绩挂钩，这反过来又加强了短线心态。但如果薪酬与长期绩效挂钩，那么我们将更有可能来增长扩大注重长期价值回报的基金。

从想象到现实：前进的道路

本章伊始，我们探讨了过去几十年间公众对市场经济越来越不信任、企业与社会之间传统的纽带变得松散的现象。企业和社会之间关系密切这一观念，与市场经济本身一样古老。亚当·斯密，这位被许多人认为是市场经济的创始哲人，曾经写了很多文章，论述商业与社会之间深刻的相互依存的关系，以及这种共生关系如何帮助促进长期的价值创造。

显然，市场经济一直是对社会有益的巨大力量，而且可以继续这样走下去。我们需要摆脱市场经济的严重局限性和短视的模式——"季度市场经济"，走向更全面的注重长效的市场经济。另外，我们需要理清思路，修正原来对于企业价值和企业在社会中的关键作用的旧观念。幸运的是，变革的势头已经起来了。如今企业越来越意识到，商业问题不能脱离社会、政治和环境等方面来考虑。大众对于气候变化、环境退化和收入差距越来越多的关注，使得公司不得不以前所未有的方式来认真对待广泛的社会、环境和经济问题。从长计议的以利益相关者为导向的经营方式，不仅仅只是做个良好的企业公民，它本身就是一种良好的企业管理方法。

那么我们如何做到这一点？谁将会来启动和实施必要的变革呢？起点之一，可以从世界上最大的资产所有者（退休基金、共同基金、保险公司和主权财富基金）开始。就像投资者和董事会成员需要更像企业主人翁一样行事，这些资产管理基金也应如此。它们需要企业高管一道参与，并与它们投资的公司建立长期的关系来做到这一点。

商业领导者是启动变革的另一股天然的力量。在过去，商界领袖就经常率先实行广泛而深远的变革（参见本书第1章）。想想亨利·福特，因为他大量生产的T型车而名满天下。但福特做的另一件事情或许更有意义：他决定与工人分享提高生产力的好处，给工人支付更高的工资，相信这样工人更有能力购买他的车。简单地说，福特不仅发展了大批量生产的模式，而且通过提高工人收入，发展了大众消费。这种把高度生产力与高工资（还有高品质）相结合的做法，仍然是当今市场经济的利益相关者模式的重要特征，现在的主要范例是德国。正如本书其他的文章所表明的那样，一些勇于开拓的商业领袖已经应战，但是还需要更多企业领导者加入这个阵营。

最后，政治领导人会是引起广泛变化的另一个动力源。历史上，市场经济模式的几个重大变革与政治领导人有关，如富兰克林·罗斯福的新政。在全球金融危机之后发达国家的政府开始着手某些变革，最令人瞩目的是在监管方面。但是，现行的市场经济模式的若干大规模变革，通常是由许多政府以外的人的行动推动的，今天的情况无疑就是如此，如果我们要实现有意义的持久的变革。

无论市场经济路径最终走向何方，越来越清楚的是，狭隘的股东导向模式正在逐渐失色，走向黯然。趋向于在长期价值创造和可持续发展的原则指导下的相关利益者导向的模式，更加贴近我们生活的世界的复杂性和多样性。在这个模式里，董事会和高管行政人员更像企业的主人；资产所有者和基金经理做长线投资；员工越来越被视为企业盈利能力和经营成功的合作伙伴；消费者和供应商越来越是作为共创者来塑造企业提供的产品和服务；公司已经完全融入其业务经营的社区和国家。

以史为鉴，我们看到的是市场经济非凡的重焕生机的能力。由经济衰退燃起的眼下对市场经济的信仰危机，迫使企业、政府和非政府组织的领袖以及学者重新思考我们的经营方式，构建可持续发展的市场经济。我们相信，我们正在朝着正确的方向前进。当然，尽管已经取得了很大进展，但如果要确保市场经济依然是 21 世纪经济增长与繁荣的引擎，我们还有更多的工作要做。

致谢

我们要感谢保罗·彼沃托协助完成本章的原稿，以及安德鲁·锡达和马蒂亚斯·基平给的很有帮助的编辑建议。按照习惯，我们作为作者，文责自负。

参考文献

Albert, M. (1993). *Capitalism Vs. Capitalism: How America's Obsession with Individ-ual Achievement and Short-Term Profit Has Led It to the Brink of Collapse*. New York: Four Walls Eight Windows.

Barton, D. and Mark Wiseman (2014). "Focusing Capital on the Long Term," *Harvard Business Review*, 92(1/2): 44–51.

Beal, D., Rueda-Sabater, E., and Heng, S. L. (2015). *Why Well-Being Should Drive Growth Strategies: The 2015 Sustainable Economic Development Assessment*, Boston Consulting Group, May. Available at: <https://www.bcgperspectives.com/Im ages/BCG-Why-Well-Being-Should-Drive-Growth-Strategies-May-2015.pdf>.

Bertelsmann Stiftung (2015). *Policy Performance and Governance Capacities in the OECD and EU: Sustainable Governance Indicators 2015*. Available at: <http://www.sgi-network.org/docs/2015/basics/SGI2015_Overview.pdf> (accessed October 21, 2015).

Bloomberg Rankings (2014). "Most Innovative in the World 2014: Countries." Avail-able at: <http://images.businessweek.com/bloomberg/pdfs/most_innovative_coun tries_2014_011714.pdf> (accessed September 9, 2015).

Cornell University, INSEAD, and WIPO (2015). *The Global Innovation Index 2015: Effective Innovation Policies for Development*, Ithaca, Fontainebleau, and Geneva. Available at: <https://www.globalinnovationindex.org/userfiles/file/reportpdf/gii-full-report-2015-v6.pdf>.

Dabla-Norris, E., Kochhar, K., Suphaphiphat, N., Ricka, F., and Tsounta, E. (2015). "Causes and Consequences of Income Inequality: A Global Perspective," Inter-national Monetary Fund, Staff Discussion Notes No. 15/13, June 15. Available at: <https://www.imf.org/external/pubs/ft/sdn/2015/sdn1513.pdf>.

Davis, G. F. (2013). "After the Corporation," *Politics and Society*, 41(2): 283–308.

Dore, R. (2000). *Stock Market Capitalism: Welfare Capitalism. Japan and Germany versus the Anglo-Saxons*. Oxford: Oxford University Press.

Economist (2013). "The Nordic Countries: The Next Supermodel," *Economist*, February 2. Available at: <http://www.economist.com/news/leaders/21571136-politicians-both-right-and-left-could-learn-nordic-countries-next-supermodel> (accessed October 21, 2015).

Generation Investment Management (2012). "Sustainable Capitalism," Generation Investment Management LLP, London, February 15. Available at: <https://www.genfound.org/media/pdf-generation-sustainable-capitalism-v1.pdf>.

Graham, J. R., Harvey, C. R., and Rajgopal, S. (2004). "The Economic Implications of Corporate Financial Reporting," National Bureau of Economic Research, Working Paper No. 10550, June.

Hall, P. A. and Soskice, D. (eds) (2001). *Varieties of Capitalism. The Institutional Foundations of Comparative Advantage*. Oxford: Oxford University Press.

Karageorgiou, G. and Serafeim, G. (2014). "Earnings Guidance: Part of the Future or the Past?" Generation Foundation and KKS Advisors, January 30. Available at: <https://www.genfound.org/media/pdf-earnings-guidance-kks-30-01-14.pdf> (accessed September 9, 2015).

Kudo, A., Kipping, M., and Schröter, H. (eds) (2004). *German and Japanese Business in the Boom Years: Transforming American Management and Technology Models*. London: Routledge.

Leonhardt, D. and Quealy, K. (2014). "The American Middle Class Is No Longer the World's Richest," *New York Times*, April 22. Available at: <http://www.nytimes.com/2014/04/23/upshot/the-american-middle-class-is-no-longer-the-worlds-richest.html?_r=0>.

OECD (2011). *Divided We Stand: Why Inequality Keeps Rising.* Paris: OECD Publishing.

OECD (2014a). "OECD Income Distribution Database (IDD): Gini, Poverty, Income, Methods and Concepts." Available at: <http://www.oecd.org/social/income-distribution-database.htm> (accessed October 21, 2015).

OECD (2014b). "United States: Tackling High Inequalities, Creating Opportunities for All," June. Available at: <http://www.oecd.org/unitedstates/Tackling-high-inequal ities.pdf>.

OECD (2014c). "OECD Better Life Index." Available at: <http://www. oecdbetterlifeindex.org/> (accessed October 21, 2015).

OECD (2015). *In It Together: Why Less Inequality Benefits All.* Paris: OECD Publishing.

Piketty, T. (2014). *Capital in the Twenty-First Century.* Cambridge, MA: Belknap Press of Harvard University Press.

Porter, E. (2014). "A Simple Equation: More Education = More Income," *New York Times*, September 10.

Terry, S. J. (2015). "The Macro Impact of Short-Termism," Stanford Institute for Economic Policy Research, Discussion Paper 15-022, June. Available at: <http:// siepr.stanford.edu/research/publications/macro-impact-short-termism> (accessed September 9, 2015).

WEF (2015). "Competitiveness Rankings," World Economic Forum, Geneva. Available at: <http://reports.weforum.org/global-competitiveness-report-2015-2016/ competitiveness-rankings/> (accessed October 21, 2015).

World Bank (2015). "GINI Index (World Bank Estimate)." Available at: <http://data. worldbank.org/indicator/SI.POV.GINI> (accessed October 21, 2015).

"麦肯锡学院" 系列丛书

麦肯锡方法

中文ISBN: 978-7-111-29271-5 定价: 30.00元
英文ISBN: 978-7-111-55482-0 定价: 45.00元

麦肯锡工具

中文ISBN: 978-7-111-28355-3 定价: 32.00元
英文ISBN: 978-7-111-55483-7 定价: 45.00元

麦肯锡传奇(双色印刷 珍藏版)

ISBN: 978-7-111-30375-6 定价: 39.00元

麦肯锡意识

中文ISBN: 978-7-111-29272-2 定价: 35.00元
英文ISBN: 978-7-111-55605-3 定价: 45.00元

书号	书名	定价
978-7-111-54743-3	麦肯锡采购指南	35.00
978-7-111-54921-5	麦肯锡的数字业务安全策略	45.00
978-7-111-54934-5	麦肯锡大数据指南	45.00